Patrick Gérard & Christophe Robert

AF742153

Pratique du droit de l'urbanisme

Urbanisme réglementaire, individuel et opérationnel

7e édition refondue et mise à jour

Ouvrage couronné par l'Académie des sciences morales et politiques (Prix d'Aumale 1993)

Éditions EYROLLES

ÉDITIONS EYROLLES
61, bd Saint-Germain
75240 Paris Cedex 05
www.editions-eyrolles.com

Aux termes du Code de la propriété intellectuelle, toute reproduction ou représentation intégrale ou partielle de la présente publication, faite par quelque procédé que ce soit (reprographie, microfilmage, scannérisation, numérisation...) sans le consentement de l'auteur ou de ses ayants droit ou ayants cause est illicite et constitue une contrefaçon sanctionnée par les articles L.335-2 et suivants du Code de la propriété intellectuelle. L'autorisation d'effectuer des reproductions par reprographie doit être obtenue auprès du Centre français d'exploitation du droit de copie (CFC) – 20, rue des Grands-Augustins – 75006 Paris.

© Groupe Eyrolles, 2013
© Éditions Eyrolles, 2023
ISBN Eyrolles : 978-2-212-67679-2

Table des matières

Introduction

1. Le mot « urbanisme » n'est entré dans le vocabulaire qu'au xxe siècle. Il ne figurait pas dans le *Dictionnaire de la langue française* de Littré (1877). Celui-ci mentionnait : « *Urbain : habitant d'une ville* » ; « *Urbanistes : religieuses de l'ordre de Sainte-Claire à qui le pape Urbain VIII avait donné le droit de posséder des fonds* » ; « *Urbaniser : donner le caractère de la ville, le caractère citadin* ».

Pourtant, les règles concernant l'aménagement des villes sont anciennes. Les fouilles archéologiques ont montré que les cités grecques avaient été harmonieusement bâties ; le philosophe architecte Hippodamos de Milet avait reconstruit la ville du Pirée sur un plan orthogonal ; Platon souhaitait que des Gardiens des lois édictassent, en matière de salubrité, de voirie urbaine et de construction, des règlements que des magistrats spécialisés – les Astynomes – feraient appliquer « *jusqu'à contraindre par des amendes les propriétaires qui négligeraient de faire ce qui leur incombe* » (*Les Lois*, livre VI, 779). Sous la République romaine, la loi des Douze Tables comportait plusieurs dispositions relatives à la largeur des routes ou à la plantation des vignes. En Égypte, la ville d'Alexandrie, fondée en 332 av. J.-C., était divisée en quartiers affectés chacun à une activité : un quartier des ports, un quartier des gymnases, un quartier intellectuel, un quartier militaire.

Au Moyen Âge, à l'intérieur de l'enceinte de Philippe Auguste, édifiée en 1190, aris comprenait deux quartiers distincts, traversés par des rues que le roi avait fait paver : le quartier « de grève », quartier du port et de l'embauche de la main-d'œuvre, et le quartier « des halles », quartier des commerces et des marchands ; l'île de la Cité, centre du pouvoir politique et du pouvoir religieux, était réservée aux fonctions principales de la ville. Aux xiiie et xive siècles, des seigneurs ou des congrégations religieuses fondèrent dans le Sud-Ouest plusieurs centaines de bastides, petites villes dont le plan est conçu autour d'une place centrale où est installée la halle du marché.

En Espagne, Charles Quint, par une ordonnance de 1523, adressa à ses représentants dans les territoires américains des instructions précises pour la fondation des villes au Mexique, au Guatemala, à Saint-Domingue, à Cuba, en Équateur ou au Pérou : « *Quand vous ferez le plan de la ville, faites la distribution de ses places, de ses rues et de ses terrains à la corde et à la règle, en commençant par la grand-place d'où sortiront les rues vers les ports et les chemins principaux, et en laissant des espaces ouverts qui permettront à la ville de s'agrandir à mesure que sa population augmentera.* »

À partir du xvie siècle, de nombreuses dispositions réglementant l'aménagement furent promulguées en France : en 1509, Louis XII donna l'ordre de faire abattre à Lyon « *certaines galeries et avancements étant le long de la Saône, d'où viennent ennuis et puanteurs* » ; en 1607, un édit d'Henri IV, pris sur proposition de Sully, prescrivit dans tout le royaume l'alignement des édifices par rapport à la voie publique. En 1631, le cardinal de Richelieu projeta de faire rayonner son duché par une « *cité idéale* » : avec la permission de Louis XIII, il fit édifier une ville nouvelle située à proximité de son château de Richelieu-en-Poitou, bâtie sur un territoire rectangulaire traversé par une grande rue.

Napoléon Ier institua, par la loi de 1807 relative au budget de l'État, un cadastre parcellaire national destiné à servir de base au calcul de la contribution foncière. Dix ans après que Richard de Radonvilliers eut proposé, dans son *Dictionnaire des mots nouveaux*, de définir l'urbanisme comme « *l'ensemble des arts et des techniques concourant à l'aménagement des villes* », le préfet Haussmann créa en 1852 une autorisation de bâtir à Paris. En 1898 fut adoptée la loi sur la police des édifices menaçant uine, permettant, le cas échéant, leur démolition ; la loi du 31 décembre 1913 sur les monuments historiques imposa le consentement du ministre des Beaux-Arts pour détruire, déplacer, même en partie, restaurer, réparer ou modifier un immeuble classé

2. Le concept d'urbanisme et la volonté qu'il portait d'organiser de manière cohérente le territoire de la ville se précisèrent avec le phénomène de l'exode rural : entre 1872 et 1911, la population de Marseille passa de 312 000 à 550 000 habitants, celle de Lyon de 323 000 à 524 000 habitants. L'urbanisation produisit des difficultés considérables de logement, 'hygiène publique, de sécurité, de circulation. Parallèlement s'affirment des considérations d'esthétique : les édiles devaient embellir les villes dans l'espoir que leurs habitants s'y trouveraient aussi heureux qu'à la campagne. En 1914 – alors que le mot « urbanisme » était usité depuis 1911 – se réunit à Paris le congrès fondateur de la Fédération internationale pour l'habitation et l'urbanisme, à l'initiative de l'architecte anglais Ewart Culpin, promoteur de l'idée des « cités-jardins ».

La volonté de l'État de maîtriser l'extension (ou l'explosion) urbaine génère, dans la première moitié du xxe siècle, la création de deux instruments : le plan d'urbanisme et le permis.

Premier instrument : **le plan d'urbanisme**. Après la Belgique, l'Angleterre, l'Italie, la Suède, la Hollande, la Suisse et l'Allemagne, la France introduit le plan dans sa législation afin de préciser les objectifs et moyens du développement du territoire des communes urbaines. Cinq grandes lois marquent l'histoire de ce plan :

- la loi « Cornudet » du 14 mars 1919, voulant organiser la reconstruction après les dégâts causés par la guerre de 1914-1918, disposa que « *toute ville de plus de 10 000 habitants est tenue d'avoir un projet d'aménagement, d'embellissement et d'extension* ». Mais cette loi, modifiée en 1924, fut appliquée avec réticence : moins de 250 villes avaient un tel projet en 1939 ;
- la loi d'orientation foncière du 30 décembre 1967, désireuse d'encourager l'extension urbaine, incita les conseils municipaux des communes comprises dans une agglomération de plus de 10 000 habitants à participer à l'élaboration d'un plan d'occupation des sols (POS) ; cette loi connut un certain succès puisqu'en 1987, près de 10 000 communes disposaient d'un POS ;
- la loi relative à la solidarité et au renouvellement urbains du 13 décembre 2000, dite loi « SRU », souhaita revenir sur le mouvement d'extension des villes et encourager la densité des centres-villes afin de limiter les dépenses 'équipements routiers, diminuer les déplacements automobiles, favoriser la mixité de l'habitat et revaloriser les espaces ruraux. Elle créa à cet effet deux nou eaux documents d'urbanisme : le schéma de cohérence territoriale (SCoT), représentant l'aboutissement d'une réflexion intercommunale, et le plan local d'urbanisme (PLU), offrant une vision du territoi e communal plus complète que

celle du POS. À l'époque déjà, le législateur ouvrit la possibilité d'élaborer des PLU à l'échelle de plusieurs communes dans un nouveau document de planification : le plan local d'urbanisme intercommunal (PLUi). La loi SRU avait même prévu la généralisation, à terme, des PLUi en lieu et place des PLU, ce qui était une manière d'encourager une compétence de l'échelon intercommunal en matière de planification urbaine ;

- la loi du 23 novembre 2018 portant sur l'évolution du logement, de l'aménagement et du numérique, dite loi « ELAN », vint sonner le glas des POS. Elle prescrivit en effet qu'à défaut de leur évolution en PLU, les dispositions nationales du règlement national d'urbanisme (RNU) s'appliqueraient. Dans le même temps, la loi ELAN conforta le rôle des intercommunalités en matière de projets d'aménagement et de développement durables.

Plus récemment, c'est la loi « Climat et résilience » du 22 août 2021 qui poursuit l'évolution des documents de planification locale en affichant l'objectif clair d'accélérer la transition écologique de la société française : il incombe désormais aux communes et aux intercommunalités compétentes en matière de planification urbaine de lutter contre l'artificialisation des sols. Ainsi, leurs PLU et leurs PLUi devront intégrer de nouvelles dispositions locales afin de parvenir, à terme, à un objectif de *« zéro artificialisation nette »* (ZAN).

En 2012, près de 16 000 communes disposaient d'un PLU. Au 31 décembre 2020, près de 50 % des communes étaient couvertes par un PLU approuvé ou en révision, soit près de 90 % de la population. À cette même date, seules quelque 4 752 communes n'étaient couvertes par aucun document d'urbanisme (PLU, PLU intercommunal ou carte communale).

Second instrument : **le permis**. Les propriétaires qui souhaitent construire sur leur terrain doivent demander une autorisation administrative. Cette obligation, qui pourrait sembler porter atteinte à la conception classique du droit de propriété consacré par le Code civil, est le fruit d'une longue histoire qui trouve son origine au XVIIe siècle avec l'édit de Sully, Grand Voyer de France, qui imposa aux constructeurs à partir de 1607 le respect du principe d'alignement. Puis, ce fut la permission de bâtir instaurée par le décret-loi du 26 mars 1852 relatif aux rues de Paris, les « autorisations de bâtir » avec la loi du 5 avril 1884, « les permis de bâtir » avec la loi du 15 février 1902 et enfin les « permis de construire » avec la loi Cornudet du 14 mars 1919. Il faudra attendre une loi du 15 juin 1943 pour que toute personne désireuse d'édifier une construction en France soit dans l'obligation d'obtenir préalablement un permis. L'ordonnance du 8 décembre 2005 et la loi du 13 juillet 2006 portant engagement national pour le logement ont amorcé une simplification du régime des autorisations d'urbanisme. De onze types d'autorisations différentes, on est ainsi passé à quatre : le permis de construire proprement dit, le permis d'aménager, le permis de démolir et la déclaration préalable. Le document requis et la procédure à suivre dépendent en pratique de la nature et de l'importance du projet. En 2021, le nombre de permis de construire délivrés en France s'est élevé à 471 000, selon le ministère de la Transition écologique. Par ailleurs, dans le cadre de la dématérialisation des procédures administratives, les demandes s'effectuent en ligne dans les communes de 3 500 habitants et plus.

3. C'est par la construction de routes que la monarchie a ébauché une politique d'aménagement du territoire : à cet effet, Henri IV institua en 1599 le Grand Voyer de France, et la Régence établit en 1716 la direction générale des Ponts et Chaussées. Par la suite, l'État n'a pas cessé d'intervenir dans l'organisation de l'espace. Détachée du ministère de l'Intérieur, l'administration des Travaux publics forme un ministère autonome en 1830 ; après la Seconde Guerre mondiale, ce ministère prend en charge la reconstruction et l'urbanisme et, en 1966, devient le très puissant ministère de l'Équipement. Aujourd'hui, l'action gouvernementale dans le domaine de l'aménagement est également traitée par plusieurs départements ministériels : le ministère de la Santé édicte des normes relatives à l'hygiène, à la santé et à la salubrité publiques ; au ministère de la Culture, la direction générale des Patrimoines, appuyée par les architectes des Bâtiments de France, a la double mission de promouvoir une architecture s'intégrant harmonieusement au milieu environnant et de protéger les monuments historiques ; le ministère de l'Agriculture montre une attention croissante aux territoires ruraux et à l'espace forestier ; le ministère de la Défense impose des servitudes autour des terrains militaires. Créé en 1971, le ministère de la Protection de la nature et de l'Environnement, devenu celui de l'Écologie en 2004, a cherché, avec une autorité politique relativement limitée, à faire prévaloir les enjeux environnementaux dans les décisions publiques et privées. Il a conquis un poids beaucoup plus important dans l'administration de l'État en fusionnant avec le ministère de l'Équipement lors de la formation du premier gouvernement Fillon (mai 2007) et en prenant la dénomination de ministère de l'Écologie et du Développement durable. Lors de la formation du gouvernement Ayrault (mai 2012), le ministère de l'Écologie a perdu la responsabilité de la politique de l'urbanisme, confiée au minist e de l'Égalité des territoires et du logement, mais a conservé celle du développement durable. Les deux ministres ont conjointement reçu autorité sur la direction générale de l'aménagement, du logement et de la nature. Sous les gouvernements Philippe (mai 2017) et Castex (juillet 2020), où était maintenue la présence de deux ministres, Transition écologique et Cohésion des territoires, seul ce dernier avait la responsabilité de l'urbanisme.

Dans le gouvernement Borne, formé en mai 2022 et remanié en juillet de la même année, la Première ministre est elle-même, aux termes du décr et du 20 mai 2022 de composition du gouvernement, « *chargée de la planification écologique et énergétique* ». Elle travaille à ce sujet plus particulièrement avec deux ministres : le ministre de la Transition écologique et de la Cohésion des territoires et la ministre de la Transition énergétique ; un secrétaire d'État à la mer est placé auprès de la Première ministre.

Les questions d'urbanisme et d'aménagement du territoire sont confiées au minist e de la Transition écologique et de la Cohésion des territoires, qui est assisté de trois ministres délégués (Transports, Ville et logement, Collectivités territoriales) et de deux secrétaires d'État (Écologie, Ruralité). Voici quelques-unes de ses compétences :

« Au titre de l'urbanisme :

1° Il élabore les règles relatives à l'urbanisme opérationnel et à la planification urbaine ainsi qu'à l'occupation du sol et veille à leur application ;

2° Il participe à l'élaboration de la législation de l'expropriation et en suit l'application ;

3° Il suit l'application de la législation fiscale et financière en matière d'urbanisme et d'aménagement. » (décret n° 2022-1024 relatif aux attributions du ministre de la transition écologique et de la cohésion des territoires, 24 juillet 2022, art. 2, IX).

« Au titre de la politique de la ville :

1° Il prépare et met en œuvre la politique relative aux quartiers défavorisés ;

2° Il conduit la politique de réhabilitation et d'amélioration de l'habitat dans ces quartiers. Il participe à la définition du programme d'insertion des publics fragiles dans ces quartiers, notamment à travers la formation professionnelle et l'activité économique. Il est associé à la définition des politiques éducatives conduites dans les quartiers défavorisés afin d'agir sur la mixité sociale en combinant l'amélioration du cadre de vie avec la qualité de l'offre scolaire ;

3° Il est associé à la politique du Gouvernement en matière d'intégration et de lutte contre les discriminations dans le domaine de la ville ;

4° Il peut présider, par délégation du Premier ministre, le comité interministériel des villes ». (décret d'attributions du ministre de la Transition écologique et de la Cohésion des territoires, 24 juillet 2022, art. 2, X).

Le même ministre est chargé de la protection de la nature, des paysages et des sites ainsi que de la montagne et du littoral ; de la qualité de l'air (décret d'attributions du ministre de la Transition écologique et de la Cohésion des territoires, 24 juillet 2022, art. 2, III, 1°) et de la politique de réhabilitation et d'amélioration de l'habitat (décret d'attributions du ministre de la transition écologique et de la cohésion des territoires, 24 juillet 2022, art. 2, VIII).

Placée sous l'autorité du ministre de la transition écologique et de la cohésion des territoires, la Direction générale de l'aménagement, du logement et de la nature (DGALN) élabore, anime et évalue les politiques de l'urbanisme, de la construction, du logement, des paysages, de la biodiversité, de l'eau et des substances minérales non énergétiques. Elle veille aux conditions de leur mise en œuvre sur les espaces nationaux sous juridictions tant terrestres que maritimes. Cette direction générale comprend deux directions : la Direction de l'habitat, de l'urbanisme et des paysages (DHUP) et la Direction de l'eau et de la biodiversité (DEB) : V. décret n° 2008-680 du 9 juillet 2008 modifié portant organisation de l'administration centrale des ministères chargés de la transition écologique, de la cohésion des territoires et de la mer, art. 7.

La Direction de l'habitat, de l'urbanisme et des paysages prépare les projets de loi, d'ordonnance ou de décret relatifs à l'urbanisme et suit leur exécution. La DHUP assure la tutelle de plusieurs établissements publics : les établissements publics d'aménagement, les établissements publics fonciers et d'aménagement et les établissements publics fonciers mentionnés aux articles L.321-1 et suivants du code de l'urbanisme ; Grand Paris Aménagement ; l'établissement public de l'aménagement de Paris-Saclay ; la Société du Grand Paris ; la Société de livraison des ouvrages olympiques ; les agences pour la mise en valeur des espaces urbains de la zone dite des cinquante pas géométriques. La DHUP adresse des instructions à ses services déconcentrés.

Depuis la réforme de l'administration territoriale (RéATE) de 2010, les **directions régionales de l'environnement, de l'aménagement et du logement** (DREAL) sont les services régionaux déconcentrés de ce ministère, placés sous l'autorité des préfets de région. En région Ile-de-France, ce service est la Direction régionale et interdépartementale de l'environnement, de l'aménagement et des transports d'Île-de-France (DRIEAT), qui résulte de la fusion, le 1er avril 2021, de la Direction régionale et interdépartementale de l'Équipement et de l'Aménagement (DRIEA) et de la Direction régionale et interdépartementale de l'environnement et de l'énergie (DRIEE). Au sein de chaque DREAL existe un service d'appui à la mission régionale d'autorité environnementale (MRAE) (art. R.122-21, I du Code de l'environnement).

En métropole, dans les départements, les **directions départementales du territoire** (DDT), ou dans les départements littoraux, les directions départementales du territoire et de la mer (DDTM) relaient les instructions de l'État en matière d'urbanisme, de logement, d'écologie, d'agriculture (et d'affaires maritimes) sous l'autorité des préfets de département. Ces directions s'appuient, dans la quasi-totalité des départements, sur des subdivisions territoriales ; par exemple, la DDTM de Vendée, dont le siège est à La Roche-sur-Yon, comporte six subdivisions : Challans, Fontenay-le-Comte et Les Sables-d'Olonne, Saint-Gilles-Croix-de-Vie, l'île d'Yeu et Noirmoutier-en-l'Ile.

En Guadeloupe, en Martinique, à La Réunion et à Mayotte, le service compétent de l'État est la Direction de l'environnement, de l'aménagement et du logement (DEAL) ; en Guyane, la Direction générale des territoires et de la mer ; à Saint-Pierre-et-Miquelon, la Direction des territoires, de l'alimentation et de la mer.

Sous l'autorité du ministre de la Transition écologique et de la Cohésion des territoires, un service d'inspection des services centraux et extérieurs du ministère, mais aussi de conseil et d'audit, est formé essentiellement d'ingénieurs du corps des Ponts, Eaux et Forêts : **l'Inspection générale de l'environnement et du développement durable**, qui a succédé le 1er septembre 2022 au Conseil général de l'environnement et du développement durable (décret n° 2022-1025 du 20 juillet 2022). Ce service exerce de plus, en toute indépendance, la fonction d'autorité environnementale pour la France, notamment pour évaluer la qualité des évaluations environnementales. Le président de l'autorité environnementale est distinct du chef de service de l'IGEDD.

Enfin, **plusieurs opérateurs** viennent, en appui des ministères précités, mettre en œuvre des politiques d'aménagement, d'urbanisme et de logement. Peuvent être ainsi mentionnées : l'Agence nationale de la cohésion des territoires (ANCT), qui résulte de la fusion en 2020 du Commissariat général à l'égalité des territoires, de l'Établissement public d'aménagement et de restructuration des espaces commerciaux et artisanaux et de l'Agence du numérique ; l'Agence nationale de l'amélioration de l'habitat (ANAH) et l'Agence nationale pour la rénovation urbaine (ANRU).

Pour mettre en œuvre leur politique, **les autorités publiques édictent des normes**. Les règlements de l'État, pour la plupart pris sous forme de décrets signés par le Premier ministre après avoir été soumis au Conseil dÉtat (en sa fonction de conseil au gouvernement, dans sa section des « Travaux publics »), sont insérés dans le Code de l'urbanisme ; ils doivent être conformes aux lois adoptées par le Parlement. Les règlements locaux d'urbanisme – ceux des PLU et PLUi notamment – doivent être conformes aux normes nationales ; les décisions individuelles d'urbanisme – permis de construire par exemple – doivent à leur tour respecter les normes générales, locales et nationales.

La France, à l'instar de nombre de ses partenaires européens, confie le contrôle du respect de ces normes à une juridiction administrative autonome, distincte de la justice judiciaire (V.P. Gérard, *La Juridiction administrative*, La Documentation française, 2e éd., 2022). Depuis plusieurs années, le contentieux administratif ne cesse d'augmenter. Le nombre d'affaires enregistrées devant les **tribunaux administratifs** est ainsi passé de 178 491 en 2012 à 241 384 en 2021. Devant les tribunaux administratifs, les contentieux relatifs à l'urbanisme et à l'aménagement représentaient en 2021 près de 6 % des affai es. Cette proportion s'élevait à 7 % devant le Conseil d'État.

Saisi d'un litige, le tribunal administratif va s'effo cer de le régler en moins d'une année : l'un de ses membres (le rapporteur) instruit le dossier et veille à l'égalité des personnes concernées (les parties) qui échangent leurs arguments par des mémoires écrits dans les délais qu'il a fi és ; puis le rapporteur clôt l'instruction et les parties sont averties de la date de l'audience. Le jour de l'audience, qui se tient publiquement, le tribunal écoute le rapporteur puis les conclusions du rapporteur public ; ce dernier est un magistrat qui, en toute indépendance, expose son analyse et son opinion sur le dossier ; ensuite, le tribunal recueille les observations des parties ou de leurs avocats. Le tribunal délibère hors la présence des parties et du rapporteur public (art. R.732-2 du Code de justice administrative). Il rend un jugement « *au nom du peuple français* » (art. R.741-3 du Code de justice administrative).

Ce jugement est susceptible d'appel auprès de la cour administrative d'appel compétente territorialement : elle prononce un arrêt (art. R.741-4 du Code de justice administrative). Cet arrêt peut à son tour faire l'objet d'un pourvoi en cassation devant le Conseil d'État qui, dans sa fonction de juridiction administrative suprême, rend une décision (art. R.741-5 du Code de justice administrative). Le juge apporte ainsi aux textes normatifs concernant l'urbanisme, nombreux et parfois mal rédigés, une interprétation relativement importante.

4. Les textes comportant des normes et les décisions juridictionnelles contribuent à former le droit de l'urbanisme : « *La réglementation de l'urbanisme régit l'utilisation qui est faite du sol, en dehors des productions agricoles, notamment la localisation, la desserte, l'implantation et l'architecture des constructions* » (art. L.101-3). Elle doit, dans la période r écente, prendre en compte quatre types de besoins exprimés par la population.

1. Le besoin de développement économique et social

Ce besoin s'exprime aujourd'hui aussi bien dans les villes qu'en milieu périurbain et dans les zones rurales. Ainsi, selon les données de l'INSEE, huit personnes sur dix résidaient dans une « unité urbaine » au 1er janvier 2020. Une personne sur six vit dans l'unité urbaine de Paris et une sur quatre dans une unité urbaine de plus de 200 000 habitants. *A contrario*, si les unités urbaines de moins de 10 000 habitants représentent 80 % du territoire, elles n'abritent que 13 % des habitants. Mais le territoire ne saurait se résumer entre les grandes unités urbaines et les autres communes. En effet, toujours selon 'INSEE, les communes « peu denses » regroupent 29 % de la population sur 59 % du territoire et « *la croissance plus rapide de ces communes dans la périphérie des principales villes témoigne de la poursuite de l'étalement urbain* ».

Dans les villes, la concentration de population appelle une réflexion des décideurs politiques nationaux et locaux sur les quartiers existants, les espaces inhabités, le coût du foncier, le rôle structurant de certains équipements collectifs et des axes de transport, l'attractivité du territoire pour les entreprises, les liens entre activités économiques et habitat, l'accessibilité des services publics et du numérique, les déplacements urbains, la mixité sociale de l'habitat, l'éradication des logements insalubres, la garantie de sécurité publique, la place des personnes âgées ou des étudiants, l'off e de commerces ou de loisirs, etc.

La récente crise sanitaire est venue ajouter un nouveau paramètre à prendre en compte, à savoir l'aspiration de plus en plus dhabitants « des villes » à désirer s'installer « à la campagne ». Si ce phénomène de « néo-ruralité » n'est pas totalement nouveau, il n'en demeure pas moins bien tangible au vu de la hausse du nombr e des ventes immobilières enregistrées en milieu rural et périurbain depuis la pandémie du Covid-19. Ces flux démographiques, mêmes s'ils touchent diversement les territoires, invitent les collectivités concernées à s'adapter à ces arrivées de population.

L'urbanisme est « un instrument d'action », affirmait cla ement l'instruction ministérielle du 8 avril 1960 sur les plans d'urbanisme directeurs. En 1991, le législateur est venu reconnaître aux citoyens un énigmatique « *droit à la ville* ». En 2000, il a promu « *la solidarité et le renouvellement urbains* », avant de prendre, en 2006, un « *engagement national pour le logement* ». S'ensuivront, en 2007, la proclamation d'un « *droit au logement opposable* », puis en 2009, la « *lutte contre l'étalement urbain* ». Conscient de l'accroissement des besoins en logements sur le territoire, le Parlement en 2018 fi e un nouveau cap avec la loi relative à l'évolution du logement, de l'aménagement et du numérique, dite loi « ELAN » : « construire vite, mieux et moins cher », reprenant en ce sens la formule popularisée par l'architecte Fernand Pouillon, bâtisseur des années de reconstruction après la Seconde Guerre mondiale.

La maîtrise du développement constitue aussi un objectif inscrit dans plusieurs législations étrangères. En Hongrie, par exemple, la Cour constitutionnelle, dans une résolution du 16 juillet 1992, a estimé que le plan d'aménagement général d'une localité « *constitue un acte de pouvoir public* ». En Allemagne, « *l'armature urbaine* » est le concept central de la politique de l'urbanisme : la ville de Berlin s'est dotée, en 1994, d'un schéma directeur (*Flächennützungsplan*) traduisant ses perspectives d'aménagement en capitale de la République fédérale réunifiée. Au Royaume-Uni, la loi de 2004 réformant le droit de l'urbanisme (*Planning and Compulsory Purchase Act*) en Angleterre et au pays de Galles a instauré une obligation de cohérence entre les stratégies spatiales élaborées par les différentes autorités nationales, régionales et locales. En Espagne, la loi sur le sol du 28 mai 2008 a imposé de classer tous les terrains soit en « *sol rural* » soit en « *sol urbanisé* ». En Suisse, la votation populaire du 11 mars 2012 a approuvé l'ajout dans la Constitution fédérale d'un article 75-b prévoyant que « *les résidences secondaires constituent au maximum 20 % du parc des logements et de la surface brute au sol habitable de chaque commune* ».

2. Le besoin de protection du patrimoine historique

Le devoir de mémoire ne concerne pas seulement le souvenir des hommes puisque les mots « père », « patrie » et « patrimoine » ont une origine commune ; la volonté de conserver intacts certains lieux et monuments est à l'origine de plusieurs législations portant notamment sur :

- la protection des monuments historiques et de leurs abords ;
- les secteurs sauvegardés (institués par la loi Malraux du 4 août 1962).

En Italie, l'article 9 de la Constitution énonce que « *la République protège le paysage et le patrimoine artistique et culturel de la Nation* ». De son côté, l'UNESCO, en application de la convention du 23 novembre 1972 sur la protection du patrimoine mondial culturel et naturel, établit et diffuse une « *liste du patrimoine mondial* » qui comprend, selon les stipulations de l'article 11-b de cette convention, « *les biens ayant une valeur universelle exceptionnelle* ». Ont, par exemple, été inscrits en 2021 sur la liste du patrimoine mondial l'ensemble archéo-astronomique de Chanquillo (Pérou), une sélection de cycles de fresques peints entre 1302 et 1397 à Padoue (Italie) ou le phare de Cordouan (France).

3. Le besoin de préservation écologique

■ La protection du littoral, de la montagne et des paysages

Elle a fait l'objet, depuis le dernier tiers du XXe siècle, d'une volonté politique constante : la loi du 10 juillet 1976 relative à la protection de la nature a été le premier grand texte à exiger que les documents d'urbanisme respectent « *les préoccupations d'environnement* » (article 2) ; la même loi autorise l'État à prononcer le classement « *pour cause d'utilité publique* » de « *réserves naturelles* » et de « *forêts de protection* ». De son côté, souhaitant préserver la diversité biologique et valoriser les territoires, l'Union européenne a édicté deux directives protectrices – *Oiseaux* (1979) et *Habitat faune flore* (1992) – et a, pour leur mise en œuvre, constitué le réseau « Natura 2000 » qui comptait 29 298 sites écologiques en 2020 (dont 1 753 en France). Le législateur encourage les citoyens à former des associations pour défendre la protection de la nature, l'amélioration du cadre de vie ou pour représenter les intérêts locaux d'usagers en justice ou auprès des pouvoirs publics : « *Construire une nouvelle économie conciliant protection de l'environnement, progrès social et croissance économique exige de nouvelles formes de gouver-*

nance, favorisant la mobilisation de la société par la médiation et la concertation », énonce l'article 49 de la loi du 3 août 2009 de programmation relative à la mise en œuvre du Grenelle de l'environnement. Les associations agréées de protection de l'environnement (art. L 141-1 et suivants du Code de l'environnement) et les associations locales d'usagers agréées, qui « *exercent des activités statutaires désintéressées en rapport avec l'urbanisme* » (art. R. 121-5 du Code de l'urbanisme), sont consultées, à leur demande, lors de l'élaboration des documents d'urbanisme (art. L 132-12 du Code de l'urbanisme). L'agrément, motivé, est accordé par le préfet aux associations ayant des activités depuis au moins trois ans, après examen de leurs statuts, de leur fonctionnement et de leur gestion ; un refus d'agrément peut être contesté devant le juge, qui peut alors décider de l'accorder (Cour administrative d'appel de Nantes, 30 mai 2003, Association « Qualité de la vie à Larmor-Baden », Rec. T. p. 871) ; dans chaque département, la liste des associations agréées (environ 30 000 au total en France) est publiée annuellement au recueil des actes administratifs du département. Les associations plus spécifiquement agréées au titre de la protection de l'environnement dans le cadre national ont fait l'objet d'un arrêté ministériel du 31 mai 2021. Cette liste comporte 45 structures associatives (Amis de la terre, France nature environnement, Greenpeace France, Ligue de protection des oiseaux, Paysages de France...).

■ La qualité de l'air

La loi « SRU » de 2000 a imposé aux agglomérations de plus de 100 000 habitants l'obligation d'élaborer un plan de déplacements urbains (PDU) afin de éduire la circulation automobile. À titre d'exemple, le PDU d'Ile-de-France (PDUIF), approuvé le 19 juin 2014, s'était donné pour objectif de réduire les émissions de gaz à effet de ser e de 20 % d'ici 2020. L'article 1er de la Charte de l'environnement de 2004, intégrée en 2005 au Préambule de la Constitution, a proclamé le droit pour chacun « *de vivre dans un environnement équilibré et respectueux de la santé* ». Depuis, les textes législatifs se sont succédé pour renforcer plus encore la nécessité d'améliorer la qualité de l'air. À l'exemple de la loi n° 2015-992 du 17 août 2015 relative à la transition écologique pour la croissance verte, dite loi « TECV ». Ce texte, qui a fi é un objectif de réduction de 40 % des émissions de gaz à effet de ser e en 2030 par rapport à 1990, a prévu une approche territoriale en chargeant les établissements publics de coopération intercommunale (EPCI) de réaliser des plans climat-énergie-air-territoriaux (PCAET) à partir d'un seuil de 20 000 habitants. La loi d'orientation sur les mobilités (LOM) du 24 décembre 2019 a transformé les PDU en « plans de mobilité » (PDM). Depuis l'ordonnance n° 2020-744 du 17 juin 2020, les schémas de cohérence territoriaux (SCoT) peuvent tenir lieu de PCAET. Plus récemment, la loi « Climat et résilience » du 22 août 2021 a instauré l'obligation, pour les agglomérations de plus de 150 000 habitants, de créer des « *zones à faibles émissions mobilité* » afin 'éloigner les véhicules les plus polluants des centres-villes (art. L. 2213-4-1 du Code général des collectivités territoriales).

■ Le développement durable et les économies d'énergie

Afin d'encourager les constructeurs à bâtir des immeubles plus économes en énergie, la loi de programme du 13 juillet 2005 fixant les orientations de la politique énergétique a p évu un mécanisme d'incitation : la possibilité pour le conseil municipal d'augmenter les droits à construire jusqu'à 30 % pour toute construction satisfaisant à des critères de performance énergétique élevée ou alimentée par des équipements de production d'énergie renouvelable ou de récupération. Cette approche, initialement incitative concernant la conception de bâtiments moins énergivores, est progressivement devenue contraignante sous l'influence du droit international et communautaire (accord de Paris du 12 décembre 2015, pacte vert pour l'Europe, règlement 2018/842 du Parlement européen et du Conseil du 30 mai 2018…). La stratégie à long terme de l'Union européenne vise en effet la décarbonisation (ou décarbon - tion) du secteur des bâtiments pour atteindre la neutralité carbone d'ici 2050. Pour se conformer à cet objectif, la loi n° 2019-1147 du 8 novembre 2019 relative à l'énergie et au climat a inséré le concept d'*« urgence écologique et climatique »* au sein du Code de l'énergie. Ce texte impose notamment plusieurs mesures destinées à lutter contre les logements trop énergivores qualifiés de *« passoires thermiques »*. Pour atteindre cet objectif, l'État, les collectivités territoriales et leurs groupements doivent aujourd'hui veiller à *« maîtriser la demande d'énergie et favoriser l'efficacité et la sobriété énergétique »* (art. L.100-2 du Code de l'énergie). Ainsi, durant ces dernières années, au fil des diff entes réglementations thermiques, de nouvelles normes concernant les constructions ont vu le jour, passant progressivement des bâtiments basse consommation (BBC) aux bâtiments à haute performance énergétique (HPE), jusqu'aux bâtiments à énergie positive (BEPOS), autrement dit des constructions qui produisent plus d'énergie qu'elles n'en consomment.

La réflexion sur le développement durable trouve son origine en 1987 à l'occasion de la présentation du rapport Brundtland à l'Organisation des nations unies (ONU). À l'époque, ce rapport vient définir le dé eloppement durable comme un *« développement qui répond aux besoins du présent sans compromettre la capacité des générations futures à répondre aux leurs »*. Le rapport Brundtland a suscité une véritable mobilisation internationale. En France, une Charte de l'environnement est adoptée en 2004. Son article 6 dispose que *« les politiques publiques doivent promouvoir un développement durable. À cet effet, elles concilient la protection et la mise en valeur de l'environnement, le développement économique et le progrès social »*. La loi constitutionnelle du 1er mars 2005 a incorporé cette charte dans le préambule de la Constitution. Plusieurs autres lois importantes seront édictées dans le même esprit, comme celle du 3 août 2009 de programmation relative à la mise en œuvre du Grenelle de l'environnement (dite loi « Grenelle 1 »), la loi du 12 juillet 2010 portant engagement national pour l'environnement (dite loi « ENE » ou « Grenelle 2 »), la loi 17 août 2015 relative à la transition écologique pour la croissance verte (dite loi « TECV ») ou, plus récemment encore, la loi « Climat et résilience » du 22 août 2021. Tous ces textes comportent de nombreuses dispositions visant à faire du développement durable l'une des priorités de l'action publique. Il revient à la politique de l'urbanisme d'y contribuer en veillant à une utilisation économe des espaces naturels et des ressources énergétiques.

4. Le besoin de proximité des décisions

La France est, aux termes de l'article 1er de sa Constitution, une « République indivisible » dont « l'organisation est décentralisée ».

- **Décentralisation :** depuis les lois « Defferre » de décentralisation de 1982 et 1983, l'approbation par un conseil municipal d'un plan d'occupation des sols (POS) – aujourd'hui d'un plan local d'urbanisme (PLU) – entraîne en principe la esponsabilité de la commune, et non plus de l'État, en matière d'urbanisme, et la délivrance des permis de construire par le maire ; la région partage avec l'État la responsabilité du développement économique et de grands équipements collectifs.
- **Égalité et légalité :** les décisions locales sont soumises à un contrôle de l'État pour éviter d'éventuels abus et garantir l'égalité des citoyens dans l'application de la loi ; représentant de l'État, le préfet est nommé en Conseil des ministres. Dans chaque département, selon la Constitution (article 72, alinéa 6), il a *« la charge des intérêts nationaux, du contrôle admi-*

nistratif et du respect des lois » : il va s'assurer de la légalité des actes qui ont été pris par les assemblées délibérantes et les ex écutifs des collectivités territoriales et des établissements publics de coopération intercommunale.

5. Comment le préfet exerce-t-il le contrôle de légalité des actes en matière d'urbanisme ?

La plupart des décisions des autorités locales concernant l'urbanisme sont transmises, de plus en plus souvent par voie électronique via l'application « ACTES », au sous-préfet de l'arrondissement ou au préfet du département, selon l'organisation retenue par le préfet.

En application des 1° et 6° de l'article L.2131-2 du Code général des collectivités territoriales, les actes qui doivent être transmis à l'autorité préfectorale sont :

- les délibérations des assemblées territoriales (délibérations d 'un établissement public de coopération intercommunale approuvant un schéma, d'un conseil municipal approuvant un plan local d 'urbanisme, d'un conseil départemental créant une zone de préemption pour protéger les espaces naturels sensibles...) ;
- les décisions individuelles d'utilisation du sol (arrêté d'un maire accordant un permis de construire ou une autr e autorisation d'utilisation du sol ou un cer tificat d'urbanisme), même négatives (Conseil d'État, 15 avril 1988, Commissaire de la République du département du Val-de-Marne c/ commune de Vitry-sur-Seine, n° 75533, Rec. T. p. 1084) ; ces décisions doivent être transmises dans les quinze jours.

Dès sa réception en sous-préfecture ou en préfecture, la délibération ou la décision est enregistrée et devient en principe ex écutoire : cela signifie que les dispositions q 'elle comporte peuvent être aussitôt mises en œuvre.

Le préfet confie le cont ôle de légalité soit à une « cellule de contrôle de légalité urbanisme » appuyée par la direction départementale du territoire, soit – plus rarement – directement à la direction départementale du territoire. Examinant chaque acte r eçu, les ser vices de l'État s'interrogent sur sa légalité, et non sur son oppor tunité. Voici le type de questions qu 'ils se posent : cette décision a-t-elle été prise par un organe compétent pour édicter l 'acte, et bien compétent à cette date ? La procédure qui a été suivie avant d'aboutir à la décision a-t-elle été régulière ? Les dispositions énoncées par cet acte r espectent-elles les lois et les r èglements ? L'acte de la collectivité territoriale a-t-il été adopté ans l'intérêt général, et non pour favoriser tel intérêt ou nuire à telle personne ?

Si le maire le lui demande, le préfet (ou le sous-préfet) peut lui adresser un « certificat de non-recours » ; ce certificat indique que le préfet n'a pas l'intention de contester la décision devant le juge, mais ce document ne peut être considéré comme un brevet de légalité.

Lorsque, à l'issue de l'examen par ses services, le préfet (ou le sous-préfet) estime que l'acte est contraire à la légalité, il peut adr esser à l'autorité locale (maire, président de l'établissement public, président du conseil général) une lettre d'observations, voire lui demander le retrait de cet acte ; à défaut de réponse positive, ou lorsque la réponse de l'autorité locale ne le convainc pas, le préfet peut déférer l'acte au tribunal administratif : le représentant de l'État s'adresse au tribunal en lui demandant d 'annuler l'acte car seul le juge peut se pr ononcer sur la légalité.

6. Pour déférer un acte au tribunal administratif, le préfet doit :

- saisir le tribunal administratif dans un délai de deux mois (art. L. 2131-6 du Code général des collectivités territoriales pour les communes). En principe, ce délai part de la date de réception de l'acte en préfecture ou en sous-préfecture ; toutefois, lorsque le préfet a adressé une lettre d'observations sur la légalité de l'acte, le délai part de la date de la réponse de la collectivité territoriale refusant de retirer ou de modifier 'acte – l'absence de réponse de la collectivité dans les deux mois suivant la réception de la lettre du préfet étant assimilée à un refus ;

- informer la collectivité territoriale qu'il saisit le tribunal et lui préciser les motifs de cette saisine ;
- de plus, si le préfet a saisi le tribunal d'une décision individuelle (permis de construire ou certificat d'urbanisme par exemple), il doit également, par lettre recommandée avec accusé de réception dans les quinze jours, en informer le bénéficiai e (demandeur du permis dans le même exemple), en précisant l'(les) illégalité(s) invoquée(s) dans le déféré. Si le préfet oublie cette obligation, il y aura nullité de la procédure (article R. 600-1).

Le tribunal administratif instruit la demande du préfet et se prononce sur la légalité de l'acte par un jugement ; il annule ou confirme 'acte. Le jugement du tribunal est susceptible dappel devant la cour administrative d'appel (Conseil d'État, Section, 2 mars 1990, Commune de Boulazac, n° 84590, Rec. p. 57). Le cas échéant, le préfet peut demander au ministre chargé de l'urbanisme de se pourvoir en cassation devant le Conseil d'État contre l'arrêt de la cour (Conseil d'État, Section, 28 janvier 1998, Préfet du Var c/ Ferran, n° 176286, Rec. p. 22).

Précisons encore trois points sur les déférés préfectoraux :

- en premier lieu, toute personne qui s'estime lésée par une décision d'une collectivité territoriale peut demander au préfet de déférer cette décision au tribunal administratif (article L. 2131-8 du Code général des collectivités territoriales). Cette procédure, communément appelée « *action processive du contribuable* », trouve également à s'appliquer aux délibérations des intercommunalités (art. L. 5211-58 du Code général des collectivités territoriales) ;
- ensuite, l'examen des statistiques des déférés adressés par les préfets au juge administratif montre que la saisine du tribunal demeure peu fréquente. Cependant, parmi les actes déférés, la catégorie des actes d'urbanisme apparaît la plus importante, représentant plus d'un tiers des déférés. En outre, tous domaines confondus, la proportion des déférés gagnés par les services préfectoraux dépasse les 80 % sur l'ensemble des jugements rendus. « *Cette proportion importante montre que le recours au déféré est enclenché si les moyens juridiques sont solides et que les chances de réussite sont élevées* », commente le ministère de l'Intérieur dans son 22e rapport remis au Parlement.
- enfin, la carence du préfet en matière de contrôle de légalité peut engager la responsabilité de l'État en cas de faute lourde (Conseil d'État, 21 juin 2000, Ministre de l'Équipement c/ commune de Roquebrune-Cap-Martin, n° 202058, Rec. p. 236).

7. En outre, il faut souligner que l'urbanisme demeure un secteur des politiques publiques partagé entre l'État et les collectivités locales : le droit de l'urbanisme, en vertu des deux principes d'attribution et de subsidiarité, posés respectivement à l'article 3*ter*-1 et à l'article 3*ter*-3 du traité sur l'Union européenne modifié par le traité de Lisbonne du 13 décembre 2007, a été laissé pour l'essentiel en dehors du champ d'action communautaire.

Cependant, le droit de l'urbanisme, en raison de sa proximité avec le droit de l'environnement, subit aujourd'hui l'influence croissante du droit de l'Union européenne ; en Allemagne, la loi d'adaptation au droit européen en matière d'urbanisme « EAG-Bau » du 24 juin 2004 a imposé aux communes un suivi des effets environnementaux de leur plan d'urbanisme. L'article 2-3 du traité sur l'Union européenne modifié par le traité de Lisbonne stipule en effe que l'Union « *œuvre pour le développement durable de l'Europe fondé sur une croissance économique équilibrée et sur la stabilité des prix, une économie sociale de marché hautement compéti-*

tive, qui tend au plein emploi et au progrès social, et un niveau élevé de protection et d'amélioration de la qualité de l'environnement » et qu'elle « *promeut la cohésion économique, sociale et territoriale* ». Avant même le traité de Lisbonne, la convention sur la protection des Alpes, signée à Salzbourg en 1991 et la loi « solidarité et renouvellement urbains », qui impose aux documents d'urbanisme concernant les territoires frontaliers de prendre en compte « *l'occupation des sols dans les territoires des États limitrophes* » (art. L. 131-10 du Code de l'urbanisme), incitaient à une harmonisation de notre réglementation d'urbanisme avec celle des collectivités des États voisins. Il faut aussi signaler l'importante directive 2014/52/UE du Parlement européen et du Conseil du 16 avril 2014 modifiant la directive 2011/92/UE concernant l'évaluation des incidences de certains projets publics et privés sur l'environnement.

8. Plan de cet ouvrage

La personne qui forme un projet de construction sur un terrain doit d'abord prendre connaissance des règles d'urbanisme applicables au secteur dans lequel est situé ce terrain. Elle présente une demande ; au vu du respect des règles, une autorité administrative prend alors une décision individuelle sur le projet. De leur côté, au lieu de s'intéresser aux constructions seulement à l'occasion des projets individuels qui leur sont présentés, les dirigeants d'une collectivité publique peuvent réfléchir à l'avenir de certaines parties de leur territoire et les doter d'un projet d'ensemble : c'est la technique des opérations d'aménagement.

Ainsi apparaissent les trois branches du droit de l'urbanisme qui seront successivement présentées dans cet ouvrage :

- l'urbanisme réglementaire, qui fera l'objet de la première partie ;
- l'urbanisme individuel, qui fera l'objet de la deuxième partie ;
- l'urbanisme opérationnel, qui fera l'objet de la troisième partie.

9. *Nota bene*

1) Dans cet ouvrage, **les articles du Code de l'urbanisme sont cités sans autre référence que leur lettre et leur numéro** (ainsi « art. L. 101-1 » signifie : « article L. 101-1 du Code de l'urbanisme ») ; lorsqu'il s'agit de dispositions inscrites dans un autre code, la dénomination du code est précisée (exemple : art. L. 2131-1 du Code général des collectivités territoriales). Les codes sont consultables sur le site *www.legifrance.gouv.fr*, à la rubrique « Droit national en vigueur ».

2) Les jugements des tribunaux administratifs (TA), les arrêts des cours administratives d'appel (CAA), les décisions du Conseil d'État ou du Tribunal des conflits sont suivis de la mention « Rec. » (Recueil) ou « Rec. T » (tables du Recueil) et du numéro de la page lorsqu'ils ont été publiés au Recueil Lebon ; on peut aussi les consulter sur le site *www.arianeinternet.conseil-etat.fr*. Pour les arrêts de la Cour de cassation est indiquée, de même, la page du *Bulletin des arrêts de la Cour* s'ils sont publiés. Les décisions du Conseil constitutionnel sont citées par leur numéro : elles sont facilement consultables dans le recueil annuel des décisions du Conseil constitutionnel ou sur le site *www.conseil-constitutionnel.fr*.

3) Les ordonnances, lois et décrets ont été publiés au *Journal officiel de la République française* (édition *Lois et Décrets*) et sont consultables sur le site *www.legifrance.gouv.fr*.

PARTIE 1

L'urbanisme réglementaire

10. Souvent enchevêtrées, les règles d'urbanisme sont nombreuses. En 1954, elles ont été regroupées dans un code : le Code de l'urbanisme et de l'habitation.

La loi du 30 juin 1972 a prescrit de scinder ce code en deux : le Code de l'urbanisme, publié en 1973, et le Code de la construction et de l'habitation, publié en 1978. L'intérêt d'un code réside dans son caractère évolutif : les modifications appo tées par le Parlement ou le gouvernement aux dispositions existantes sont intégrées au code au fur et à mesure de leur publication : chacun peut donc disposer dans un seul ouvrage des normes juridiques en vigueur, ce qui évite d'avoir à consulter de multiples textes. La codification contribue ainsi à atteind e « *l'objectif de valeur constitutionnelle d'accessibilité et d'intelligibilité de la loi* » pour les citoyens (Conseil constitutionnel, décision n° 99-421 DC du 16 décembre 1999).

Le Code de l 'urbanisme s'applique à la métr opole, à la G uadeloupe, à la G uyane, à la Martinique, à La Réunion et au Département de Mayotte (art. L. 101-3). Il comprend trois parties :

- L. : législative (lois ou ordonnances) ;
- R. : réglementaire (décrets en Conseil d'État) ;
- A. : arrêtés (ministériels).

S'y ajoutent des annexes.

Chaque partie comprend six livres :

- Livre I : Réglementation de l'urbanisme (art. L. 101-1 à L. 175-1) ;
- Livre II : Préemption et réserves foncières (art. L. 210-1 à L. 240-3) ;
- Livre III : Aménagement foncier (art. L. 300-1 à L. 350-7) ;
- Livre IV : Régime applicable aux constr uctions, aménagements et démolitions (ar t. L. 410-1 à L. 481-3) ;
- Livre V : Implantation des services, établissements et entreprises (art. L. 510-1 à L. 550-1) ;
- Livre VI : Dispositions relatives au contentieux de l'urbanisme (art. L. 600-1 à L. 610-4).

Chaque livre comprend plusieurs titres, eux-mêmes divisés en chapitr es, eux-mêmes subdivisés en articles ; une même numérotation s'applique à un même objet.

Exemple

Un directeur de station de sports d'hiver, qui envisage d'installer des remontées mécaniques, se référera au plan du Code de l'urbanisme : au livre IV (« Régime applicable aux constructions, aménagements et démolitions »), il trouvera un titre VII (« Dispositions diverses ») et, dans ce titre, un chapitre II (« Remontées mécaniques »). Les articles législatifs et réglementaires concernant les remontées mécaniques commencent donc par le numéro 472 :

- les articles L. 472-1 à L. 472-5, articles législatifs sur les remontées mécaniques, sont des articles issus de l'ordonnance n° 2005-1527 du 8 décembre 2005 modifiée par la loi n° 2010-788 du 12 juillet 2010, l'ordonnance n° 2015-1174 du 23 septembre 2015, la loi n° 2016-1888 du 28 décembre 2016 ; ils sont insérés dans la première partie (L) du code ;
- les articles R. 472-1 à R. 472-21, articles réglementaires sur les remontées mécaniques, sont des articles issus du décret en Conseil d'État n° 2007-18 du 5 janvier 2007, modifié par les déc ets en Conseil d'État n° 2007-934 du 15 mai 2007, n° 2011-2019 et n° 2011-2054 du 29 décembre 2011, puis par les décrets n° 2016-1613 du 25 novembre 2016, n° 2020-844 du 3 juillet 2020, n° 2021-207 du 24 février 2021 et n° 2121-872 du 3 juin 2021. Un décret en Conseil d'État modifiant le Code de 'urbanisme est préparé par le ministre chargé de l'urbanisme ; il est présenté, sous forme de projet, à la section des Travaux publics du Conseil d'État, section consultative qui l'examine et propose les modifications q 'elle juge nécessaires ; puis le décret est signé par le Premier ministre, contresigné par le ministre chargé de l'urbanisme, publié au *Journal officiel* et inséré dans la deuxième partie (R) du code ;
- l'article A 472-1, article réglementaire sur les remontées mécaniques, est issu d'un arrêté du 23 novembre 2007. Un arrêté est signé par le ministre chargé de l'urbanisme, publié au *Journal officiel* et inséré dans la troisième partie (A) du code.

Exemple de modification du Code de l'urbanisme

Décret n° 2021-1345 du 13 octobre 2021 portant modification des dispositions relatives à l'évaluation environnementale des documents d'urbanisme et des unités touristiques nouvelles (extrait)

Le Premier ministre,

Sur le rapport de la ministre de la transition écologique et de la ministre de la Cohésion des territoires et des relations avec les collectivités territoriales,

Vu la directive 2001/42 CE du Parlement européen et du Conseil du 27 juin 2001 relative à l'évaluation des incidences de certains plans et programmes sur l'environnement, notamment son annexe II ;

Vu le Code de l'environnement, notamment son article R.122-17 ;

Vu le Code général des collectivités territoriales, notamment ses articles R.4424-6-1 et R.4433-3 ;

Vu le Code de l'urbanisme ;

Vu l'avis du Conseil national d'évaluation des normes en date du 1er avril 2021 ;

Vu l'avis du Conseil national de la montagne en date du 29 avril 2021 ;

Vu les observations formulées lors de la consultation du public réalisée du 7 au 29 avril 2021, en application de l'article L.123-19-1 du code de l'environnement ;

Le Conseil d'État (section des travaux publics) entendu,

Décrète :

Article 1

Le Code de l'urbanisme est modifié conformément aux dispositions des articles 2 à 22 du présent décret.

Article 2

Au b du 3° de l'article R.104-3, après les mots : « un examen au cas par cas », sont insérés les mots : « réalisé dans les conditions définies aux articles R.104-28 à R.104-32 » et les mot : « au sens de » sont remplacés par les mots : « au regard des critères de ».

Article 3

L'article R.104-4 est ainsi modifié :

1° Au b du 3°, après les mots : « un examen au cas par cas », sont insérés les mots : « réalisé dans les conditions définies aux articles R.104-28 à R.104-32 » et les mots : « au sens de » sont remplacés par les mots : « au regard des critères de » ;

2° Au b du 4°, les mots : « porte atteinte à l'économie générale du document » sont remplacés par les mots : « a les mêmes effets qu'une révision » ;

3° Au c du 4°, après les mots : « un examen au cas par cas », sont insérés les mots : « réalisé dans les conditions définies aux articles R.104-28 à R.104-32 » et les mots : « au sens de » sont remplacés par les mots : « au regard des critères de » ;

4° Au 5°, les mots : « en application de l'article L.300-6-1, si l'étude d'impact du projet n'a pas inclus l'analyse de l'incidence de ces dispositions sur l'environnement » sont remplacés par les mots : « prévue à l'article L.300-6-1, lorsqu'en application des conditions définies au V de cet article l'étude d'impact du projet n'a pas inclus l'analyse de l'incidence des dispositions concernées sur l'environnement ».

Article 4

L'article R.104-5 est ainsi modifié :

1° Le 3° est remplacé par les dispositions suivantes :

« 3° De leur modification :

« a) Lorsque celle-ci permet la réalisation de travaux, aménagements, ouvrages ou installations susceptibles d'affecter de manière significative un site Natura 2000 ;

« b) S'il est établi, après un examen au cas par cas réalisé dans les conditions définies aux articles R.104-28 à R.104-32, qu'elle est susceptible d'avoir des incidences notables sur l'environnement au regard des critères de l'annexe II de la directive 2001/42/ CE du Parlement européen et du Conseil du 27 juin 2001 relative à l'évaluation des incidences de certains plans et programmes sur l'environnement ; »

2° Au 4°, les mots : « en application de l'article L.300-6-1, si l'étude d'impact du projet n'a pas inclus l'analyse de l'incidence de ces dispositions sur l'environnement » sont remplacés par les mots : « prévue à l'article L.300-6-1, lorsqu'en application des conditions définies au V de cet article l'étude d'impact du projet n'a pas inclus l'analyse de l'incidence des dispositions concernées sur l'environnement » ;

3° Après le 4°, il est inséré un 5° ainsi rédigé :

« 5° Pour le schéma d'aménagement régional, de sa mise en compatibilité dans le cadre d'une déclaration d'utilité publique ou d'une déclaration de projet : « a) Lorsque celle-ci a les mêmes effets qu'une révision ;

« b) S'il est établi, après un examen au cas par cas réalisé dans les conditions définies aux articles R.104-28 à R.104-32, qu'elle est susceptible d'avoir des incidences notables sur l'environnement au regard des critères de l'annexe II de la directive 2001/42/ CE du Parlement européen et du Conseil du 27 juin 2001 relative à l'évaluation des incidences de certains plans et programmes sur l'environnement » (...). »

Article 27

La ministre de la Transition écologique, la ministre de la Cohésion des territoires et des Relations avec les collectivités territoriales et la ministre déléguée auprès de la ministre de la Transition écologique, chargée du Logement, sont chargées, chacune en ce qui la concerne, de l'exécution du présent décret, qui sera publié au Journal officiel de la République française.

Fait le 13 octobre 2021.

Par le Premier ministre, Jean Castex

La ministre déléguée auprès de la ministre de la Transition écologique, chargée du Logement, Emmanuelle Wargon

La ministre de la Transition écologique, Barbara Pompili

La ministre de la Cohésion des territoires et des Relations avec les collectivités territoriales, Jacqueline Gourault

11. La réglementation de l'urbanisme n'est pas uniforme sur le territoir e de la République, parce que les politiques d'aménagement des collectivités territoriales sont diffé entes : les régions à forte urbanisation ont peu de points communs avec les régions rurales, un département situé sur le littoral n'a pas à résoudre les mêmes questions qu'un département francilien, les communes n'ont pas la même superficie, la même histoire, la même population, les mêmes moyens financiers, les mêmes options politiques, les mêmes besoins… Cependant, le Conseil constitutionnel a estimé qu'en matière d'urbanisme, l'existence de diffé ences résultant de l'appréciation concrète des autorités administratives locales ne portait pas atteinte au principe d'égalité (décision n° 85-189 DC, 17 juillet 1985). Ainsi, l'État, les communes et aujourd'hui les intercommunalités exercent des responsabilités précises et complémentaires en matière d'urbanisme. Il est certain que la fragmentation, l'imbrication et l'augmentation des règles, souvent accrues par les changements de majorité parlementaire ou municipale, contribuent à une instabilité pour le moins préoccupante du cadre juridique. À titre d'illustration, le Code de l'urbanisme, qui comprenait 1 459 articles en 2002, en comportait 2 295 en 2021. Cette réalité n'est pas sans conséquences pour les praticiens comme pour les administrés. D'un autre point de vue, ces fr équentes modifications, législati es et réglementaires, nationales et locales, démontrent que le droit de l'urbanisme constitue une matière vivante.

L'obligation d'harmonisation des décisions des collectivités publiques en matière d'urbanisme est énoncée à l'article L. 101-1 du Code de l'urbanisme. Premier des articles législatifs du code, il fi e un cadre clair :

« Le territoire français est le patrimoine commun de la nation. Les collectivités publiques en sont les gestionnaires et les garantes dans le cadre de leurs compétences.

En vue de la réalisation des objectifs définis à l'article L. 101-2, elles harmonisent leurs prévisions et leurs décisions d'utilisation de l'espace dans le respect réciproque de leur autonomie. »

Les objectifs généraux que vont devoir mettre en œuvre toutes les autorités publiques intervenant dans le domaine de l'urbanisme sont ainsi fi és par l'article L. 101-2 du Code de l'urbanisme :

« Dans le respect des objectifs du développement durable, l'action des collectivités publiques en matière d'urbanisme vise à atteindre les objectifs suivants :

1° L'équilibre entre :

a) Les populations résidant dans les zones urbaines et rurales ;

b) Le renouvellement urbain, le développement urbain et rural maîtrisé, la restructuration des espaces urbanisés, la revitalisation des centres urbains et ruraux, la lutte contre l'étalement urbain ;

c) Une utilisation économe des espaces naturels, la préservation des espaces affectés aux activités agricoles et forestières et la protection des sites, des milieux et paysages naturels ;

d) La sauvegarde des ensembles urbains et la protection, la conservation et la restauration du patrimoine culturel ;

e) Les besoins en matière de mobilité ;

2° La qualité urbaine, architecturale et paysagère, notamment des entrées de ville ;

3° La diversité des fonctions urbaines et rurales et la mixité sociale dans l'habitat, en prévoyant des capacités de construction et de réhabilitation suffisantes pour la satisfaction, sans discrimination, des besoins présents et futurs de l'ensemble des modes d'habitat, d'activités économiques, touristiques, sportives, culturelles et d'intérêt général ainsi que d'équipements publics et d'équipement commercial, en tenant compte en particulier des objectifs de répartition géographiquement équilibrée entre emploi, habitat, commerces et services, d'amélioration des performances énergétiques, de développement des communications électroniques, de diminution des obligations de déplacements motorisés et de développement des transports alternatifs à l'usage individuel de l'automobile ;

4° La sécurité et la salubrité publiques ;

5° La prévention des risques naturels prévisibles, des risques miniers, des risques technologiques, des pollutions et des nuisances de toute nature ;

6° La protection des milieux naturels et des paysages, la préservation de la qualité de l'air, de l'eau, du sol et du sous-sol, des ressources naturelles, de la biodiversité, des écosystèmes, des espaces verts ainsi que la création, la préservation et la remise en bon état des continuités écologiques ;

6°bis La lutte contre l'artificialisation des sols, avec un objectif d'absence d'artificialisation nette à terme ;

7° La lutte contre le changement climatique et l'adaptation à ce changement, la réduction des émissions de gaz à effet de serre, l'économie des ressources fossiles, la maîtrise de l'énergie et la production énergétique à partir de sources renouvelables ;

8° La promotion du principe de conception universelle pour une société inclusive vis-à-vis des personnes en situation de handicap ou en perte d'autonomie dans les zones urbaines et rurales. »

Ainsi, dès lors que l'État, les collectivités territoriales et leurs établissements publics de coopé ration intercommunale ont vocation à intervenir pour réglementer l'utilisation de l'espace, deux catégories de règles coexistent dans le droit français de l'urbanisme :

- les règles imposées aux communes et aux intercommunalités (chapitre 1) ;
- les règles choisies par chaque commune ou intercommunalité (chapitre 2).

CHAPITRE 1

Les règles imposées aux communes et intercommunalités

12. Les autorités de l'État interviennent par des normes (lois, décrets, arrêtés) visant à protéger le territoire, patrimoine commun de la Nation. Elles édictent, d'une part, des règles de fond que les communes ou les établissements publics de coopération inter communale doivent respecter et, d'autre part, des règles de procédure que les collectivités territoriales ne peuvent aggraver (Conseil d'État, 24 janvier 1990, époux Naudon, Rec. T. 1032). Ces règles peuvent faire l'objet, dans les départements et régions d'outre-mer, « *d'adaptations tenant aux caractéristiques et contraintes particulières de ces collectivités* », aux termes de l 'article 73 de la Constitution. À noter que les infractions aux règles d'urbanisme sont sanctionnées par le juge pénal, en particulier en cas de non-respect des dispositions relatives aux plans locaux d'urbanisme (art. L. 610-1).

Ces règles peuvent être regroupées en quatre catégories :

- les dispositions générales (1.1) ;
- les projets particuliers de l'État (1.2) ;
- certaines dispositions du règlement national d'urbanisme (1.3) ;
- les servitudes d'utilité publique (1.4).

Il fallait y ajouter, jusqu'au 1er janvier 2015, le plafond légal de densité (1.5).

1.1 Les dispositions générales

13. Parmi toutes les dispositions générales, on peut distinguer quatre groupes : les objectifs généraux, les dispositions législatives particulières, les schémas d'aménagement régional et les dispositions visant à mettre en œuvre des orientations gouvernementales.

1.1.1 Les objectifs généraux

Les objectifs généraux du dr oit de l'urbanisme, énoncés à l 'article L. 101-2 (voir *supra* 11), doivent être respectés par toute personne publique ou privée, et donc par les collectivités territoriales et leurs établissements publics de coopération inter communale (EPCI). Ainsi, lorsque les intercommunalités ou les communes décident d 'élaborer ou de modifier un document 'urbanisme, elles doivent également tenir compte d'autres objectifs fi és par le Code de l'urbanisme.

Jusqu'en 2021, l'article L.121-1 fixait quat e objectifs à respecter pour assurer un développement durable ; au vu du caractère très général de ces objectifs, le Conseil constitutionnel avait invité le juge administratif à « *exercer un simple contrôle de compatibilité* » entre les règles fi ées par les documents d'urbanisme et les dispositions de l'article L. 121-1 (décision n° 2000- 436 DC du 7 décembre 2000).

Avec la loi « Climat et résilience » n° 2021-1104 du 22 août 2021, les moyens à mettre en œuvre pour respecter les objectifs de développement durable définis à 'article L. 101-2 ont été redéfinis par le législateu .

Le nouvel article L. 101-2-1 impose désormais de veiller à « *L'équilibre entre : 1° La maîtrise de l'étalement urbain ; 2° Le renouvellement urbain ; 3° L'optimisation de la densité des espaces urbanisés ; 4° La qualité urbaine ; 5° La préservation et la restauration de la biodiversité et de la nature en ville ; 6° La protection des sols des espaces naturels, agricoles et forestiers ; 7° La renaturation des sols artificialisés* ».

La lutte contre l'artificialisation des sols paraît désormais constituer l 'une des principales priorités en matière de planification urbaine. 'artificialisation est définie comme « *l'altération durable de tout ou partie des fonctions écologiques d'un sol, en particulier de ses fonctions biologiques, hydriques et climatiques, ainsi que de son potentiel agronomique par son occupation ou son usage* ». En outre, c'est désormais la notion de « *renaturation* » des sols artificialisés qui se trouve aujourd'hui consacrée par la loi. Désireux d'aller plus loin encore, le législateur a par ailleurs prévu, à terme, un nouvel objectif d'« *absence d'artificialisation nette* », plus connu sous l'acronyme ZAN (zéro artificialisation nette)

Vers le zéro artificialisation nette (ZAN)

« La loi permet également de mettre la France sur la trajectoire du zéro artificialisation nette, pour mettre fin aux 20 000 à 30 000 hectares d'espaces naturels, agricoles ou forestiers qui disparaissent chaque année en France, dont la moitié du fait de l'étalement des logements. Pour cela, la France se fixe par la loi un objectif de division par deux du rythme d'artificialisation sur la décennie à venir par rapport à la consommation des sols observée ces dernières années. Cette ambition, partagée avec "les 150", nécessite de repenser les modèles urbains d'aménagement, hérités du siècle dernier et dont les conséquences économiques, sociales et environnementales sont aujourd'hui dénoncées (éloignement de l'emploi et des services publics, coûts de déplacement, ségrégation spatiale, moindre stockage de carbone dans le sol, augmentation des ruissellements, érosion de la biodiversité, perte de fertilité agronomique, etc.). Cette loi change le cap en plaçant la lutte contre l'artificialisation au cœur de l'aménagement du territoire : dans les schémas régionaux de planification et dans les documents d'urbanisme, dans la requalification des friches existantes, ou encore avec le frein au développement de zones commerciales en périphérie des villes, avec la réversibilité des bâtiments et le réemploi, le recyclage et la valorisation constante des matériaux en cas de démolition. Elle prévoit aussi des dispositions permettant d'adapter les territoires littoraux au recul du trait de côte qui est un phénomène amplifié par le changement climatique avec la hausse du niveau des océans et la multiplication des évènements climatiques extrêmes. »

Exposé des motifs du projet de loi n° 3875 portant lutte contre le dérèglement climatique et renforcement de la résilience face à ses effets, présenté par Jean Castex, Premier ministre, Assemblée nationale, 10 février 2020.

1.1.2 Les dispositions législatives particulières

Le Code de l'urbanisme organise une hiérarchie des normes : les plans locaux d'urbanisme doivent être ainsi « *compatibles* » avec les schémas de cohérence territoriale (SCoT) (art. L. 131-4) ; ceux-ci doivent être pour leur part compatibles notamment avec les dispositions législatives relatives aux zones de montagne et au littoral (art. L. 131-1). En raison de la géographie de la France, ces zones soumises à des dispositions législatives particulières sont sans doute les plus connues.

A. La loi « Montagne » du 9 janvier 1985 modifiée (art. L.122-1 à L.122-27)

14. La loi n° 85-30 du 9 janvier 1985, dite loi « Montagne », fixe les conditions de protection de l'espace montagnard. Elle a été complétée par la loi n° 2016-1888 du 28 décembre 2016 de modernisation, de développement et de protection des territoires de montagne, dite « Loi Montagne 2 ». Ses dispositions concernent les massifs des Alpes, de Corse, le Massif central, le massif jurassien, les Pyrénées et le massif vosgien. En pratique, plus de 5 000 communes françaises sont aujourd'hui concernées par les dispositions législatives particulières relatives à l'espace montagnard.

■ **La loi pose plusieurs principes d'aménagement et de protection de la montagne applicables à tout projet de construction en zone de montagne.**

Elle contraint les autorités administratives à prévoir dans les documents et décisions relatifs à l'occupation des sols « *les dispositions propres à préserver les espaces, paysages et milieux caractéristiques du patrimoine naturel et culturel campagnard* » (art. L. 122-9). Outre les terres nécessaires au maintien et au développement des activités agricoles, pastorales et forestières, doivent être en particulier préservées les terres se situant dans les fonds de vallée. Les critères permettant d'apprécier la nécessité de préserver ces terres sont énoncés à l'article L. 122-10 : « *La nécessité de préserver ces terres s'apprécie au regard de leur rôle et de leur place dans les systèmes d'exploitation locaux. Sont également pris en compte leur situation par rapport au siège de l'exploitation, leur relief, leur pente et leur exposition.* »

Le juge doit donc s'en tenir à ces critères lorsqu'il contrôle la régularité d'une décision administrative prise pour préserver les terres (Conseil d'État, 7 février 2013, Ministre de l'Écologie, du Développement durable, des Transports et du Logement c/ M. Blmont, n° 354681) ; ainsi la reconstruction de chalets d'alpage, autorisée par le préfet, ne peut être réalisée qu'au même emplacement (Conseil d'État, 27 mai 2013, n° 349262, M. Zardo).

En zone de montagne, la règle est la continuité de l'urbanisation avec les bourgs, villages, hameaux, groupes de constructions traditionnelles ou d'habitations existants (art. L. 122-5). En pratique, la continuité s'apprécie « *au regard des caractéristiques locales de l'habitat traditionnel, des constructions implantées et de l'existence de voies et réseaux* » (art. L. 122-5-1). Le respect de l'exigence de continuité est strictement contrôlé par le juge administratif qui vérifiera, par exemple, la distance entre le bourg et le secteur dont l'urbanisation est prévue (Conseil d'État, 14 décembre 1992, Commune de Saint-Gervais-les-Bains, n° 115359), la présence immédiate d'habitations à proximité d'une parcelle sur laquelle est projetée une construction (Conseil d'État, 5 janvier 1994, Cribier, Rec. T. p. 1227), le nombre et les caractéristiques des habitations existantes (Cour administrative d'appel de Marseille, 5e chambre, 12 mai 2021, Mme D., n° 19MA02584) ou encore la présence de voies et réseaux publics d'électricité et d'eau potable (Cour administrative d'appel de Lyon, 1re chambre, 8 avril 1997, n° 94LY00450 / Commune de Bilieu). Il peut être dérogé à cette règle de continuité pour les installations ou équipements publics incompatibles avec le voisinage des zones habitées (à propos d'un parc d'éoliennes : Conseil d'État, 16 juin 2010, M. Leloustre, n° 311840, Rec. p. 1010). D'autres exceptions (art. L. 122-7) sont prévues afin de permettre aux communes qui n'ont pas de document d'urbanisme et qui ne subissent pas de pression foncière d'autoriser, à titre exceptionnel, des constructions isolées.

La loi « Montagne » interdit en outre, en dehors des espaces urbanisés, toutes constructions ou installations dans une bande de cent mètres de part et d'autre de l'axe des autoroutes, des routes express ainsi que des déviations (art. L. 111-6). Pour les autres voies de circulation, cette distance est réduite à soixante-quinze mètres. Toutefois, cette interdiction ne s'applique pas aux installations nécessaires aux infrastructures routières, aux bâtiments d'exploitation agricole, aux réseaux d'intérêt public ainsi qu'aux installations de production d'énergie solaire installées sur des parcelles déclassées (art. L. 111-7).

Le juge administratif n'hésite pas à faire preuve de sévérité lorsqu'une commune ne respecte pas les dispositions relatives à la protection des espaces, paysages et milieux caractéristiques du patrimoine naturel et culturel montagnard. A ainsi été annulée la délibération d'un conseil municipal prévoyant la création de deux zones d'urbanisation future s'étendant, sur 35 hectares, sur des terres agricoles de bonne valeur agronomique (Conseil d'État, 6 février 1998, Commune de Faverges, n° 161812, Rec. p. 45).

■ **Pour tout ou partie d'un massif, une directive territoriale d'aménagement (voir *infra* 25) peut être édictée** après avis ou sur proposition d'un comité de massif composé d'élus et de représentants d'activités associatives et touristiques. Les prescriptions d'une telle directive peuvent préciser les modalités d'application de la loi afin d'assurer la préservation des gorges, des grottes, des glaciers, des lacs, des marais ou des lieux de pratique de l'alpinisme, de l'escalade et du canoë-kayak. Chaque projet de directive est soumis par le gouvernement à l'avis du conseil régional puis soumis à enquête publique, avant d'être approuvé par décret en Conseil d'État. Une seule DTA concernant une zone de montagne, celle des Alpes-Maritimes, a été approuvée (décret n° 2003-1169 du 2 décembre 2003) ; la DTA des Alpes du Nord a été élaborée, mais non publiée. En l'absence de directive territoriale d'aménagement, un décret en Conseil d'État, pris sur proposition du comité de massif et après enquête publique, peut définir des prescriptions particulières pour tout ou partie d'un massif (L. 122-26).

■ **Création des unités touristiques nouvelles (UTN)**

15. Une unité touristique nouvelle (UTN) est une opération de développement touristique en zone de montagne. La particularité des UTN est de ne pas être soumises au principe d'urbanisation en continuité. Constitue plus précisément une UTN « *toute opération de développement touristique effectuée en zone de montagne et contribuant aux performances socio-économiques de l'espace montagnard* » (art. L. 122-16). Le régime juridique applicable aux UTN a été réformé par la « loi Montagne 2 » du 28 décembre 2016, puis précisé par le décret n° 2017-1039 du 10 mai 2017 et le décret n° 2021-1345 du 13 octobre 2021. On distingue ainsi désormais les UTN « structurantes », de taille ou de capacité d'accueil importante, et les UTN « locales », de moindre importance. La création ou l'extension d'une UTN « structurante » doit être prévue par le schéma de cohérence territoriale (SCoT) qui doit en définir les caractéristiques (art. L. 122-20), tandis que la création d'une simple UTN « locale » relève du plan local d'urbanisme (art. L. 122-21).

- Constituent des UTN structurantes : « *1° La création, l'extension ou le remplacement de remontées mécaniques, lorsque ces travaux ont pour effet : a) La création d'un nouveau domaine skiable alpin ; b) L'augmentation de la superficie totale d'un domaine skiable alpin existant, dès lors que cette augmentation est supérieure ou égale à 100 hectares ; 2° Les liaisons entre domaines skiables alpins existants ; 3° Les opérations de construction ou d'extension d'hébergements et d'équipements touristiques d'une surface de plancher totale supérieure à 12 000 mètres carrés, à l'exclusion des logements à destination des personnels saisonniers ou permanents des équipements et hébergements touristiques ; 4° L'aménagement, la création et l'extension de terrains de golf d'une superficie supérieure à 15 hectares ; 5° L'aménagement de terrains de camping d'une superficie supérieure à 5 hectares ; 6° L'aménagement de terrains pour la pratique de sports ou de loisirs motorisés d'une superficie supérieure à 4 hectares : 7° Les travaux d'aménagement de pistes pour la pratique des sports d'hiver alpins, situés en site vierge au sens du tableau annexé à l'article R. 122-2 du Code de l'environnement d'une superficie supérieure à 4 hectares ; 8° La création d'une remontée mécanique n'ayant pas pour objet principal de desservir un domaine skiable, pouvant transporter plus de dix mille voyageurs par jour sur un dénivelé supérieur à 300 mètres »* (art. R. 122-8).

- Les UTN « locales » pour leur part consistent en *« 1° La création, l'extension ou le remplacement de remontées mécaniques, lorsqu'ils ont pour effet l'augmentation de plus de 10 hectares et de moins de 100 hectares d'un domaine skiable alpin existant ; 2° L'aménagement, la création et l'extension de terrains de golf d'une superficie inférieure ou égale à 15 hectares ; 3° Les opérations suivantes, lorsqu'elles ne sont pas situées dans un secteur urbanisé ou dans un secteur constructible situé en continuité de l'urbanisation :*

  a) La création ou l'extension, sur une surface de plancher totale supérieure à 500 mètres carrés, d'hébergements touristiques ou d'équipements touristiques ; b) L'aménagement de terrains de camping d'une superficie comprise entre 1 et 5 hectares ; c) La création de refuges de montagne mentionnés à l'article L 326-1 du code du tourisme, ainsi que leur extension pour une surface de plancher totale supérieure à 200 mètres carrés » (art. R. 122-9).

Dans les communes non couvertes par un SCoT, la création d'une UTN structurante est soumise à autorisation du préfet coordonnateur de massif (art. R. 122-10). Dans les communes non couvertes par un PLU, la création d'une UTN locale est soumise à autorisation du préfet de département.

Dans les deux cas (UTN structurante ou UTN locale), le dossier de demande est présenté par la commune (ou par l'EPCI compétent en matière de PLU) au préfet de département (art. R. 122-13). Cette demande est notamment accompagnée des délibérations des organes délibérants des communes ou EPCI concernés par le pr ojet. Avant de prendre sa décision, le préfet compétent recueille l'avis du comité de massif et procède à une consultation du public. Le préfet peut également assor tir sa décision de pr escriptions à respecter ; s'il refuse la demande, il précise le motif du refus. Le juge vérifie pour sa part que la création d'une UTN n'apporte pas d'atteintes excessives à la qualité du site et aux grands équilibres naturels (Conseil d'État, Section, 15 mai 1992, Commune de Cruseilles et ministre de l'Équipement c/ association FRAPNA Haute-Savoie et Club alpin français, n° 118573 et 118867, Rec. p. 210 ; Cour administrative d'appel de Lyon, 15 novembre 2015, Association Vivre en Tarentaise, n° 14LY03771 ; Cour administrative d'appel de Marseille, 9 février 2015, Fédération française des clubs alpins et de montagne, n° 12MA03856) ; mais il n'a pas à s'assurer que la réalisation de l'UTN est effecti ement prévue au POS ou au PLU (Conseil d'État, 16 juin 2000, Ministre de l'Équipement c/ association Union Midi-Pyrénées Nature Environnement, n° 182395, Rec. p. 235).

B. La loi « Littoral » du 3 janvier 1986 (art. L.121-1 à L.121-51)

16. Ce texte s'applique aux communes riveraines des mers et des océans, des étangs salés et des plans d'eau intérieurs de plus de 1 000 hectares ainsi qu'aux communes riveraines des estuaires et des deltas dont la liste est fi ée à l'article R. 321-1 du Code de l'environnement. Une cour a récemment estimé que, dès lors qu'une partie du territoire d'une commune jouxte la mer, cette commune doit être regardée comme une commune littorale pour l'ensemble de son territoire (Cour administrative d'appel de Douai, 4 février 2020, SCI JBS, r eq n° 18DA00806). En pratique, la loi « Littoral », qui donne lieu à un important contentieux, concerne aujourd'hui un peu plus de 1 200 communes en France.

■ **Elle limite la possibilité de réaliser des routes proches du littoral**, par trois dispositions (art. L. 121-6) :

- interdiction de créer de nouvelles routes de transit à moins de 2 000 mètres du rivage, l'appréciation du caractère de route de transit relevant du juge du fond, tribunal ou cour (Conseil d'État, 12 décembre 2007, Commune de S ene, n° 290312, Rec. T. p. 1116) ; cette interdiction ne s'applique pas aux rives des plans d'eau intérieurs ;
- interdiction absolue de créer des routes sur les plages, cordons lagunaires, dunes ou en corniche ;
- limitation d'aménagement d'une route dans la bande littorale (100 mètres à compter de la limite haute du rivage ou des plus hautes eaux pour les plans d'eau intérieurs) : un tel aménagement n'est possible que dans les espaces urbanisés ou lorsqu'il est nécessaire à des services publics ou à des activités économiques nécessitant la proximité immédiate de l'eau.

Cependant, l'implantation ou l'aménagement de nouvelles routes, qui sont rendus nécessaires en raison de l'insularité ou de la configuration des lieux, peu ent être réalisés après avis de la commission départementale des sites (Conseil d'État, 30 décembre 1996, Société de protection de la nature de Sète-Frontignan-Baraduc, n° 102023, Rec. p. 512). Il en est de même lorsque la réalisation de la route nouvelle est nécessaire au fonctionnement d'un service public portuaire et que sa localisation répond à une nécessité technique impérative (Conseil d'État, 29 décembre 1999, Mautalent, n° 197720, Rec. T. p. 1065) ou à des besoins de sécurité civile ou militaire (art. L. 121-4).

■ **Elle poursuit l'objectif** de mettre fin au « mitage », constitué par la dissémination des constructions dans ces communes souvent soumises à une forte pression foncière. Cet objectif a cependant été assoupli par la loi « ELAN » du 23 novembre 2018 en permettant de « combler les dents creuses » dans certains secteurs déjà urbanisés.

17. La loi Littoral distingue trois types de zones en fonction de la distance par rapport au rivage.

Dans les zones les plus lointaines, l'urbanisation ne pouvait auparavant se réaliser que soit en continuité avec les agglomérations et villages existants, soit en hameaux nouveaux intégrés à l'environnement (Conseil d'État, 3 juillet 1996, SCI Mandelieu Maure Vieil, n° 137623, Rec. p. 261). La référence aux *« hameaux nouveaux intégrés à l'environnement »* a été supprimée par la loi n° 2018-1021 du 23 novembre 2018 portant évolution du logement, de l'aménagement et du numérique, dite loi « ELAN ». L'article L. 121-8 du Code de l'urbanisme dispose désormais que *« l'extension de l'urbanisation se réalise en continuité avec les agglomérations et villages existants »*. Par ailleurs, cet article prévoit la possibilité d'étendre l'urbanisation *« dans les secteurs déjà urbanisés autres que les agglomérations et villages identifiés par le schéma de cohé-*

rence territoriale et délimités par le plan local d'urbanisme ». En pratique, plusieurs éléments permettent de spécifier le caractè e « déjà urbanisés » de ces secteurs : « *la densité de l'urbanisation, sa continuité, sa structuration par des voies de circulation et des réseaux d'accès aux services publics de distribution d'eau potable, d'électricité, d'assainissement et de collecte de déchets ou la présence d'équipements collectifs* » (Conseil d'État, 22 avril 2022, Office public de 'habitat des Pyrénées-Atlantiques, n° 450229).

Ces secteurs déjà urbanisés se distinguent des espaces d'urbanisation diffuse notamment par « *la densité de l'urbanisation, sa continuité, sa structuration par des voies de circulation et des réseaux d'accès aux services publics de distribution d'eau potable, d'électricité, d'assainissement et de collecte de déchets, ou la présence d'équipements ou de lieux collectifs* ». La possibilité de construire dans ces secteurs demeur e soumise à des finalités e clusives « *d'amélioration de l'offre de logement ou d'hébergement et d'implantation de services publics* ». En outre, les constructions et installations projetées ne doivent pas venir étendre le périmètre bâti existant ni modifier de manière significati e les caractéristiques de ce bâti. À titre d'exemple, il a été jugé que l'implantation d'une infrastructure de téléphonie mobile compr enant une antenne-relais et ses systèmes d'accroche doit être regardée comme constituant une extension de l'urbanisation soumise au principe de continuité (Conseil d'État, avis, 11 juin 2021, Commune de Plomeur, n° 449840).

Une dérogation à cette règle peut être donnée avec l'accord du préfet pour « *les constructions ou installations nécessaires aux activités agricoles ou forestières ou aux cultures marines* » (art. L. 121-10). Cet accord est donné après avis de la commission départementale de la nature, des paysages et des sites (CDNPS) et de la commission départementale de la préservation des espaces naturels, agricoles et forestiers. En outre, les travaux de mise aux normes des exploitations agricoles sont possibles sans dérogation, « *à condition que les effluents d'origine animale ne soient pas accrus* » (art. L. 121-11).

À titre d'exemple, un secteur caractérisé par « *un faible nombre de constructions* » et « *leur faible densité* » a été jugé comme constituant, non pas « *une agglomération ou un village existant* », mais « *une zone d'urbanisation diffuse éloignée des agglomérations et villages existants* » (Cour administrative d'appel de N antes, 8 décembr e 2020, Commune de l 'Ile-de-Bréhat, n° 19NT03392). *A contrario*, un « *secteur qui comporte une cinquantaine de maisons d'habitation groupées desservies par plusieurs voies de circulation* » présentant « *un nombre et une densité significatifs de constructions constitue une zone urbanisée au sens de l'article L. 121-8 du Code de l'urbanisme* » (Cour administrative d'appel de Bordeaux, 1re chambre, 10 décembre 2020, Commune de Saint-Just-Luzac, n° 19BX00322). Par ailleurs, dans un secteur d'urbanisation diffuse, les constructions nouvelles ne peuvent en principe être autorisées, même si les projets envisagés n'aboutissent pas à étendre le périmètre déjà bâti (Cour administrative d'appel de Marseille, 24 janvier 2022, n° 20MA01137).

Dans les espaces proches du rivage, les constructions sont autorisées à la condition qu'elles n'entraînent qu'une extension limitée de l'urbanisation spécialement justifiée et moti ée et qu'elles soient situées en dehors de la bande littorale des cent mètr es à compter de la limite haute du rivage. L'extension de l'urbanisation doit être limitée, justifiée et motivée (art. L. 121-13). La notion d'« *extension de l'urbanisation* » a été précisée par la décision « Société Soleil d'Or » du Conseil d'État. Ainsi, une opération projetée en agglomération ou dans un espace déjà urbanisé « *ne peut être regardée comme une extension de l'urbanisation (...) que si elle conduit à étendre ou à renforcer de manière significative l'urbanisation de quartiers périphériques ou si elle modifie de manière importante les caractéristiques d'un quartier, notamment en* *augmentant sensiblement la densité des constructions* » (Conseil d'État, 7 février 2005, Société Soleil d'or et commune de Menton, n° 264315, Rec. T. p. 1132). De même, un simple projet d'agrandissement d'une construction existante ne peut être regardé comme une extension de l'urbanisation (Cour administrative d'appel de Nantes, 26 mai 2021, SCI Sainte Barbe, n° 20NT00466). Un projet pourra être qualifié 'extension de l'urbanisation soit parce qu'il élargit un périmètre déjà bâti, soit parce qu'il en modifie les caractéristiques (Cour administrative d'appel de Nantes, 3 juillet 2020, SCI Les Près Biard, n° 19NT03319). Le caractère limité d'un projet d'extension de l'urbanisation s'apprécie pour sa part « *eu égard à l'implantation, à l'importance, à la densité, à la destination des constructions envisagées et à la topographie des lieux* » (Conseil d'État, 5 avril 2006, Société Les Hauts de Saint-Antoine, n° 272004, Rec. T. p. 1097). La justification et la moti ation doivent en principe s'appuyer sur le plan local d'urbanisme selon des critères liés à la configuration des lieux ou à 'accueil d'activités économiques exigeant la proximité immédiate de l'eau.

Deux situations peuvent se présenter :

- l'extension est conforme au schéma de cohér ence territoriale ou au schéma de mise en valeur de la mer ou au schéma d'aménagement régional : il suffi alors que le PLU soit compatible avec les dispositions du schéma ;
- l'extension n'est pas prévue par un schéma ; elle doit alors :
  - soit être justifiée dans le P U selon des critères liés à la configuration des lieux ou à l'accueil d'activités économiques exigeant la proximité immédiate de l'eau ;
  - soit être autorisée par le préfet, sur demande motivée du conseil municipal, après avis de la commission départementale de la nature, des paysages et des sites. Le plan local d'urbanisme doit alors respecter les dispositions de cet accord. À noter : l'autorisation n'est nécessaire que s'il s'agit bien d'une extension.

Dans ces zones, les règles relatives à l'extension limitée de l'urbanisation concernent également les projets d'aménagement et d'ouverture de terrains de camping ou de stationnement de caravanes (art. L. 121-14).

18. Le long d'une bande littorale de 100 mètres à compter de la limite haute du rivage, il est interdit de construire en dehors des espaces urbanisés (art. L. 121-16). Il s'agit là de la limite des plus hautes eaux en dehors des circonstances météorologiques exceptionnelle, assimilable pour le juge administratif « *à la limite du domaine public* » (Conseil d'État, 12 mai 1997, Société Coprotour, n° 151359, Rec. p. 188). Dans le cadre d'un projet de construction à flanc de falaise, la distance par rappo t au rivage de la mer est calculée horizontalement de tout point des façades de la constr uction à l'élévation à la verticale du point, au pied de la falaise (Cour administrative d'appel de Marseille, 25 février 2019, Association U Levante, n° 17MA03628). En particulier, dans la bande littorale, l'aménagement et l'ouverture de terrains de camping ou de stationnement de caravanes sont strictement interdits (art. L. 121-18). Un PLU peut prévoir que la bande littorale s'étend à plus de 100 mètres si la fragilité des milieux ou l'érosion des côtes le justifie (Conseil 'État, 17 juin 1998, Association de défense des propriétaires longevillais, n° 169463, Rec. T. p. 1237), ou plus précisément « *lorsque des motifs liés à la sensibilité des milieux le justifient* » (art. L. 121-19). La protection des zones les plus pr oches du littoral a été r enforcée par la loi « Climat et résilience » du 22 août 2021 afin de p endre en compte le phénomène dit de « *recul du trait de côte* ». Ce phénomène peut être défini comme la p ogression durable de la mer sur l'espace continental. Les communes concernées figu ent sur une liste établie par décr et « *en tenant compte de la particulière vulnérabilité de leur territoire au recul du trait de côte* » (art. L. 321-15 du Code de l'environnement). Cette liste, réalisée après consultation des conseils municipaux de ces communes, est révisée au moins tous les neuf ans.

Dans ces espaces urbanisés, caractérisés par un nombre et une densité significati e de constructions, les constructions peuvent être exceptionnellement autorisées à la condition qu'elles n'entraînent pas une densification significat e des secteurs concernés (Conseil d'État, 21 juin 2018, n°416564 ; 7 mars 2022, Association Cucq Trepied Stella 2020, n° 443804). À titre d'exemple, l'extension d'un bâtiment augmentant d'un tiers sa surface plancher a été jugée comme constituant une densification significat e, dès lors insusceptible d'être autorisée dans la bande des 100 mètres (Cour administrative d'appel de Nantes, 12 janvier 2021, Commune de Trébeurden, n° 19NT03512).

La règle d'interdiction de construire sur la bande littorale comporte deux exceptions.

- La première concerne les constructions ou installations nécessaires à des services publics ou à des activités économiques « *exigeant la proximité immédiate de l'eau* » (art. L. 121-17). Tel peut être par exemple le cas de sanitaires installés l'été sur les plages (Conseil d'État, 8 octobre 2008, M. Babœuf, n° 293469, Rec. T. p. 958) ou encore d'installations liées à aux activités de la pêche et de la conchyliculture (Cour administrative d'appel de Nantes, 7 avril 1999, Association « Collectif de Protection de la Pointe d'Argon », n° 97NT00926).
- La seconde exception concerne les communes dotées d'un schéma d'aménagement de plage (art. L. 121-18) : ce schéma peut autoriser, à titre dérogatoire et afin 'améliorer les conditions d'accès au domaine public maritime, le maintien ou la reconstruction d'une partie d'équipements existants à l'intérieur de la bande des 100 mètres, « *dès lors que ceux-ci sont de nature* à permettre *de concilier les objectifs de préservation de l'environnement et d'organisation de la fréquentation touristique* » (art. L. 121-30) ; il définit les p escriptions à respecter pour ne pas dénaturer le caractère du site et ne pas compromettre la préservation des paysages et des milieux naturels (art. R. 121-7). Le schéma, soumis à enquête publique par le préfet, est approuvé par décret en Conseil d'État avant d'être annexé au plan local d'urbanisme, s'il existe (art. R. 121-8).

■ **La loi Littoral exige en outre que les documents d'urbanisme des communes littorales respectent certaines dispositions spécifiques.**

Dans les communes soumises à la loi Littoral, les documents et décisions relatifs à l'utilisation des sols et à leur vocation doivent préserver les espaces terrestres et marins, les sites et paysages remarquables ou caractéristiques ainsi que les milieux nécessaires au maintien des équilibres biologiques. Il s'agit plus précisément de veiller à protéger « *les dunes et les landes côtières, les plages et lidos, les forêts et zones boisées côtières, les îlots inhabités, les parties naturelles des estuaires, des rias ou abers et des caps, les marais, les vasières, les zones humides et milieux temporairement immergés ainsi que les zones de repos, de nidification et de gagnage de l'avifaune* » (art. L. 121-23).

En particulier, les documents d'urbanisme doivent tenir compte de plusieurs éléments pour déterminer la capacité d'accueil des espaces urbanisés ou à urbaniser : la préservation des espaces et milieux protégés (espaces terrestres et marins, sites et paysages remarquables, milieux nécessaires au maintien des équilibres biologiques…), l'existence de risques littoraux, la protection des espaces nécessaires au maintien ou au développement des activités agricoles, pastorales, forestières et maritimes, la fréquentation par le public des espaces naturels et du rivage (art. L. 121-21). De plus, conformément à la loi « Climat et résilience » du 22 août 2021, dans les communes concernées par l'érosion littorale, le document graphique du PLU doit faire apparaître la zone exposée au recul du trait de côte, d'une part, à l'horizon de trente ans, et d'autre part, à un horizon compris entre trente et cent ans (art. L. 121-22-2).

Par ailleurs, les propriétés riveraines du domaine public maritime sont grevées, d'une part, d'une servitude dite « *de passage longitudinale* » à savoir « *une bande de trois mètres de largeur destinée à assurer exclusivement le passage des piétons* » (art. L.121-31) et, d'autre part, d'une servitude dite « *de passage transversale* ». Cette dernière a pour but de relier la voirie publique au rivage de la mer ou aux sentiers d'accès immédiat à celui-ci « *en l'absence de voie publique située à moins de cinq cents mètres et permettant l'accès au rivage* » (art. L.121-34).

Certains aménagements légers peuvent être créés après enquête publique (art. L.121-24) : il s'agit de permettre l'implantation d'équipements « nécessaires » à la gestion de ces espaces, à leur mise en valeur économique, voire à leur ouverture au public (chemins piétonniers ou cyclables, mobilier destiné à l'accueil ou à l'information du public, postes d'observation de la faune, postes de secours...). Auparavant, le caractère d'aménagement léger relevait de l'appréciation du juge. Aujourd'hui, la détermination de ces équipements légers résulte du décret n° 2019-482 du 21 mai 2019 (art. R.121-5), qui a fi é une « *liste désormais limitative de ces aménagements* » (Conseil d'État, 10 juillet 2020, Association France nature environnement, n° 432944). En tout état de cause, ces aménagements ne sauraient porer atteinte au caractère remarquable du site.

■ **Le Conservatoire du littoral veille à la protection des espaces littoraux.** Créé en 1975, le Conservatoire de l'espace littoral et des rivages lacustres est un établissement public de l'État à caractère administratif qui a pour mission de mener une politique foncière ayant pour objets la sauvegarde du littoral, le respect des équilibres écologiques et la préservation des sites naturels ainsi que celle des biens culturels qui s'y rapportent (art. L.322-1 du Code de l'environnement). Le Conservatoire exerce ses actions « *après avis des conseils municipaux et en partenariat avec les collectivités territoriales intéressés* ». Il est aujourd'hui représenté par dix délégations régionales : Manche-Mer du Nord, Normandie, Bretagne, Centre-Atlantique, Aquitaine, Languedoc-Roussillon, Provence-Alpes-Côte d'Azur, Corse, Outre-mer, lacs) qui sont localisées dans l'une ou l'autre des implantations géographiques de l'établissement (Wimereux, Hérouville-Saint-Clair, Plérin, Rochefort, Bordeaux, Montpellier, Aix-en-Provence, Bastia, Le Bourget-du-Lac).

Au titre de ses missions, le Conservatoire du littoral peut acquérir des sites, situés en bord de mer et de lacs, dont la valeur écologique, paysagère et patrimoniale justifie la mise en place d'un dispositif de protection et de gestion (art. L.322-3 du Code de l'environnement). Présent sur près de 1 500 km de rivages, et gérant un patrimoine plus de 200 000 hectares, le Conservatoire du littoral dispose également d'un droit de préemption pour mettre en valeur le littoral (art. L.215-5 du Code de l'urbanisme), voire d'expropriation si nécessaire (art. L.322-4 du Code de l'environnement).

C. Les dispositions législatives relatives aux enceintes fortifiées de Paris, Lille et Strasbourg

19. Le décret des 8-10 juillet 1791 « *concernant la conservation et le classement des places de guerre et des postes militaires, la police des fortifications et d'autres objets y relatifs* » avait institué des servitudes militaires imposant l'interdiction de construire autour des enceintes fortifiées de Paris et de Lille. L'article 42-IV de la loi n° 85-729 du 18 juillet 1985 relative à la défin-tion et à la mise en œuvre de principes d'aménagement a abrogé ces servitudes, mais prescrit que dans chacune de ces zones, l'implantation des constructions, c'est-à-dire la surface du niveau édifié sur le sol, ne de ait pas dépasser 20 % de la superficie globale. La loi n°90-1079 du 5 décembre 1990 relative aux zones *non aedificandi* de la ville de Strasbourg a pris des dispositions identiques pour l'enceinte fortifiée de la capitale alsacienne et la voie ferrée de Strasbourg à Kehl.

D. La loi « Voisinage des aérodromes » du 11 juillet 1985 (art. L.112-3 à L.112-17)

20. Cette loi impose aux préfets d'élaborer, pour les principaux aérodromes, un plan d'exposition au bruit. Ce document est établi après consultation des communes intéressées, de l'Autorité de contrôle des nuisances aéroportuaires et de la commission consultative de l'environnement constituée pour chaque aérodrome (art. L.112-6). Le préfet doit soumettre le projet de plan à enquête publique avant de l'approuver par arrêté.

La loi française ne prévoit pas actuellement que les plans d'exposition au bruit fassent l'objet d'une évaluation environnementale, mais la jurisprudence européenne énonce que « *les autorités nationales compétentes doivent assurer que soit d'abord examiné si les projets concernés sont susceptibles d'avoir des incidences notables sur l'environnement et, dans l'affirmative, que soit ensuite réalisée une* évaluation *de telles incidences* » (Cour de justice de l'Union européenne, 5e chambre, 21 mars 2013, Salzburger Flughafen GmbH c/ Umweltsenat). Le plan d'exposition au bruit est annexé au plan local d'urbanisme, au plan de sauvegarde et de mise en valeur, voire à la carte communale (L.112-6). Il doit faire apparaître clairement (Conseil d'État, 29 septembre 2000, Grele – Commune de Villeneuve-le-Roi, n° 206685, Rec. T. p. 1277) les zones proches de l'aérodrome en fonction d'un indice mesurant le bruit *Lden : level day evening night.* Cet indicateur permet de d'apprécier le niveau sonore moyen sur une journée entière de 24 heures. Les différentes zones sont ainsi identifiées et classées en fonction de leur exposition au bruit engendré par les aéronefs (art. L.112-7) : zones A (indice *Lden* supérieur à 70) et B (indice *Lden* compris entre 62 et 70) pour le bruit fort, zone C pour le bruit modéré (indice *Lden* compris entre 55 et 62) et zone D pour le bruit moindre (indice *Lden* supérieur à 50). Les zones A et B sont essentiellement inconstructibles. Dans la zone C, certaines constructions sont autorisées sous conditions. Dans la zone D, les nouveaux logements sont autorisés à condition qu'ils fassent l'objet d'une isolation phonique. Document d'urbanisme opposable aux tiers, le plan d'exposition au bruit (PEB) s'impose au plan local d'urbanisme. Le principe est l'interdiction de l'extension de l'urbanisation tout comme la création d'équipements publics dans les zones définies par le plan d'exposition au bruit dès lors que de tels projets « *conduisent à exposer immédiatement ou à terme de nouvelles populations aux nuisances de bruit* » (art. L.112-10).

■ **Les constructions à usage d'habitation sont ainsi interdites**, sauf :

- en zones A, B et C, celles qui sont nécessaires ou liées à l'activité aéronautique ;
- en zones B et C, ainsi que dans les secteurs déjà urbanisés de la zone A, les logements de fonction nécessaires aux activités économiques de la zone et les constructions nécessaires à l'activité agricole ;
- en zone C, les constructions individuelles non groupées situées dans des secteurs déjà urbanisés et n'entraînant qu'un faible accroissement de la population.

■ **La rénovation des constructions existantes**

La rénovation, la réhabilitation, l'amélioration, l'extension mesurée des constructions existantes peuvent être admises si elles n'entraînent pas d'accroissement de la capacité d'accueil d'habitants exposés aux nuisances ; en zone C, les PEB peuvent déterminer des secteurs où des opérations de renouvellement urbain peuvent être autorisées si « *elles n'entraînent pas d'augmentation significative de la population soumise aux nuisances sonores* ». Dès qu'un PEB est prescrit ou mis en révision, ses futures dispositions concernant les constructions en zones C et D peuvent être mises en application anticipée, pendant toute la période d'élaboration ou de révision, par un arrêté du préfet (art. L.112-14) ; le requérant qui conteste cet arrêté devant le juge administratif ne peut, à l'appui de sa demande, remettre en cause la légalité de la décision prescrivant l'élaboration ou la révision du PEB (Conseil d'État, 6 juin 2007, Commune de Groslay, n° 292942, Rec. p. 238).

■ **Les équipements publics**

Seuls sont admis en zones A et B les équipements publics nécessaires à l'activité aéronautique ou indispensables aux populations existantes : le permis de construire un pavillon supplémentaire dans une résidence pour personnes âgées située en zone B du plan d'exposition au bruit de l'aérodrome d'Orly est annulé (Conseil d'État, 25 mars 1994, Stern, Rec. T. p. 1228).

■ **Les mesures d'isolation acoustique**

Elles s'imposent à toutes les constructions, même en zone D, et peuvent bénéficier des contr - butions des exploitants des aérodromes pour la mise en œuvre des plans de gêne sonore (art. L.571-14 et L.571-15 du Code de l 'environnement). Sont toutefois exclues du bénéfice de l'aide à l'insonorisation les constructions qui, bien que situées dans une z one définie par un plan de gêne sonore et appartenant à l'une des zones A, B ou C définies par le plan 'exposition au br uit, ont été autorisées apr ès l'entrée en vigueur du plan d 'exposition au br uit (Conseil d'État, 11 avril 2019, société Aéroports de Paris, n° 411903).

E. Les entrées de ville

21. Afin 'enrayer la dégradation des « vitrines » des agglomérations, une disposition issue de la loi n° 95-101 du 2 février 1995, dite loi « Barnier », est venue régir les entrées de ville. À l'initiative de ce dispositif, le sénateur Ambroise Dupont en a précisé l'objectif : *« obliger les communes qui souhaitent développer l'urbanisation dans leurs entrées de ville à mener au préalable une réflexion sur la qualité urbaine, paysagère et architecturale de l'aménagement dans leurs documents d'urbanisme »*.

■ **Principe d'inconstructibilité**

L'article L.111-6 inter dit de constr uire, en dehors des espaces urbanisés des communes, *« dans une bande de cent mètres de part et d'autre de l'axe des autoroutes, des routes express et des déviations »* et dans une bande *« de soixante-quinze mètres de part et d'autre de l'axe des autres routes classées à grande circulation »*.

Ce principe d'inconstructibilité ne concerne toutefois pas les constr uctions nécessaires aux infrastructures routières, les ser vices publics exigeant la pr oximité immédiate de ces infrastructures, les bâtiments d 'exploitation agricole, les r éseaux d'intérêt public, ainsi que les *« infrastructures de production d'énergie solaire »* installées sur des parcelles déclassées ou sur des aires de repos ou de stationnement (art. L.111-7).

■ **Exceptions**

Une commune ou une intercommunalité peut prévoir dans son PLU ou son PLUi des constructions en entrée de ville en motivant soigneusement son choix au regard des nuisances, de la sécurité, de la qualitéarchitecturale, ainsi que de la qualité de l'urbanisme et des paysages (art. L.111-8 ; Conseil d'État, 17 décembre 2004, Laillevaux, n° 257738, Rec. p. 464). Une commune dotée d'une carte communale peut prévoir des constructions en entrée de ville avec l'accord du préfet, si elle a produit une étude justifiant sa position et appouvée par la commission départementale de la nature, des paysages et des sites. En tout état de cause, ces règles locales devront être *« compatibles avec la prise en compte des nuisances, de la sécurité, de la qualité architecturale, ainsi que de la qualité de l'urbanisme et des paysages »* (art. L.111-9).

F. Le jardin du Luxembourg

Créé en 1612 à la demande de Marie de Médicis pour mettre en valeur le palais du Luxembourg à Paris, le jardin du Luxembourg appartient aujourd'hui au Sénat. Celui-ci, au nom du principe de la séparation des pouvoirs et de l'autonomie des assemblées parlementaires qui en découle, a inséré, dans la loi n° 2003-590 « Urbanisme et habitat » du 2 juillet 2003, un article 76 aux termes duquel « *les règles relatives aux constructions, démolitions, travaux, aménagements et installations dans le périmètre et sur les grilles du jardin sont fixées par les autorités du Sénat* ». Il revient donc aux questeurs du Sénat de définir ces dispositions particulières. Un arrêté des questeurs du Sénat a donc pu écarter « *toutes les règles de fond ou de procédure qui s'appliqueraient, en droit commun, à l'autorisation des constructions ou installations situées dans le périmètre du jardin du Luxembourg* », par exemple l'exigence de l'accord de l'architecte des bâtiments de France (ABF) pour la protection des monuments historiques classés ou inscrits (Cour administrative d'appel de Paris, 10 mars 2008, Président du Sénat c/ M. Marian C., Apfelbaum B. et autres, Rec. T. p. 580).

1.1.3 Les schémas d'aménagement régionaux

Documents de planification applicables à certaines parties du territoire, les schémas d'aménagement régionaux résultent d'une évolution historique. Depuis la loi n° 2015-991 du 7 août 2015 portant nouvelle organisation territoriale de la République, dite loi « NOTRe », de nouveaux schémas régionaux d'aménagement, de développement durable et d'égalité des territoires (SRADDET) ont redonné à la planification territoriale son rôle stratégique en renforçant la place de l'échelon régional. Ces SRADDET ne concernent pas cependant pas la région d'Île-de-France, les régions d'outre-mer et la Corse, qui sont régies par d'autres schémas spécifiques

A. Le schéma directeur de la région d'Île-de-France (SDRIF)

22. Les gouvernements de la période de l'entre-deux-guerres s'étaient inquiétés du développement non maîtrisé des communes entourant Paris. La loi du 11 mai 1932 avait alors confié au ministre de l'Intérieur le soin d'élaborer un projet régional. Aujourd'hui, en raison de sa situation particulière (12,1 millions d'habitants, soit 19 % de la population française, répartis sur 12 000 km^2 soit 2 % du territoire), la région Île-de-France fait l'objet d'un traitement spécifique. L'objectif du schéma directeur de la région d'Île-de-France (SDRIF) est de « *maîtriser la croissance urbaine et démographique et l'utilisation de l'espace tout en garantissant le rayonnement international de cette région* » (art. L.123-1). En application de la loi « Climat et résilience » du 22 août 2021, le SDRIF doit en outre fixer « *une trajectoire permettant d'aboutir à l'absence de toute artificialisation nette des sols ainsi que, par tranches de dix années, un objectif de réduction du rythme de l'artificialisation* ».

■ **Procédure**

Le SDRIF, qui porte sur l'ensemble de la région Île-de-France, est élaboré par le conseil régional d'Île-de-France en association avec l'État (art. L.123-5). Sont également associés à son élaboration les conseils départementaux des départements intéressés, le conseil économique, social et environnemental régional (CESER), les chambres d'agriculture, les chambres de commerce et d'industrie (CCI), les chambres de métiers et de l'artisanat (CMA) ainsi que la population (art. L.123-7). Le conseil régional recueille ainsi les propositions du conseil de

Paris, des conseils départementaux de Seine-et-Marne, des Yvelines, de l'Essonne, des Hauts-de-Seine, de Seine-Saint-Denis, du Val-de-Marne et du Val-d'Oise.

Une enquête publique est organisée sur le projet, avant son approbation prononcée par décret en Conseil d'État. Le SDRIF s'impose aux documents d'urbanisme locaux des 1 288 communes et 56 intercommunalités de la région, qui doivent être compatibles avec ses orientations (Conseil d'État, 29 juillet 2002, Association seine-et-marnaise pour la sauvegarde de la nature, n° 232852, Rec. p. 303 ; 28 mars 2011, Groupement des usagers de l'aérodrome de Saint-Cyr-l'École, n° 312282, Rec. T. p. 1037). La procédure de sa révision est analogue à la procédure d'élaboration (art. L.123-13).

■ **Contenu**

23. Alors que le premier plan du Grand Londres date de 1944, le premier schéma directeur d'aménagement et d'urbanisme de la région de Paris (SDAURP) a été élaboré en 1965 sous la direction de Paul Delouvrier, délégué du district de la région parisienne. Il est notamment à l'origine de la création de cinq villes nouvelles, de l'installation d'un centre d'affai es à La Défense, de la réalisation du réseau express régional et de l'aéroport de Roissy… Il deviendra en 1976 le schéma directeur d'aménagement et d'urbanisme de la région Ile-de-France en (SDAURIF) avant d'évoluer en schéma dir ecteur de la r égion Ile-de-France (SDRIF) en 1994.

L'actuel SDRIF a été appr ouvé l'État par le décr et n° 2013-1241 du 27 décembr e 2013. Il prévoit notamment plusieurs dispositions r elatives à la constr uction annuelle de logements, aux transports collectifs développés de banlieue à banlieue ou encore des mesures concernant les espaces natur els sensibles mis en v aleur par des continuités écologiques et des liaisons vertes et protégés par des règles de construction très strictes. La loi « Climat et résilience » du 22 août 2021 est venue conforter les enjeux de lutte contr e l'artificialisation des sols dans le SDRIF. Celui-ci devra fi er *« une trajectoire permettant d'aboutir à l'absence de toute artificialisation nette des sols »*, mais également, *« par tranche de six années, un objectif de réduction du rythme de l'artificialisation »*. Est actuellement mise à l'étude dans ce cadr e par le conseil régional d'Ile-de-France la mise en r évision du SRDIF en vue de l 'élaboration d'un SDRI environnemental ou SDRIF-E. La formation d'autorité environnementale de l'Inspection générale de l'environnement et du développement durable assure son évaluation environnementale (art. R. 104-21, 1°).

Au Royaume-Uni, la loi (*Greater London Authority Act 1999*, art. 41) fi e au maire de Londres une mission analogue : établir le document définissant la stratégie de développement de l'espace (*Space Development Strategy*) du Grand Londres. Les plans locaux (*Unitary Development Plans*) des tr ente-deux arrondissements et de la *City of London* doivent se conformer à ce document.

B. Le plan d'aménagement et de développement durable de la Corse

24. La loi n° 2002-92 du 22 janvier 2002 relative à la Corse prévoit que la collectivité territoriale de Corse élabor e un plan d 'aménagement et de dév eloppement durable de Corse (PADDuC). Ce plan *« définit une stratégie de développement durable du territoire en fixant les objectifs de la préservation de l'environnement de l'île et de son développement économique, social, culturel et touristique, qui garantit l'équilibre territorial »* (art. L.4424-9 du Code général des collectivités territoriales). Il doit respecter les grands principes énoncés à l'article L.101-2 du Code de l'urbanisme. En application de la loi « Climat et résilience » du 22 août 2021, à l'instar du SDRIF, le PADDuC doit fi er *« une trajectoire permettant d'aboutir à l'absence de* *toute artificialisation nette des sols ainsi que, par tranches de dix années, un objectif de réduction du rythme de l'artificialisation* ». La mission régionale d'autorité environnementale de l'Inspection générale de l'environnement et du développement durable en assure l'évaluation environnementale (art. R. 104-21, 2°).

Les schémas de cohérence territoriale (SCoT), et en l'absence de SCOT, les PLU, les schémas de secteur et les cartes communales doivent être compatibles avec le PADDuC. Les dispositions du PADDuC peuvent préciser les modalités d'application de la loi « Littoral » ou de la loi « Montagne » (art. L.4424-11 du Code général des collectivités territoriales). Ces dispositions sont alors directement applicables aux autorisations d'urbanisme (Cour administrative d'appel de Marseille, 18 mars 1999, Ministre de l'Équipement c/ SCI Vetricella, Rec. p. 672 ; 17 juillet 2020, Société Corsea Promotion 12, n°19MA02718). Le PADDuC vaut schéma régional de cohérence écologique et schéma de mise en valeur de la mer (art. L.4424-10 du Code général des collectivités territoriales). Le PADDuC a été instauré par délibération de l'Assemblée de Corse du 2 octobre 2015 et modifié le 5 novembre 2020.

C. Les schémas d'aménagement régionaux en outre-mer

Les régions de Guadeloupe et de La Réunion, les collectivités territoriales de Guyane et de Martinique ainsi que le Département de Mayotte doivent élaborer un schéma d'aménagement régional (SAR). Le régime juridique de ces schémas, modifié par une ordonnance du 13 novembre 2019 en application de la loi ELAN du 23 novembre 2018, a été précisé par le décret n° 2020-1060 du 14 août 2020. Aujourd'hui, il revient au SAR de fixer « *les orientations fondamentales à moyen terme en matière de développement durable, de mise en valeur du territoire et de protection de l'environnement, eu égard aux objectifs assignés à l'action des collectivités publiques en matière d'urbanisme* » (art. L.4433-7 du Code général des collectivités territoriales). Ce schéma doit notamment définir les principes de l'aménagement de l'espace, la destination générale des différentes parties du territoire de la région, l'implantation des grands équipements d'infrastructures et de transport, ainsi que la localisation préférentielle des extensions urbaines, des activités économiques et commerciales, agricoles, forestières, touristiques et relatives aux énergies renouvelables. Il détermine en particulier « *les orientations fondamentales de l'aménagement, de la protection et de la mise en valeur du littoral* » (art. L.4433-7-2 du Code général des collectivités territoriales). Il doit tenir compte de la loi « Littoral », qui connaît des modalités particulières d'application en outre-mer (art. L.121-38 à L.121-51), en raison notamment de l'existence de la zone des « *cinquante pas géométriques* », incorporée au domaine public et affectée au Conservatoire du littoral (art. L.121-45).

Ce schéma est élaboré à l'initiative et sous l'autorité de l'assemblée délibérante de la région, du département ou de la collectivité, selon une procédure conduite par le président de cette assemblée. Plusieurs instances sont associées à son élaboration (art. L.4433-10 du Code général des collectivités territoriales) : le préfet, les communes, les intercommunalités compétentes en matière de PLU, les établissements publics fonciers et d'aménagement, les chambres d'agriculture, les chambres de commerce et d'industrie territoriale, les chambres de métiers… Le projet de schéma est soumis à enquête publique avant d'être transmis au ministre chargé de l'urbanisme qui demande au Premier ministre de l'approuver par décret en Conseil d'État. Dans un délai maximal de dix ans suivant son approbation, le schéma approuvé doit faire l'objet d'une évaluation « *notamment du point de vue de l'environnement* », par l'assemblée délibérante compétente. À l'issue de cette évaluation, celle-ci peut décider de le réviser ou de le modifier.

Le schéma d'aménagement régional comporte notamment un rappor t de présentation, qui présente un « *diagnostic du territoire* », des documents graphiques ou encore une carte des éléments de la trame verte et bleue du territoire. Une carte de destination générale des diff - rentes parties du territoire doit être établie à une échelle comprise entre 1/50 000 et 1/100 000. Devront être compatibles av ec le schéma d 'aménagement régional les SCoT, les PLU, les documents en tenant lieu, les cartes communales ainsi que les chartes des parcs nationaux et celles des parcs naturels régionaux (art. L.4433-9 du Code général des collectivités territo - riales). En l'absence de schéma r égional approuvé, l'urbanisation peut êtr e réalisée à titr e exceptionnel dans les espaces pr oches du riv age avec l'accord de l 'autorité administrative compétente de l'État (art. L.121-41).

Quatre des régions soumises à un SAR sont dotées d'un tel document approuvé (Martinique, décret du 23 décembre 1998 ; Guyane, décret du 2 mai 2002 ; La Réunion, décret n° 2011-1609 du 22 novembre 2011 ; Guadeloupe, décret n° 2011-1610 du 22 novembre 2011), le Département de Mayotte prépare son adoption. Tous ces documents devront être revus pour être mis en conformité avec les nouvelles exigences posées par la loi « Climat et résilience » du 22 août 2021.

D. Les schémas de mise en valeur de la mer (SMVM)

La loi de décentralisation n° 83-8 du 7 janvier 1983 a prévu que, dans les zones côtières, le gouvernement pouvait élaborer des schémas de mise en valeur de la mer (SMVM) pour fi er « *les orientations fondamentales de l'aménagement, de la protection et de la mise en valeur du littoral* ». Par la suite, la loi n° 2005-157 du 23 février 2005 a modifié le dispositif pour déconcentrer la procédure d'élaboration au niveau des préfectures littorales et donner la possibilité aux collectivités locales littorales d'élaborer un chapitre individualisé du Schéma de Cohérence Territoriale (SCoT) valant SMVM, communément appelé « *volet mer* » ou « *volet littoral et maritime* » du SCoT (ancien art. L.141-26). Les SMVM comportent un rapport et des documents graphiques qui décrivent les caractéristiques du milieu marin ; l'utilisation des espaces maritimes et terrestres et les liens entr e eux ; la vocation des diffé entes zones ; les espaces bénéficiant d'une protection particulière ; l'emplacement des équipements existants et prévus. Ils constituent des documents d'urbanisme qui doivent à ce titre être compatibles avec la loi « Littoral » (Conseil d'État, 3 mars 2008, Mme Lapor te et autr es, Rec. p. 73). Parmi les quelques SMVM mis en place en France métropolitaine, peuvent être cités celui du bassin de Thau (en 1995), le bassin d 'Arcachon (en 2004), le bassin de Trégor-Goëlo (en 2007) ou encore celui du golfe du Morbihan révisé à l'été 2020.

L'ordonnance n° 2020-744 du 17 juin 2020 a modifié le cad e juridique en instaurant de nouvelles dispositions entrées en vigueur le 1er avril 2021. Ainsi, lorsqu'ils comprennent une ou des communes littorales, les SCoT peuvent fi er les orientations fondamentales de l'aménagement, de la protection et de la mise en valeur de la mer et du littoral (art. L.141-12). Les SCoT peuvent ainsi désormais prévoir des prescriptions en matière de littoral sans passer par un chapitre valant schéma de mise en valeur de la mer. En outre, lorsqu'un SCoT comporte un chapitre valant SMVM, le porteur du SCoT peut décider de « *maintenir en vigueur [ce chapitre] ou d'intégrer ses dispositions dans le document d'orientation et d'objectifs [...] lors de toute procédure de révision ou de modification prescrite avant ou après le 1er avril 2021* ».

E. Les schémas régionaux d'aménagement, de développement durable et d'égalité des territoires (SRADDET)

Prévue par la loi « NOTRe » du 7 août 2015, la création des schémas régionaux d'aménagement, de dév eloppement durable et d 'égalité des territoir es (SRADDET) constitue sans doute l'une des plus importantes réformes intervenues en matière de planification territoriale ces dernières années. Ces schémas, qui visent à défini , à l'échelon régional, la stratégie, les objectifs et les règles fi és dans plusieurs domaines de l'aménagement du territoire, consacrent en effet le ôle prescripteur déterminant qui incombe aujourd'hui à la région. Le SRADDET doit en par ticulier fi er « *les objectifs de moyen et long termes sur le territoire de la région en matière d'équilibre et d'égalité des territoires, d'implantation des différentes infrastructures d'intérêt régional, de désenclavement des territoires ruraux, d'habitat, de gestion économe de l'espace, de lutte contre l'artificialisation des sols, d'intermodalité et de développement des transports de personnes et de marchandises, de maîtrise et de valorisation de l'énergie, de lutte contre le changement climatique, de développement de l'exploitation des énergies renouvelables et de récupération, de pollution de l'air, de protection et de restauration de la biodiversité, de prévention et de gestion des déchets* » (art. L.4251-1 du Code général des collectivités territoriales). En outre, en application de la loi « Climat et résilience » du 22 août 2021, le SRADDET doit définir « *une trajectoire permettant d'aboutir à l'absence de toute artificialisation nette des sols ainsi que, par tranches de dix années, par un objectif de réduction du rythme de l'artificialisation* » ; « *cet objectif est décliné entre les différentes parties du territoire régional* ». Formellement, le SRADDET comporte un rapport présentant une synthèse de l'état des lieux, les enjeux dans les domaines du schéma et les objectifs, ceux-ci sont traduits dans une car te synthétique et illustrative au 1/150 000e. Il comporte également un fascicule des r ègles générales accompagné de documents graphiques et de pr opositions de mesur es d'accompagnement destinées aux autr es acteurs de l'aménagement et du développement durable ainsi que des annexes dont un rapport sur les incidences environnementales. Son élaboration relève de la compétence du conseil régional qui l'adopte par délibération, avant son approbation par arrêté du préfet de région, à l'issue des procédures d'évaluation environnementale et d'enquête publique. Cette approbation lui confère sa valeur prescriptive à l'égard des documents de planification des autres collectivités territoriales.

Loin de complexifier l'état du droit existant en ajoutant un nouveau document de planific - tion, le SRADDET constitue plutôt un document « intégrateur ». Il présente en effet 'avantage d'intégrer au sein d 'un même document plusieurs autres schémas régionaux sectoriels qui préexistaient déjà : le schéma r égional de cohér ence écologique (SR CE), le schéma régional climat air énergie (SRCAE), le schéma régional de l'intermodalité (SRI), le schéma régional des infrastructures et des transports (SRIT) ou encore le plan régional de prévention et de gestion des déchets (PRPGD). S i cette réforme paraît plutôt simplificatrice sur le plan normatif, elle n'en demeure pas moins complexe à mettre en œuvre sur le plan institutionnel avec le nouveau découpage des régions, passées de 22 à 13 en métropole depuis le 1er janvier 2016 (loi n° 2015-29 du 16 janvier 2015). En outre, eu égard aux règles de la hiérarchie des normes en matière d'urbanisme, le SRADDET s'impose à plusieurs autres documents locaux de planification : plans de mobilité, plans climat air énergie territoriaux (PCAET), chartes des parcs naturels régionaux (PNR), ou encore les schémas de cohérence territoriale (SCoT). Or, des dispositions prévues par ces documents locaux de planification dépend la alidité d'autres documents de planification bien plus nombreux encore, à sav oir ceux du « bloc local » constitué des communes et de leurs intercommunalités : les plans locaux d'urbanisme (PLU) et les plans locaux d'urbanisme intercommunaux (PLUi). En résumé, en prévoyant l'obligation pour les régions de modifier leur SRADDET pour tenir compte de nou elles exigences écologiques et envir onnementales, la loi « Climat et r ésilience » s'inscrit à l'origine d'un nouvel « effet domino » de nature à impacter de nombreux autres documents locaux.

1.1.4 La mise en œuvre des orientations gouvernementales

25. Moins de dix ans apr ès les lois de décentralisation de 1982-1983, un mouv ement de recentralisation a été opéré à travers plusieurs législations successives. C'est dans le cadre de ce mouvement que s'inscrit la création des directives territoriales d'aménagement (DTA) et d'autres documents de protection. Dans le même esprit, la révision constitutionnelle de 2001 en Italie a confié au pou oir législatif le soin de fi er *« les principes fondamentaux du gouvernement du territoire »*.

A. Les anciennes directives territoriales d'aménagement

Ne s'appliquant qu'à certaines parties du territoir e, les DTA ont été instituées par la loi n° 95-115 du 4 février 1995 d'orientation pour l'aménagement et le développement du territoire (LOADDT, dite « loi Voynet »).

■ **Contenu**

La DTA décrit les principaux objectifs de l'État *« en matière de localisation des grandes infrastructures de transports et des grands équipements, ainsi qu'en matière de préservation des espaces naturels, des sites et des paysages »* et précise, s'il y a lieu, les modalités d 'application des lois « Montagne » et « Littoral » aux par ticularités locales. Elle doit mettre en cohérence, pour vingt ans, l'aménagement, les fonctions économiques, la protection des espaces, et assurer une harmonisation avec les autres régions et l'échelle européenne.

■ **Élaboration**

Bien qu'elle nécessite un dialogue avec les collectivités locales, la DTA constitue la marque de la primauté de l'État : le gouvernement en prend l'initiative, éventuellement à la demande d'une région. Le préfet de région la soumet à enquête publique et le Premier ministre signe le décret en Conseil d'État. Sous l'empire de la loi du 4 février 1995, six DTA ont été cr éées concernant : les Alpes-Maritimes (décret n° 2003-1169 du 2 décembre 2003), les bassins miniers du Nord et de la Lorraine (décret n° 2005-918 du 2 août 2005), l'estuaire de la Seine (décret n° 2006-834 du 10 juillet 2006), l'estuaire de la Loir e (décret n° 2006-684 du 17 juillet 2006) – cette dir ective prévoyait la création d'un aéroport pour le Grand Ouest à Notre-Dame-des-Landes), l'aire métropolitaine lyonnaise (décret n° 2007-45 du 09 janvier 2007), les Bouches-du-Rhône (décret n° 2007-779 du 10 mai 2007). Une septième, concernant les Alpes du Nord, devait être la dernière, puisque la loi « Grenelle 1 » est venue instaurer une nouvelle catégorie de directives territoriales (voir *infra*), ne permettant plus l'édiction de nouvelles DTA mais ne supprimant pas pour autant les DTA existantes. Par mandat interministériel en date 22 janvier 2021, le préfet de la Loire a été chargé de conduir e la procédure d'abrogation de la DT A de l'estuaire de la Loir e, ce document apparaissant caduc et son maintien ne permettant pas *« de sécuriser pleinement, sur le plan juridique, les plans, projets et programmes concernant l'aménagement du territoire »*.

■ **Conséquences**

Les schémas de cohér ence territoriale (SCoT) et, en leur absence, les plans locaux d 'urbanisme des communes situées dans l'aire d'une DTA doivent être compatibles avec cette directive. Les autorisations d'urbanisme doivent être conformes aux dispositions des DTA précisant les modalités d'application des lois « Montagne » et « Littoral » (Conseil d'État, 27 juillet 2005, Comité de sauvegarde du Port-Vauban, Vieille-Ville et Antibes-Est, n° 264336, Rec. p. 378).

B. Les nouvelles directives territoriales d'aménagement et de développement durables

La loi n° 2010-788 du 12 juillet 2010 portant engagement national pour l'environnement, dite loi « Grenelle 2 », a instauré de nouvelles directives territoriales d'aménagement et de développement durables (DTADD). Ces documents n'ont pas vocation à couvrir tout le territoire, mais seulement les parties de celui-ci *« présentant des enjeux nationaux »* (art. L.102-4) dans les domaines de l'aménagement et du développement durables assez largement entendus : urbanisme, logement, transports et déplacements, développement des communications électroniques, développement économique et culturel, espaces publics, commerce, préservation des espaces naturels, agricoles et forestiers, des sites et des paysages, cohérence des continuités écologiques, amélioration des performances énergétiques et réduction des émissions de gaz à effet de serre. Les anciennes DTA édictées en application de la loi de 1995 peuvent être transformées en DTADD.

- **Élaboration d'une DTADD**

Elle est de la responsabilité de l'État : le projet est élaboré en association avec la région, le département, les métropoles, les communautés urbaines, les communautés d'agglomération, les communautés de communes compétentes en matière de schéma de cohérence territoriale et les communes non membres d'une de ces communautés qui sont situées dans le périmètre du projet et les comités de massifs concernés par le périmètre du projet (art. L.102-6). La formation d'autorité environnementale de l'Inspection générale de l'environnement et du développement durable assure son évaluation environnementale (art. R.104-21, 1°).

- **Conséquence d'une DTADD**

Si la DTADD n'a pas exactement les mêmes effets que la DTA, c'est en réalité en qualifiant des projets d'intérêt général (PIG, voir *infra* 27) que le préfet va pouvoir imposer certains objectifs de la DTADD aux collectivités territoriales. Le préfet dispose de cette possibilité pendant un délai de douze ans suivant la publication du décret approuvant la DTADD. Il peut en effet qualifier de PIG *« les projets de protection des espaces naturels, agricoles et forestiers ou des espaces soumis à des risques, les constructions, les travaux, les installations et les aménagements nécessaires à la mise en œuvre de cette directive territoriale d'aménagement et de développement durables »* (art. L.102-5). Dans ce cas, les documents d'urbanisme doivent intégrer ces projets.

C. Les autres instruments de protection

26. La loi n° 93-24 du 8 janvier 1993 sur la protection et la mise en valeur des paysages a donné à l'État la possibilité d'édicter, *« sur des territoires remarquables par leur intérêt paysager »*, des **directives de protection et de mise en valeur des paysages** (DPMVP) également appelées « directives paysages ». De telles directives ne peuvent concerner des territoires où s'applique déjà une DTA (art. L.350-1 du Code de l'environnement). Élaborée par le préfet, à l'initiative du ministre de l'Écologie ou de collectivités territoriales intéressées, la DPMVP est soumise à concertation avec l'ensemble des collectivités territoriales intéressées, les associations de protection de l'environnement agréées et les organisations professionnelles concernées. La directive est approuvée par décret en Conseil d'État. Voir par exemple le décret n° 2008-189 du 27 février 2008 portant approbation de la DPMVP du Mont-Salève (Haute-Savoie). Une DPMVP destinée à préserver les vues sur la cathédrale de Chartres est approuvée et publiée fin 2022

La directive de protection et de mise en valeur des paysages détermine les orientations et les principes fondamentaux de protection des structures paysagères ; elle met en valeur les territoires remarquables dont l'intérêt paysager est notamment établi *« par leur unité et leur cohérence, ou encore par leur richesse particulière en matière de patrimoine ou comme témoins de modes de vie et d'habitat ou d'activités et de traditions industrielles, artisanales, agricoles et forestières »* (art. R.350-1 du Code de l'environnement). Dans le cadre des orientations fi ées par une DPMVP peuvent être ainsi déterminées les conditions de la réalisation de certaines catégories de travaux ou d'aménagements, l'implantation, l'aspect extérieur, le volume ou la hauteur des constructions, ou encore la mise en œuvre des dispositions applicables en matière de camping, caravanage, clôtures, démolitions, défrichements, coupes et abattages, ainsi qu'en matière de publicité, d'enseignes et pré-enseignes… Les schémas de cohérence territoriale (SCoT) et les plans locaux d'urbanisme (PLU) doivent être compatibles avec elle ; en l'absence de PLU ou si le PLU est incompatible avec la DPMVP, la disposition de la DPMVP est opposable aux autorisations d'urbanisme (art. L.350-1 du Code de l'environnement). L'ordonnance n° 2020-745 du 17 juin 2020 relative à la rationalisation de la hiérarchie des normes applicable aux documents d'urbanisme est venue clarifier 'opposabilité des DPMVP sur les PLUi et documents en tenant lieu. Ainsi, en l'absence de SCoT, les plans locaux d'urbanisme (PLU ou PLUi) ou les documents en tenant lieu doivent être compatibles avec la DPMVP.

Signalons que le Muséum national d'histoire naturelle dresse l'**Inventaire national du patrimoine naturel (INPN)**, qui comprend les richesses écologiques, faunistiques, floristiques, géologiques, minéralogiques et paléontologiques. Les informations utiles de cet inventaire sont communiquées au préfet et aux collectivités concernées (art. L.411-1 A du Code de l'environnement). Il est également institué, dans chaque région, un conseil scientifique régional du patrimoine naturel. Celui-ci peut être saisi pour avis par le préfet de région ou par le président du conseil régional sur toute question relative à l'inventaire et à la conservation du patrimoine naturel. Les données de l'INPN peuvent être librement consultées sur son portail de la biodiversité et de la géodiversité françaises, de métropole et d'outre-mer (www.inpn.mnhn.fr).

L'Inventaire national du patrimoine naturel en chiffres

- Plus de 75 millions d'observations d'espèces, dont 1,6 million en outre-mer
- 199 800 espèces référencées
- 25 951 espaces naturels
- 3,7 millions observations d'habitats
- 86 338 photos (espèces, espaces, habitats)

Pour en savoir plus : www.inpn.mnhn.fr

Les sites d'intérêt géologique, d'habitats naturels, d'espèces animales ou végétales et leurs habitats font par ailleurs l'objet de mesures de conservation renforcées (art. L.411-1 du Code de l'environnement). Sont interdits dans ces sites la destruction, l'altération ou la dégradation de ces habitats et de ces sites, notamment les cavités souterraines, ou encore la pose de poteaux téléphoniques.

Le préfet de département peut également par arrêté délimiter des **zones agricoles protégées** (art. L.112-2 du Code rural et de la pêche maritime) dont la préservation présente *« un intérêt général en raison soit de la qualité de leur production, soit de leur situation géographique, soit de leur qualité agronomique »*. La délimitation de telles zones s'effectue sur proposition ou après accord du conseil municipal des communes concernées. Ces zones doivent figu er en annexe du PLU.

Enfin, une **carte archéologique nationale** (dénommée « Patriarche ») rassemblant et ordonnant les données archéologiques disponibles est dressée par l'État. Cet inventaire informatisé est un instrument de travail essentiel pour la gestion du territoir e et la prise en compte des vestiges archéologiques, notamment pour établir des documents de gestion et d 'aménagement du territoire, porter à connaissance des plans locaux d'urbanisme (PLU) et des schémas de cohérence territoriale (SCoT), les études d'impact, ou encore l'orientation des stratégies de prescriptions archéologiques par les services de l'État concernant des projets de travaux affe - tant le sous-sol, le sol et le patrimoine bâti (ax es routiers et ferr oviaires, carrières, projets éoliens...). Ses informations sont communiquées aux autorités locales chargées d'élaborer des documents d'urbanisme et de délivrer des autorisations d'urbanisme (art. L.522-5 du Code du patrimoine). Les extraits de cette car te peuvent être également communiqués à toute personne en effectuant la demande (a t. L.522-6 du Code du patrimoine).

1.2 Les projets particuliers de l'État

27. Dans la mesure où il revient à l'État d'arbitrer entre les intérêts régionaux et de veiller à l'équilibre du territoire, le préfet doit veiller à la prise en compte par les communes des projets d'intérêt général (PIG) et des opérations d'intérêt national (OIN).

1.2.1 Les projets d'intérêt général (art. L.102-1 à L.102-3)

L'idée en est simple : si l'État tient à la mise en œuvr e d'un projet, il le qualifie de p ojet d'intérêt général (PIG), et dès lors ce pr ojet sera imposé aux communes et inter communalités, qui devront l'intégrer à leurs documents d'urbanisme locaux.

A. Définition d'un PIG

Peut être qualifié de IG tout projet d'ouvrage, de travaux ou de pr otection présentant un caractère d'utilité publique et répondant à deux conditions cumulatives (art. L.102-1) :

- être destiné à la r éalisation d'une opération d'aménagement ou d'équipement, au fonctionnement d'un service public, à l'accueil et au logement des personnes défav orisées ou de ressources modestes, à la protection du patrimoine naturel ou culturel, à la prévention des risques, à la mise en valeur des ressources naturelles, à l'aménagement agricole et rural ou à la préservation ou remise en bon état des continuités écologiques ;
- avoir fait l'objet soit d'une décision d'une personne ayant la capacité d'exproprier, arrêtant le principe et les conditions de réalisation du projet, et mise à la disposition du public ; soit d'une inscription dans un des documents de planification pévus par les lois et règlements, approuvée par l'autorité compétente et ayant fait l'objet d'une publication.

Peut également être qualifié de IG un ensemble de mesures nécessaires à la mise en œuvre des directives territoriales d'aménagement et de développement durables (art. L.102-2, voir *supra* 25). Trois critères permettent de caractériser un PIG :

■ **L'initiative**

Peuvent être à l'origine d'un PIG : l'État, dans la plupart des cas, les établissements publics ou les personnes qui ont la « capacité d'exproprier ». Ainsi, un préfet peut qualifier de projet d'intérêt général l'institution d'une zone de protection des risques résultant de la présence d'une usine (Conseil d'État, 3 février 1992, Commune de Soulom, n° 107037, Rec. p. 52). De même, par exemple, la SNCF peut demander que la construction d'une gare soit qualifiée de PIG. Cependant, les communes et intercommunalités qui ont la capacité de prévoir un projet dans leur plan local d'urbanisme ne peuvent prendre l'initiative d'un PIG (art. L.102-3).

■ **L'objet**

Le PIG est un projet d'ouvrage, de travaux ou de protection présentant « *un caractère d'utilité publique* » dont la destination est fi ée par le Code de l'urbanisme : réalisation d'une opération d'aménagement ou d'équipement, fonctionnement d'un service public, accueil ou logement des populations défavorisées, protection du patrimoine national ou culturel, prévention des risques, mise en valeur des ressources naturelles, aménagement agricole et rural, préservation ou remise en bon état des continuités écologiques. L'objet en est donc très large : le projet de traversée de l'agglomération dijonnaise par la ligne à grande vitesse Rhin-Rhône a été qualifié de PIG par arrêté du préfet de Côte-d'Or le 3 juillet 2007, renouvelé par arrêté du 28 juin 2010. De même, la protection des espaces naturels agricoles de la plaine des Chères, par arrêté du préfet du Rhône du 29 mars 2004 renouvelé le 8 janvier 2019, ou encore, dans un tout autre domaine, le projet de campus hospitalo-universitaire du Grand Paris Nord, par arrêté du préfet de la Seine-Saint-Denis du 7 juin 2019.

28. Le juge a été conduit à estimer que l'implantation du parc Eurodisneyland à Marne-la-Vallée (Conseil d'État, 23 mars 1992, M. Martin et autres, n° 87601, 87604, 87668, Rec. p. 130), la construction d'un collecteur d'eaux usées dans le cadre de l'opération Seine propre (Cour administrative d'appel de Paris, 30 avril 1996, ministre de l'Équipement, Rec. T. p. 1205) ou la protection contre les dommages liés aux risques d'inondation de la Loire dans l'agglomération orléanaise (Cour administrative d'appel de Nantes, 16 mars 2000, Association Vigilance environnement) avaient bien le caractère de projets d'intérêt général.

A contrario, le tribunal administratif de Lille a annulé les délibérations du conseil de la métropole européenne de Lille (MEL) déclarant le projet Saint-Sauveur d'intérêt général. Pour ce projet, consistant en la construction de logements, d'une école, d'espaces verts et d'une piscine olympique, le tribunal a estimé que la première enquête publique avait été organisée sur la base d'une étude d'impact inexacte et insuffisante, et que 'enquête publique complémentaire organisée par la MEL ne suffisait pas à égulariser la situation (Tribunal administratif de Lille, du 14 octobre 2021, n° 1807951 et 1907674, Association pour la suppression des pollutions industrielles (Aspi) et Association Parc Saint-Sauveur).

Pour se prononcer sur le caractère d'utilité publique du projet, le juge administratif, depuis la décision rendue par l'assemblée du contentieux du Conseil d'État le 28 mai 1971, ministre de l'Équipement et du Logement c/ Fédération de défense des personnes concernées par le projet actuellement dénommé « Ville Nouvelle Est » (Rec. p. 409), établit un bilan : « *une opération ne peut être légalement déclarée d'utilité publique que si les atteintes à la propriété privée, le coût financier et éventuellement les inconvénients qu'elle comporte ne sont pas excessifs eu égard à l'intérêt qu'elle présente* ». Appliquant cette technique du bilan au Centr e de conférences internationales de P aris souhaité en 1991 par le pr ésident de la R épublique, le juge avait estimé qu'« *eu égard à l'amélioration qu'elle doit apporter aux conditions d'accueil et de travail des délégations étrangères, l'implantation de ce centre de conférences internationales dans ce secteur de la Ville de Paris est de nature à contribuer au renforcement du rayonnement diplomatique du pays et de sa capitale* » et qu'« *il ne résulte pas de l'instruction que les sujétions qu'elle comportera pour les riverains, les nuisances qu'elle est susceptible d'engendrer pour l'environnement, les conditions de son insertion dans le site concerné et le coût des investissements nécessaires soient de nature à lui retirer son caractère d'utilité publique* » (Conseil d'État, Section, 30 octobre 1992, ministre des Affai es étrangères et secrétaire d'État aux grands travaux c/ Association de sauvegarde du site Alma-Champ-de-Mars, n° 140220, Rec. p. 384). Ce projet fut cependant abandonné. En revanche, le projet d'autoroute A 16 comportait d'« *importantes nuisances… tant en ce qui concerne le bruit que la qualité de l'air* […] *et l'atteinte qu'il porte au parc de la Courneuve* » de nature à lui r etirer la qualification de IG (Conseil d'État, 21 juin 1999, Commune de La Courneuve, Rec. p. 208).

■ **Le temps**

Le projet doit être réalisable assez rapidement ; il faut donc qu 'une décision précise ait été arrêtée et mise à la disposition du public ou que le pr ojet ait été inscrit dans un document d'urbanisme approuvé et publié.

B. Effets d'un PIG

29. En principe, seul le préfet a compétence pour prendre l'arrêté qualifiant un p ojet de PIG, quel que soit l 'intervenant. Il doit pr éciser les incidences du pr ojet sur l'environnement. Lorsqu'un document d'urbanisme doit permettre la réalisation d'un PIG, l'arrêté préfectoral est notifié à la personne publique qui élabo e ce document (art. R.102-1). L'arrêté préfectoral de « qualification » est valable pour 3 ans. À l'issue de cette période, il peut être renouvelé dans les mêmes conditions ; à défaut, il devient alors caduc.

L'arrêté préfectoral qualifiant un p ojet de PIG est édicté en vue de sa prise en compte dans un document d'urbanisme. En conséquence :

- dès qu'une commune ou une intercommunalité décide d'élaborer (ou de réviser) un PLU ou un PLUi, ou qu'une intercommunalité décide d'élaborer (ou de réviser) un SCoT, le préfet doit porter à la connaissance de l'autorité territoriale les PIG concernant le territoire concerné ;
- lorsque la commune est déjà dotée d 'un PLU, le préfet demande au maire de mettre en compatibilité le PLU avec le PIG. Il est possible de contester, à l'appui d'un recours contre la modification du P U, le principe de la r éalisation d'un PIG (Conseil d'État, 4 juillet 1997, Les Verts Île-de-France, Rec. p. 287) ;
- l'arrêté qualifiant un p ojet de PIG s'impose aux documents d'urbanisme des collectivités territoriales, mais ce n'est que par la modification de ces documents q 'il a des effets juridiques sur l'utilisation des sols. Il n'est donc pas directement opposable aux autorisations d'urbanisme (Conseil d'État, 4 juin 2012, SARL du parc d'activités de Blotzheim et SCI Haselaecker, n° 340213).

Exemple

PIG du projet de campus hospitalo-universitaire du Grand Paris Nord

Arrêté du préfet de la Seine-Saint-Denis n° 2019-1423 du 7 juin 2019 (extrait)

« Le Préfet de la Seine-Saint-Denis [...]

***Considérant** que le campus hospitalo-universitaire du Grand Paris Nord est une opération d'équipement destinée au fonctionnement d'un service hospitalier d'ampleur ;*

***Considérant** que le campus hospitalo-universitaire du Grand Paris Nord regroupera sur un site unique une structure hospitalière dédiée aux activités médico-chirurgicales, des activités d'enseignement ainsi que des activités de recherche d'excellence, de rayonnement national et international ; [...]*

***Considérant** que l'implantation de ce campus répond à une volonté de contribuer à l'équilibre du Grand Paris en favorisant le déploiement de l'enseignement supérieur, la recherche et la formation ainsi que la densité médicale sur un territoire marqué par des difficultés d'accès aux soins ; [...]*

ARRÊTE

***Article 1** : Le projet de campus hospitalo-universitaire du Grand Paris Nord, porté par l'Assistance publique-Hôpitaux de Paris (APHP) et le ministère de l'Enseignement supérieur, de la recherche et de l'innovation, tel qu'il apparaît au dossier annexé à l'arrêté préfectoral n° 2019-0803 du 4 avril 2019, est qualifié de projet d'intérêt général (PIG), au sens de l'article L.102-1 du Code de l'urbanisme.*

***Article 2** : Le présent arrêté est notifié au président de l'établissement public territorial de Plaine Commune et au maire de Saint-Ouen-sur-Seine, et les incidences du projet sur les documents d'urbanisme sont également portées à leur connaissance conformément à l'article R.102-1 du Code de l'urbanisme.*

***Article 3** : Le présent arrêté sera affiché pendant un mois en mairie de Saint-Ouen-sur-Seine, au siège de l'établissement public territorial de Plaine Commune, à la préfecture de la Seine-Saint-Denis et du Campus Grand Paris Nord [...]. »*

1.2.2 Les opérations d'intérêt national (art. L.102-12 à L.102-15)

30. Les opérations d'intérêt national (OIN) sont définies par la loi comme étant des opér - tions d'aménagement qui répondent à des enjeux d'une importance telle qu'elles nécessitent *« une mobilisation de la collectivité nationale »* et pour lesquelles l'État décide de *« consacrer des moyens particuliers »* (art. L.102-12).

A. La liste des OIN

Ces opérations font l'objet d'une liste exhaustive mise à jour par décret en Conseil d'État figurant à l'article R.102-3 du Code de l'urbanisme. Ainsi, les OIN sont les travaux effectués dans un périmètre se situant dans le cadre :

- des agglomérations nouvelles (Marne-la-Vallée, les Rives de l'étang de Berre...) ;
- de l'aménagement du quartier d'affai es de La Défense (décret n° 2010-744 du 2 juillet 2010) ;
- des domaines industrialo-portuaires (Le Havre, Bordeaux, Dunkerque) ;
- de la zone de Fos-sur-Mer ;
- de l'opération Euroméditerranée à Marseille (restructuration de 310 hectares entre le port, le centre-ville et la gare Saint-Charles) ;
- de l'opération d'aménagement de Nanterre et de la Garenne-Colombes (décret n° 2010-744 du 2 juillet 2010) ;
- de l'aménagement et du développement des aérodromes de Paris-Orly, Paris-Le Bourget et Paris-Charles-de-Gaulle ;
- de l'opération d'aménagement et de rénovation urbaine de Saint-Étienne (décret n° 2007-783 du 10 mai 2007) ;
- de l'aménagement du secteur du Mantois-Seine aval (décret n° 2007-783 du 10 mai 2007) ;

- de l'aménagement du secteur d'Orly-Rungis-Seine amont (décret n° 2007-783 du 10 mai 2007) ;
- des opérations d'aménagement de la Plaine du Var (décret n° 2008-229 du 7 mars 2008) ;
- des opérations d'aménagement du Plateau de Saclay (décret n° 2009-248 du 3 mars 2009) ;
- de l'opération d'aménagement Bordeaux-Euratlantique dans les communes de Bordeaux, Bègles et Floirac (décret n° 2009-1359 du 5 novembre 2009) ;
- de l'opération d'aménagement dite d'Alzette-Belval (décret n° 2011-414 du 18 avril 2011) ;
- de l'opération d'aménagement dite « Villages Nature » sur la commune de Villeneuve-le-Comte (opération d'extension du parc Euro Disney à des villages familiaux : décret n° 2011-1649 du 25 novembre 2011) ;
- de la requalification de copropriétés dégradées du Bas-Clichy à Clichy-sous-Bois (décret n° 2015-99 du 28 janvier 2015) ;
- des opérations d'aménagement et de requalification de copropriétés dégradées à Grigny (décret n° 2016-1484 du 2 novembre 2016 et décret n° 2016-1439 du 26 octobre 2016) ;
- de l'aménagement des principaux pôles urbains de Guyane (décret n° 2016-1736 du 14 décembre 2016) ;
- de l'opération d'aménagement dite de la Porte Sud du Grand Paris, sur les communes de Bondoufle, Courcouronnes, Corbeil-Essonnes, Évry, Fleury-Mérogis et Ris-Orangis (décret n° 2017-560 du 14 avril 2017) ;
- de la réalisation, pour les Jeux olympiques et paralympiques 2024, de certains ouvrages olympiques en Seine-Saint-Denis (décret n° 2018-223 du 30 mars 2018) ;
- de l'opération de requalification de copropriétés dégradées au « parc de la Noue » à Villepinte (décret n° 2021-638 du 20 mai 2021) ;
- de l'opération de requalification de copropriétés dégradées pour le quartier « Pissevin » à Nîmes (décret n° 2022-419 du 4 mars 2022).

B. Le régime des OIN

Dans le périmètre d'une OIN, les constructions et installations nécessaires à la réalisation de l'opération sont toujours possibles, quelles que soient les règles d'urbanisme locales, y compris en dehors des parties urbanisées de la commune (art. L.102-13, 1°). À cet effet, les autorisations de construire sont délivrées au nom de l'État, même dans le cas où le territoire est couvert par un PLU approuvé. Si ces constructions et installations nouvelles ont pour conséquence une réduction des surfaces agricoles ou des surfaces situées dans les espaces naturels et forestiers, l'autorisation est délivrée après consultation de la commission départementale de préservation des espaces naturels, agricoles et forestiers. Les ZAC (voir *infra* 292) situées dans le périmètre d'une OIN ne peuvent être créées que par le préfet (art. L.102-13 3°).

> ***Exemple***
>
> Le préfet de la Gironde a créé, par arrêté du 29 janvier 2013, la ZAC « Bordeaux-Saint-Jean-Belcier » dans le cadre de l'OIN Bordeaux-Euratlantique.

Une fois l'opération achevée, le territoire concerné revient au régime de droit commun (voir le décret n° 2005-1710 du 28 décembre 2005 considérant comme terminées les opérations de construction et d'aménagement de l'agglomération nouvelle de L'Isle-d'Abeau). Le régime français de ces opérations ne va pas aussi loin que le droit espagnol, qui dispense de permis de construire la construction de grandes infrastructures décidées par l'État.

1.2.3 L'aménagement du quartier d'affaires de La Défense

31. Aménagé à partir des années 1960, le quartier d'affai es de La Défense, dans le département des Hauts-de-Seine, constitue aujourd'hui l'un des plus grands quartiers d'affai es du monde. S'étendant sur plus de 560 hectar es, il compte 3,7 millions de mètr es carrés de bureaux et espaces de travail partagé, quelque 500 entreprises où travaillent 180 000 salariés, et près de 250 000 m^2 de surfaces commerciales. Compte tenu de ces enjeux et de ces spécificités, *« la modernisation et le développement du quartier d'affaires de La Défense présentent un caractère d'intérêt national »* (art. L.123-24). Ce quartier d'affai es fait en outre partie des opérations d'intérêt national (voir *supra* 30). Les constr uctions, travaux, installations et aménagements nécessaires à la modernisation et au dév eloppement de ce quartier peuvent être qualifiés par 'autorité administrative de projets d'intérêt général (voir *supra* 27). Un établissement public spécifiquement chargé de gé er ce quartier d'affai es a été créé : l'établissement public local à caractère industriel et commercial « Paris La Défense » (art. L.328-1, loi n° 2007-254 du 27 février 2007, ordonnance n° 2017-717 du 3 mai 2017). Cet établissement est compétent pour r éaliser sur ce périmètre toutes opérations foncières ou immobilières nécessaires à ses opérations, toutes actions ou opérations d 'aménagement et tous ouvrages de bâtiment ou d'infrastructure, en qualité de mandataire (art. L.328-2). Paris La Défense est administré par un conseil d'administration composé majoritairement de représentants du département des Hauts-de-Seine. En outre, sont représentées les communes de Courbevoie, Nanterre, Paris et Puteaux, ainsi que la région d'Ile-de-France et la métropole du Grand Paris (art. L.328-8).

1.2.4 La zone de protection naturelle du plateau de Saclay

La loi n° 2010-597 du 3 juin 2010 relative au Grand Paris a notamment prévu la création sur le plateau de Saclay d'un pôle scientifique et technologique de ni eau mondial. En même temps, cette loi a voulu prendre des dispositions favorisant le développement durable sur ce plateau. Elle crée donc une *« zone de protection naturelle, agricole et forestière dans le périmètre de l'opération d'intérêt national du plateau de Saclay et de la petite région agricole de ce plateau »* (art. L.123-25) qui comprend au moins 2 300 hectares de terres consacrées à l'activité agricole. L'interdiction d'urbaniser dans cette zone de protection vaut servitude d'utilité publique et est annexée aux plans locaux d'urbanisme des communes intéressées.

1.3 Les dispositions obligatoires du règlement national d'urbanisme (RNU)

32. Apparu en 1955, le règlement national d'urbanisme (RNU) est constitué de l'ensemble des règles applicables en matière d'utilisation des sols. Ces règles concernent la localisation, la desserte, l'implantation et l'architecture des constructions, la sécurité et la salubrité, etc. Elles figu ent aujourd'hui au sein des articles R.111-1 et suivants du Code de l'urbanisme. Leur application varie selon les communes.

Dans les communes dépourvues de PLU ou de carte communale, toutes les dispositions du RNU s'appliquent de plein droit. Dans les autres communes, certaines règles du RNU trouvent également à s'appliquer : il s'agit des dispositions dites « d'ordre public ». Ces dispositions, concernent en particulier la sécurité et la salubrité publiques (art. R.111-2), le patrimoine archéologique (art. R.111-4), les air es de stationnement (ar t. R.111-25), l'environnement (art. R.111-26), les paysages et les sites (art. R.111-27).

Ainsi, dans certains cas, les projets de constructions, aménagements, installations et travaux peuvent être « *refusés ou n'être acceptés que sous réserve de l'observation de prescriptions spéciales* ». L'autorité administrative dispose alors d'un pouvoir d'appréciation : soit elle accepte le projet et le juge, s'il est saisi, v érifiera que la décision ne r epose pas « *sur des faits matériellement inexacts, sur une erreur de droit, sur une erreur manifeste d'appréciation* » ou qu'elle n'est pas « *entachée de détournement de pouvoir* » (Conseil d'État, 29 mars 1968, Société du lotissement de la plage de Pampelonne, Rec. p. 211) ; soit elle refuse le projet ou lui impose des prescriptions et le juge du tribunal ou de la cour s'il est saisi, pourra substituer son appéciation à celle de l'administration, par exemple en n'admettant pas les conditions fi ées (Conseil d'État, 4 avril 1914, Gomel, Rec. p. 488). Les plans locaux d'urbanisme peuvent remplacer les règles du RNU par des r ègles propres ; dans cette hypothèse, ce sont les r ègles du PLU qui s'appliquent si elles « *posent des exigences qui ne sont pas moindres* » que celles du RNU (Conseil d'État, 20 avril 2005, Société Bouygues Télécom, Rec. T. p. 1146).

1.3.1 Dispositions concernant la salubrité et la sécurité publiques (R.111-2)

33. Lorsque le projet est de nature, par sa situation, ses caractéristiques, son importance, son implantation à proximité d'autres installations, à porter atteinte à la salubrité ou à la sécurité publique (art. R.111-2).

Exemples

1. Le permis de constr uire est justement r efusé à un constr ucteur qui veut installer un bâtiment destiné à l'élevage de volailles à côté d'un immeuble d'habitation (Conseil d'État, 24 juillet 1987, Gouzou, Rec. T. p. 1015) ; le permis est annulé lorsqu 'il a autorisé la constr uction d'immeubles sur une dalle r ecouvrant le périphérique parisien « *entraînant un déplacement des polluants issus de la circulation automobile à l'entrée et à la sortie du tunnel d'une longueur conséquente* » (Cour administrative d'appel de Paris, 6 octobre 2022, SNC Paris Ternes Villiers et Ville de Paris, n° 21 PA 04905).

2. Les risques d'atteinte à la sécurité publique, et notamment le risque d'incendie, sont « *aussi bien les risques auxquels peuvent être exposés les occupants de la construction pour laquelle le permis est sollicité que ceux que l'opération projetée peut engendrer pour les tiers* » (Conseil d'État, 13 juillet 2006, Ministre des Transports, de l'Équipement, du Tourisme et de la Mer c/ M. Begue, n° 282937).

1.3.2 Dispositions concernant le patrimoine archéologique (R.111-4)

Lorsque le projet est de nature, par sa localisation et ses caractéristiques, à compromettre la conservation ou la mise en valeur d'un site ou de vestiges archéologiques (art. R.111-4).

Exemple

La construction d'un hangar agricole à l'emplacement d'un ancien site castral occupé du xiiie au xvie siècle et d'une ancienne maison for te seigneuriale occupée jusqu 'au xviiie siècle a été r égulièrement refusée (Cour administrative d'appel de Nancy, 2 juin 2005, Ministre de l'Équipement, 01NC00636).

1.3.3 Disposition concernant les aires de stationnement (R.111-25)

Le permis ou la décision prise suite à une déclaration pr éalable peut imposer « *la réalisation d'installations propres à assurer le stationnement hors des voies publiques des véhicules correspondant aux caractéristiques du projet* ».

1.3.4 Dispositions concernant l'environnement (R.111-26)

34. Les projets doivent respecter les préoccupations d'environnement définies aux articles L.110-1 et L.110-2 du Code de l'environnement. Ces articles visent en particulier le respect du principe de pr écaution, le principe d 'action préventive et de corr ection des atteintes à l'environnement, le principe du pollueur payeur, l'accès aux informations relatives à l'environnement, la participation et l'information du public, le principe de solidarité écologique, le principe de l 'utilisation durable, le principe de complémentarité entr e l'environnement, l'agriculture, l'aquaculture et la gestion durable des forêts, ainsi que le principe de non-régression. À noter que ces principes ont été sensiblement r enforcés par la loi n° 2016-1087 du 8 août 2016 pour la reconquête de la biodiversité, de la nature et des paysages ainsi que par la loi « Climat et résilience » du 22 août 2021 : doivent être ainsi également pris en compte « *la préservation et l'utilisation durable des continuités écologiques* », ainsi que la nécessité « *de veiller à la sauvegarde et de contribuer à la protection de l'environnement, y compris nocturne* » (art. L.110-2 du Code de l'environnement).

> ***Exemple***
>
> Le projet de construire un centre de traitement de déchets ménagers à Fos-sur-Mer, entrant dans la catégorie des installations classées pour la pr otection de l'environnement, a fait l'objet d'une enquête publique, puis a bénéficié, avant la délivrance du permis, d'une autorisation d'exploitation valablement délivrée ; le permis ne méconnaît pas le RNU.
>
> Source : Conseil d'État, 15 février 2007, Syndicat d'agglomération nouvelle Ouest-Provence, n° 294852.

1.3.5 Dispositions concernant les paysages et les sites (R.111-27)

Un projet peut également être refusé ou n'être accepté que sous réserve du respect de prescriptions spéciales lorsque des constr uctions, par leur situation, leur ar chitecture, leurs dimensions ou leur aspect extérieur paraissent « *de nature à porter atteinte au caractère ou à l'intérêt des lieux avoisinants, aux sites, aux paysages naturels ou urbains ainsi qu'à la conservation des perspectives monumentales* » (art. R.111-27).

> ***Exemples***
>
> **1.** Un permis de constr uire avait été accordé sur des terrains jouxtant immédiatement les marais salants de Guérande ; le projet consistait en la réalisation de 240 logements, répartis en 34 bâtiments ; compte tenu « *d'une part, des caractéristiques architecturales de cet ensemble de bâtiments et, notamment, des matériaux choisis qui ne sont pas en harmonie avec l'habitat avoisinant, et, d'autre part, de la réalisation envisagée d'un front bâti regroupant les immeubles ayant la plus grande hauteur en limite immédiate des marais* », le juge a annulé le permis au motif que « *la construction autorisée est de nature à porter atteinte aux caractères du site avoisinant et, en particulier, au site particulièrement sensible et exceptionnel que constituent les marais salants* »
>
> Source : Conseil d'État, 3 mai 2004, n° 251534, Barrière, Rec. p. 904.
>
> **2.** Le projet autorisé par le permis consiste en l'extension d'un bâtiment existant s'inscrit dans un espace densément urbanisé, composé d 'équipements publics, d 'habitations individuelles et collectiv es présentant pour certains des hauteurs au moins tout aussi importantes que celle du parking aérien qui sera créé. Le projet prévoit

> également des façades vitr ées et l'utilisation de matériaux s'inspirant de l'architecture locale ainsi que des toitures végétalisées et des plantations. Ainsi, il ne porte pas atteinte aux lieux avoisinants. Par suite, le maire de Passy a pu, sans commettre d'erreur manifeste d'appréciation, délivrer le permis de construire contesté.
>
> Source : Cour administrative d'appel de Lyon, 27 mai 2021, n° 20LY01095.

La question de l'implantation des installations éoliennes fait l'objet d'un abondant contentieux depuis quelques années. Ont ainsi été validés plusieurs permis de construire accordés à une société par le préfet de la région Picardie relatifs à un projet d'implantation d'éoliennes en zone rurale sur le territoire de la commune de Régny. Le juge relève que *« le site d'implantation s'insère dans une zone agricole dont le paysage naturel, sans être dépourvu de tout intérêt, comporte déjà un certain nombre de fermes éoliennes »*. Il ajoute qu'il ne ressortait pas des pièces du dossier *« que les installations projetées porteraient gravement atteinte au caractère ou à l'intérêt d'un site particulier ni qu'elles entreraient en covisibilité avec un monument remarquable, compte tenu des distances ainsi que de la configuration des lieux »* (Conseil d'État, 22 octobre 2018, Société Ferme éolienne du Saint-Quentinois, n° 406746). Outre l'atteinte aux paysages et aux sites, ce sont également les risques de nuisances pour les habitants que n'hésitent pas à invoquer les riverains devant les tribunaux. Aussi la loi a-t-elle prévu des distances minimales à respecter entre les éoliennes et les constructions à usage d'habitation. Cette distance est fi ée à 500 mètres minimum pour les *« installations terrestres de production d'électricité utilisant l'énergie mécanique du vent dont la hauteur des mâts dépasse 50 mètres »* (art. L.515-44 du Code de l'environnement ; Conseil d'État, 9 juin 2022, Commune de Cour cival et autres, n° 460644). Un arrêté préfectoral peut fi er dans des pr escriptions complémentaires et compensatoires (éloignement le cas échéant supérieur à la distance minimale, niveau de bruit, contrôles réguliers, mesures de sécurité spécifiques…). Ainsi lors de la p océdure d'autorisation du projet, l'enjeu de protection et de préservation des paysages et du patrimoine mais également la proximité des habitations sont pris en compte. *« À ce titre et pour chaque parc éolien, l'intégration paysagère est étudiée, mais également la proximité avec des sites remarquables »* (Rép. Min. à la QE n° 37585 de François-Michel Lambert, *JO AN*(Q) du 8 juin 2021).

Les principes généraux du droit de l'environnement

« I. - Les espaces, ressources et milieux naturels terrestres et marins, les sons et odeurs qui les caractérisent, les sites, les paysages diurnes et nocturnes, la qualité de l'air, la qualité de l'eau, les êtres vivants et la biodiversité font partie du patrimoine commun de la nation. Ce patrimoine génère des services écosystémiques et des valeurs d'usage.
Les processus biologiques, les sols et la géodiversité concourent à la constitution de ce patrimoine.
On entend par biodiversité, ou diversité biologique, la variabilité des organismes vivants de toute origine, y compris les écosystèmes terrestres, marins et autres écosystèmes aquatiques, ainsi que les complexes écologiques dont ils font partie. Elle comprend la diversité au sein des espèces et entre espèces, la diversité des écosystèmes ainsi que les interactions entre les organismes vivants.
On entend par géodiversité la diversité géologique, géomorphologique, hydrologique et pédologique ainsi que l'ensemble des processus dynamiques qui les régissent, y compris dans leurs interactions avec la faune, la flore et le climat.

II. - Leur connaissance, leur protection, leur mise en valeur, leur restauration, leur remise en état, leur gestion, la préservation de leur capacité à évoluer et la sauvegarde des services qu'ils fournissent sont d'intérêt général et concourent à l'objectif de développement durable qui vise à satisfaire les besoins de développement et la santé des générations présentes sans compromettre la capacité des générations futures à répondre aux leurs. Elles s'inspirent, dans le cadre des lois qui en définissent la portée, des principes suivants :
1° Le principe de précaution, selon lequel l'absence de certitudes, compte tenu des connaissances scientifiques et techniques du moment, ne doit pas retarder l'adoption de mesures effectives et proportionnées visant à prévenir un risque de dommages graves et irréversibles à l'environnement à un coût économiquement acceptable ;

2° Le principe d'action préventive et de correction, par priorité à la source, des atteintes à l'environnement, en utilisant les meilleures techniques disponibles à un coût économiquement acceptable. Ce principe implique d'éviter les atteintes à la biodiversité et aux services qu'elle fournit ; à défaut, d'en réduire la portée ; enfin, en dernier lieu, de compenser les atteintes qui n'ont pu être évitées ni réduites, en tenant compte des espèces, des habitats naturels et des fonctions écologiques affectées.
Ce principe doit viser un objectif d'absence de perte nette de biodiversité, voire tendre vers un gain de biodiversité ;
3° Le principe pollueur-payeur, selon lequel les frais résultant des mesures de prévention, de réduction de la pollution et de lutte contre celle-ci doivent être supportés par le pollueur ;
4° Le principe selon lequel toute personne a le droit d'accéder aux informations relatives à l'environnement détenues par les autorités publiques ;
5° Le principe de participation en vertu duquel toute personne est informée des projets de décisions publiques ayant une incidence sur l'environnement dans des conditions lui permettant de formuler ses observations, qui sont prises en considération par l'autorité compétente ;
6° Le principe de solidarité écologique, qui appelle à prendre en compte, dans toute prise de décision publique ayant une incidence notable sur l'environnement des territoires concernés, les interactions des écosystèmes, des êtres vivants et des milieux naturels ou aménagés ;
7° Le principe de l'utilisation durable, selon lequel la pratique des usages peut être un instrument qui contribue à la biodiversité ;
8° Le principe de complémentarité entre l'environnement, l'agriculture, l'aquaculture et la gestion durable des forêts, selon lequel les surfaces agricoles, aquacoles et forestières sont porteuses d'une biodiversité spécifique et variée, et les activités agricoles, aquacoles et forestières peuvent être vecteurs d'interactions écosystémiques garantissant, d'une part, la préservation des continuités écologiques et, d'autre part, des services environnementaux qui utilisent les fonctions écologiques d'un écosystème pour restaurer, maintenir ou créer de la biodiversité ;
9° Le principe de non-régression, selon lequel la protection de l'environnement, assurée par les dispositions législatives et réglementaires relatives à l'environnement, ne peut faire l'objet que d'une amélioration constante, compte tenu des connaissances scientifiques et techniques du moment.

III. - L'objectif de développement durable, tel qu'indiqué au II est recherché, de façon concomitante et cohérente, grâce aux cinq engagements suivants :
1° la lutte contre le changement climatique ;
2° la préservation de la biodiversité, des milieux, des ressources ainsi que la sauvegarde des services qu'ils fournissent et des usages qui s'y rattachent ;
3° la cohésion sociale et la solidarité entre les territoires et les générations ;
4° l'épanouissement de tous les êtres humains ;
5° la transition vers une économie circulaire.

IV. - L'Agenda 21 est un projet territorial de développement durable. »

Article L.110-1 du Code de l'environnement

1.4 Les servitudes d'utilité publique

35. Les servitudes constituent des restrictions – des « charges », dit l'article 637, inchangé depuis 1804, du Code civil – imposées à l'exercice du droit de propriété sur un immeuble au bénéfice d'un immeuble appartenant à un autre propriétaire ou au bénéfice de la collectivité publique. Le Code civil établit une distinction entre trois catégories de servitudes en fonction de leur origine : les servitudes dérivant de la situation naturelle des lieux (exemple : servitude d'écoulement des eaux prévue à l'article 640 du Code civil), les servitudes dérivant d'obligations légales (exemples : servitudes de distance, de vue, de passage), les servitudes dérivant de conventions entre les propriétaires (exemple : droit de puisage d'eau). Parmi les servitudes dérivant d'obligations légales (articles 649 à 685-1 du Code civil), certaines ont pour objet « *l'utilité publique ou communale* » ; on les dénomme aussi « *servitudes administratives* » parce qu'elles créent des « *charges pesant sur un fonds déterminé* » (Conseil d'État, 5 novembre 2003, SCI Les blés d'or, n° 237383, Rec. p. 455). En pratique, ces ser vitudes peuvent ainsi être instituées au bénéfice de personnes publiques (tat, collectivités locales, établissements publics) ou de concessionnaires de services ou de travaux publics.

1.4.1 Régime juridique

Le régime de ces servitudes se caractérise par trois traits.

A. Les servitudes administratives sont créées par la loi

36. Ces ser vitudes sont effecti ement créées par la loi, mais il s 'agit en principe d 'une loi n'entrant pas dans le domaine de l 'urbanisme. Elles trouvent leur fondement dans un texte spécifique, établi en application d 'une législation par ticulière (Code de l 'environnement, Code de la santé publique, Code forestier...). Une liste, dressée par décret en Conseil d'État et annexée au Code de l'urbanisme, classe les SUP en quatre catégories :

- les servitudes relatives à la **conservation du patrimoine** : patrimoine naturel, culturel et sportif. Il s'agit par exemple des sites classés, des sites inscrits, des forêts de protection pour cause d'utilité publique, de la protection des captages d'eaux potables et d'eaux minérales, etc. ;
- les servitudes relatives à l'utilisation de cer taines **ressources et équipements** : énergie, mines et carrières, canalisations, communications, télécommunications ;
- les servitudes relatives à la **défense nationale** ;
- les servitudes relatives à la **salubrité et à la sécurité publique**.

B. Les servitudes administratives s'imposent aux territoires concernés

37. Toute servitude pouvant concerner une commune doit s'appliquer à son territoire. De cette obligation découlent trois conséquences :

- **1re conséquence :** dès qu'il a connaissance qu'une commune ou un établissement public de coopération intercommunale va élaborer ou réviser un document d'urbanisme (PLU, PLUi, SCoT), le préfet porte à la connaissance de l 'autorité territoriale la liste des ser vitudes d'utilité publique applicables au territoire concerné (art. R.132-1) ;
- **2e conséquence :** les PLU doivent comporter, en annexe, la liste des ser vitudes d'utilité publique affectant l'utilisation du sol (art. L.151-43 et R.151-51). Ces ser vitudes sont également représentées sur les plans par des symboles graphiques. En application de l'article A.126-1, les SUP sont représentées conformément à de nouveaux standards de numérisation européens. En cas d'oubli, le préfet doit mettre en demeure le maire d'établir cette liste. Si le maire ne l'a pas établie dans un délai de trois mois, le préfet y procède d'office
- **3e conséquence :** lorsqu'une nouvelle servitude d'utilité publique est instituée, le mair e doit procéder à la mise à jour de l'annexe du PLU. Le préfet y procède d'offic si le maire ne l'a pas fait dans les trois mois (art. L.153-60 et R.153-18).

C. Les servitudes administratives peuvent ouvrir droit à réparation

38. Un droit à indemnisation est reconnu à toute personne qui subit un préjudice en raison d'une servitude d'utilité publique. Cependant, cette réparation nécessite la réunion de trois conditions définies par le Conseil 'État :

- **1re condition :** la loi qui a créé cette servitude ne doit pas avoir exclu l'indemnisation ;
- **2e condition :** l'atteinte à des droits acquis ou la modification de ’état antérieur des lieux doit être réelle (Conseil d'État, 8 janvier 1993, Compagnie fermière et foncière de Font-Romeu, Rec. T. p. 1078) ;
- **3e condition :** le préjudice subi par le propriétaire doit avoir un *« caractère direct, certain, grave et spécial »* (Conseil d'État, Section, 14 mars 1986, Commune de Gap-Romette, n° 40310, Rec. p. 74) ; tel n'est pas le cas en principe des servitudes créées par un plan de prévention des risques naturels prévisibles (Cour administrative d'appel de Nancy, 10 avril 2003, Société Le Nid, Rec. p. 981).

1.4.2 Classification

Les servitudes d'utilité publique sont assez nombreuses : on en recense plus de soixante-dix. Ces servitudes sont classées en quatre catégories.

A. Servitudes relatives à la conservation du patrimoine

39. Liste

Patrimoine naturel : forêts, littoral maritime, eaux, réserves naturelles et parcs nationaux, zones agricoles protégées.

Patrimoine culturel : monuments historiques, sites inscrits et classés (art. L.341-1 à L.341-22 du Code de l'environnement), zones de protection du patrimoine architectural urbain et paysager, aires de mise en valeur de l'architecture et du patrimoine.

Patrimoine sportif.

■ Les chartes des parcs naturels régionaux

Régies par l'article L.333-1 du Code de l'environnement, elles définissent les orientations et mesures de protection des paysages de ces parcs, au nombre de 58 au 1er janvier 2022. Les parcs naturels régionaux (Alpilles, baie de Somme, ballons des Vosges, boucles de la Seine normande, Corse, Landes de Gascogne, Luberon, montagne de Reims, mont Ventoux, Perche, volcans d'Auvergne…) couvrent près de 16 % du territoire français. Ils sont gérés par des syndicats mixtes. Élaborée par la région, en accord avec les collectivités territoriales concernées, puis soumise à enquête publique, la charte du parc naturel régional est approuvée par le décret portant classement du parc. Sa durée de validité est passée de 12 à 15 ans depuis la loi « Biodiversité » du 8 août 2016. Elle s'impose aux documents d'urbanisme locaux (schémas de cohérence territoriale, plans locaux d'urbanisme, documents d'urbanisme en tenant lieu, cartes communales) qui doivent être compatibles avec ses orientations et ses mesures. La jurisprudence a précisé que « *la charte d'un parc naturel régional est un acte destiné à orienter l'action des pouvoirs publics dans un souci de protection de l'environnement, d'aménagement du territoire, de développement économique et social et d'éducation et de formation du public sur le territoire du parc et à assurer la cohérence de cette action avec les objectifs qui y sont définis* » ; par conséquent, « la charte *d'un parc naturel régional ne peut légalement imposer par elle-même des obligations aux tiers* » (Conseil d'État, Section, 8 février 2012, Union des industries de carrières et matériaux de construction de Rhône-Alpes, n° 321219, Rec. p. 26). Autrement dit, une charte de parc naturel régional ne peut en principe imposer d'obligations directes, quelles qu'elles soient, à des personnes physiques ou morales autres que celles ayant approuvé la charte.

Il en est de même des **chartes des parcs nationaux** (art. L.331-3 du Code de l'environnement). Pour chacun des onze parcs nationaux – les Cévennes, les Écrins, la Guadeloupe, le Mercantour, les Pyrénées, la Vanoise, Port-Cros, le parc amazonien de Guyane, La Réunion, les Calanques et le Parc national de forêts (parc créé par le décret n° 2019-1132 du 6 novembre 2019) –, la charte distingue deux parties : le « *cœur du parc* » où les travaux sont soumis à la fois aux prescriptions des articles L.331-4 à L.331-6-1 du Code de l'environnement et à la charte du parc national ; l'« *aire d'adhésion* », plus vaste, pour laquelle la charte, élaborée par l'établissement public du parc national, « *définit les orientations de protection, de mise en valeur et de développement durable et indique les moyens de les mettre en œuvre* » (art. L.331-3, I du Code de l'environnement). Les parcs nationaux couvrent plus de 9 % du territoire.

■ **Les servitudes de passage des piétons en bordure du littoral maritime**

Il existe deux servitudes de ce type.

La première, créée par Colbert dans son ordonnance sur la Marine de 1681, est la **servitude « *longitudinale* »** : elle comporte une assiette de trois mètres de largeur (art. L.121-31). Les propriétés privées riveraines du domaine public maritime – ce n'est pas le cas des propriétés riveraines des étendues lacustres – sont grevées d'une servitude destinée à assurer exclusivement le passage des piétons. Le préfet peut, par décision motivée prise après avis du conseil municipal et enquête publique, modifier le tracé ou les caractéristiques de cette se vitude (Conseil d'État, 25 novembre 1988, Ministre de l'Urbanisme c/ Association pour la sauvegarde du Pays fouesnantais, n° 72482, Rec. p. 427) voire, exceptionnellement, la suspendre (art. L.121-32 ; voir Tribunal administratif de Rennes, 21 juin 2000, M. Morvan, req. n° 952171 : à propos d'un tracé nuisant à l'élevage d'un important troupeau de moutons). La servitude longitudinale n'ouvre droit à indemnité que si le propriétaire démontre un dommage direct, matériel et certain et qu'il réclame cette indemnité dans les six mois suivant soit l'institution de la servitude soit la date d'achèvement des travaux matérialisant la servitude sur la parcelle (art. R.121-29 ; Conseil d'État, 30 septembre 2011, Mme Lenoel, n° 336664, Rec. T. p. 931).

La seconde, la **servitude « *transversale* »**, a été créée par la loi « Littoral » du 3 janvier 1986. Elle a pour but de « *relier la voirie publique au rivage de la mer ou aux sentiers d'accès immédiat à celui-ci, en l'absence de voie publique située à moins de cinq cents mètres et permettant l'accès au rivage* » (art. L.121-34). Elle autorise ainsi les piétons à accéder au rivage en traversant les voies et chemins des propriétés privées.

40. Les servitudes au titre du patrimoine architectural et culturel

Le Code du patrimoine prévoit que les immeubles formant un ensemble cohérent avec un monument historique sont protégés au titre des abords. Cette protection a « *le caractère de servitude d'utilité publique affectant l'utilisation des sols dans un but de protection, de conservation et de mise en valeur du patrimoine culturel* » (art. L.621-30 du Code du patrimoine).

La loi n° 2016-925 du 7 juillet 2016 relative à la liberté de création, à l'architecture et au patrimoine (loi « LCAP ») est venue instituer un nouvel outil de protection et de mise en valeur du patrimoine : le site patrimonial remarquable (SPR). Ce dispositif a fusionné les anciens secteurs sauvegardés, les anciennes zones de protection du patrimoine architectural et paysager (ZPPAUP) et les anciennes aires de mise en valeur de l'architecture et du patrimoine (AVAP).

Peuvent être classés en SPR « *les villes, villages ou quartiers dont la conservation, la restauration, la réhabilitation ou la mise en valeur présentent, au point de vue historique, architectural, archéo-*

logique, artistique ou paysager, un intérêt public », mais également « *les espaces ruraux et les paysages qui forment avec ces villes, villages ou quartiers un ensemble cohérent ou qui sont susceptibles de contribuer à leur conservation ou à leur mise en valeur* » (art. L.631-1 du Code du patrimoine). Surtout, le classement au titre de SPR revêt le caractère de servitude d'utilité publique. Au 31 juillet 2021, selon le ministère de la Culture, on dénombrait 941 sites patrimoniaux remarquables, dont 71 % issus des ex-ZPPAUP, 16 % issus des ex-AVAP et le reste des ex-secteurs sauvegardés. Parmi les sites récemment classés en tant que SPR, peuvent être cités Angers (arrêté ministériel du 31 janvier 2019), les Baux-de-Provence (arrêté ministériel du 5 juillet 2019), Saint-Dié-des-Vosges (arrêté ministériel du 12 février 2020), Alençon et Domfront-en-Poiraie (arrêtés ministériels du 22 juillet 2021).

En pratique, deux types de plans et règlements peuvent concerner les sites patrimoniaux remarquables : d'une part, les plans de sauvegarde et de mise en valeur (PSMV), qui concernaient auparavant les seuls secteurs sauvegardés ; d'autre part, les plans de valorisation de l'architecture et du patrimoine (PVAP), qui ont désormais vocation à se substituer aux règlements de ZPPAUP et d'AVAP à l'occasion de leur révision.

Le PVAP, en tant que document de gestion constituant une servitude d'utilité publique, doit être annexé au PLU. Ce document comporte généralement quatre volets :

- un diagnostic, dans lequel sont développées une approche patrimoniale et une approche environnementale, mettant en avant les caractéristiques de la commune et les enjeux patrimoniaux et environnementaux ;
- un rapport de présentation, fondé sur le diagnostic et explicitant les objectifs retenus par la commune, pour développer et mettre en valeur son patrimoine ;
- des documents graphiques, constitués d'un plan de référence du SPR délimitant les secteurs du ressort du PVAP ainsi que des plans de repérage patrimonial ;
- un règlement visant à traduire concrètement les orientations du PVAP en prescriptions accompagnées d'illustrations et de recommandations.

> *Exemple*
>
> **Règlement du PVAP de Miribel (extrait)**
>
> « *Le présent règlement s'applique à la partie du territoire de la commune de Miribel, délimitée par le périmètre du Site Patrimonial Remarquable.*
>
> *- Le document graphique fait apparaître des secteurs auxquels s'appliquent lesdispositions du règlement, nommés S1, S2 et S3.*
>
> *- Le règlement se divise en quatre chapitres principaux :*
>
> *- un sur les dispositions concernant les éléments patrimoniaux identifiés : édifices, espaces, structures urbaines et paysagères ;*
>
> *- trois sur les dispositions par secteurs : S1, S2, puis S3.*
>
> *- Les prescriptions concerneront :*
>
> *- le paysage, le tissu urbain et les espaces extérieurs ;*
>
> *- les immeubles existants et les constructions neuves.*
>
> *- Les prescriptions sont assorties de recommandations : R.*
>
> *Ces recommandations sont présentées, dans le corps du règlement, par des paragraphes en retrait et en italique, précédés de la lettre « R » : elles développent la règle en la complétant pour une meilleure compréhension aussi bien par les demandeurs que par les services instructeurs ; elles sont une invitation à aller plus loin, à faire mieux que la prescription qui est édictée.*
>
> *- Pour chaque disposition, les en-têtes des articles peuvent indiquer les sous-secteurs concernés (S1.A- Miribel Centre, S1.C - Mas Rillier, etc.) et les constructions concernées (constructions existantes ou nouvelles, éventuellement d'intérêt patrimonial). (…)*

> *Catégorie 1 – Immeubles remarquables - gris foncé sur les plans P2 et P3*
>
> *Concerne les immeubles remarquables par leur histoire, leur architecture ou leur décor, et représentatifs d'une époque ou d'une technique, valorisant les ensembles urbains ou paysagers. La qualité de quelques éléments ou de la totalité des immeubles nécessite une attention particulière lors de travaux les affectant.*
>
> *- Ces édifices sont à conserver ;*
>
> *- Leur démolition est interdite ;*
>
> *- Des travaux sont autorisés dans le cadre d'opérations de réhabilitation ou de mise aux normes des bâtiments, sous réserve de conserver leurs caractéristiques patrimoniales.*
>
> *Ces interventions devront intégrer des matériaux traditionnels ;*
>
> *- Des modifications sont autorisées dans un objectif de réhabilitation et de mise en valeur des dispositions d'origine ou afin de permettre une adaptation fonctionnelle qui respecte l'architecture de l'édifice (ainsi, fenêtres et ouvertures sont à conserver, des créations pourront être autorisées si elles sont intégrées) ;*
>
> *- Les surélévations et extensions peuvent être autorisées si le projet respecte et valorise l'architecture de l'édifice et tient compte des gabarits et des perspectives urbaines et monumentales, ou aménagement réalisé dans une optique d'intérêt collectif et de service public. »*

La Commission régionale du patrimoine et de l'architecture (CRPA) est consultée en matière de création, de gestion et de suivi de ser vitudes d'utilité publique et de documents d 'urbanisme institués dans un but de protection, de conservation et de mise en valeur du patrimoine culturel (art. L.611-2 du Code du patrimoine). Placée auprès du représentant de l'État dans la région, elle comprend des personnes titulaires d'un mandat électif national ou local, des représentants de l'État, des représentants d'associations ou de fondations ayant pour objet de favoriser la connaissance, la protection, la conservation et la mise en valeur du patrimoine et des personnalités qualifiées

La commission régionale du patrimoine et de l'architecture

« La commission régionale du patrimoine et de l'architecture comprend trois sections :
1° Première section : protection et valorisation de l'architecture et du patrimoine immobilier ;
2° Deuxième section : projets architecturaux et travaux sur immeubles ;
3° Troisième section : protection des objets mobiliers et travaux.
La première section est compétente en matière de protection des immeubles au titre des monuments historiques, de plan de valorisation de l'architecture et du patrimoine, d'attribution de labels, de périmètre délimité des abords et de documents d'urbanisme.
La deuxième section est compétente en matière de projets architecturaux, d'études et de travaux sur immeubles, en cas de désaccord entre l'autorité compétente en matière d'autorisations d'urbanisme et l'architecte des Bâtiments de France et en cas de dérogation au document d'urbanisme pour les projets dont la réalisation présente un intérêt public du point de vue de la qualité ainsi que de l'innovation ou de la création architecturales.
La troisième section est compétente en matière de protection des objets mobiliers au titre des monuments historiques, de conservation préventive, d'études et de travaux s'y rapportant.
La commission régionale du patrimoine et de l'architecture comprend également un comité des sections qui examine les questions autres que celles qui relèvent de la compétence des sections. »

Article R.611-17 du Code du patrimoine

41. Les servitudes créées par les monuments historiques

La loi du 31 décembre 1913 sur les monuments historiques prévoit deux procédures de protection : la protection est plus forte avec un classement qu'avec une inscription.

La procédure de classement d'un immeuble qui, aux termes de l'article L.621-1 du Code du patrimoine, « *présente, au point de vue de l'histoire ou de l'art, un intérêt public* », est déclenchée par un propriétaire privé ou public, une association de sauvegarde ou les services patrimoniaux de l'État.

L'immeuble appartenant à une collectivité territoriale ou à un de ses établissements publics est classé au titre des monuments historiques par décision de l'autorité administrative, après avis de la Commission nationale du patrimoine et de l'architecture (CNPA), s'il y a consentement du propriétaire. En cas de désaccord, le classement d'offic est prononcé par décret en Conseil d'État, pris après avis de la Commission nationale du patrimoine et de l'architecture.

La décision de classement peut êtr e contestée devant le juge : saisi d'une contestation du classement de La Pagode par le propriétaire de l'immeuble, le juge a estimé « *que les façades et la toiture de l'immeuble dit « La Pagode »*, sis à *Paris 57, rue de Babylone et 1, rue Monsieur, édifié en 1896 sur les plans de l'architecte Alexandre Marcel, constituent un témoignage de l'intérêt pour l'art japonais qui s'est manifesté à la fin du siècle dernier ; qu'il en va de même de la grande salle et de son riche décor de stucs et de peintures d'inspiration orientalisante ; que, dans ces conditions, la préservation des façades et toitures de cet édifice, de sa grande salle et du décor de celle-ci, présente un intérêt public de nature à justifier le classement de ces immeubles parmi les monuments historiques en application de la loi modifiée du 31 décembre 1913* » (Conseil d'État, 28 juillet 1993, Société Foch-Dauphine, n° 137876, Rec. T. p. 887). La décision de classement, si elle constitue une servitude pour les pr opriétaires des immeubles situés dans le périmètr e de protection, n'est pas indemnisable (Cass. civ. 3e, 8 mars 2000, Ferme du Fresnoy c/ ministre de la Culture, *Bull. civ.* III, n° 53), sauf dans le cas où elle a été pr ononcée contre l'avis du propriétaire.

En 2020, plus de 200 bâtiments ont fait l 'objet d'une protection, dont 192 inscriptions et 29 classements. Au titre des monuments classés peuv ent être cités l'ancien presbytère de Lagrasse, la grotte du Visage à Vilhonneur, la villa Santé Lucia à Marseille, le monument aux morts de la Légion étrangère à Aubagne, les citadelles d'Arras et de Lille, l'ancien phare du Grau-du-Roi, le musée de Picardie à Amiens, la synagogue de Bayonne, la cathédrale Saint-Sauveur de Cayenne, les fortifications de la porte Pairolière à Nice ou encore l'observatoire de Besançon.

Née avec la loi du 31 décembre 1913, la protection des monuments historiques a connu une longue évolution. Une loi du 2 mai 1930 a réorganisé la protection des monuments naturels et des sites de caractèr e artistique, historique et scientifique a ant qu'une loi du 25 février 1943 ne vienne instaurer un périmètre de protection, constitué d'un champ de visibilité d'un rayon de 500 mètres entourant les monuments historiques, à l'intérieur duquel aucune construction nouvelle ou modification ne peut a oir lieu sans avis favorable de l'ABF (Conseil d'État, 29 janvier 1971, SCI « La Charmille de Montsoult », n° 76595). La loi n° 62-903 du 4 août 1962, dite « loi Malraux » viendra compléter la législation sur la protection du patrimoine historique, notamment en prévoyant plusieurs mesures de nature à faciliter la restauration immobilière. Il faudra attendre la loi relative à la solidarité et au renouvellement urbains (loi « SRU ») du 13 décembre 2000 pour que le législateur introduise un peu plus de souplesse en permettant aux communes d'instaurer en lieu et place de ces périmètres de 500 mètres des « périmètres de protection modifiée » (PPM). Avec la loi du 7 juillet 2016, ces derniers ont laissé la place à la notion de « périmètre délimité des abords » (PDA). Depuis, la loi n° 2018-1021 du 23 novembre 2018 portant évolution du logement, de l'aménagement et du numérique (loi « ELAN ») est venue permettre plus de souplesse encore en prévoyant que la décision de l 'ABF n'était qu'un avis « simple » (et non « conforme ») s'agissant de certains projets, comme l'installation d'antennes de téléphonie mobile, d'opérations portant sur des immeubles insalubres ou encore de travaux effectués sur des bâtiments menaçant ruines.

La règle des 500 mètres

La loi du 25 février 1943 a instauré un périmètre de protection, constitué d'un champ de visibilité d'un rayon de 500 mètres entourant les monuments historiques, à l'intérieur duquel aucune construction nouvelle ou modification ne peut avoir lieu sans avis favorable de l'ABF.

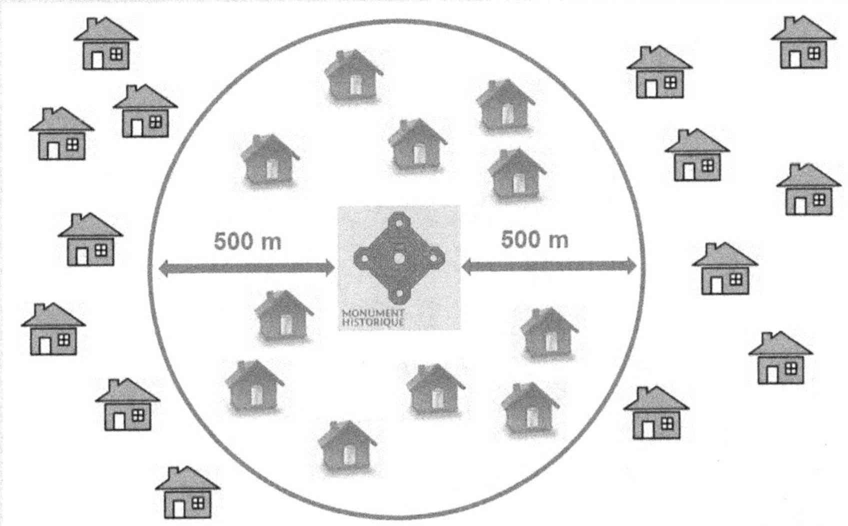

En principe, tout immeuble situé dans le périmètre de protection d'un édifice classé ne peut faire l'objet d'un permis de construire ou de démolir sans l'accord préalable de l'architecte des Bâtiments de France (ABF). L'ABF peut émettre deux types d'avis, favorable ou défavorable, au projet. Lorsqu'un avis conforme est requis, le maire doit obligatoirement suivre les prescriptions émises par l'ABF. Lorsqu'un avis simple est requis, le maire peut passer outre l'avis de l'ABF en délivrant l'autorisation d'urbanisme, mais il engage alors sa responsabilité en cas de recours. La zone de protection est constituée par un périmètre délimité des abords (PDA) créé par l'autorité administrative sur proposition de l'ABF ou de l'autorité compétente en matière de PLU. En l'absence de périmètre délimité, la protection au titre des abords s'applique à tout immeuble, bâti ou non bâti, visible du monument historique ou visible en même temps que lui et situé à moins de cinq cents mètres de celui-ci (art. L.621-30 du Code du patrimoine). La protection au titre des abords s'applique à tout immeuble, bâti ou non bâti, situé dans un périmètre délimité par l'autorité administrative dans les conditions fi ées à l'article L. 621-31. Ce périmètre peut être commun à plusieurs monuments historiques.

Exemple de périmètre de protection modifié (PPM)

À Liffré (Ille-et-Vilaine, 7 400 habitants), un périmètre de protection modifié (PPM) autour de l'église Saint-Michel, inscrite au titre des monuments historiques par arrêté préfectoral du 23 janvier 2014, a été mis en place en 2017. Cette opération a permis de réduire la protection des 500 mètres à certains endroits et de l'augmenter à d'autres de manière à mieux prendre en compte la réalité du terrain.

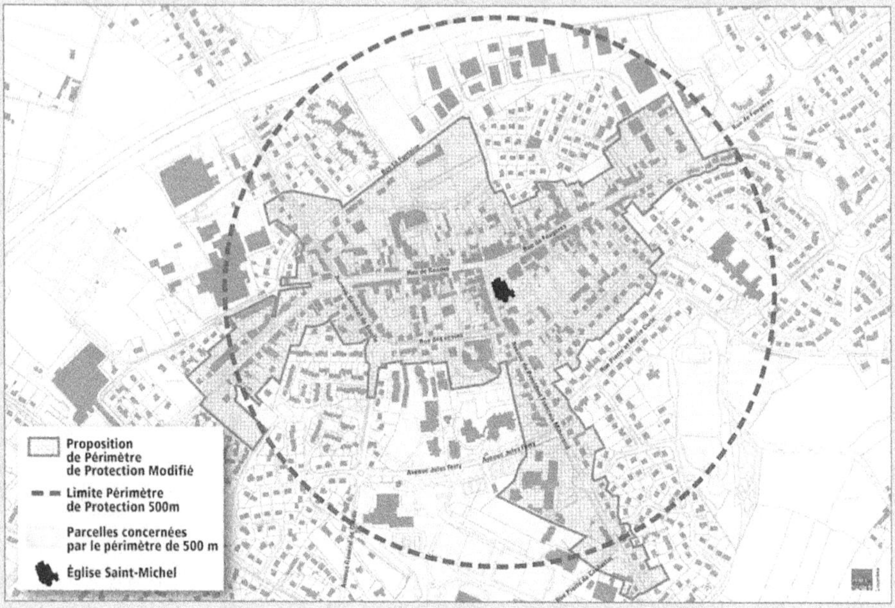

La notion de covisibilité fait l'objet d'une appréciation au cas par cas : elle a été précisée par la jurisprudence. Il y a ainsi co visiblité entre un lieu et un site classé soit lorsque le lieu est visible du site, soit lorsque le site est visible du lieu, soit lorsque le site et le lieu sont visibles à la fois d'un autre lieu. Il revient au juge, dans un pr emier temps, d'apprécier la qualité du site sur lequel la constr uction est projetée et d'évaluer, dans un second temps, « *l'impact que cette construction, compte tenu de sa nature et de ses effets, pourrait avoir sur le site* » (Conseil d'Etat, 22 septembre 2022, Ministre de la Transition écologique et de la Cohésion des terri-toires c/ Société Ferme éolienne de Seigny, n° 455658). Ainsi, « *ne peuvent être délivrés qu'avec l'accord de l'architecte des Bâtiments de France les permis de construire portant sur des immeubles situés, en l'absence de périmètre délimité, à moins de cinq cents mètres d'un édifice classé ou inscrit au titre des monuments historiques, s'ils sont visibles à l'œil nu de cet édifice ou en même temps que lui depuis un lieu normalement accessible au public, y compris lorsque ce lieu est situé en dehors du périmètre de cinq cents mètres entourant l'édifice en cause* » (Conseil d'État, 5 juin 2020, Commune d'Anglet, n° 431994). En outre, « *la visibilité depuis un immeuble classé ou inscrit s'apprécie à partir de tout point de cet immeuble normalement accessible conformément à sa destination ou à son usage* », fût-ce du haut d'une cathédrale dès lors que cette dernièr e est accessible au public (Conseil d'État, 20 janvier 2016, Commune de S trasbourg, n° 365987). Par ailleurs, la covisibilité peut être simplement partielle, c'est-à-dire ne concerner que « *certaines*

parties » d'un projet de constr uction (Conseil d 'État, 4 novembre 1994, SOGECIF, n° 103270). Elle peut être encore limitée dans le temps, c'est-à-dire à une certaine période en fonction de l'état de la végétation *« au moins une partie de l'année »* (Conseil d'État, 11 février 1976, Union des assurances de Paris, n° 95676).

42. La procédure d'inscription à l'inventaire supplémentaire des monuments historiques

Elle concerne les immeubles qui, aux termes de l 'article L.621-25 du Code du patrimoine, *« sans justifier une demande de classement immédiat au titre des monuments historiques, présentent un intérêt d'histoire ou d'art suffisant pour en rendre désirable la préservation »*. La demande d'inscription suit un cheminement analogue à celui de la demande de classement. Ainsi, l'inscription constitue le premier niveau de protection et le classement le niveau le plus élevé.

Si elle aboutit, l'inscription est prononcée par un arrêté du préfet de région, après avis de la commission régionale du patrimoine et de l 'architecture réunie en formation plénièr e (art. R.621-54 du Code du patrimoine). L 'inscription au titr e des monuments historiques est notifiée aux propriétaires et entraîne pour eux l'obligation de ne procéder à aucune modific - tion de l'immeuble ou partie de l'immeuble inscrit, sans avoir, quatre mois auparavant, avisé l'autorité administrative de leur intention et indiqué les travaux qu'ils se proposent de réaliser (art. L.621-27 du Code du patrimoine).

La décision d 'inscription doit tenir compte de l 'état de l'immeuble et des modifications susceptibles d'y être apportées par des trav aux afin 'en assurer la conser vation (Conseil d'État, 29 juillet 2002, Caisse d'allocations familiales de Paris, Rec. p. 301). Toute décision concernant l'immeuble inscrit est notifiée au maire, qui doit annexer la servitude de protection au plan local d'urbanisme (art. R.621-58 du Code du patrimoine). Tout immeuble situé dans le périmètre de protection d'un édifice inscrit est soumis aux mêmes se vitudes qu'un immeuble situé dans le champ de visibilité d'un édifice classé

La liste des immeubles pour lesquels une décision de potection a été prise est publiée annuellement au *Journal officiel* (voir, par ex emple, la liste des immeubles pr otégés au titr e des monuments historiques en 2021, *JO* n°0113 du 15 mai 2022, texte n° 12).

Au 1er janvier 2021, 44 540 immeubles étaient protégés au titre des monuments historiques, dont 14 235 immeubles classés et 30 305 immeubles inscrits, selon les données du ministère de la Culture. Environ la moitié des immeubles classés appar tiennent à des pr opriétaires privés.

Des immeubles peuvent être inscrits pour cer taines de leurs par ties et classés pour d 'autres parties (cas, par exemple, de l'abbaye de Brantôme en Périgord).

B. Servitudes relatives à l'utilisation des ressources et des équipements

43. Elles concernent l'énergie (électricité, gaz, énergie hydraulique, réseaux de chaleur et de froid), les mines et les carrières (protection des stockages souterrains de gaz naturel, d'hydrocarbures, de pr oduits chimiques...), les canalisations (transports de gaz, eaux, assainissement...), les communications (cours d'eau, navigation maritime, transport ferroviaire, réseau routier, circulation aérienne, remontées mécaniques et pistes de ski, entr etien des ouvrages des associations syndicales autorisées, transport par câble en milieu urbain...), les communications électroniques (centres radio-électriques, réseaux de télécommunications...).

Les servitudes des communications électroniques

« Les exploitants de réseaux ouverts au public bénéficient d'un droit de passage, sur le domaine public routier et dans les réseaux publics relevant du domaine public routier et non routier, à l'exception des réseaux et infrastructures de communications électroniques, et de servitudes sur les propriétés privées mentionnées à l'article L.48, dans les conditions indiquées ci-après.
Les autorités concessionnaires ou gestionnaires du domaine public non routier peuvent autoriser les exploitants de réseaux ouverts au public à occuper ce domaine, dans les conditions indiquées ci-après.
L'occupation du domaine public routier ou non routier peut donner lieu au versement de redevances aux conditions prévues aux articles L.46 et L.47.
Le prix facturé pour l'occupation ou la vente de tout ou partie des fourreaux reflète les coûts de construction et d'entretien de ceux-ci.
L'installation des infrastructures et des équipements doit être réalisée dans le respect de l'environnement et de la qualité esthétique des lieux, et dans les conditions les moins dommageables pour les propriétés privées et le domaine public. »

Article L.45-9 du Code des postes et des communications électroniques

C. Servitudes relatives à la défense nationale

Ces servitudes concernent les ouvrages liés à la défense des côtes, l'atterrissage des avions militaires ou encore les abords des champs de tirs.

D. Servitudes relatives à la salubrité et la sécurité publiques

44. Au titre de la salubrité publique, il s'agit notamment des cimetières : l'article L.2223-5 du Code général des collectivités territoriales (CGCT) prévoit notamment que *« nul ne peut, sans autorisation, élever aucune habitation ni creuser aucun puits à moins de 100 mètres des nouveaux cimetières transférés hors des communes »*. Sont également visés les périmètres de protection installés autour des établissements de conchyliculture et d'aquaculture et des gisements coquilliers. S'agissant de la sécurité publique, certaines servitudes concernent les plans de prévention des risques naturels, la Loire et ses affluents, ou enc e le Rhin pour la rétention des crues. Sont également visées des servitudes instituées au titre de certains ouvrages comme les installations classées pour la protection de l'environnement (ICPE) afin de limiter *« l'exposition des occupants des bâtiments aux phénomènes dangereux »* (art. L.515-8 du Code de l'environnement).

À la suite de la grave explosion de l'usine chimique AZF de Toulouse, le 21 septembre 2001, la loi n° 2003-699 du 30 juillet 2003 relative à la prévention des risques technologiques et naturels et à la réparation des dommages, dite « loi Bachelot », a prescrit aux préfets de recenser les installations ou stockages souterrains de gaz ou d'hydrocarbure les plus dangereux. Dans ce cadre, il revient aux préfets de recenser les installations dans lesquelles sont susceptibles de survenir des accidents pouvant entraîner des effets sur la salubrité, la santé et la sécurité publiques, directement ou par pollution du milieu (art. R.515-39 du Code de l'environnement). Un **plan de prévention des risques technologiques** (PPRT) doit être établi pour chaque installation ou chaque site concerné. Ce plan, soumis à enquête publique avant d'être approuvé par le préfet, a pour objet de délimiter *« un périmètre d'exposition aux risques en tenant compte de la nature et de l'intensité des risques technologiques décrits dans les études de dangers et des mesures de prévention mises en œuvre »* (art. L.515-15 du Code de l'environnement).

Au total sur les 389 PPRT prescrits depuis 2003, 385 ont été approuvés à ce jour. Près de 700 établissements sont concernés. Notons que le premier PPRT annulé a été celui concernant le dépôt d'hydrocarbures Esso de Fondeyre, au nord de Toulouse ; le tribunal administratif a estimé « *qu'un PPRT a pour objet de limiter les effets d'accidents susceptibles de survenir dans une installation classée (...), en délimitant notamment autour de celle-ci un périmètre d'exposition aux risques dans lequel des règles spécifiques destinées à réduire, et non supprimer, l'effet de ces risques sur les personnes trouveront à s'appliquer ; qu'il ne peut donc légalement prescrire la fermeture de ladite installation ou son déplacement vers un autre site* » (Tribunal administratif de Toulouse, 15 novembre 2012, Société ESSO SAF, Département de la Haute-Garonne, Société 3A COOP, Commune de Toulouse, n° 1001280 ; annulation confirmée par la cour administrative d'appel de Bordeaux, arrêt du 6 mai 2014, n° 13BX00167).

45. Les plans de prévention des risques naturels prévisibles (PPRN)

Prévus par le Code de l'environnement (art. L.562-1 et suivants), ces plans concernent les « *risques naturels prévisibles tels que les inondations, les mouvements de terrain, les avalanches, les incendies de forêt, les séismes, les éruptions volcaniques, les tempêtes ou les cyclones* ». Ces plans, prescrits par le préfet, classent les terrains en deux types de zones en fonction des risques encourus : zones directement exposées aux risques (constructions interdites), zones non directement exposées aux risques mais où les constructions pourraient aggraver les risques (mesures d'interdiction ou prescriptions). Les PPRN sont soumis à enquête publique et avis des conseils municipaux avant d'être approuvés par arrêté du préfet, mais ce dernier peut, dès qu'il a annoncé son intention d'élaborer un tel plan, le qualifier de IG (voir *supra* 27).

En pratique, un dossier de PPRN comprend :

- une note de présentation du contexte et de la procédure qui a été menée ;
- une ou plusieurs cartes de zonage réglementaire qui délimitent des zones réglementées ;
- un règlement qui correspond à ce zonage.

Une fois approuvé, le PPRN devient une servitude d'utilité publique qui doit être intégrée aux PLU et aux PLUi dans un délai de trois mois et s'appliquer dans les autorisations d'urbanisme. La population doit appliquer les mesures de prévention, de protection et de sauvegarde prévues par le règlement. Elle peut bénéficier 'un financement de 'État pour réaliser ces travaux.

Selon le ministère de la Transition écologique, les deux tiers des communes françaises sont aujourd'hui exposées à au moins un risque naturel. Huit risques naturels principaux sont identifiés sur le territoire national : les inondations, les séismes, les éruptions volcaniques, les mouvements de terrain, les avalanches, les feux de forêt, les cyclones et les tempêtes. Plusieurs catastrophes naturelles récentes ont mis en évidence la réalité de ces risques, comme les inondations dans la vallée de la Roya en octobre 2020 lors du passage de la tempête Alex, ou encore l'ouragan Irma aux Antilles en 2017. À lui seul, le risque inondations concerne à lui seul quelque 16 000 communes, dont 300 agglomérations. C'est pourquoi, le décret n° 2019-715 du 5 juillet 2019, dit « décret PPRI », est venu définir un cadre juridique spécifiquement applicable aux plans de prévention des risques concernant les « *aléas débordement de cours d'eau et submersion marine* ».

Plus de 13 000 communes françaises sont concernées par un PPRN, dont les trois quarts concernent le risque d'inondations. Ainsi, en Île-de-France, on compte 30 PPRI approuvés pour un ensemble de 558 communes. Ces PPRI concernent majoritairement le risque d'inondation par débordement des cours d'eau. Dans le Gard, 284 communes sont soumises à obligation d'un PPRN-inondation, soit 80 % des communes de ce département.

La loi a institué un droit à l'information pour les acquéreurs ou locataires de biens immobiliers situés dans des zones couvertes par un PPRT ou par un PPRN, prescrit ou approuvé. Ainsi, dans les zones couvertes par de tels plans, les acquéreurs comme les locataires de biens immobiliers doivent être « *informés par le vendeur ou le bailleur de l'existence de ces risques* » (art. L.125-5 du Code de l'environnement).

Exemple du PPRI de la Sélune (Manche)

Le plan de prévention des risques d'inondation (PPRI) du bassin versant de la Sélune a été approuvé par arrêté du préfet de la Manche en date du 6 mai 2019. Ce document s'applique sur les treize communes suivantes : Ducey-Les Chéris, Grandparigny, Isigny-le-Buat, Marcilly, Montjoie-Saint-Martin, Poilley, Saint-Aubin-de-Terregatte, Saint-Brice-de-Landelles, Saint-Hilaire-du-Harcouët, Saint-James, Saint-Laurent-de-Terregatte, Saint-Quentin-sur-le-Homme, Saint-Senier-de-Beuvron.

Les risques pris en compte sont les risques naturels prévisibles d'inondation par débordement de la Sélune et de ses principaux affluents : l'Airon, le Beuvron, l'Oir et le Ruisseau du Pont-Levesque. Ce PPRN approuvé vaut servitude d'utilité publique. À ce titre, il doit être annexé aux plans locaux d'urbanisme, conformément aux articles L.151-43 et L.153-60 du Code de l'urbanisme (article L.562-4 du Code de l'environnement).

Le fait de construire ou d'aménager un terrain dans une zone interdite par un plan de prévention des risques ou de ne pas respecter les conditions de réalisation, d'utilisation ou d'exploitation prescrites par ce plan est puni des peines prévues à l'article L.480-4 du Code de l'urbanisme. De plus, la non-prise en compte des dispositions d'un plan de prévention des risques peut être sanctionnée par les assurances (refus d'indemnisation en cas de sinistre).

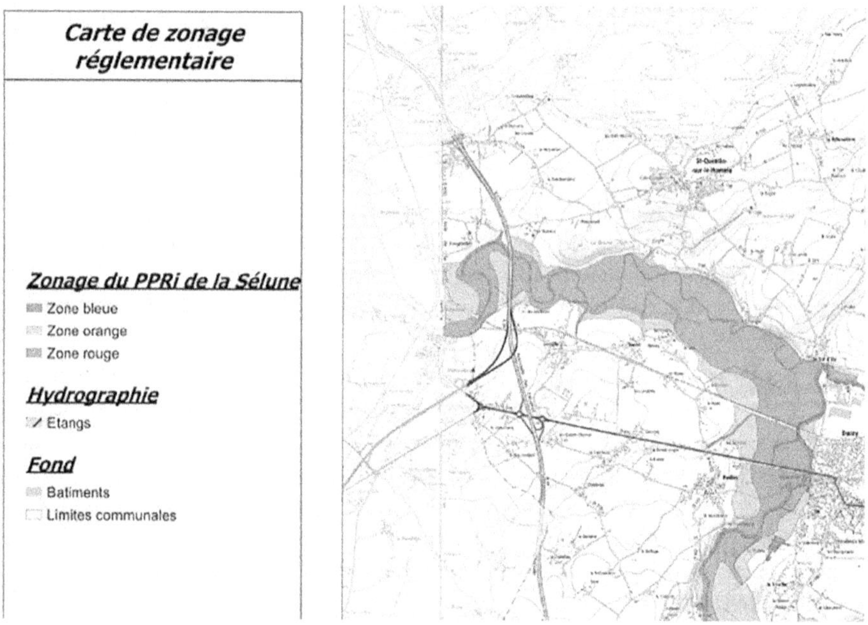

Le territoire concerné par ce document a été divisé en plusieurs zones (rouge, bleue et orange). Pour chacune de ces zones ont été définies des prescriptions particulières.

En zone rouge : *stopper tout développement urbain ou tout aménagement vulnérable ou susceptible d'accroître le niveau d'aléa sur les zones voisines, et limiter la vulnérabilité de ces zones.*

En zone orange : *stopper tout développement urbain ou tout aménagement vulnérable ou susceptible d'accroître le niveau d'aléa sur les zones voisines, en préservant notamment les champs d'expansion des crues.*

En zone bleue : *limiter la vulnérabilité, en permettant cependant une évolution très contrôlée des secteurs déjà urbanisés.*

1.5 L'ancien régime du plafond légal de densité (PLD)

46. La loi n° 75-1328 du 31 décembre 1975 portant réforme de la politique foncière avait institué le plafond légal de densité (PLD) dans un double dessein : freiner les constructions en centre-ville, en particulier limiter les tours ; procurer aux communes des r ecettes d'investissement.

La densité de construction (D) s'exprimait par un rapport numérique :

$$D = \frac{\text{surface de la construction projetée}}{\text{surface du terrain}}$$

1.5.1 Le principe du plafond

La loi de 1975 avait fi é la densité à 1 partout en France, sauf à Paris où elle l'avait fi ée à 1,5. La loi du 23 décembre 1986, voulant favoriser le développement de l'off e foncière, avait rendu le PLD facultatif : les conseils municipaux des communes qui voulaient le maintenir devaient expressément le confirmer par une délibération – ce qui conduisit notamment la Ville de Paris à l'abandonner – et fi er eux-mêmes une densité ne pouvant être inférieure à 1.

Lorsqu'une commune fixait un PLD, au-delà de ce plafond, « *l'exercice du droit de construire relevait de la collectivité* » (ancien art. L.112-1, dernier alinéa). D ès lors, tout propriétaire désireux de construire sur son terrain au-delà du plafond n'était plus libre d'exercer ce droit qu'il devait alors acheter à la commune.

> ***Exemple***
>
> En 2008, dans une commune où le conseil municipal avait institué et confirmé le PLD et fixé une densité (D) à 1,2, M. Durand, propriétaire d'un terrain de 100 m^2, pouvait construire une maison de 120 m^2. Mais s'il voulait construire une maison de 156 m^2, M. Durand devait verser une participation pour dépassement de 36 m^2 : il « achetait » à la collectivité les 30 m^2 qu'il n'avait pas et aurait dû avoir pour construire cette maison.

1.5.2 La suppression du PLD

47. Longtemps encouragée, la suppression du PLD a été encouragée par la loi n° 2000-1208 du 13 décembre 2000 dite « SRU ». Dix ans plus tard, la loi n° 2010-1658 du 29 décembre 2010 de finances ectificati es pour 2010 est v enue supprimer le PLD dans toutes les communes qui ne l'auraient pas décidé elles-mêmes auparavant, à compter du 1er janvier 2015.

1.5.3 Une nouvelle logique de densification

Cette évolution s'explique par un changement de paradigme lié à l'évolution des besoins de logements, mais également à une nouvelle approche de la consommation foncière et des exigences environnementales. Le législateur a ainsi souhaité progressivement encourager les constructions en centre-ville afin 'éviter les déplacements automobiles et les pollutions qu'ils engendrent. Quelques années plus tard, la loi n° 2014-366 du 24 mars 2014 pour l'accès au logement et un urbanisme rénové, dite loi « ALUR », est allée plus loin encore en consacrant une logique de « densification urbaine » consistant à encourager les constructions dans les secteurs déjà urbanisés afin de f einer l'artificialisation des sols et lutter contr e l'étalement urbain. Ce texte ira même jusqu'à prévoir de nouvelles possibilités de surélever des immeubles existants afin 'y densifier 'habitat. Plus récemment, la loi « Climat et résilience » est venue conforter plus encore ce souci de lutte contre l'étalement urbain en prévoyant un objectif de « zéro artificialisation nette » (ZAN) à l'horizon 2050 (voir *supra* 13).

CHAPITRE 2

Les règles choisies par les intercommunalités et les communes

48. Les lois de décentralisation de 1982-1983 ont incité les communes à réfléchir à l'avenir de leur territoire en conférant à celles qui se dotaient d'un plan d'urbanisme des responsabilités importantes. En particulier, la loi n° 83-8 du 7 janvier 1983 relative à la répartition de compétences entre les communes, les départements, les régions et l'État a conféré aux communes et à leurs groupements la responsabilité d'établir les documents de planification d'urbanisme (schémas directeurs et plans d'occupation des sols à l'époque) afin de leur permettre de délivrer les autorisations d'utilisation et d'occupation du sol, notamment les permis de construire.

Pour l'élaboration de ces documents de planification urbaine, le législateur a prévu une aide de l'État (art. L.132-15) sous la forme d'une compensation des « *dépenses entraînées par les études et l'établissement des documents d'urbanisme* ». Si, en théorie, les services de l'État accompagnent les élus locaux dans leur élaboration des différents documents d'urbanisme, la mise à disposition facultative et gratuite des services compétents en matière d'urbanisme (directions départementales des territoires) semble s'être progressivement réduite dans les faits au fil des politiques successives de réduction des dépenses publiques. En outre, pour ne pas contrevenir aux règles de la concurrence issues du droit communautaire, qui imposent aux collectivités locales de passer des marchés d'ingénierie, les prestations de l'État entrent dans le champ de « *l'assistance technique fournie par l'État pour des raisons de solidarité et d'aménagement du territoire* ». Elles restent donc en principe réservées aux communes et aux groupements de communes qui « *ne disposent pas, du fait de leur taille et de leurs ressources, des moyens humains et financiers nécessaires à l'exercice de leurs compétences dans les domaines de la voirie, de l'aménagement et de l'habitat* » (Sénat, délégation aux collectivités territoriales, Rapport d'information de M. Pierre Jarlier sur les collectivités territoriales et l'ingénierie en matière d'urbanisme, 2012, n° 654).

Enfin, dans les budgets communaux et intercommunaux, les dépenses exposées pour l'élaboration des documents d'urbanisme entrent dans la catégorie des dépenses d'investissement et ouvrent droit aux attributions du fonds de compensation pour la TVA (FCTVA). Sont plus précisément concernées les dépenses entraînées par « *les études, l'élaboration, la modification et la révision de leurs documents d'urbanisme ainsi que pour la numérisation du cadastre* » (art. L.132-16).

49. Les communes et leurs groupements peuvent solliciter l'aide des agences d'urbanisme. Créées par l'État et les collectivités territoriales, ces « *agences d'ingénierie partenariale* » fonctionnent généralement sous la forme d'une association régie par la loi de 1901, ou parfois sous la forme de groupement d'intérêt public. Les agences d'urbanisme sont aujourd'hui au nombre de cinquante-deux, réparties sur l'ensemble du territoire. Regroupées au sein de la Fédération nationale des agences d'urbanisme (FNAU), elles ont pour mission de « *participer à la définition des politiques d'aménagement et de développement et à l'élaboration des documents d'urbanisme et de planification qui leur sont liés, notamment les schémas de cohérence territoriale et les plans locaux d'urbanisme intercommunaux* » (art. L.132-6).

Signalons aussi le rôle que peuvent jouer les conseils d'architecture, d'urbanisme et de l'environnement (CAUE) en matière d'accompagnement des communes. Issus de la loi du 3 janvier 1977 sur l'architecture, ces organismes poursuivent sur le plan local les objectifs définis au plan national en vue de promouvoir la qualité de l'architecture et de son environnement. Présents dans quatre-vingt-treize départements, en métropole et dans les départements d'outre-mer, les CAUE visent essentiellement à favoriser la diffusion des informations, l'harmonisation des pratiques, la mutualisation d'outils et d'expériences.

50. Depuis les lois de décentralisation de 1983, l'urbanisme communal a connu deux évolutions importantes : d'une part, celle du développement de l'intercommunalité et, d'autre part, celle de l'intervention de l'Europe en matière environnementale.

Aujourd'hui, les communes ne peuvent plus envisager l'organisation de leur espace en ignorant le territoire des communes voisines. En 2008 déjà, le rapport de la Commission pour la libération de la croissance française, dit « rapport Attali », préconisait de « *regrouper à l'échelon intercommunal les compétences locales en matière d'urbanisme et d'habitat, notamment en vue de la constitution de réserves foncières* » (proposition n° 170). Puis les lois « Grenelle 1 » et « Grenelle 2 » ont invité les collectivités territoriales à « *concevoir l'urbanisme de façon globale en harmonisant les documents d'orientation et les documents de planification établis à l'échelle de l'agglomération* » (art. 7, II, c de la loi n° 2009-967 du 3 août 2009 de programmation relative à la mise en œuvre du Grenelle de l'environnement). La loi n° 2010-1563 du 16 décembre 2010 de réforme des collectivités territoriales a ensuite confié au préfet de département le soin d'élaborer un « *schéma départemental de coopération intercommunale prévoyant une couverture intégrale du territoire par des établissements publics de coopération intercommunale à fiscalité propre et la suppression des enclaves et discontinuités territoriales* » (art. L.5210-1-1 du Code général des collectivités territoriales). La loi n° 2014-366 du 24 mars 2014 pour l'accès au logement et un urbanisme rénové, dite loi « ALUR », est allée plus loin encore en prévoyant expressément de donner un caractère intercommunal au plan local d'urbanisme (PLU). Peu à peu s'est imposée l'idée de généraliser à terme, sur l'ensemble du territoire, la mise en place de nouveaux plans locaux d'urbanisme intercommunaux (PLUi). La loi n° 2015-991 du 7 août 2015 portant nouvelle organisation territoriale de la République, dite loi « NOTRe », a, à cet égard, marqué un tournant décisif.

En premier lieu, elle oblige toutes les communes à faire partie d'un établissement public de coopération intercommunale (EPCI) à fiscalité propre (communauté de communes, communauté urbaine, communauté d'agglomération, métropole). Ainsi, sur les 34 954 communes que compte la France, seules quatre d'entre elles restent aujourd'hui isolées en raison de leur particularité insulaire (l'île d'Yeu, l'île de Bréhat, l'île de Sein et l'île d'Ouessant).

En deuxième lieu, la loi NOTRe est venue imposer un seuil minimum de principe fixé à 15 000 habitants pour pouvoir constituer un EPCI à fiscalité propre. Il s'en est suivi un vaste mouvement de regroupements et de fusions d'intercommunalités existantes pour redéfinir les périmètres des EPCI afin d'atteindre ce seuil sous la houlette des préfets. Ces derniers président, dans chaque département, la commission départementale de coopération intercommunale (CDCI) chargée de l'élaboration des schémas départementaux de coopération intercommunale (SDCI) (art. L.5210-1-2 du Code général des collectivités territoriales). De fait, entre 2015 et le 1er janvier 2017, le nombre d'EPCI à fiscalité propre est passé de 2 456 à un peu plus de 1 266. Au 1er janvier 2022, on dénombrait 1 254 EPCI à fiscalité propre répartis en 992 communautés de communes, 227 communautés d'agglomérations, 14 communautés urbaines et 21 métropoles.

En troisième et dernier lieu, la loi NOTRe a consacré la compétence de l'échelon intercommunal dans plusieurs domaines traitant de l'urbanisme et de l'aménagement urbain : en particulier la compétence « aménagement de l'espace » (art. L.5214-16 du CGCT pour les communautés de communes), mais également les politiques d'habitat et de la ville (art. L.5216-5 du CGCT pour les communautés d'agglomération), les équipements sportifs et culturels (art. L.5215-20 pour les communautés urbaines) ou encore les réseaux et infrastructures de télécommunication et la réalisation d'un plan climat (art. L.5217-2 du CGCT pour les métropoles). Perçu par de nombreux observateurs ou élus comme un mouvement « à marche forcée » et la consécration d'une intercommunalité « XXL », l'accroissement des pouvoirs des EPCI au détriment de l'échelon municipal constitue sans nul doute un bouleversement comparable à celui apporté par les lois de décentralisation au début des années 1980.

51. L'Union européenne a, pour sa part, fait entrer dans le droit de l'urbanisme deux concepts : celui de la participation et celui de l'évaluation environnementale. Ces concepts ont été progressivement transposés en droit français, et ils figurent aujourd'hui au sein du Code de l'urbanisme.

Ainsi, le décret n° 2002-1187 du 12 septembre 2002 a fait entrer dans le droit français la Convention sur l'accès à l'information, la participation du public au processus décisionnel et l'accès à la justice en matière d'environnement signée à Aarhus le 25 juin 1998. L'article 6 de cette Convention stipule que « *lorsqu'un processus décisionnel touchant l'environnement est engagé, le public concerné est informé comme il convient, de manière efficace et en temps voulu, par un avis au public ou individuellement, selon le cas, au début du processus* » (art. 6, § 2) et que chaque État « *prend des dispositions pour que la participation du public commence au début de la procédure, c'est-à-dire lorsque toutes les options et solutions sont encore possibles et que le public peut exercer une réelle influence* » (art. 6, § 4). Ces droits à l'information et à la participation ont été repris dans nos textes constitutionnels. La Charte de l'environnement de 2004, intégrée dans le bloc de constitutionnalité de la Cinquième République par la loi constitutionnelle n° 2005-205 du 1er mars 2005, énonce, en son article 7, que « *toute personne a le droit, dans les conditions et les limites définies par la loi, d'accéder aux informations relatives à l'environnement détenues par les autorités publiques et de participer à l'élaboration des décisions publiques ayant une incidence sur l'environnement* ».

À ce titre, le Code de l'urbanisme consacre un chapitre entier à la participation du public (art. L.103-1 à L.103-7). Il prévoit ainsi que « *font l'objet d'une concertation associant, pendant toute la durée de l'élaboration du projet, les habitants, les associations locales et les autres personnes concernées* », notamment « *a) l'élaboration et la révision du schéma de cohérence territoriale et du plan local d'urbanisme ; b) la modification du schéma de cohérence territoriale et du plan local d'urbanisme soumise à évaluation environnementale ; c) la mise en compatibilité du schéma de cohérence territoriale et du plan local d'urbanisme soumise à évaluation environnementale ; d) l'élaboration et la révision de la carte communale soumises à évaluation environnementale* » (art. L.103-2).

En particulier, lorsque qu'une collectivité s'engage dans l'élaboration d'un plan local d'urbanisme, elle doit préciser « *les objectifs poursuivis et les modalités de concertation* » (art. L.153-11). Ceux-ci sont alors fi és par l'organe délibérant de la collectivité ou de l 'établissement public compétent (art. L.103-3).

Quant à l'obligation d'évaluation environnementale, elle a été posée par la dir ective du Parlement européen et du Conseil n° 2001/42/CE du 27 juin 2001 relative à l'évaluation de certains plans et programmes sur l'environnement. Afin que cette é aluation soit indépendante, elle est confiée à 'Inspection générale de l 'environnement et du dév eloppement durable (art. R.104-21). Cette obligation est reprise aux articles L.104-1 à L.104-8 du Code de l'urbanisme. Sont ainsi expressément visés les directives territoriales d'aménagement et de développement durable, le schéma directeur de la région d'Ile-de France, les schémas de cohérence territoriale, les plans locaux d 'urbanisme, les prescriptions particulières de massif, les schémas d'aménagement régionaux des régions d'outre-mer ainsi que le plan d'aménagement et de développement durable de Corse (art. L.104-1). C'est donc en respectant ces principes que les élus des intercommunalités et des communes doivent aujourd'hui concevoir la politique d'organisation de leur territoire.

Les élus des intercommunalités sont invités à définir les grandes orientations de 'organisation de l'espace dans un document intitulé le schéma de cohérence territoriale (2.1). Ils peuvent, à l'instar des élus municipaux, fi er les règles d'utilisation des sols de leur territoire dans un plan local d'urbanisme (2.2). S'ils ne veulent pas être aussi précis, les élus municipaux peuvent élaborer un document plus simple : la carte communale (2.3). Enfin, s'ils n'ont souhaité élaborer ni PLU ni carte communale, les élus municipaux devront savoir que leur territoire se caractérisera par une constructibilité limitée, imposée par le règlement national d'urbanisme (RNU) défini par la pa tie réglementaire du Code de l'urbanisme (2.4).

2.1 Le schéma de cohérence territoriale (SCoT)

52. Les schémas directeurs d'aménagement et d'urbanisme (SDAU) avaient été institués par la loi d'orientation foncière du 30 décembre 1967. En 1983, ils ont été r emplacés par les schémas directeurs (SD). Apparaissant comme inadaptés aux grands objectifs des agglomérations des années 2000 et difficile à réviser, les schémas directeurs ont à leur tour été remplacés par les schémas de cohérence territoriale (SCoT), créés par la loi SRU du 13 décembre 2000. L'ordonnance n° 2020-744 du 17 juin 2020 relative à la modernisation des SCoT est venue depuis modifier leur contenu

D'une manière générale, les SCoT sont des documents de planification stratégique à long terme (environ vingt ans), établis à l'échelle d'une aire urbaine, d'un grand bassin de vie ou d'un bassin d'emploi. Ils sont pilotés par un syndicat mixte, un pôle d'équilibre territorial et rural (PETR), un pôle métropolitain, un parc naturel régional, ou encore par un EPCI.

Fin octobre 2021, 350 SCoT étaient approuvés sur le territoire (contre 137 en 2012). Ces documents couvrent aujourd'hui 86 % des communes et 95 % de la population. La loi « Climat et résilience » du 22 août 2021 a cependant prévu que les SCoT devraient à nouveau être modifiés de maniè e à fi er *« une trajectoire permettant d'aboutir à l'absence de toute artificialisation nette des sols ainsi que, par tranches de dix années, un objectif de réduction du rythme de l'artificialisation »*. Selon le ministère en charge de l'écologie, un SCoT doit permettre *« d'établir un projet de territoire qui anticipe les conséquences du dérèglement climatique, et les transitions écologique, énergétique, démographique, numérique... »*.

2.1.1 Le contenu du SCoT

53. Il revient au schéma de cohérence territoriale de fi er les grandes options concernant l'avenir du territoire intercommunal. À leur échelle, les SCoT sont chargés d'intégrer plusieurs documents de planification supérieurs : schéma directeur d'aménagement et de gestion des eaux (SDAGE), schéma d'aménagement et de gestion de l'eau (SAGE), schéma régional de cohérence écologique (SRCE), schéma régional d'aménagement, de développement durable et d'égalité des territoires (SRADDET). C'est pourquoi s'impose aujourd'hui le concept de *« SCoT intégrateur »*. Par ailleurs, comme tous les documents d'urbanisme, le SCoT doit respecter les principes généraux énoncés aux articles L.110-1 à L.101-31-1 (art. L.141-1 ; voir *supra* 11 et 13).

A. Présentation

Un SCoT se compose de trois principaux volets : un projet d'aménagement stratégique (PAS), un document d'orientation et d'objectifs (DOO) et des annexes (art. L.141-2).

■ **Le projet d'aménagement stratégique (art. L.141-3)**

Ce volet vient remplacer le Projet d'aménagement et de développement durable (PADD) qui avait été instauré par la loi SRU du 13 décembre 2000. Ce document visait à définir les grandes orientations du projet d'urbanisme ou d'aménagement retenues pour le développement futur du territoire. Il devait exposer le projet sous son volet « politique » en répondant aux besoins et enjeux du territoire et des outils mobilisables par la collectivité.

54. Dans ce premier volet, désormais dénommé **projet d'aménagement stratégique (PAS),** le SCoT définit les objectifs de dé eloppement et d'aménagement du territoire à un horizon de vingt ans sur la base d'une synthèse du diagnostic territorial et des enjeux qui s'en dégagent. Ces objectifs peuvent être représentés graphiquement. Ils doivent surtout concourir à *« la coordination des politiques publiques sur les territoires, en favorisant un équilibre et une complémentarité des polarités urbaines et rurales, une gestion économe de l'espace limitant l'artificialisation des sols, les transitions écologique, énergétique et climatique, une offre d'habitat, de services et de mobilités adaptés aux nouveaux modes de vie, une agriculture contribuant notamment à la satisfaction des besoins alimentaires locaux, ainsi qu'en respectant et mettant en valeur la qualité des espaces urbains comme naturels et des paysages »* (art. L.141-3). Depuis la loi « Climat et résilience » du 22 août 2021, le projet d'aménagement stratégique doit en outre fi er *« par tranches de dix années, un objectif de réduction du rythme de l'artificialisation »*.

■ **Le document d'orientation et d'objectifs (art. L.141-4 à L.141-14)**

Ce document, qui vise à déterminer les conditions d'application du projet d'aménagement, définit *« les orientations générales d'organisation de l'espace, de coordination des politiques publiques et de valorisation des territoires »* (art. L.141-4). Les orientations du DOO doivent plus précisément s'inscrire « *dans un objectif de développement équilibré du territoire et des différents espaces, urbains et ruraux, qui le composent* ».

En pratique, il s'agit ainsi d'assurer une complémentarité entre :

- les activités économiques, artisanales, commerciales, agricoles et forestières (art. L.141-5 à 141-6). Dans ce cadre, le DOO précise notamment les conditions d'implantation des équipements commerciaux et des constructions logistiques en prenant soin de privilégier la consommation économe de l'espace, leur accessibilité aux piétons et aux cyclistes, leur qualité environnementale, architecturale et paysagère, leur performance énergétique. L'autorité en charge de l'élaboration du SCoT est également invitée à privilégier le maintien du commerce de proximité « *au plus près de l'habitat et de l'emploi* », mais également à limiter son développement dans les zones périphériques (art. L.141-6) ;
- une off e de logement et d'habitat renouvelée, l'implantation des grands équipements et services qui structurent le territoire, ainsi que l'organisation des mobilités (art. L.141-7 à L.141-9). Il s'agit ici de répondre aux besoins en logements sur le territoire en privilégiant « *une gestion économe de l'espace afin de lutter contre l'artificialisation des sols* », mais également « *le renouvellement urbain* ». Peuvent être ainsi définis des objectifs 'amélioration et de réhabilitation du parc de logements existant public ou privé, au regard des enjeux de lutte contre la vacance, ou encore une politique de mobilité visant à diminuer l 'usage individuel de l'automobile ;
- les transitions écologique et énergétique (art. L.141-10). Ces dernières concernent la lutte contre l'étalement urbain et le réchauffement climatique, le développement des énergies renouvelables, ainsi que la prévention des risques naturels, technologiques et miniers, la préservation et la valorisation des paysages, de la biodiversité, des ressources naturelles, des espaces naturels, agricoles et forestiers. À cet égard, le DOO doit notamment fi er des « *objectifs chiffrés de consommation économe de l'espace et de lutte contre l'étalement urbain par secteur géographique* ».

Enfin, dans certaines zones particulières (montagne, littoral, zones maritimes), le DOO prévoit en outre quelques dispositions spécifiques : les conditions de logement des salariés et des travailleurs saisonniers (art. L.141-11), les orientations liées à la protection et la mise en valeur du littoral (art. L.141-12), les critères d'identification des villages, agglomérations et autres secteurs déjà urbanisés, ou encore les conditions d'adaptation des territoires au recul du trait de côte (art. L.141-13).

■ **Les annexes (art. L.141-15)**

Dans ses annexes, le SCoT doit présenter plusieurs éléments expressément identifiés :

- un diagnostic du territoire ;
- une évaluation environnementale ;
- la justification des choix retenus pour établir le projet d'aménagement stratégique et le document d'orientation et d'objectifs ;
- l'analyse de la consommation d'espaces naturels, agricoles et forestiers au cours des dix années précédant le projet de schéma et la justification des objectifs chiffrés de limitation de cette consommation ;
- lorsque le schéma de cohérence territoriale tient lieu de plan climat-air-énergie territorial (PCAET), certains éléments complémentaires prévus à l'article L.229-26 du Code de l'environnement (programme d'actions à réaliser pour améliorer l'efficacit énergétique, pour développer la mobilité sobre et décarbonée, pour réduire les nuisances lumineuses…).

Extrait du document d'orientation et d'objectifs de Cahors & Sud Lot

Objectif 4 : Conforter l'agriculture et l'agroalimentaire, un des piliers de l'économie locale

Point 14*. Pour les documents d'urbanisme des communes du pôle urbain, des pôles d'équilibre, des pôles de services et pour les communes de l'aire urbaine, un diagnostic agricole sera réalisé en concertation avec les acteurs de la profession agricole.*
*Les thèmes suivants seront particulièrement analysés afin d'élaborer des zonages et des règlements cohérents avec les enjeux de l'agriculture (*a minima*, la liste n'étant pas exhaustive) :*
– identification et caractérisation des exploitations et des filières en place : état des lieux des projets agricoles (diversification, extension ou construction de bâtiments agricoles...), prospective sur l'évolution des exploitations, prospective sur le potentiel de transmission des exploitations... ;
– analyse fonctionnelle du foncier agricole selon une approche multicritères : prise en compte des terroirs faisant l'objet d'une distinction particulière (IGP, AOC, etc.), prise en compte du niveau de morcellement du foncier, prise en compte du relief, appréciation de la qualité agronomique des sols, état des lieux des équipements et les investissements d'aménagement (drainage, système d'irrigation, etc.), appréciation de la place du foncier agricole dans les enjeux économiques locaux ;
– caractérisation de la plus-value paysagère et écologique des terres agricoles ;
– prise en compte des enjeux agricoles pour les cultures pérennes (arboriculture et viticulture) et/ou le maraîchage afin de préserver et de valoriser les investissements importants liés au foncier dans ce type de productions.

Point 15. *Tout choix de développement urbain à l'échelle communale ou intercommunale devra être justifié au regard des enjeux agricoles identifiés dans le diagnostic agricole et notamment par la prise en compte du potentiel agronomique des terres, du niveau d'équipement, de la plus-value économique et paysagère de ces espaces. Toute implantation de construction devra veiller à ne pas perturber les pratiques agricoles, ne pas fragmenter davantage l'espace agricole et viticole et à respecter l'identité patrimoniale.*

Point 16. *En complément, le SCoT prescrit également de :*
– favoriser les associations foncières pastorales (AFP) : landes calcicoles, pelouses sèches : se référer à la cartographie de protection des espaces naturels (chapitre 4, objectif 20)
– maintenir la vocation agricole des fonds de vallée, versants et crêtes identifiées par la charte du parc naturel régional des Causses du Quercy (PNRCQ) et cartographiés dans le plan du parc.

Point 17. *Un espace inconstructible d'une largeur de l'ordre de 100 mètres sera mis en place autour des bâtiments d'élevage, de leurs équipements de gestion des effluents, de leurs annexes et des secteurs concernés par les plans d'épandage (identifiés dans le cadre du diagnostic agricole des documents d'urbanisme). En ce qui concerne les sites d'exploitation classés ICPE, la largeur de cet espace inconstructible sera portée à 150 mètres autour des bâtiments d'élevage, et de leurs équipements de gestion des effluents. Un espace inconstructible d'une largeur de l'ordre de 50 mètres sera identifié autour des chais viticoles et de leurs équipements de gestion des effluents (identifiés dans le cadre du diagnostic agricole des documents d'urbanisme ; cette disposition ne s'appliquent pas pour les chais implantés au cœur des enveloppes urbaines des bourgs et hameaux. À l'intérieur de ces périmètres destinés à mieux gérer les « conflits de voisinage », les seules constructions autorisées seront celles liées et/ou nécessaires à l'exploitation agricole.*
Ces périmètres pourront être adaptés en fonction des contraintes techniques et des contextes particuliers identifiés et expliqués par le rapport de présentation (diagnostic et explication des choix).

Point 18. *À la périphérie des espaces viticoles et arboricoles (identifiés dans le cadre du diagnostic agricole des documents d'urbanisme), un espace naturel « tampon » inconstructible d'une largeur adaptée sera mis en place hors zone agricole. L'emprise de cet espace inconstructible peut être un écran de végétation (bosquet, haie arborée dense, merlon paysager, etc.) permettant de gérer les « conflits de voisinage ».*

Point 19. *Les documents d'urbanisme locaux devront permettre de développer l'agritourisme. Les secteurs susceptibles d'accueillir des projets agritouristiques feront l'objet d'un zonage et d'une réglementation adaptés au vu de la prise en compte :*
– des possibilités de développement de l'activité agricole, qui devra rester l'activité principale de la zone ;
– de la sensibilité des paysages et des écosystèmes à proximité ;
– du patrimoine bâti.

Point 20. *Les documents d'urbanisme locaux identifieront les sites potentiels d'accueil de structures utiles à la mise en œuvre de filières courtes de proximité de vente directe et/ou de transformation des produits issus de l'exploitation :*
– le choix des sites ne devra pas compromettre le développement des activités agricoles ;
– les dispositions réglementaires pourront autoriser l'implantation de structures spécifiques : atelier de transformation de la production issue de l'exploitation ou de la production des exploitations agricoles associées, espaces de vente des produits de l'exploitation agricole ou des exploitations agricoles associées, etc.) ;
– la capacité de la zone et les caractéristiques de la desserte en réseaux divers et voirie devront être suffisantes pour assurer la logistique nécessaire.

Dossier approuvé en juin 2018

B. Les documents graphiques

55. Dans ses diffé ents volets, le SCoT peut être utilement enrichi de documents graphiques, qu'il s'agisse en effet du p ojet d'aménagement stratégique, du document d'orientation et d'objectifs ou des annexes (art. L.141-2).

Les auteurs du SCOT sont très libres quant à la présentation et à la forme de ces documents, mais certaines informations doivent y figu er, comme la localisation des espaces ou sites à protéger (espaces naturels, agricoles, forestiers ou urbains), notamment en raison de leur participation à l'amélioration du cadre de vie. Doivent être en particulier transposées les dispositions pertinentes des chartes de parcs naturels régionaux « *à une échelle appropriée* » (art. L.141-10). De même, les documents graphiques doivent permettre d'identifier « *les biens inscrits au patrimoine mondial et leur zone tampon* » (art. R.141-6) lorsque le territoire en comporte.

2.1.2 La procédure

56. Les modalités d'élaboration du SCoT sont précisées aux articles L.143-1 et suivants.

A. Élaboration du SCoT

L'élaboration d'un SCoT constitue une opération dont la durée et les coûts apparaissent comme très variables en fonction des contextes et des situations locales. La durée d'une telle opération peut ainsi être évaluée entre trois et cinq années, et son coût estimé entre 150 000 et plusieurs millions d'euros selon la taille du territoire concerné. La procédure comporte plusieurs phases.

■ 1re phase : Délibération prescrivant l'élaboration

Le schéma de cohérence territoriale est en principe élaboré à l'initiative d'un établissement public de coopération intercommunale ou d'un groupement de collectivités territoriales compétents (art. L.143-1). Il revient, en premier lieu, de déterminer le périmètre qui sera couvert par le schéma, celui-ci devant être « *d'un seul tenant et sans enclave* » (art. L.143-2). Pour déterminer ce périmètre, plusieurs éléments sont pris en compte : les déplacements et les modes de vie au sein du bassin d'emploi, les besoins de protection des espaces naturels et agricoles, les besoins en termes de logements, d'équipements, d'espaces verts, de services et d'emplois (art. L.143-3).

Une fois défini, le p ojet de périmètr e doit êtr e validé par l'organe délibérant de l 'EPCI (conseil communautaire ou conseil métropolitain). Pour être validé, le projet doit recueillir la majorité (art. L.143-4) :

- soit des deux tiers au moins des communes représentant plus de la moitié de la population intercommunale ;
- soit de la moitié au moins des communes représentant les deux tiers de la population intercommunale.

Le projet de périmètre est ensuite transmis au préfet qui recueille l'avis du (ou des) département(s) concerné(s) avant de valider par arrêté le périmètre du SCoT.

Depuis la loi « Grenelle 2 » n° 2010-788 du 12 juillet 2010, l'État a également la possibilité de prendre l'initiative d'un SCoT. Tel peut être le cas lorsqu'il est constaté que « *l'absence de schéma de cohérence territoriale nuit gravement à la cohérence des politiques publiques d'urbanisme, d'habitat, de développement économique, de développement rural, de transports et de déplacements et de protection des espaces naturels, agricoles et forestiers, ou à la préservation et à la remise en bon état des continuités écologiques ou conduit à une consommation excessive de l'espace* » (art. L.143-7). Dans ce cadre, le préfet peut alors inviter les EPCI concernés soit à déterminer un périmètre de SCoT, soit à délibérer sur l'extension d'un SCoT existant. Les EPCI disposent alors d'un délai de six mois pour pr oposer leur projet de périmètre (ou de nouveau périmètre). Ce projet est ensuite arr êté par le pr éfet, après avis de la commission départementale de la coopération inter communale (CDCI). Cet arr êté dresse la liste des EPCI et des communes concernées. À compter de la notification de cet ar êté, l'organe délibérant de chaque EPCI et le conseil municipal de chaque commune concernée disposent d'un délai de trois mois pour se prononcer. À défaut de délibération dans ce délai, celle-ci est réputée favorable. À l'issue de ce délai de trois mois, le périmètre peut être délimité ou étendu par arrêté du préfet, avec l'accord des EPCI compétents et des communes concernées.

■ 2e phase : Organisation de la concertation

57. Les communes doivent confier 'élaboration du SCoT à un EPCI, à un syndicat mixte (par exemple, le syndicat d'aménagement et de gestion du par c naturel régional), un pôle métropolitain ou encore à « *un pôle d'équilibre territorial et rural constitué exclusivement des communes et EPCI compétents compris dans le périmètre du schéma* » (art. L.143-16). Les élus communautaires, chargés de prescrire l'élaboration du schéma, doivent délibérer pour préciser non seulement les objectifs poursuivis, mais également les modalités de concertation envisagées (art. L.140-17). Cette concertation doit associer, pendant toute la durée de l'élaboration du SCoT, les habitants, les associations locales ainsi que les autres personnes concernées, dont les représentants de la profession agricole. L'objectif de cette concertation à grande échelle est de favoriser l'expression du plus grand nombre sur le projet de SCoT.

En pratique, la concertation peut prendre des formes variées : expositions, présentation à la presse, réunions publiques, magazines territoriaux, information sur I nternet peuvent la nourrir. La délibération qui organise la concertation est affichée pendant un mois au siège d l'établissement public intercommunal et dans les mairies concernées – mention de cet affichage est insérée dans un journal diffusé dans le département – et publiée au recueil des actes administratifs de l'établissement.

Exemple de concertation (pôle métropolitain du pays de Brest)

« La concertation est une phase de co-construction qui donne la possibilité aux élus, citoyens, acteurs économiques et associations de contribuer à la révision du SCoT.
Pour vous informer et vous permettre de participer à la proposition du Document d'Orientation et d'Objectifs (DOO), le pôle métropolitain du pays de Brest vous invite à l'une des 4 réunions publiques qui se tiendront :
– mardi 17 octobre 2017 de 18 h 00 à 20 h 00 : salle de la communauté de communes à Lesneven ;
– mercredi 18 octobre 2017 de 20 h 30 à 22 h 30 : à L'Astrolabe (salle Dumont d'Urville) au Relecq-Kerhuon ;
– mardi 24 octobre 2017 de 18 h 00 à 20 h 00 : espace Cybéria à Plourin ;
– mercredi 25 octobre 2017 de 20 h 30 à 22 h 30 : salle polyvalente à Rosnoën.
Des documents en consultation :
Vous pouvez consulter le DOO sur le site internet du pôle métropolitain du pays de Brest : www.pays-de-brest.fr rubrique « Révision du SCoT ».
Vous y trouverez également l'intégralité des diagnostics présentés en 2015 et les orientations du PADD débattues le 8 novembre 2016.
Nous faire parvenir vos contributions :
– Écrire à l'adresse postale du pôle métropolitain du pays de Brest ou par courrier électronique.
– Un registre de concertation publique est présent au siège de chaque intercommunalité et à celui du pôle métropolitain. »

■ 3e phase : Association d'autres organismes et de l'État

58. Le président de l'établissement intercommunal, à son initiative ou à la demande du préfet, de la région, du département, associe les services concernés à l'élaboration du projet de SCoT (art. R.132-10). Ces « personnes publiques associées » seront chargées d'émettre un avis qui sera joint au dossier d'enquête publique (art. R.132-11).

Outre l'État, plusieurs personnes publiques sont ainsi associées à l'élaboration du schéma (art. L.132-7) : la région, le département, les autorités organisatrices de transport, les EPCI compétents en matière de programme local de l'habitat (PLH), les organismes de gestion des parcs naturels régionaux et des parcs nationaux, la chambre de commerce et d'industrie territoriale, la chambre des métiers, la chambre d'agriculture… Peuvent être également consultées à leur demande les associations locales d'usagers agréées, les associations de protection de l'environnement agréées ainsi que la commission départementale des espaces naturels agricoles et forestiers (art. L.132-12).

■ 4e phase : Débat sur les orientations du projet d'aménagement stratégique

Lorsque le projet de SCoT commence à prendre forme, un débat est organisé au sein du conseil de l'EPCI sur *« les orientations du projet d'aménagement stratégique »* (le PAS ayant remplacé les PADD, voir *supra* 54). Ce débat doit avoir lieu au plus tard quatre mois avant l'examen du projet de schéma (art. L.143-18). Il y a tout intérêt à ce que le public soit informé, dans le cadre de la concertation, du contenu et de la date de ce débat auquel il peut assister.

■ 5e phase : Délibération sur le projet de schéma

Au moins quatre mois après le débat d'orientation, le projet de schéma mis au point doit être discuté et « arrêté » par le conseil de l'EPCI. Cette délibération peut aussi tirer le bilan de la concertation. Elle est affichée pendant un mois au siège de l'établissement public et aux mairies des communes membres concernées (art. R.143-7).

Lorsqu'une commune estime que l'un de ses intérêts essentiels est compromis par les dispositions du projet de SCoT arrêté en lui imposant, notamment, des nuisances ou des contraintes excessives, elle peut saisir le préfet afin qu'il convoque la commission de conciliation. Instituée dans chaque département, cette commission est chargée de rechercher un accord ou de formuler en tant que de besoin des propositions alternatives (art. L.132-14) ; elle se compose de six élus communaux représentant au moins cinq communes différentes et de six personnes qualifiées en matière d'aménagement, d'urbanisme, d'architecture ou d'environnement (art. R.132-10).

■ 6e phase : Enquête publique

59. Le projet de SCoT arrêté doit être soumis à enquête publique par le président de l'EPCI (art. L.143-22). L'enquête a pour objet d'assurer une information complète du public et lui permettre de faire connaître son opinion. Elle répond donc aux principes européens d'information et de participation (voir *supra* 54). Attention ! L'avis qui se dégage d'une enquête publique résulte principalement des observations de celles et ceux qui auront fait connaître leur point de vue ; les personnes qui veulent que leur avis soit écouté – dans un sens ou dans un autre – ont donc intérêt à participer à l'enquête publique.

Celle-ci est régie par les articles L.123-1 à L.123-18 du Code de l'environnement. Le dossier d'enquête publique doit ainsi être mis en ligne pendant toute la durée de l'enquête (art. L.123-12 du Code de l'environnement), le respect de cette condition pouvant être vérifié par le juge administratif (Cour administrative d'appel de Nantes, 26 janvier 2021, Commune de Prunay-Le-Gillon, n° 20NT01097). Le rapport et les conclusions du commissaire enquêteur sont présentés dans un délai de trente jours à compter de la fin de l'enquête (art L.123-15 du Code de l'environnement). Une copie du rapport et des conclusions est adressée au maire de chacune des communes où s'est déroulée l'enquête, ainsi qu'au préfet du département. Le Code de l'environnement prévoit par ailleurs que ces documents *« sont rendus publics par voie dématérialisée sur le site internet de l'enquête publique et sur le lieu où ils peuvent être consultés sur support papier »*. Tout administré peut demander à se faire communiquer les registres de l'enquête (Conseil d'État, 26 janvier 2011, Mme Saffra, Rec. T. p. 1033).

■ 7e phase : Approbation du SCoT

À l'issue de l'enquête publique, le SCoT, éventuellement modifié pour tenir compte des avis qui ont été joints au dossier, des observations du public et du rapport du commissaire ou de la commission d'enquête, est approuvé par l'organe délibérant de l'établissement public compétent (art. L.143-23).

■ 8e phase : Entrée en vigueur

Le schéma devient exécutoire deux mois après sa transmission au préfet (art. L.143-24). Ce délai est destiné à faire entendre une nouvelle fois, si nécessaire, la voix de l'État. En effet, durant ces deux mois, le préfet peut, par lettre motivée, demander à l'établissement public intercommunal des modifications s'il estime que les dispositions du schéma ne sont pas compatibles avec une directive territoriale d'aménagement ou les lois « Montagne » ou « Littoral », ou si elles compromettent gravement les principes généraux de l'urbanisme énoncés à l'article L.101-2, ou si elles sont contraires à un projet d'intérêt général (voir *supra* 27). Il en va de même si le préfet estime que les dispositions du SCoT *« autorisent une consommation excessive de l'espace, notamment en ne prévoyant pas la densification des secteurs desservis par les transports ou les équipements collectifs, ou ne prennent pas suffisamment en compte les enjeux relatifs à la préservation ou à la remise en bon état des continuités écologiques »* (art. L.143-25). Dans ce cas, le schéma ne devient exécutoire qu'après l'intervention, la publication et la transmission au préfet des modifications demandées. Le préfet dispose donc d'un véritable pouvoir de blocage dans le cadre de l'élaboration d'un SCoT.

Le dossier du SCoT approuvé est transmis aux personnes qui ont été associées ainsi qu'aux intercommunalités et aux communes couvertes par son périmètre (art. L.143-27). Il est également tenu à la disposition du public.

60. À compter du 1er janvier 2023, le caractère exécutoire du SCoT est conditionné par sa publication sur le Géoportail de l'urbanisme et sa transmission au préfet. Les formalités d'affichage et de publication sont supprimées (articles 7 et 40 de l'ordonnance n° 2021-1310 du 7 octobre 2021 ; nouvel article L.143-24).

B. Évolution du SCoT

61. L'évaluation du SCoT (art. L.143-28) est une obligation visant à vérifier que les objectifs prévus par le schéma ont bien été atteints. Cette obligation d'évaluation résulte de la loi « Grenelle 2 » n° 2010-788 du 12 juillet 2010 portant engagement national pour l'environnement conformément aux principes du droit européen (voir *supra* 54). Le contenu de cette obligation a été renforcé par l'ordonnance n° 2020-744 du 17 juin 2020 et par la loi n° 2021-1104 « Climat et résilience » du 22 août 2021. Ainsi, l'évaluation doit être réalisée par l'EPCI compétent au plus tard dans les six ans suivant la délibération approuvant le SCoT ou sa révision. Elle porte plus précisément sur *« une analyse des résultats de l'application du schéma, notamment en matière d'environnement, de transports et de déplacements, de maîtrise de la consommation de l'espace, de réduction du rythme de l'artificialisation des sols, d'implantations commerciales et, en zone de montagne, de réhabilitation de l'immobilier de loisir et d'unités touristiques nouvelles structurantes »* (art. L.143-28). Cette analyse est communiquée au public ainsi qu'au représentant de l'État. Il est en outre demandé au conseil communautaire de l'EPCI de délibérer, au vu des résultats de cette analyse, sur le maintien en vigueur du SCoT ou sur sa révision.

La révision est la procédure la plus lourde d'évolution du SCoT (art. L.143-29). Elle s'impose soit au moment du bilan soit à tout autre moment lorsque l'établissement public intercommunal envisage des changements importants. La révision est nécessaire si les changements touchent soit aux orientations définies par le projet d'aménagement stratégique, soit aux dispositions du document d'orientation et d'objectifs concernant les espaces naturels à protéger ou les objectifs chiffrés de consommation économe de l'espace, soit aux dispositions du document d'orientation et d'objectifs relatives à la politique de l'habitat ayant pour effet de diminuer l'objectif global concernant l'offre de nouveaux logements. La révision est prescrite par délibération du conseil de l'EPCI ; elle s'organise dans les mêmes conditions que l'élaboration d'un schéma, avec notamment une évaluation environnementale. En réalité, la révision du SCoT aboutit à réaliser un nouveau schéma ou, tout du moins, un schéma dont les orientations les plus importantes ont changé.

La modification est une procédure d'évolution du SCoT moins lourde que la révision. Engagée à l'initiative du président de l'intercommunalité, cette procédure trouve à s'appliquer lorsque l'EPCI souhaite corriger le document d'orientation et d'objectifs (sauf sur les points où, comme indiqué ci-dessus, une révision est nécessaire). Le président de l'établissement public établit alors un projet de modification du schéma qui est soumis en principe à enquête publique (art. L.143-33).

Si la modification du SCoT concerne des éléments importants du DOO, l'enquête publique est obligatoire. En revanche, si la modification du schéma concerne des éléments moins importants du DOO, l'enquête publique n'est pas requise et c'est alors une procédure dite de « **modification simplifiée** » qui est mise en œuvre (art. L.143-37). Cette procédure simplifiée prévoit tout de même une mise à disposition du public du projet de modification durant un mois afin de permett e à chacun de formuler des observations.

Enfin, l'évolution du schéma peut être rendue obligatoire en raison d'une **mise en compatibilité** (art. L.143-40). Rappelons en effet que le SCoT doit ête compatible avec des textes ou documents édictés de niveau supérieur (voir *supra* chapitre 1). En pratique, c'est le préfet qui demande à l'EPCI de mettre son SCoT en compatibilité. Le pr éfet précise les motifs pour lesquels il considère que le schéma n'est pas compatible avec un document de niveau supérieur ; il énonce les modifications q 'il estime nécessaire d'apporter. Dans un délai de deux mois, l'établissement public fait connaître au préfet s'il entend procéder à la mise en compatibilité nécessaire (art. L.143-42). À défaut d 'accord, dans ce délai, sur l 'engagement de la procédure de mise en compatibilité ou, en cas d'accord, à défaut d'une délibération approuvant la mise en compatibilité du schéma à l'issue d'un délai d'un an à compter de la notific - tion initiale du préfet, c'est ce dernier qui engage et approuve la mise en compatibilité. Rappelons également que la loi « Climat et résilience » a prévu l'obligation pour les SCoT d'intégrer l'objectif de réduction du rythme d'artificialisation des sols par tranche de dix années (voir *supra* 52). Dans ce cadre, les schémas régionaux d'aménagement, de développement durable et d'égalité des territoires (SRADDET) devaient être préalablement modifiés avant 22 février 2024 afin 'intégrer ce même objectif (art. 114 de la loi 3DS). Les SRADDET modifiés s'imposeront ensuite aux SCoT qui devront être mis en compatibilité en fonction des règles retenues dans le schéma régional.

C. Fin du SCoT

62. Lorsque, six ans après la délibération approuvant le SCoT ou le maintenant en vigueur, l'établissement public de coopération intercommunale n'a pas procédé à son bilan et n'a pas délibéré sur son maintien ou sa mise en révision (voir *supra* 61), le SCoT devient caduc.

2.1.3 Les effets du SCoT

63. Le SCoT n'a d'effets q 'à partir du moment où il est exécutoire.

A. L'ouverture à l'urbanisation

En l'absence de SCoT, les zones naturelles (N) et les zones d'urbanisation future (AU) créées par les plans locaux d'urbanisme (PLU) ne peuvent pas être ouvertes à l'urbanisation. En effet, l'absence de SCoT applicable soumet les communes à la *« règle d'urbanisation limitée »* qui empêche d'ouvrir de nouveaux terrains à l'urbanisation. Ces dispositions constituent une forte incitation à l'élaboration d'un SCoT et montrent l'importance de la délimitation des périmètres de ces schémas.

Néanmoins, une dérogation peut être accordée par le préfet, après avis de la commission départementale de la préservation des espaces naturels, agricoles et forestiers (CDPENAF) et de l'avis de l'établissement public en charge du SCoT , lorsqu'un schéma est en cours d'élaboration.

B. La mise en œuvre de la cohérence

Le SCoT a vocation à devenir le document « intégrateur » de documents locaux existants en matière d'aménagement et de développement durable, mais également le document « chef de file » de documents de planification inférieurs.

■ Obligation de compatibilité

64. La loi impose qu'un certain nombre de documents et de projets soient « *compatibles* » (art. L.142-1) avec le schéma de cohérence territoriale qui a été approuvé et est entré en vigueur. Doivent être en particulier compatibles avec le SCoT :

- les plans locaux d'urbanisme ;
- les plans de sauvegarde et de mise en valeur (PSMV) des secteurs sauvegardés (art. L.313-1) ;
- les cartes communales ;
- les programmes locaux de l'habitat (PLH), qui définissent « *pour une durée de six ans, les objectifs et les principes d'une politique visant à répondre aux besoins en logements et en hébergement, à favoriser le renouvellement urbain et la mixité sociale et à améliorer la performance énergétique de l'habitat et l'accessibilité du cadre bâti aux personnes handicapées en assurant entre les communes et entre les quartiers d'une même commune une répartition équilibrée et diversifiée de l'offre de logements* » (art. L.302-1 du Code de la construction et de l'habitation). Tout PLH doit permettre d'atteindre, dans les communes incluses dans une agglomération, un nombre de logements locatifs sociaux représentant au moins 20 %, (voire 25 % pour les EPCI de plus de 50 000 habitants comprenant au moins une commune de plus de 15 000 habitants), des résidences principales, faute de quoi un prélèvement est effectué chaque année sur les ressources fiscales de la commune concernée (art. L.302-5 du Code de la construction et de l'habitation) ;
- les plans de mobilité, qui ont succédé aux plans de développement urbain et définissent, obligatoirement dans les agglomérations de plus de 100 000 habitants, « *les principes régissant l'organisation de la mobilité des personnes et du transport des marchandises, la circulation et le stationnement dans le ressort territorial de l'autorité organisatrice de la mobilité* » (art. L.1214-1 du Code des transports) ;
- les périmètres d'intervention dans les espaces agricoles et naturels périurbains (art. L.113-15 et suivants) ;
- les opérations foncières et les opérations d'aménagement définies par décret en Conseil d'État ;
- les projets d'exploitation commerciale (art. L.752-1 du Code de commerce). Ainsi, lorsqu'une commission d'aménagement commercial est saisie d'un projet de création de grande surface, elle n'a pas à vérifier la conformité du projet aux énonciations du SCoT, mais doit apprécier la compatibilité du projet avec les orientations générales et les objectifs du SCoT (Conseil d'État, 12 décembre 2012, Société Davalex, n° 353496) ;
- les projets de création ou d'extension de salles de cinéma (art. L.212-7 du Code du cinéma et de l'image animée) ;
- les zones d'aménagement différé et leurs périmètres provisoires (art. R.142-1 1°) ;
- les zones d'aménagement concerté (art. R.142-1 2°) ;
- les lotissements, remembrements et constructions portant sur une surface de plus de 5 000 mètres carrés (art. R.142-1 3°) ;
- la constitution de réserves foncières de plus de 5 hectares d'un seul tenant (art. R.142-1 4°).

■ Signification de la « compatibilité »

65. La compatibilité entre un projet et le SCoT dans lequel il s'inscrit doit s'apprécier au regard du document d'orientation et d'objectifs du schéma et des documents graphiques qui l'accompagnent. Pour autant, « compatible » ne signifie pas « conforme ». La jurisprudence sur ce point date des anciens schémas directeurs. Sont compatibles les dispositions qui ne remettent en cause ni une option fondamentale du schéma ni la destination générale des sols et qui ne compromettent ni le maintien des espaces boisés ni la protection des sites (Conseil d'État, Assemblée, 22 février 1974, Adam, n° 91848 et 93520, Rec. p. 145). Concluant dans une affai e où le r equérant mettait en cause la compatibilité de l'installation d'une surface commerciale avec le SCoT, le rappor teur public pr oposait au Conseil d 'État de raisonner ainsi : « *La caractéristique majeure du contrôle de compatibilité, du moins en droit de l'urbanisme, est qu'il doit être effectué à un niveau global. Il faut, pour reprendre l'expression du président Bonichot, « changer de focale », se placer à l'échelle de l'ensemble du territoire couvert et de l'ensemble des prescriptions du document, pour pouvoir mesurer si l'acte contrôlé est ou non compatible. Deux critères peuvent guider dans cette appréciation. Un premier critère de l'incompatibilité se trouve dans* ***la gravité de l'atteinte portée****. Il n'y a pas d'incompatibilité lorsque l'atteinte est portée soit à un objectif mineur ou secondaire, soit à un degré faible. En revanche, le caractère faible de l'atteinte ne saurait résulter de ce que le projet en cause est isolé. Il est inévitable que l'autorité administrative, tout comme vous, ayez à apprécier la compatibilité d'un projet isolé, et vous n'êtes pas en situation d'attendre ni même de savoir si un vase risque de déborder par accumulation de gouttes d'eau antérieures. Un deuxième critère tient à* ***une sorte de « pesée » entre les objectifs du document****. Une atteinte sérieuse par un projet à l'un des objectifs peut néanmoins ne pas aboutir à une incompatibilité si, par ailleurs, le projet sert l'un des autres objectifs prioritaires. Le raisonnement à mener ressemble donc à un bilan* » (Conclusions de Gaëlle Dumortier, Conseil d'État, Société Davalex, 12 décembre 2012, n° 353496). En d'autres termes, la compatibilité d'un document ou d'un projet avec un SCoT s'apprécie globalement (Conseil d'État, 18 décembre 2017, Regroupement des organismes de sauvegarde de l'Oise, n° 395216 ; PLU jugé compatible av ec un SCoT au r egard des perspectiv es de cr oissance démographique).

Exemples

1. A été jugé illégal un plan local d'urbanisme intercommunal (PLUi) pour incompatibilité avec le SCoT de l'arrondissement de Sarreguemines (Moselle) s'agissant *« des orientations liées à l'armature urbaine et à la densification des bourgs, la protection des zones naturelles et la prise en compte du changement climatique »*. Dans cette affai e, le juge administratif a en outr e considéré que la communauté de communes s 'était fondée sur *« des prévisions de croissance démographique trop optimistes »* et que l 'ouverture à l'urbanisation prévue paraissait excessive à l'égard des pr éconisations du SCoT (Tribunal administratif de S trasbourg, 14 octobre 2021, Communauté de communes du Pays de Bitche, n° 2001288 et autres).

2. A également été refusé le projet d'implantation d'un magasin Ikéa en périphérie de Caen (Calvados) pour non-prise en compte des *« orientations générales du schéma de cohérence territoriale prises dans leur ensemble, y compris celles se présentant formellement comme régissant des actes distincts des autorisations d'exploitation commerciale »* (Conseil d'État, 11 octobre 2017, Fédération des artisans et commerçants de Caen « Les vitrines de Caen », n° 401807 ; Conseil d'État, 25 octobre 2021, Fédération des artisans et commerçants de Caen « Les vitrines de Caen », n° 434695).

3. De même, a été jugé incompatible avec le SCoT du Grand Pau (Pyrénées-Atlantiques) un projet d'ensemble commercial de 15 343 m² de surface de vente prévu dans une zone industrielle que les auteurs du schéma avaient souhaité protéger contre la pression urbaine et commerciale en évitant les implantations de commerces non nécessaires aux besoins quotidiens des salariés des entreprises déjà présentes dans la zone concernée (Cour administrative d'appel de Bordeaux, 1er mars 2018, SCI Le Parc du Béarn, n° 17BX01358).

4. A, en revanche, été validé le PLU de Saint-Cyprien (Pyrénées-Orientales) attaqué par le préfet qui invoquait l'incompatibilité du document avec le SCoT au motif que le pr ojet de PLU prévoyait la création de 2 800 nouveaux logements alors que le document d 'orientation du SCoT prévoyait la construction de 1 500 logements pour la période de 2013 à 2030. *« Ce seul dépassement du seuil de production de logements n'est toutefois pas de nature par lui-même à établir que le plan local d'urbanisme en litige contrarierait les orientations ou les objectifs imposés par le SCoT »*, a estimé le juge administratif (Cour administrativ e d'appel de Marseille, 30 mars 2021, Préfet des Pyrénées-Orientales, n° 19MA00974).

> **5.** De même, a été validé le projet de créer un magasin spécialisé dans la vente de détail d'articles de bricolage à l'enseigne « Bricoman », d'une surface de 5 990 m², à Vertou (Loire-Atlantique), permettant d'utiliser un ancien bâtiment industriel. Un tel projet est en effet compatible a ec le document d'orientations générales du SCoT de la métropole de Nantes-Saint-Nazaire qui prévoit qu'« *aucune nouvelle zone commerciale de périphérie ne sera créée* » et d'« *encourager les opérations de restructuration, de mutation d'usage et d'adaptation qualitative des surfaces de vente* » (Conseil d'État, 1er mars 2013, Chambre de commerce et d'industrie de Nantes-Saint-Nazaire, n° 327864).

2.1.4 L'annulation du SCoT

66. Lorsque le juge administratif annule un SCoT ou le déclare illégal, le schéma immédiatement antérieur, s'il n'est pas lui-même illégal, est r emis en vigueur (ar t. L.600-12 ; voir Conseil d'État, 5 décembre 1994, Syndicat viticole de Pessac-Léognan, Rec. p. 535 et Conseil d'État, avis, 9 mai 2005, Marangio, Rec. p. 195). Toutefois, les annulations ou les déclarations d'illégalité d'un SCoT, d'un PLU ou d'une carte communale sont, par elles-mêmes, sans incidence sur les autorisations d'urbanisme délivrées antérieurement à leur prononcé, dès lors que ces annulations ou déclarations d 'illégalité reposent sur un « *motif étranger aux règles d'urbanisme applicables au projet* » (art. L.600-12-1 ; voir Conseil d'État, avis du 2 octobr e 2020, SCI du Petit Bois, n° 436934).

2.2 Le plan local d'urbanisme (PLU)

67. Depuis 1983, les communes sont encouragées par l'État, notamment par l'affectation de moyens financiers, à fixer dans un plan les règles applicables à leur territoire (voir *supra* 48). On estime le coût de l 'élaboration d'un PLU pour une commune à un montant v ariant de 20 000 à plus de 300 000 euros en fonction de la taille de la commune ; pour un PLU intercommunal, ces montants peuvent être aisément doublés, voire triplés. L'encouragement le plus significatif éside dans le fait que, dans les communes où un PLU a été approuvé, c'est le maire qui détient la compétence pour délivrer les permis de construire au nom et sous la responsabilité de la commune (ar t. L.422-1, a). Les plans locaux d 'urbanisme (PLU) ont succédé aux plans d 'occupation des sols (POS) en application de la loi no 2000-1208 du 13 décembre 2000 relative à la solidarité et au renouvellement urbains, couramment appelée « loi SRU ». Plus précis que les POS, les PLU ont également vocation à permettre d'exprimer le projet d'aménagement et de développement durable de la commune.

À l'origine, l'objectif était d'établir un plan par commune. O r, la France est caractérisée par un nombre très important de communes : 34 965 au 1er janvier 2021, soit autant que la totalité des autr es États de l'Union européenne. Surtout, les communes françaises sont petites : près de 28 000 d'entre elles ont moins de 1 500 habitants et plus d 'une sur deux (18 377) comptent moins de 500 habitants. Les villes sont en réalité très peu nombreuses. Les communes de plus de 10 000 habitants représentent en effet moins de 3 % des communes à l'heure actuelle, mais regroupent la moitié de la population française. En résumé, si la France compte aujourd'hui 80 % de communes de moins de 1 500 habitants, les 20 % de communes situées au-dessus de ce seuil regroupent à elles seules un peu plus de 80 % de la population.

Ces données démographiques territoriales sont essentielles pour bien comprendre la diversité des documents de planification existant en matiè e d'urbanisme local. Elles permettent aussi d'expliquer le choix qui a été fait par le législateur de privilégier l'échelon intercommunal pour élaborer les règles d'organisation de l'espace à l'échelle des bassins de vie.

Le nombre des communes et leur population en France

	Nombre de communes	Population
De 1 à 499 habitants	18 377	4 135 908
De 500 à 1 499 habitants	9 618	8 302 712
De 1 500 à 3 499 habitants	3 821	8 617 766
De 3 500 à 4 999 habitants	959	4 006 428
De 5 000 à 9 999 habitants	1 184	8 240 221
De 10 000 à 19 999 habitants	535	7 341 607
De 20 000 à 29 999 habitants	193	4 679 170
De 30 000 à 49 999 habitants	149	5 690 646
De 50 000 à 79 999 habitants	72	4 462 428
De 80 000 à 99 999 habitants	15	1 344 723
De 100 000 à 199 999 habitants	31	4 180 312
De 200 000 à 299 999 habitants	5	1 282 624
300 000 habitants et plus	6	4 704 511
Totaux	34 965	66 989 056

Source : ministère de l'Intérieur, 2021

2.2.1 L'élaboration du PLU

68. À la date du 10 mars 2022, le nombre total de communes couvertes par un document d'urbanisme (publié ou non) s'élevait à 25 367, couvrant ainsi plus des trois quarts du territoire (75,18 %). Parmi elles, 8 306 communes étaient couvertes par un PLU publié et 7 420 par un PLU intercommunal (PLUi).

Nombre de communes couvertes par un PLU publié	8 306
Nombre de communes couvertes par un POS publié	29
Nombre de communes couvertes par une carte communale publiée	2 832
Nombre de communes couvertes par un PLUi publié	7 420
Pourcentage de surface des communes couvertes par un document d'urbanisme publié / surface totale du territoire	70,60 %

Source : Géoportail-urbanisme, 10 mars 2022

A. Le territoire et les acteurs du PLU

La question du territoire concerné par un PLU dépend en réalité des choix opérés par les établissements publics de coopération intercommunale (EPCI) à fiscalité propre (communautés de communes, communautés urbaines, communautés d'agglomération, métropoles) et de leurs communes membres.

Comme indiqué précédemment (voir *supra* 50), le législateur a prévu de privilégier l'échelon intercommunal dans le cadre de l'élaboration et du suivi de ces documents de planification de l'aménagement de l'espace.

La loi n° 2014-366 du 24 mars 2014 pour l'accès au logement et un urbanisme rénové, dite loi « ALUR », a instauré un dispositif de transfert automatique de la compétence « PLU » à toutes les intercommunalités au 1er janvier 2021, sauf si « *au moins 25 % des communes repré-*

sentant au moins 20 % de la population s'y opposent » ; en raison de l'état d'urgence sanitaire, la date limite a été reportée au 1er juillet 2021. Ce dispositif est ainsi venu instaurer un principe d'évolution automatique de la « compétence PLU » au profit des intercommunalités, tout en laissant aux communes membres de l'EPCI la possibilité de s'y opposer en réunissant une minorité de blocage. Les communes qui souhaitaient s 'opposer à ce transfer t devaient délibérer en ce sens avant le 30 juin 2021. À défaut, ou si la minorité de blocage n'avait pas été atteinte à cette date, le transfert de la compétence a été automatiquement opéré à compter du 1er juillet 2021.

En fonction des choix opér és localement par les communes, celles-ci sont aujourd'hui soit toujours couvertes par leur PLU communal (voire par un PLUi qui trouvait déjà à s'appliquer), soit engagées dans un pr ocessus d'élaboration d'un nouveau PLUi à l'échelon intercommunal sur un périmètre tel que redéfini en application de la loi NOTRe (voir *supra* 50). En pratique, le territoire concerné par un PLU peut donc être soit celui du périmètre intercommunal (en cas de PLUi), en tout ou partie, soit celui d'une commune seule (art. L.153-1). Afin de permettre aux communes de mieux accepter l'idée d'un transfert de la compétence à l'échelon intercommunal, le législateur a pr évu la possibilité, dans le cadr e des PLUi, de prévoir des « *plans de secteur* » couvrant chacun l'intégralité du territoire d'une ou de plusieurs communes membres de l'EPCI afin de p éciser les orientations spécifiquement applicables à ces secteurs (art. L.151-3).

Plus récemment encore, l'article 17 de la loi n° 2019-1461 du 27 décembre 2019 relative à l'engagement dans la vie locale et à la proximité de l'action publique, dite loi « Engagement et proximité », est venu renforcer le rôle des communes en imposant de nouvelles consultations et en conférant aux maires le pouvoir d'initier une modification simplifiée du Ui.

B. Les phases de l'élaboration du PLU

La procédure d'élaboration d'un PLU dure en moyenne de deux à quatre ans. Elle fait souvent intervenir l'assemblée délibérante qui doit êtr e convoquée et fonctionner en r espectant les règles prévues aux articles L.2121-7 à L.2121-28 du Code général des collectivités territoriales. Les élus locaux doivent ainsi disposer d'une information « *adéquate pour exercer utilement leur mandat* » et, en particulier, dans les communes de plus de 3 500 habitants, d'une note explicative de synthèse sur toute affai e soumise à délibération afin de leur permettre « *d'appréhender le contexte ainsi que de comprendre les motifs de fait et de droit des mesures envisagées et de mesurer les implications de leurs décisions* » (Conseil d'État, 14 novembre 2012, Commune de Mandelieu-la-Napoule, n° 342327 ; Cour administrative d'appel de Nantes, 22 décembre 2020, Communauté de communes du Pays des Abers, n° 19NT05029).

On peut schématiquement résumer l'élaboration du PLU en dix phases.

■ 1re phase : initiative du PLU

Le PLU est élaboré à l'initiative et sous la responsabilité de l'établissement public de coopération intercommunale ou de la commune, sous l'autorité respective de son président ou de son maire qui joue à cet égard un rôle moteur (art. L.153-8).

L'histoire du PLU débute lorsque son établissement est prescrit . Il est prescrit lorsque, régulièrement convoquée par l'exécutif, l'assemblée délibérante adopte une première délibération disposant que l'établissement public de coopération intercommunale ou la commune engage l'élaboration d'un plan local d'urbanisme (art. L.153-11). Doivent être également précisés dans cette première délibération, non seulement les objectifs poursuivis, mais également les modalités de concertation prévues (Conseil d'État, 17 avril 2013, Commune de Ramatuelle, n° 348311).

L'obligation de concertation avec les habitants, les associations locales et les autres personnes concernées pendant toute la durée de l'élaboration du projet (L.300-2, I, 1°) doit prendre la forme de véritables actions d'information sur l'histoire de la commune, ses défis futurs, la place des habitants comme celle des activités économiques, des transports ou de l'environnement, mais aussi de temps v ariés d'écoute des habitants, associations, conseils de quar tier, comités consultatifs…

Notons que le défaut de concer tation fait l'objet de nombreux recours contentieux. En ce domaine, le Conseil d'État a été conduit à préciser que le rôle du juge était de vérifier que les modalités de la concertation effectuée avaient bien correspondu aux modalités définies par la délibération prescrivant l'élaboration du PLU (Conseil d'État, 8 octobre 2012, Commune d'Illats, n° 338760). Aussi les actions de concertation énoncées dans la délibération doivent-elles être scrupuleusement réalisées durant la procédure d'élaboration du PLU.

69. La délibération prescrivant l'élaboration du PLU ou PLUi doit être affichée pendant u mois en mairie ou au siège de l'intercommunalité, publiée au recueil des actes administratifs dans les communes de plus de 3 500 habitants. La mention de cet affichage doit ê e insérée en caractères apparents dans un journal diffusé dans le dépa tement, suffisamment conn (art. R.153-21). *Le Moniteur des travaux publics et du bâtiment*, par exemple, n'est pas reconnu comme suffisamment diffus *« compte tenu de la spécialisation de cette revue destinée à un public restreint »* (Conseil d'État, 15 mai 1987, Ville de Levallois-Perret, n° 59318).

En outre, depuis le 1er janvier 2020, la publication des délibérations relatives à un PLU (prescription, approbation, révision, modification ou mise en compatibilité) 'effectue sur le portail national de l'urbanisme. Ce Géoportail de l'urbanisme, plateforme nationale de diff -sion et de consultation des documents d 'urbanisme et ser vitudes d'utilité publique, est consultable à l'adresse www.geoportail-urbanisme.gouv.fr.

Le Géoportail de l'urbanisme

Ouverte en 2016, cette plateforme de données ouvertes officielle contribue à la diffusion des informations urbanistiques auprès des citoyens, en application de la directive européenne INSPIRE (*INfrastructure for SPatial Information in Europe*) du 14 mars 2007. Le Géoportail de l'urbanisme permet en pratique à chacun de :

- localiser son terrain ;
- faire apparaître et interroger le zonage et les prescriptions qui s'y appliquent ;
- consulter et imprimer tout ou partie des documents d'urbanisme (données géographiques et règlements de la commune) ;
- télécharger les données géographiques (zonages) et littérales (règlement au format PDF) ;
- afficher en superposition des couches d'informations (sélection des prescriptions, fonds cadastral, photo aérienne…) ;
- créer et diffuser sa propre carte (prescriptions à représenter, outils de dessin) ;
- connaître les servitudes d'utilité publique affectant l'utilisation de son terrain.

Source : www.geoportail-urbanisme.gouv.fr

70. Signalons qu'à Paris, Lyon et M arseille, les conseils d 'arrondissement concernés sont consultés « *avant toute délibération du conseil municipal ou du conseil de Paris portant sur l'établissement, la révision ou la modification du plan local d'urbanisme lorsque le périmètre du projet de plan ou le projet de modification ou de révision concerne, en tout ou partie, le ressort territorial de l'arrondissement* » (art. L.2511-15 du Code général des collectivités territoriales). Ils peuvent également proposer la modification du P U pour la partie du territoire située dans l'arrondissement.

■ 2e phase : association de l'État et d'autres personnes

71. L'exécutif territorial définit a ec le préfet les modalités d'association de l'État à l'élaboration du PLU. Sont ainsi associés à l'élaboration du PLU : l'État, les régions, les départements, les autorités organisatrices de transports, les EPCI compétents en matière de programme local de l'habitat, les établissements publics chargés d'une opération d'intérêt national ainsi que les organismes de gestion des parcs naturels régionaux et des parcs nationaux (art. L.132-7). Il en est de même de la chambre de commerce et d'industrie territoriale, de la chambre de métiers, de la chambre d'agriculture et, dans certaines communes littorales, de la section régionale de la conchyliculture. Peuvent également être concernés les gestionnaires d'infrastructures ferroviaires ayant au moins un passage à niveau ouvert au public dans l'emprise du PLU.

Le préfet porte à la connaissance de l'exécutif « *le cadre législatif et réglementaire à respecter, ainsi que les projets des collectivités territoriales et de l'État en cours d'élaboration ou existants* » (art. L.132-2).

Ces informations comprennent notamment (art. R.132-1) :

- les dispositions législatives et réglementaires applicables au territoire concerné et notamment les directives territoriales d'aménagement et de développement durables ;

- les dispositions relatives au littoral et aux zones de montagne ;
- les servitudes d'utilité publique ;
- le schéma régional de cohérence écologique ;
- le plan régional de l'agriculture durable ;
- le plan pluriannuel régional de développement forestier et les dispositions du plan de gestion du ou des biens inscrits au patrimoine mondial ;
- les projets des collectivités territoriales et de l'État, et notamment les projets d'intérêt général et les opérations d'intérêt national ;
- les études techniques nécessaires à l'exercice par les collectivités territoriales de leur compétence en matière d'urbanisme dont dispose l'État, notamment les études en matière de prévention des risques et de protection de l'environnement.

De plus, dans son *« porter à connaissance »*, le préfet indique si l'architecte des bâtiments de France (ABF) propose à la commune ou à l'EPCI de modifier le périmètre de visibilité autour d'un monument historique pour y instaurer un *« périmètre délimité des abords »* (art. R.132-2 ; voir *supra* 41).

D'autres personnes peuvent être également consultées « à leur demande » (L.132-13) pendant toute la durée d'élaboration du PLU. Il en va ainsi des associations locales d'usagers, des associations de protection de l'environnement agréées, de l'EPCI dont la commune est membre et des EPCI voisins, du représentant des organismes d'habitations à loyer modéré, des communes limitrophes. Lorsque le PLU tient lieu de plan de mobilité, peuvent être également consultés à leur demande les représentants des professions et des usagers des voies et modes de transport ainsi que les associations de personnes handicapées ou dont la mobilité est réduite.

■ 3e phase : constitution d'un groupe de travail

72. Il est préconisé de prévoir la création d'un groupe de travail élargi afin de conférer à l'élaboration du PLU une dimension collective. Dans ce cadre, il revient au président de l'exécutif (le maire ou le président de l'EPCI) d'organiser le fonctionnement de ce groupe qui peut prévoir la participation :

- des personnes désignées par le préfet pour représenter l'État (ingénieurs de la DDT, par exemple) ;
- des autres personnes publiques ayant manifesté leur désir d'être associées (conseil régional, conseil général, chambres consulaires…) ;
- des élus de la ou des communes concernées (de la majorité et de l'opposition) ;
- de spécialistes : techniciens, urbanistes, bureaux d'études, architectes…

Attention : le groupe de travail ne doit comprendre que des personnes non intéressées au sens de l'article L.2131-11 du Code général des collectivités territoriales. À titre d'exemple, une personne qui possède un terrain inconstructible et qui souhaite que le PLU procède à son classement en zone constructible est intéressée.

■ 4e phase : débat d'orientation

Lorsque le travail du groupe a débouché sur une vision claire du contenu du PLU, l'exécutif doit présenter à l'assemblée délibérante les orientations générales du projet d'aménagement et de développement durables, qui sous-tendront les choix d'urbanisme faits par le PLU. Doivent, en particulier, être exposés les objectifs de modération de la consommation de l'espace et de lutte contre l'étalement urbain. L'assemblée délibérante débat de ces orientations : ce débat doit avoir lieu au plus tard deux mois avant la séance de la réunion de l'assemblée délibérante convoquée pour se pr ononcer sur le pr ojet arrêtant le PL U (art. L.153-12). Lorsque le PLU est élaboré par un EPCI, ce débat est réputé tenu s'il n'a pas eu lieu au plus tard deux mois avant l'examen du projet de PLUi.

■ 5e phase : évaluation environnementale

Sous l'impulsion du droit communautaire (directive 2001/42/ CE du 27 juin 2001), la loi prévoit que les PL U, comme les SCoT notamment, doiv ent en principe fair e l'objet d'une évaluation environnementale (art. L.104-1). Cette évaluation est requise à l'occasion de l'élaboration du PLU, mais également lors de sa révision dès lors que celle-ci « *permet la réalisation de travaux, aménagements, ouvrages ou installations susceptibles d'affecter de manière significative un site Natura 2000* » ou lorsque la commune ou l 'EPCI souhaite « *changer les orientations définies par le projet d'aménagement et de développement durables* » (art. R.104-11). Un examen allégé « au cas par cas » peut être suffisan lorsque la révision du PLU ou du PLUi ne porte que sur « *une superficie totale inférieure ou égale à un millième (1 ‰) de ce territoire, dans la limite de cinq hectares (5 ha)* ». Lorsque le PLU doit être soumis à évaluation environnementale, l'exécutif en fait part au groupe de travail qui devra affiner le dossier de ojet de PLU, et notamment rendre le rapport de présentation très solide et bien argumenté. C'est en effet ce rapport qui expose l'évaluation environnementale. Les règles concernant l'évaluation environnementale des PLU et l'élaboration de l'avis de l'autorité sont identiques à celles régissant l'évaluation des SCOT (voir *supra* 58). Notons que la loi n° 2020-1525 du 7 décembre 2020 d'accélération et de simplification de l'action publique, dite loi « ASAP », a modifié le régime de l'évaluation environnementale des PLU et a étendu le champ de la concertation obligatoire à toutes les procédures PLU, SCOT et cartes communales nécessitant une évaluation.

■ 6e phase : délibération « arrêtant » le projet de PLU

73. Le projet de PLU complet, mis au point par le gnupe de travail, est présenté par l'exécutif à l'assemblée délibérante, seule compétente pour arr êter le pr ojet de PLU (art. L.153-14). L'assemblée délibérante peut, au cours de la même séance, pr endre connaissance du bilan, présenté par l'exécutif, de la concertation organisée avec les habitants depuis le début de l'élaboration du PLU.

La délibération arrêtant, à l'issue de cette séance, le projet de PLU est affichée pendant un moi au siège de l'intercommunalité et dans les mairies des communes membres de l'intercommunalité ; elle est transmise par l 'exécutif pour avis au pr éfet, aux personnes publiques qui ont été associées, en particulier les communes limitrophes, la commission départementale de la préservation des espaces naturels, agricoles et forestiers, le comité régional de l'habitat et de l'hébergement, la commission départementale de la nature, des paysages et des sites (art. L.153-16). Si l'une des communes membres de l'EPCI émet un avis défav orable sur les orientations d'aménagement et de pr ogrammation ou les dispositions du r èglement qui la concernent dir ectement, l'organe délibérant de l'EPCI doit alors délibérer à nouveau (art. L.153-15).

■ 7e phase : enquête publique

74. L'exécutif doit soumettre le projet de PLU arrêté à enquête publique (art. L.153-19). Il doit avoir auparavant reçu l'avis de la formation régionale de l'Inspection générale de l'environnement et du dév eloppement durable sur l 'évaluation environnementale si celle-ci était requise. Le dossier soumis à enquête publique comprend les documents formant le projet de PLU, les avis de toutes les personnes consultées et l'avis sur l'évaluation environnementale. La procédure des enquêtes publiques a été présentée *supra* 59. Un projet de PLU ne peut subir de modifications, ent e la date de sa soumission à l'enquête publique et celle de son approbation, qu'à la double condition que ces modifications, 'une part, ne remettent pas en cause l'économie générale du pr ojet et, d'autre part, procèdent de l'enquête publique (Conseil d'État, 19 mai 1993, Communauté urbaine de Lyon, Rec. T. p. 1085 ; 21 mai 2008, Mme Albertini, Rec. T. p. 960 ; 26 janvier 1994, Commune de Vitry-sur-Seine, n° 141947 ; 17 mars 2021, Association syndicale autorisée des pr opriétaires du domaine de Beauvallon, n° 430244). À défaut, l'exécutif devrait fair e procéder à une nouv elle enquête publique (Conseil d'État, 4 janvier 1995, Commune de Narbonne, Rec. p. 1).

Par ailleurs, si le PLU inclut une zone d'aménagement concerté (ZAC), l'enquête vaut enquête préalable à la déclaration d'utilité publique des opérations d'expropriation ou d'acquisition prévues à l'intérieur de la ZAC (art. L.153-20).

■ 8e phase : approbation du PLU

75. À l'issue de l'enquête, le PLU, éventuellement modifié pour tenir compte des avis qui ont été joints au dossier , des obser vations du public et du rappor t du commissair e ou de la commission d'enquête, doit êtr e approuvé par l'assemblée délibérante (ar t. L.153-21). Lorsque le maire informe le conseil municipal du sens de l'avis du commissaire enquêteur, il doit en faire un exposé qui ne dénature pas cet avis, au risque d'entraîner l'annulation de la délibération (Cour administrative d'appel de Marseille, 7 janvier 2022, Commune de Péone-Valberg, n° 19MA05068). La phase d'élaboration du PLU s'achève ainsi juridiquement par une délibération d'approbation votée par le conseil municipal (pour un PL U) ou par le conseil communautaire (pour un PLUi).

À l'instar des groupes de travail (voir *supra* 72), il est préconisé que les conseillers susceptibles d'avoir un intérêt à l'affai e ne par ticipent pas à la délibération appr ouvant ou modifiant le PLU, au risque d'entraîner l'annulation de la délibération sur le fondement de l'article L.2131-11 du Code général des collectivités territoriales. Pour le juge cependant, trois conditions doivent être réunies pour justifier une telle annulation: qu'un ou plusieurs des membres du conseil municipal ait eu un intérêt à l'affai e, que la par ticipation de ces conseillers à la délibération ait ex ercé une influence effect e sur la manifestation de v olonté du conseil municipal et que la décision prise par l'assemblée délibérante ait pris en compte cet intér êt personnel (Conseil d'État, 12 octobre 2016, Saint-Michel-Chef-Chef, n° 387308 ; Cour administrative d'appel de Bordeaux, 12 janvier 2017, Association de défense des riv erains, propriétaires et cultivateurs contre le projet d'implantation de la zone artisanale à la Motte-la-Vallée, n° 14BX03698).

■ 9e phase : mise à disposition

76. La délibération approuvant le PLU doit être affiché pendant un mois au siège de l'intercommunalité et dans les mairies, publiée au r ecueil des actes administratifs (dans les communes de plus de 3 500 habitants ; Conseil d'État, 13 février 2015, Commune de Pithiviers, n° 370458) – et mentionnée dans un journal diffusé dans le département (art. R.153-21). Le Code de l'urbanisme prévoit en outre que *« le plan local d'urbanisme approuvé est tenu à la disposition du public »*. Enfin depuis le 1er janvier 2020, la publication de la délibération portant approbation du PLU comme le plan lui-même s'effectue sur le por tail national de l'urbanisme (voir *supra* 69).

■ 10e phase : entrée en vigueur

77. Deux situations doivent être distinguées :

- **le territoire du PLU est déjà couvert par un SCoT** (art. L.153-23) : le PLU entre en vigueur dès que la délibération d'approbation a été transmise en préfecture ou sous-préfecture (pour contrôle de légalité) et a fait l'objet des mesures de publicité habituelles pour les délibérations des collectivités territoriales (Code général des collectivités territoriales, ar t. L.2131-1 et L.2131-2). Une fois le PLU entré en vigueur, les autorisations d'urbanisme ne seront accordées que si elles sont conformes au plan (Conseil dÉtat, Section, 31 décembre 1976, Association Les Amis de l'île de Groix, Rec. p. 585) ;

- **le territoire du PLU n'est pas couvert par un SCoT** (art. L.153-24) : le PLU entre en vigueur un mois après sa transmission au pr éfet. Le préfet dispose alors d'un pouvoir de blocage du PLU : il a le dev oir d'analyser une nouvelle fois le dossier de PL U et de fair e connaître à l'exécutif les év entuelles modifications q 'il estime nécessair e d'apporter au plan. Tel peut être notamment le cas lorsque cer taines dispositions du PL U ne sont pas compatibles avec des prescriptions applicables aux zones de montagne (voir *supra* 14) ou aux zones littorales (voir *supra* 16), font apparaîtr e des incompatibilités manifestes av ec l'organisation des transports ou encore si elles autorisent une consommation excessive de l'espace, ou ne prennent pas suffisamment en compte les enjeux elatifs à la préservation ou à la remise en bon état des continuités écologiques (art. L.153-25).

Dès lors que le préfet, dans le délai d'un mois, a notifié à 'exécutif la ou les modification(s) qu'il estimait nécessaire(s), le PLU ne pourra pas entrer en vigueur. Il faudra en effet attend e que l'assemblée délibérante ait approuvé les dispositions demandées.

À compter du 1er janvier 2023, le caractère exécutoire du PLU est conditionné par sa publication sur le Géoportail de l'urbanisme et sa transmission au préfet. Les formalités d'affichag et de publication sont supprimées (aricles 7 et 40 de lordonnance n° 2021-1310 du 7 octobre 2021 ; nouvel article L.153-23).

2.2.2 Le contenu du PLU

78. Le PLU a pour objet essentiel de fi er sur tout le territoire de l'intercommunalité ou de la commune les règles générales et les servitudes d'utilisation des sols, et notamment celles visant à interdire ou limiter les constructions. Il revient aux auteurs du PLU de concilier les besoins de la population en termes de logements, d'équipements et de services avec les objectifs de développement durable, en particulier dans la perspective du zéro artificialisation nette (oir *supra* 13).

Quelle que soit la politique d'urbanisme souhaitée par l'intercommunalité ou la commune, la présentation du dossier de PLU est toujours la même (art. L.151-2).

Le dossier de PLU comporte ainsi cinq éléments bien distincts :

- un rapport de présentation ;
- un projet d'aménagement et de développement durables (PADD) ;
- des orientations d'aménagement et de programmation ;
- un règlement ;
- des annexes.

Chacun de ces éléments peut être utilement et librement enrichi de documents graphiques.

A. Le rapport de présentation

79. Véritable introduction du document, le rapport de présentation constitue un volet essentiel du PLU destiné à expliquer *« les choix retenus pour établir le projet d'aménagement et de développement durables, les orientations d'aménagement et de programmation et le règlement »* (art. L.151-4).

Ce rapport s'appuie sur un diagnostic établi au regard des prévisions économiques et démographiques et des besoins répertoriés dans plusieurs domaines :

- le développement économique ;
- le développement agricole ;
- le développement forestier ;
- l'aménagement de l'espace et de l'environnement, notamment en matière de biodiversité, d'équilibre social de l'habitat, de transports, de commerce ;
- le développement des équipements, notamment sportifs ;
- le développement des services.

L'objectif législatif de limitation de la consommation des espaces se trouve précisément concrétisé dans le cadre du rapport de présentation (art. L.151-4). Ce document doit en effet notamment présenter une analyse de la consommation d'espaces naturels, agricoles et forestiers au cours des dix années ayant précédé son adoption ou sa dernière révision. Il doit également déterminer « *la capacité de densification et de mutation de l'ensemble des espaces bâtis, en tenant compte des formes urbaines et architecturales* ». Le rapport de présentation du PLU doit encore exposer « *les dispositions favorisant la densification de ces espaces ainsi que la limitation de la consommation des espaces naturels, agricoles ou forestiers* ». Enfin, le rapport doit justifier « *les objectifs chiffrés de modération de la consommation de l'espace et de lutte contre l'étalement urbain compris dans le projet d'aménagement et de développement durables au regard des objectifs de consommation de l'espace fixés, le cas échéant, par le schéma de cohérence territoriale et au regard des dynamiques économiques et démographiques* ».

S'agissant de la mobilité, le rapport de présentation doit comporter un inventaire des capacités de stationnement de véhicules motorisés, de véhicules hybrides et électriques et de vélos des parcs ouverts au public et des possibilités de mutualisation de ces capacités.

Depuis ces dernières années, la prise en compte des aspects liés au développement durable sous ses diverses formes n'a cessé d'être renforcée par la législation. Aussi l'évaluation environnementale constitue-t-elle un élément déterminant du rapport de présentation.

Dans ce cadre, le Code de l'urbanisme (art. R.151-3) prévoit qu'au titre de l'évaluation environnementale, le rapport de présentation du PLU :

- décrit l'articulation du PLU avec les autres documents d'urbanisme, plans et programmes (SCoT, schémas de mise en valeur de la mer, plans de mobilité, programmes locaux de l'habitat, plan climat-air-énergie territorial...) ;
- analyse l'état initial de l'environnement et les perspectives de son évolution, « *en exposant, notamment, les caractéristiques des zones susceptibles d'être touchées de manière notable* » ;
- analyse les conséquences du plan sur l'environnement, sur la santé humaine, la population, la diversité biologique, la faune, la flore, les sols, les eaux, l'air, le bruit, le climat, le patrimoine culturel architectural et archéologique et les paysages, etc. ;
- explique les choix retenus au regard des objectifs de protection de l'environnement ;
- présente les mesures envisagées pour éviter, réduire et, si possible, compenser, s'il y a lieu, les conséquences dommageables de la mise en œuvre du plan sur l'environnement ;
- définit les critères, indicateurs et modalités retenus pour l'évaluation du document ;
- comprend un résumé non technique et une description de la manière dont l'évaluation a été effectuée

Si les éléments devant figurer au sein du rapport d'évaluation peuvent ainsi apparaître aussi nombreux que fastidieux à préparer, le Code de l'urbanisme précise cependant que le rapport doit être « *proportionné à l'importance du plan local d'urbanisme, aux effets de sa mise en œuvre ainsi qu'aux enjeux environnementaux de la zone considérée* ».

En pratique, le rapport doit surtout permettre d'informer correctement les administrés sur les objectifs et le contenu du PLU. Ainsi, le plan peut être annulé lorsque le rapport n'analyse pas bien l'état initial de l'environnement (Conseil d'État, Section, 22 novembre 1985, Ministre de l'Urbanisme c/ Daniau, Rec. p. 342). En cas de révision d'un PLU, « *le rapport de présentation doit faire apparaître, de manière complémentaire et rapidement identifiable, les changements apportés au zonage et au règlement applicable ainsi que les motifs de ces changements, de telle sorte que les différences entre l'ancien document et le nouveau apparaissent aisément* » (Cour administrative d'appel de Nantes, 21 octobre 2019, Commune de Granville, n° 18NT04136). En outre, il importe de rédiger le rapport de présentation avec d'autant plus de soin que son contenu peut être pris en compte pour apprécier certaines dispositions du PLU. Pour le Conseil d'Etat en effet, « *si les indications contenues dans le rapport de présentation d'un plan local d'urbanisme ne sont pas, par elles-mêmes, opposables pour la délivrance d'une autorisation d'urbanisme, elles peuvent être prises en considération par le juge pour interpréter les dispositions d'un règlement du plan local d'urbanisme, lorsque cette interprétation ne ressort pas clairement de la seule lecture du texte de ces dispositions* » (Conseil d'État, 10 février 2016, Commune de Noisy-le-Grand, n° 383738). De même, le juge administratif pourra être invité par un requérant à examiner l'existence d'éventuelles incohérences entre le rapport de présentation et le règlement afin de se prononcer sur la légalité du PLU (Cour administrative d'appel de Paris, 11 février 2021, Association Rassemblement pour l'étude de la nature et l'aménagement de Roissy-en-Brie, n° 19PA03021).

B. Le projet d'aménagement et de développement durables

80. Le projet d'aménagement et de développement durables (PADD) constitue le deuxième élément, très important, du PLU. Ce document, qui n'existait pas dans les POS, détermine les grandes orientations d'aménagement du territoire pour les années à venir, à partir des enjeux identifiés au sein du diagnostic. Il expose le projet d'urbanisme et définit les orientations gén - rales d'aménagement, d'urbanisme, d'habitat, de déplacements, d'équipement, de protection des espaces et de préservation ou de remise en bon état des continuités écologiques.

La loi (art. L.151-5) assigne au PADD le soin de définir :

- « *les orientations générales des politiques d'aménagement, d'équipement, d'urbanisme, de paysage, de protection des espaces naturels, agricoles et forestiers, et de préservation ou de remise en bon état des continuités écologiques* » ;
- « *les orientations générales concernant l'habitat, les transports et les déplacements, les réseaux d'énergie, le développement des communications numériques, l'équipement commercial, le développement économique et les loisirs, retenues pour l'ensemble de l'établissement public de coopération intercommunale ou de la commune* ».

Le PADD doit également fi er « *des objectifs chiffrés de modération de la consommation de l'espace et de lutte contre l'étalement urbain* ».

PADD de la ville de Valence (extraits)

« Orientation 3 : Développer une offre de logements répondant aux besoins des Valentinois, actuels et à venir.

Action 1 : Créer un nombre de logements en adéquation avec l'évolution démographique projetée et les capacités d'accueil de la ville
- *Mener une politique volontariste de reconquête de la vacance en visant une remise sur le marché de 300 logements à l'horizon 2031.*

• Accueillir au sein de l'enveloppe urbaine actuelle de la ville 80 % des nouveaux logements à créer, représentant environ 2 500 logements à l'horizon 2031.
• Poursuivre et conforter les actions d'amélioration de l'habitat.

Action 2 : Répondre aux besoins de logements en extension urbaine de façon résiduelle et qualitative
• Cibler et phaser la réponse au besoin de créer 20 % de logements en extension, représentant environ 700 logements à l'horizon 2031.
• Prioriser un secteur d'extension en continuité du Rousset.
• Finaliser le développement des secteurs urbanisés de la Bayot, de Charmagnol et des Iles.
• Privilégier les opérations qualitatives, tant au niveau paysager et environnemental que des usages.
• Accueillir au sein de l'enveloppe urbaine actuelle de la ville 80 % des nouveaux logements à créer, représentant environ 2 500 logements à l'horizon 2031.
• Poursuivre et conforter les actions d'amélioration de l'habitat. (...)

Orientation 4 : Penser les mobilités comme un atout de la qualité de vie

Action 1 : Prendre en considération le développement des transports en commun dans la politique de l'habitat
• Encourager l'accueil de logements et d'activités à proximité des lignes structurantes de transports en commun.
• Accompagner l'amélioration des transports en commun.

Action 2 : Faciliter la cohabitation des différents modes de déplacement
• S'appuyer sur la requalification des espaces publics pour renforcer le maillage en modes doux.
• Porter une attention particulière aux outils pouvant faciliter les liaisons douces sur les axes principaux de la ville et les trajets quotidiens (travail, équipements de proximité, etc.).

Action 3 : Adapter les exigences liées aux stationnements pour agir sur les mobilités
• Inciter à mutualiser le stationnement, notamment dans les espaces à vocation économique.
• Adapter les exigences de stationnement à la localisation de chaque projet, en fonction notamment de la distance des transports en commun.
• Intégrer les nouvelles pratiques dans le stationnement privé (local vélos adapté, auto-partage, bornes de recharge électriques, etc.). (...) »

Version amendée suite aux réunions publiques de septembre 2021
et au débat en conseil municipal du lundi 4 octobre 2021

C. Les orientations d'aménagement et de programmation

81. Ces orientations doivent respecter les orientations générales exposées dans le PADD ; elles constituent le troisième document du PLU. Elles comportent plus précisément *« des dispositions portant sur l'aménagement, l'habitat, les transports, les déplacements et, en zone de montagne, sur les unités touristiques nouvelles »* (art. L.151-6).

Le contenu des orientations d'aménagement et de programmation a été renforcé par la loi « Climat et résilience » du 22 août 2021. Celles-ci doivent ainsi désormais définir :

- un échéancier prévisionnel d'ouverture à l'urbanisation des zones à urbaniser et de réalisation des équipements correspondant à chacune d'elles, le cas échéant ;
- les actions et opérations nécessaires pour mettre en valeur les continuités écologiques.

Ces orientations peuvent également comporter des dispositions concernant la conservation, la mise en valeur ou la requalification des éléments de paysage, quartiers, îlots, immeubles, espaces publics, monuments, sites et secteurs qu'elles ont identifiés et localisés pour des motifs d'ordre culturel, historique, architectural ou écologique (art. R.151-7).

Dans les secteurs de zones urbaines ou de zones à urbaniser, les orientations doivent notamment porter sur :

1° la qualité de l'insertion architecturale, urbaine et paysagère ;

2° la mixité fonctionnelle et sociale ;

3° la qualité environnementale et la prévention des risques ;

4° les besoins en matière de stationnement ;

5° la desserte par les transports en commun ;

6° la desserte des terrains par les voies et réseaux.

Par ailleurs, les orientations d'aménagement et de programmation par quartier ou secteur définissent les conditions d'aménagement *« garantissant la prise en compte des qualités architecturales, urbaines et paysagères des espaces dans la continuité desquels s'inscrit la zone, notamment en entrée de ville »*. Le périmètre des secteurs concernés doit êtr e délimité dans un (ou des) document(s) graphique(s) (art. R.151-6).

D. Le règlement

En cohérence avec le PADD, le règlement du PLU, quatrième document du PLU, fi e les règles générales et les servitudes d'utilisation des sols (art. L.151-8).

Dans ce cadr e, le r èglement s'attache à définir les ègles applicables dans tr ois principaux domaines :

- l'affectation des sols et la destination des constr uctions (zones naturelles, agricoles, forestières, zones urbaines ou à urbaniser ;
- la qualité urbaine, architecturale, environnementale et paysagère à respecter (cadre de vie, densité des constructions, stationnement ;
- les équipements, r éseaux et emplacements r éservés (voies de cir culation, réseaux de communications électroniques, ouvrages publics, espaces verts…).

En pratique, le règlement du PLU se compose de deux parties complémentaires :

- une partie écrite ;
- une partie graphique.

Dans sa partie écrite, le règlement définit les dispositions à respecter en matière de destination et de nature des constructions autorisées sur les diffé entes zones de la commune, les r ègles concernant l'implantation des constr uctions, les r ègles concernant l 'aspect extérieur des constructions (neuves, rénovées ou réhabilitées), leurs dimensions, leurs conditions d'alignement sur la v oirie, les éléments de paysage et les monuments à pr otéger, les per formances énergétiques imposées à certaines constructions, les règles de densité minimale des constructions, l'obligation de réaliser des aires de livraisons, les sur faces affectées aux comme ces, les voies réservées aux piétons ou aux cyclistes…

Il n'existe aujourd'hui aucune nomenclatur e réglementaire s'imposant à la pr ésentation du règlement du PL U, ses auteurs r estant libres de composer leur r èglement avec une par tie seulement des outils mis à leur disposition. La longueur du r èglement écrit peut d 'ailleurs varier de quelques dizaines de pages à plusieurs centaines en fonction des caractéristiques territoriales et des choix locaux. U ne présentation thématique suiv ant la pr ésentation du Code de l'urbanisme paraît cependant recommandée afin de tenir compte au mieux des diff -rentes possibilités ouvertes par la loi.

Exemple de présentation pour la partie écrite du règlement

Titre I : Destination des constructions, usage des sols et natures d'activité

Chapitre I.1 : Interdiction et limitation de certains usages et affectations des sols, constructions et activités, destinations et sous-destinations (art. R.151-30 à R.151-36)
Chapitre I.2 : Mixité fonctionnelle et sociale (art R.151-37 à R.151-38)

Titre II : Caractéristiques urbaine, architecturale, environnementale et paysagère

Chapitre II.1 : Volumétrie et implantation des constructions (art. R.151-39 et R.151-40)
Chapitre II.2 : Qualité urbaine, architecturale, environnementale et paysagère (art. R.151-41 et R.151-42)
Chapitre II.3 : Traitement environnemental et paysager des espaces non bâtis et abords des constructions (art. R.151-43)
Chapitre II.4 : Stationnement (art. R.151-44 à R.151-46)

Titre III. Équipement et réseaux

Chapitre III.1 : Desserte par les voies publiques ou privées (art. R.151-47 et R.151-48)
Chapitre III.2 : Desserte par les réseaux (art. R.151-49 et R.151-50)

Règlement du PLU de la ville de Pornic (extrait)

« ARTICLE Ub 13 - OBLIGATIONS IMPOSÉES AUX CONSTRUCTEURS EN MATIÈRE DE RÉALISATION D'ESPACES LIBRES, D'AIRES DE JEUX ET DE LOISIRS ET DE PLANTATIONS

– Les plantations existantes doivent être maintenues ou compensées par des plantations équivalentes en choisissant parmi les espèces végétales préconisées au cahier de recommandations architecturales, urbaines et paysagères et en prenant en compte le barème des arbres. Ces deux documents sont annexés au présent règlement.
– Les espaces libres de toute construction ainsi que le délaissé des aires de stationnement doivent être aménagés.
– Les espaces libres, hors voirie interne de desserte et hors espace dédié au stationnement, ne devront pas être imperméabilisés.
– À l'exception des parkings souterrains ou semi-enterrés, les aires de stationnement groupées de plus de 10 véhicules doivent être plantées à raison d'un arbre de haute tige pour 4 places de stationnement au minimum.
– En secteurs Uba et Ubb, pour les opérations de plus de 5 logements, 20 % de la surface totale de l'opération (voirie de desserte interne et stationnement compris) seront traités en espace commun à tous les lots dont 10 % de la surface totale de l'opération seront traités en espaces verts plantés d'arbres de haute tige.
– En secteurs Ubc et Ubd, les espaces communs créés dans le cadre des opérations intégrées à ces secteurs devront être conservés.
– Tous les travaux ayant pour objet de détruire un arbre, une haie ou un boisement identifié par le présent PLU en application de l'article L123-1-5 du Code de l'Urbanisme et non soumis à un régime spécifique d'autorisation, doivent faire l'objet d'une déclaration préalable dans les conditions prévues au Code de l'Urbanisme, les principaux critères de décision étant l'état sanitaire des arbres, la fonction précise de l'arbre ou du boisement, la sécurité, la fonctionnalité agricole, la création de voie nouvelle et la fonctionnalité des accès. Le cas échéant, il sera exigé que les arbres supprimés soient remplacés par des plantations au moins équivalentes.
– Dans les espaces délimités aux documents graphiques du présent PLU comme espaces boisés classés, en application des articles L.130-1 et suivants du Code de l'Urbanisme, sont interdits :
– les défrichements ;
– toute coupe et abattage d'arbres qui seraient de nature à porter atteinte à laprotection, voire à la conservation du boisement.
– Les constructions nécessitant une fondation doivent respecter une distance permettant de préserver de manière pérenne le système racinaire des arbres de haut jet à conserver.

Règlement du PLU de Pornic (Loire-Atlantique) modifié le 26 mars 2021

82. Dans sa partie graphique, le règlement du PLU identifie p écisément les parcelles cadastrales concernées par l'application des mesures prescrites dans sa partie écrite. Ces documents cartographiques sont établis généralement à l 'échelle 1/2 000 ou au 1/5 000, parfois plus précisément. Ils peuvent contenir des indications r elatives au relief des espaces aux quels ils s'appliquent.

Ces documents doivent faire clairement apparaître la délimitation des zones urbaines (zones U), des zones à urbaniser (AU), des zones agricoles (zones A), et des zones naturelles et forestières (zones N) (art. R.151-17).

Après avoir déterminé le parti d'aménagement à retenir pour le territoire concerné par le plan, en tenant compte de la situation existante et des perspectives d'avenir, l'assemblée délibérante fi e les diffé entes zones en fonction de leur destination (Conseil d'État, 18 décembre 2020, Commune de l'île d'Yeu, n° 421988). En ce domaine, les élus locaux disposent d'une grande liberté. Pour le juge administratif en effet, « *il appartient aux auteurs d'un PLU de déterminer le parti d'aménagement à retenir pour le territoire concerné par ce plan, en tenant compte de la situation existante et des perspectives d'avenir, et de fixer en conséquence le zonage et les possibilités de construction* » (Cour administrative d'appel de Lyon, 2 octobre 2018, n° 17LY01597). En cas de litige, le juge saisi d'une contestation portant sur le zonage contrôle simplement que les élus n'ont pas commis d'erreur manifeste d'appréciation : il vérifie que l'assemblée délibérante ne s'est pas fondée sur des faits matériellement inexacts (Conseil d 'État, Section, 23 mars 1979, Commune de Bouchemaine, Rec. p. 127 ; 31 mars 2010, Commune de Chateauneuf-du-Rhône, n° 313762, Rec. p. 1013) ou qu'elle n'a pas commis un détournement de pouvoir (Conseil d'État, 19 juin 1991, époux Johannet - commune de Méry-sur-Oise, n° 68885, Rec. p. 245 : le classement a eu pour objet de permettre aux époux D. d'obtenir qu'un terrain qu'ils avaient acquis quelques mois auparavant et qui n'était pas constructible le devienne. Or Mme D. avait un lien de par enté avec le mair e et travaillait au ser vice d'urbanisme de la commune).

Ont été considérés comme constituant une erreur manifeste d'appréciation, le classement en zone N de secteurs qui n 'étaient pas caractérisés par « *une qualité particulière des sites, des milieux naturels et des paysages* » (Conseil d'État, 23 mai 1997, Commune de Bonne-sur-Ménoge, n° 163263), ou encore des parcelles situées dans un vallon dépourvu de tout boisement, largement encombré par les dépôts d'une usine de traitement de déchets et se trouvant à proximité immédiate d'un terrain municipal ser vant de décharge de matériaux (Conseil d'État, 21 décembre 1994, S ociété Semaire, n° 137587). Ont, en r evanche, été v alidés le classement en zone naturelle d'une partie non bâtie d'une parcelle contribuant à la mise en valeur d'un village per ché (Cour administrativ e d'appel de M arseille, 17 décembre 2020, SARL Résidence de France, n° 19MA04733), ou encore « *le classement en zone agricole d'un terrain dès lors qu'il ressort des pièces du dossier que ce terrain est affecté à un usage agricole, situé en continuité avec une autre zone agricole et que l'un des enjeux du PLU est la préservation des activités agricoles* » (Cour administrative d'appel de Lyon, 18 octobre 2011, Société Descombes Père et fils, n° 09LY01538).

■ Le zonage

83. La vocation des parcelles est définie par un onage dont le Code de l'urbanisme distingue quatre principaux types .

Les zones U (ou zones urbaines). Ces zones désignent « *les secteurs déjà urbanisés et les secteurs où les équipements publics existants ou en cours de réalisation ont une capacité suffisante pour desservir les constructions à implanter* » (art. R.151-18).

Dans ces zones, peuvent être délimités des secteurs dans lesquels les programmes de logements comportent une proportion de logements d'une taille minimale (art. L.151-14). Il est également possible d'y prévoir un pourcentage de logements affectés à un programme de logements sociaux (art. L.151-15).

Certaines communes font le choix de créer des sous-catégories de zone U afin 'en préciser la destination exacte, par exemple :

- Zone UA : zone urbaine dense
- Zone UB : zone d'extension urbaine, tissu pavillonnaire
- Zone UC : zone à vocation mixte d'habitat, hameau
- Zone UCA : zone de densité moyenne présentant un intérêt paysager
- Zone UCB : zone d'habitat individuel ou groupé
- Zone UD : zone urbaine de faible densité
- Zone UP : zone portuaire ou fluvial
- Zone UE : zone d'équipement, commerciale, artisanale ou industrielle
- Zone UK : zone de camping
- Zone UX : réservée au développement d'activités économiques existantes
- Zone UZ : zone d'activité incompatible avec l'habitat urbain

Les zones AU (ou zones à urbaniser, ex-zones d'urbanisation future NA des POS). Ces zones comprennent *« les secteurs destinés à être ouverts à l'urbanisation »* (art. R.151-20).

En pratique, l'assemblée délibérante peut choisir de qualifier plus p écisément les zones AU compte tenu des priorités locales définies en matiè e d'urbanisation.

Un zonage de PLU peut ainsi identifier des :

- Zones 1AU : destinées à la construction à court terme (souvent déjà équipées) ;
- Zones 2AU : zones destinées à la construction à moyen ou long terme (nécessitant généralement des équipements ou des adaptations).

Les zones A (ou zones agricoles, ex-zones NC des POS). Ces zones concernent *« les secteurs de la commune, équipés ou non, à protéger en raison du potentiel agronomique, biologique ou économique des terres agricoles »* (art. R.151-22). En principe dans les zones A sont autorisées uniquement les constructions et installations nécessaires à l'exploitation agricole ou au stockage et à l'entretien de matériel agricole ainsi que les constructions, installations, extensions ou annexes aux bâtiments d'habitation (art. R.151-23 ; voir *infra* 92 et 93). La protection contre les incendies de forêt peut justifier un tel classement (Conseil 'État, 6 juin 2007, Communauté urbaine Marseille-Provence-Métropole, Rec. T. p. 1120). Le classement d'une parcelle en zone agricole doit être en cohérence avec les orientations générales du PLU et les objectifs du PADD (voir *supra* 80). Peuvent être ainsi légalement classées en zone A des parcelles qui, même si elles ne présentent pas un caractère de terres agricoles, sont *« situées en dehors des parties urbanisées de la commune, dans une partie de son territoire qui présente, très majoritairement, un caractère agricole, en se fondant sur la vocation du secteur en bordure duquel ces parcelles se situent, dont le caractère agricole est avéré »* (Conseil d'État, 3 juin 2020, Société Inerta, n° 429515). Le juge n'a pas à vérifier si une parcelle classée en zone A présente par elle-même le caractère d'une terre agricole. Un tel classement peut simplement être justifié *« par la préservation du potentiel agronomique, biologique ou économique des terres agricoles de la collectivité concernée »* (Cour administrative d'appel de Nantes, 1er février 2022, Commune de l'île de Houat, n° 20NT03749). Par ailleurs, un secteur accueillant déjà des constructions peut parfaitement être ultérieurement classé en zone naturelle dès lors que les auteurs du PLU souhaitent y restreindre les droits à construire pour préserver son intérêt esthétique et écologique (Cour administrative d'appel de Nantes, 15 février 2022, Association syndicale des propriétaires de la Coudrée d'Abondant, n° 20NT03187).

Les zones N (ou zones naturelles, ex-zones ND des POS). Ces zones concernent les secteurs de la commune, équipés ou non, à protéger en raison (art. R.151-24) :

- soit de la qualité des sites, milieux et espaces naturels, des paysages et de leur intérêt, notamment du point de vue esthétique, historique ou écologique ;
- soit de l'existence d'une exploitation forestière ;
- soit de leur caractère d'espaces naturels ;
- soit de la nécessité de préserver ou restaurer les ressources naturelles ;
- soit de la nécessité de prévenir les risques notamment d'expansion des crues.

Dans ces zones, les constructions sont strictement limitées. Ne peuvent y être en principe autorisées que les constructions et installations nécessaires à l'exploitation agricole et forestière, ou au stockage et à l'entretien de matériel agricole par les coopératives d'utilisation de matériel agricole ainsi que les constructions, installations, extensions ou annexes aux bâtiments d'habitation existants (art. R.151-25).

Exemple de zonage

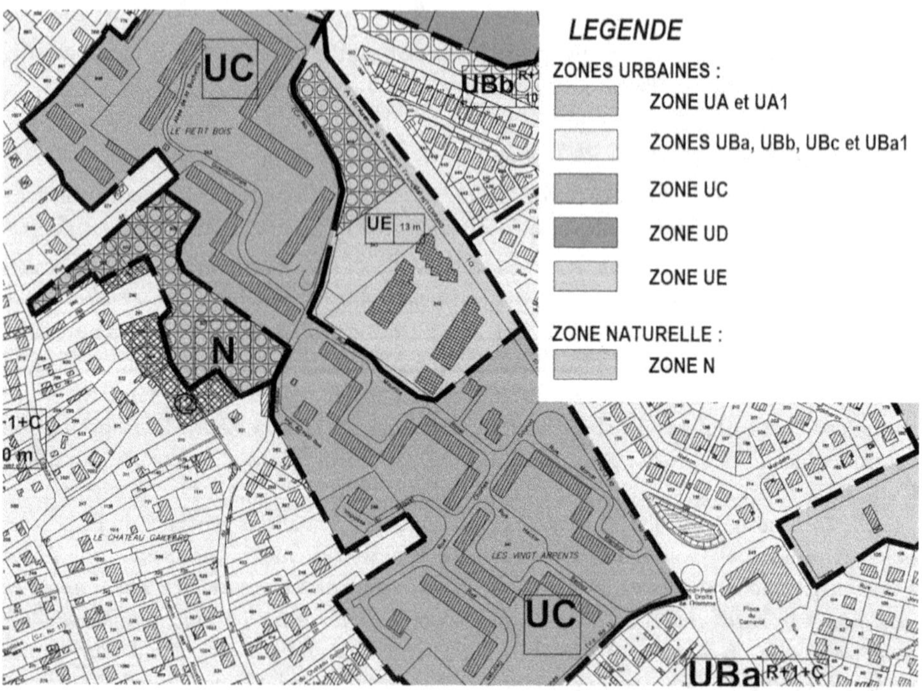

Source : extrait du règlement de zonage de Crosne (Essonne)

84. Dans toutes les zones du PLU, les documents graphiques peuvent faire apparaître diverses particularités locales qui devront être prises en considération dans le cadre des projets d'aménagements ou de constructions. Peuvent ainsi visualisés les espaces boisés classés que les auteurs du PLU souhaitent conserver ou créer, les zones humides à protéger, les arbres remarquables, mares et haies à protéger au titre de la loi « Paysage », les zones inondables, les monuments classés ou inscrits et leur périmètre de pr otection, les linéair es commerciaux, les équipements publics ou encore les espaces réservés à la mobilité douce. U n PLU peut ainsi insérer dans son règlement graphique, un *« cône de vue »* afin de p otéger, mettre en valeur ou requalifier un élément du paysage dont l'intérêt le justifie (Conseil 'État, 14 juin 2021, SCI des Sables, n° 439453, s'agissant de la commune de Pornic). Au regard des évolutions législatives récentes, les indications concernant les zones à prendre en compte au titre de la préservation des espaces naturels, agricoles et forestiers doivent faire l'objet d'une visibilité toute particulière au sein du volet graphique du PLU.

Règlement du PLU de Vaudeloges (Calvados)

Règlement graphique (détail)

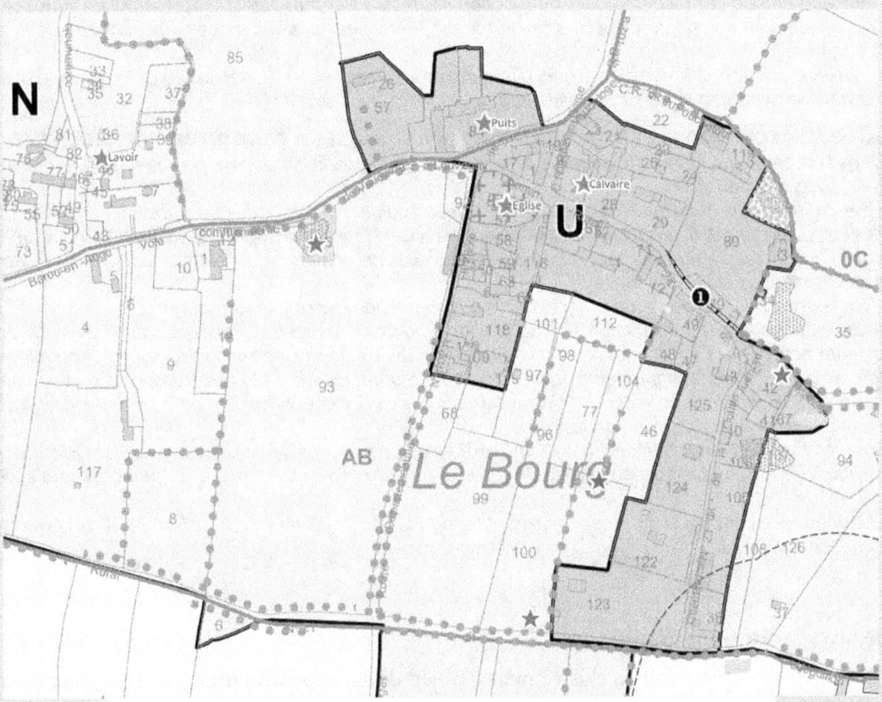

- ★ Arbre remarquable à protéger au titre de la Loi Paysage (Article L151-19 CU)
- ★ Mares à protéger au titre de la Loi Paysage (Article L151-19 CU)
- ★ Elément patrimonial à protéger au titre de la Loi Paysage (Article L151-19 CU)
- ········ Haies identifiées au titre de la Loi Paysage (Article L151-19 CU)
- Espaces boisés identifiés au titre de la Loi Paysage (Article L151-19 CU)
- Zones humides identifiées (Données DREAL 2015)
- Zone inondable (Données DREAL 2015)

Règlement écrit (extrait)

ZONE U : OCCUPATIONS ET UTILISATIONS DU SOL INTERDITES

– Les constructions et installations qui, par leur nature, leur importance ou leur aspect, seraient incompatibles avec le caractère du voisinage ou susceptibles de porter atteinte à la salubrité ou à la sécurité publique.

– Les implantations d'activités incompatibles avec l'habitat.

– Les bâtiments agricoles.

– À l'exception des emplacements prévus à cet effet, le camping, les habitations légères de loisirs, groupées ou isolées.

– Le stationnement des caravanes (sauf dans les bâtiments et remises sur le terrain où est implantée la résidence de l'utilisateur),

– L'ouverture et l'exploitation de carrières, ainsi que les affouillements et exhaussements de sol qui ne sont pas nécessaires à des travaux de construction.

– En zone humide, sont interdits toute construction, les affouillements, les exhaussements de sol et toute opération conduisant à l'imperméabilisation du sol.

Dans les secteurs soumis à un risque de remontée de la nappe phréatique :

– secteurs entre 0 et 1 mètre (risque d'inondation des réseaux et sous-sols) : sont interdits les sous-sols, l'assainissement autonome (sauf avis favorable du SPANC) et l'infiltration des eaux pluviales dans le sol.

– secteurs de 1 à 2,5 mètres (risque d'inondation des sous-sols) : sont interdits les sous-sols et l'assainissement autonome (sauf avis favorable du SPANC).

ZONE N : OCCUPATIONS ET UTILISATIONS DU SOL SOUMISES À CONDITIONS PARTICULIÈRES

Dans l'ensemble de la zone N, sont autorisées sous réserve qu'ils ne portent pas atteinte à la qualité des paysages et du site :

– les constructions et installations nécessaires à des équipements collectifs ou à des services publics, dès lors qu'elles ne sont pas incompatibles avec l'exercice d'une activité agricole, pastorale ou forestière dans l'unité foncière où elles sont implantées et qu'elles ne portent pas atteinte à la sauvegarde des espaces naturels et des paysages ;

– les constructions et installations nécessaires à l'exploitation agricole et forestière ;

– les extensions des constructions à usage d'habitation existantes dès lors que ces extensions ne compromettent pas l'activité agricole ou la qualité paysagère du site, et à condition : que la hauteur au faîtage de l'extension soit inférieure ou égale à la hauteur au faîtage de la construction principale ou à 4 mètres à l'acrotère dans le cas de toitures terrasses ; que l'extension soit limitée à 30 % de la surface de plancher de la construction principale.

Pour les constructions inférieures à 100 m^2, l'extension pourra représenter jusqu'à 60 % de la surface de plancher de la construction principale jusqu'à concurrence d'une surface de plancher totale de 130 m^2.

Les annexes créées après la date d'approbation du PLU ne pourront être transformées en nouveaux logements. »

■ Autres indications graphiques

85. Lorsqu'une règle fait ex clusivement l'objet d'une représentation dans un document graphique, la partie écrite du règlement le mentionne expressément. Cependant, « *tout autre élément graphique ou figuratif compris dans la partie écrite du document est réputé constituer une illustration dépourvue de caractère contraignant, à moins qu'il en soit disposé autrement par une mention expresse* » (art. R.151-11).

Peuvent être, en par ticulier, identifiés les emplacements éservés (ER). Ces emplacements (art. L.151-41) visent à « geler » la constr uctibilité de certaines zones afin 'y accueillir à terme des voies publiques, des ouvrages publics, des installations d'intérêt général, ou encore des espaces verts ou nécessaires aux continuités écologiques (Conseil d'État, 29 juillet 1994, n° 127945). Ils permettent d'anticiper l'acquisition d'un terrain en vue d'un projet précis et, dans l'attente de celui-ci, d'y interdire tout autr e projet de constr uction qui ne serait pas compatible avec la réalisation à venir du projet pour lequel cet emplacement est réservé. Ces emplacements se situent généralement en z one U ou AU. Un équipement prévu en ER n'a pas obligatoirement à revêtir un caractère d'utilité publique (Conseil d'État, 15 avril 1996, Commune du Marin, Rec. p. 140) ni à être précisément défini (Cour administrati e d'appel de Bordeaux, 21 février 2013, Mme Allory-Berge). En contrepartie, le propriétaire concerné bénéficie d'un droit de délaissement, lui permettant d'exiger de la collectivité publique qu'elle procède à son acquisition (Conseil d'État, 20 juin 2016, n° 386978).

Il est également possible d'identifier graphiquement des secteurs où les constr uctions ou les plantations sont interdites ou soumises à des conditions spéciales pour des raisons tenant au bon fonctionnement des services publics ou à des risques particuliers (inondations, incendies de forêt, avalanches…), les secteurs où la r econstruction ne peut êtr e autorisée qu'à l'identique pour des motifs d'architecture, les espaces contribuant à la continuité écologique et à la trame verte et bleue, les zones réservées à la pratique du ski ou aux remontées mécaniques, etc.

Enfin, afin de concilier les p ojets de développement éolien avec les spécificités des territoi es et les attentes des habitants, la loi n° 2022-217 du 21 février 2022 relative à la diffé enciation, la décentralisation, la déconcentration et por tant diverses mesures de simplification de 'action publique locale, dite loi « 3DS », est venue introduire une nouvelle mesure concernant tout particulièrement ces installations. Ainsi, désormais, « *le règlement peut délimiter les secteurs dans lesquels l'implantation d'installations de production d'électricité à partir de l'énergie mécanique du vent est soumise à conditions, dès lors qu'elles sont incompatibles avec le voisinage habité ou avec l'usage des terrains situés à proximité ou qu'elles portent atteinte à la sauvegarde des espaces naturels et des paysages, à la qualité architecturale, urbaine et paysagère, à la mise en valeur du patrimoine et à l'insertion des installations dans le milieu environnant* » (art. L.151-42-1).

■ **Limites du règlement**

86. Le règlement ne peut aller au-delà de l'objet du PLU : il ne peut donc pas, par exemple, instituer une limitation du dr oit des propriétaires à disposer de leurs biens (Conseil d 'État, 28 juin 1996, Durnez, Rec.T. p. 1208) ni une limitation à la durée d'exploitation des carrières (Conseil d'État, 20 avril 1998, société Cosson, Rec. p. 187) ni subordonner une autorisation de lotir à l 'élaboration d'un programme en commun av ec la commune (Conseil d 'État, 4 février 1994, Commune de Léognan, n° 104051) ni exiger une étude d 'ensoleillement (Conseil d'État, 9 octobre 1989, Gunton, n° 101022). En cas de trait de zonage « trop épais » déterminant les limites de constructibilité d'une parcelle, « *il incombe au juge de procéder à une interprétation raisonnable soit que le doute bénéficie au pétitionnaire du permis de construire, soit que la limite soit regardée comme définie par la médiane du trait* » (Tribunal administratif de Grenoble, 28 janvier 2021, n° 18-07.444).

■ **Adaptation mineure**

87. Face à une difficulté 'application, il est possible d 'apporter à une r ègle du PLU une « adaptation mineure ». L'adaptation mineure doit être sollicitée par le pétitionnaire et être justifiée « *par la nature du sol, la configuration des parcelles ou le caractère des constructions avoisinantes* » (art. L.152-3). Tel ne serait pas le cas, par exemple, de la surélévation de la hauteur d'un faîtage souhaitée par un pétitionnaire dans le seul but de pouvoir créer des habitations dans des combles (Cour administrative d'appel de Lyon, Commune de La Roche-sur-Foron, 17 octobre 2017, n° 15LY02828). En pratique, c'est au service instructeur qu'il revient la possibilité d'accepter ou non l 'adaptation mineure sollicitée par le pétitionnair e (Conseil d'État, 11 février 2015, Commune de G retz-Armainvilliers, n° 367414) et au juge, s 'il est saisi, de le vérifie .

■ Destination des constructions

88. Le règlement du PLU peut prévoir des dispositions correspondant à la destination des diffé entes constructions : exploitation agricole et forestière, habitation, commerces et activités de service, équipements d'intérêt collectif et services publics, autres activités des secteurs secondaires et tertiaires (art. R.151-27). À chaque catégorie de construction peut être ainsi assignée une finalité spécifiqu : le logement et l'hébergement pour la destination « *habitation* » ; l'artisanat, le commerce de détail, la restauration, le commerce de gros, les activités de service où s'effectue l'accueil d'une clientèle, le cinéma, les hôtels et autr es hébergements touristiques pour la destination « *commerce et activités de service* » ; les locaux et bureaux accueillant du public des administrations publiques et assimilées, leurs locaux techniques, les établissements d'enseignement, de santé et d'action sociale, les salles d'art et de spectacles, les équipements sportifs, autres équipements recevant du public (ERP) pour les « *équipements d'intérêt collectif et services publics* » ; ou encore l'industrie, des entrepôts, des bureaux et des centres de congrès et d'exposition pour la catégorie « *autres activités des secteurs tertiaires et secondaires* » (art. R.151-28). Les définitions et le contenu des « sous-destinations » de ces destinations ont été précisées par l'arrêté ministériel du 10 novembre 2016 définissant les destinations et sous-destinations de constructions pouvant être réglementées par le règlement national d'urbanisme et les règlements des plans locaux d'urbanisme ou les documents en tenant lieu.

Sous-destination des habitations

« La destination de construction « habitation » comprend les deux sous-destinations suivantes : logement, hébergement.
La sous-destination « logement » recouvre les constructions destinées au logement principal, secondaire ou occasionnel des ménages à l'exclusion des hébergements couverts par la sous-destination « hébergement ». La sous-destination « logement » recouvre notamment les maisons individuelles et les immeubles collectifs.
La sous-destination « hébergement » recouvre les constructions destinées à l'hébergement dans des résidences ou foyers avec service. Cette sous-destination recouvre notamment les maisons de retraite, les résidences universitaires, les foyers de travailleurs et les résidences autonomie. »

Source : article 2 de l'arrêté du 10 novembre 2016

■ Densité de construction

89. La loi n° 2014-366 du 24 mars 2014 pour l'accès au logement et urbanisme rénové (loi « ALUR) a supprimé le « *coefficient d'occupation des sols* » (COS) et la possibilité de fi er une superficie minimale pour les terrains constructibles dans le PLU. Cette suppression s'explique par la volonté du législateur de favoriser la densification du tissu urbain. Mais si le COS a été supprimé, le PLU conserve cependant la possibilité de prévoir des règles d'implantation, de hauteur et de densité relatives aux constructions ou à leurs extensions. Les auteurs du PLU peuvent ainsi prévoir d'instaurer un « *coefficient d'emprise au sol* » (Tribunal administratif de Grenoble, Commune de Chamonix-Mont-Blanc, 21 février 2019, n° 1606477). Dans ce cadre, le règlement du PLU peut ainsi prévoir un pourcentage d'emprise au sol à ne pas dépasser au regard de la superficie du terrain. 'emprise au sol correspond à la superficie au sol de l'immeuble, qui est le rapport de la surface occupée par la projection verticale du volume hors œuvre du bâtiment à la surface de la parcelle.

Exemple

*« **Article UA 9 : Emprise au sol des constructions***

L'emprise au sol des constructions, ne doit pas excéder 55 % de la superficie de la propriété dans les secteurs UAa et UAb.

Équipements publics :

Les règles du présent article ne s'appliquent pas aux constructions et installations nécessaires au service public ou à l'intérêt collectif.

Cas particuliers :

- *Les garages couverts des logements individuels et/ou collectifs ou les boxes doivent avoir une emprise au sol maximale de 17 m².*
- *Dans le cas de piscines : si le bassin est enterré, la surface du bassin doit être prise en compte dans le calcul de l'emprise au sol. »*

Extrait du règlement du PLU de Cesson (Seine-et-Marne), 3 février 2021

■ Règles de hauteur

90. Le règlement du PLU peut déterminer *« des règles concernant l'aspect extérieur des constructions neuves, rénovées ou réhabilitées, leurs dimensions, leurs conditions d'alignement sur la voirie et de distance minimale par rapport à la limite séparative et l'aménagement de leurs abords, afin de contribuer à la qualité architecturale, urbaine et paysagère, à la mise en valeur du patrimoine et à l'insertion des constructions dans le milieu environnant »* (art. L.151-17). Peuvent être ainsi déterminés par le règlement du PLU, outre les règles de hauteur, la pente à respecter pour les toitures ou encore les revêtements autorisés.

Si la hauteur des façades est limitée en proportion de leur longueur, la hauteur s'apprécie, sauf disposition contraire du PLU, à l'égout du toit pour l'ensemble des façades, y compris pour les murs pignons qui ne comportent pas de rabat du toit (Conseil d'État, 22 janvier 2007, M. Ducommun, Rec. T. p. 1120). Par ailleurs, le règlement peut interdire, lors des ravalements, la peinture des immeubles de pierre de taille (Cour administrative d'appel de Paris, 31 octobre 2000, Ville de Paris, Rec. T. p. 1281), il ne peut édicter une prescription régissant l'agencement intérieur des bâtiments (Conseil d'État, 9 juillet 1997, Commune de Megève, Rec. p. 303). Cependant, un PLU ne saurait prescrire ou interdire l'emploi de certains matériaux, de telles exigences se justifiant et étant autorisées uniquement dans les secteurs faisant l'objet d'une protection particulière, tels que les sites patrimoniaux remarquables. *« En dehors de ces secteurs, seul l'aspect du revêtement de la construction pourra être réglementé sans pouvoir strictement interdire un matériau ou son imitation »*, estime le ministère de la Cohésion des territoires (Rép. min. à la QE n° 16696, *JO Sénat*(Q) du 9 juillet 2020).

Exemple

*« **Article UA 10 : Hauteur maximale des constructions***

Dans le secteur UAa : la hauteur maximale des constructions est limitée à 12 mètres au faîtage sans que la hauteur à l'égout du toit puisse être supérieure à 7 mètres. Dans le cas d'une toiture terrasse, la hauteur des constructions est limitée à 7 mètres à l'acrotère.

Dans le secteur UAb : la hauteur maximale des constructions est limitée à 11 mètres au faîtage sans que la hauteur à l'égout du toit puisse être supérieure à 7 mètres. Dans le cas d'une toiture terrasse, la hauteur des constructions est limitée à 7 mètres à l'acrotère.

Article UA 11 : Aspect extérieur des constructions

Toitures :

Les combles et toitures doivent présenter une simplicité de volume et une unité de conception. La pente des toitures doit être comprise entre 35° et 45°. Pour les toits à la Mansart, les toitures doivent avoir des pentes de 60° à 85° pour le brisis et de 5° à 30° pour le terrasson. Les constructions à usage d'équipements publics peuvent être également couvertes soit par une toiture à faible pente, soit par une toiture terrasse. L'éclairement éventuel des combles doit être assuré par des ouvertures en lucarnes ou lucarnes rampantes dont la somme des largeurs ne doit pas excéder la moitié de la longueur de la toiture. Les toitures à pentes doivent être recouvertes de tuiles plates d'aspect vieilli, à recouvrement (60 au m² minimum) ou d'ardoises. Les parties de constructions édifiées en superstructure sur les terrasses, telles que cheminées, machineries d'ascenseurs, de réfrigération, sorties de secours... doivent s'intégrer dans la composition architecturale de la construction.

Parements extérieurs

Les couleurs des matériaux de parement et des peintures extérieures doivent s'harmoniser entre elles et ne pas porter atteinte au caractère des sites ou paysages naturels ou urbains.

Il est interdit :

- *l'emploi à nu de matériaux destinés à être recouverts (carreaux de plâtre, briques creuses, parpaings...) ;*
- *tout pastiche d'une architecture archaïque ou étrangère à la région ;*
- *les imitations de matériaux telles que faux bois, fausses briques ou fausses pierres. »*

Extrait du règlement du PLU de Cesson (Seine-et-Marne), 3 février 2021

■ Servitudes d'urbanisme

91. Les servitudes d'urbanisme peuvent être définies comme des estrictions spécifiques imposées par les autorités publiques compétentes pour toute utilisation du sol ou de l'espace dans un but d'intérêt général, en principe sans contrepartie financiè e (art. L.105-1). Ces servitudes d'urbanisme se distinguent des servitudes d'utilité publique prévues par la loi (voir *supra* 35). Restrictions au droit de propriété, elles poursuivent des objectifs précis : garantir la pérennité, l'entretien, l'exploitation ou le fonctionnement d'une installation d'intérêt général, ou pour protéger un espace particulièrement précieux pour la collectivité. Elles peuvent concerner notamment la voirie, l'hygiène, l'esthétique, et porter sur l'utilisation du sol, la hauteur des constructions, la proportion des surfaces bâties et non bâties dans chaque propriété, l'interdiction de construire dans certaines zones et en bordure de certaines voies ou encore la répartition des immeubles entre diverses zones. Le Code de l'urbanisme prévoit par ailleurs que « *le règlement fixe (...) les servitudes d'utilisation des sols permettant d'atteindre les objectifs mentionnés aux articles L.101 à L.101-3)* ».

À titre d'exemple, constituent des servitudes d'urbanisme :

- **la marge de recul** ; le PLU peut imposer une distance minimale à r especter entre une construction et la voie, qu'elle soit publique ou privée (art. L.111-8).

Exemple de règle de recul

« Article UA 7

Dans l'ensemble de la zone à l'exception des secteurs UAa, UAc et UAd et UAv :

– toute construction d'une hauteur supérieure à 3,50 m hors tout doit être implantée en recul par rapport aux limites séparatives. La distance comptée horizontalement de tout point de ce bâtiment au point de la limite parcellaire du terrain d'assiette du projet qui en est le plus rapprochée doit être au moins égale à la différence d'altitude entre ces deux points, sans pouvoir être inférieure à 3,50 m ;

– ces dispositions ne s'appliquent pas :

– dans le cas de modification, extension ou adjonction aux constructions existantes ne respectant pas ces prescriptions dans la limite de 15 % de la surface de plancher existante,

– sur les arrières de parcelles de la rue de Phalsbourg jouxtant le domaine public ferroviaire. » (...)

Article UA 11

– Les espaces générés par les servitudes de recul doivent être obligatoirement aménagés sous la forme de « jardins de devant » clos.

– Les « jardins de devant » devront être traités dans l'esprit de ceux existants (type de clôture, plantations en particulier). »

Règlement écrit du PLU de Nancy (extraits), modification de juin 2019

- **les règles d'implantation**
  Peuvent être également instaurées des règles d'implantation des constructions les unes par rapport aux autres sur une même propriété afin de garantir un passage ent e les constructions au profit notamment des engins de lutte contre l'incendie. Pour les bâtiments à usage de logement, ce type de servitude vise à garantir aux occupants des conditions d'habitabilité satisfaisantes (éclairement, ensoleillement).

Exemple d'emplacements réservés

Emplacements réservés de superstructures – dits ERS

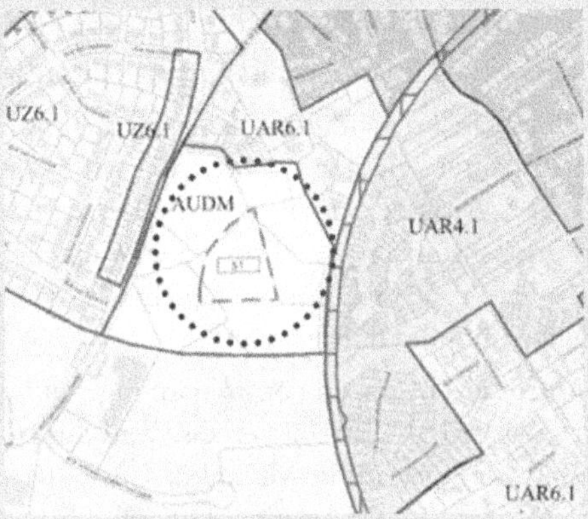

« Référencés en S1, S2 etc... sur les plans et dans le présent classeur.
Il s'agit d'emplacements réservés aux installations d'intérêt général à créer ou à modifier et aux espaces verts à créer ou à modifier ou aux espaces nécessaires aux continuités écologiques, tels que équipements scolaires, sanitaires, sportifs, sociaux, culturels, administratifs... »

PLU intercommunal de Lille Métropole, approuvé le 12 décembre 2019 (extrait)

■ Zones agricoles, naturelles ou forestières

92. En principe, les zones agricoles, naturelles ou forestières ne sont pas destinées à accueillir des constructions. Ce principe souff e cependant trois exceptions qui, si elles sont admises par un PLU, doivent être précisées par son règlement. Elles concernent :

- les constructions et installations nécessaires à des équipements collectifs, dès lors qu'elles ne sont pas incompatibles avec l'exercice d'une activité agricole, pastorale ou forestière du terrain sur lequel elles sont implantées et qu'elles ne portent pas atteinte à la sauvegarde des espaces naturels et des paysages (art. L.151-11 I 1°) ;
- les bâtiments qui peuvent faire l'objet d'un changement de destination, dès lors que ce changement de destination ne compromet pas l'activité agricole ou la qualité paysagère du site (art. L.151-11 I 2°) ;
- les constructions et installations nécessaires à la transformation, au conditionnement et à la commercialisation des produits agricoles, lorsque ces activités constituent le prolongement de l'acte de production (art. L.151-11 II).

Si les constructions à usage d'habitation peuvent être autorisées en zone agricole, c'est sous réserve qu'elles soient *« liées et nécessaires au fonctionnement de l'exploitation agricole »*. À défaut, le permis de construire demandé sur ce fondement sera refusé. Ce lien de nécessité, qui doit faire l'objet d'un examen au cas par cas, *« s'apprécie entre, d'une part, la nature et le fonctionnement des activités de l'exploitation agricole et, d'autre part, la destination de la construction projetée »* (Cour administrative de Marseille, 8 février 2022, Commune de Saint-Alexandre, n° 19MA03635, au sujet d'une exploitation hélicicole).

93. À titre exceptionnel, le règlement du PLU peut également délimiter, dans les zones naturelles, agricoles ou forestières, des **secteurs de taille et de capacité d'accueil limitées (STECAL)**. Dans ces secteurs, soumis à l'avis de la commission départementale de la préservation des espaces naturels, agricoles et forestiers, le règlement peut autoriser :

- des constructions ;
- des aires d'accueil et des terrains familiaux locatifs destinés à l'habitat des gens du voyage ;
- des résidences démontables constituant l'habitat permanent de leurs utilisateurs.

Dans ce cadre, le règlement précise les conditions de hauteur, d'implantation et de densité des constructions, permettant d'assurer leur insertion dans l'environnement et leur compatibilité avec le maintien du caractère naturel, agricole ou forestier de la zone (art. L.151-13). Il précise également les conditions relatives aux raccordements aux réseaux publics, ainsi que les conditions relatives à l'hygiène et à la sécurité auxquelles les constructions, les résidences démontables ou les résidences mobiles doivent satisfaire.

La création d'un STECAL reste soumise au contrôle du juge, qui peut censurer un PLU si l'instauration d'un tel secteur porte une atteinte excessive au caractère naturel ou agricole de la zone considérée (Tribunal administratif de Versailles, 4 mai 2018, Commune de Trappes, n° 1702800). A été, en revanche, validée la création d'un STECAL *« d'une superficie restreinte, en continuité avec le bâti existant »* et dont le règlement fixait *« des règles d'implantation, de surface, d'accès à la voirie et d'obligation de plantations permettant d'assurer l'insertion des constructions dans l'environnement et leur compatibilité avec le maintien du caractère naturel agricole de la zone »* (Cour administrative d'appel de Bordeaux, 18 décembre 2018, Commune de Lapeyrouse-Fossat, n° 17BX00301).

Des STECAL pour l'accueil touristique ?

Au vu de l'apparente souplesse ouverte par le régime des STECAL, il pourrait être tentant pour certains opérateurs privés de profiter de cette opportunité pour envisager la création de structures d'accueil touristiques en milieu naturel. Cependant, selon le ministère de la Cohésion des territoires, *« La jurisprudence ne fait pas entrer dans cette catégorie de constructions les structures à usage d'accueil touristique complémentaires à une activité agricole tels que les campings à la ferme ou les gîtes ruraux. Dans une décision du 14 février 2007, le Conseil d'État a en effet considéré que de telles installations ne peuvent pas être regardées comme nécessaires à l'exploitation agricole même lorsque les ressources procurées par cette activité sont utiles voire indispensables à l'équilibre économique de cette exploitation (Conseil d'État, 14 février 2007, Ministre des transports, de l'équipement, du tourisme et de la mer c/ M. Paillardin, n° 282398, mentionnée aux tables sur ce point). Il en résulte qu'en l'état actuel du droit, les constructions à usage d'accueil touristique complémentaires d'une activité agricole ne sont pas autorisées en zone agricole des PLU (Plans locaux d'urbanisme), que ce soit en commune littoral ou en dehors de ces communes. Il ne peut non plus être envisagé de recourir à la délimitation, permise dans les zones agricoles des PLU, d'un secteur de taille et de capacité d'accueil limitées (STECAL) dans lequel de telles constructions peuvent être implantées. En effet, le recours à ce dispositif dérogatoire, qui ne peut être envisagé que de manière exceptionnelle, n'est pas permis dans les communes littorales, la jurisprudence ayant exclu la faculté de délimiter des STECAL dans ces communes en raison du principe de continuité prévu à l'article L. 121-8 du Code de l'urbanisme, qui impose que l'urbanisation se réalise en continuité des agglomérations et des villages existants (Cour administrative d'appel de Marseille, 20 juin 2017, n° 16MA01079) ».*

Réponse ministérielle à la Question écrite n° 25176 de Sonia Krimi (*JO AN(Q)* du 7 juillet 2020).

■ Interprétation du juge

94. Le règlement doit être aussi précis que possible dans les termes qu'il utilise. En effet, si les formulations ne sont pas claires, elles peuvent donner lieu à des divergences d'interprétation que le juge devra trancher en cas de litige (Cour administrativ e d'appel de Lyon, 12 avril 2018, n° 16LY01962, sur la notion de « constructions annexes » ; 30 octobre 2018, Ville de Lyon, n° 16LY03212, pour des règles de hauteur des constructions). À titre d'exemple, le juge peut considérer une construction comportant plusieurs logements, *« eu égard à la fois à son aspect architectural, à sa taille et à ses conditions d'usage »*, comme une constr uction à usage d'habitation individuelle (Conseil d'État, 12 janvier 2011, SCI Philaur, n° 326807) ; il en est ainsi d'une maison individuelle compor tant trois logements (Conseil d 'État, 12 novembre 2012, Société Agence Charles Katz, n° 344365). Dans ce cadre, afin que la ègle permette une interprétation sans ambiguïté, il peut être préconisé que le règlement donne la définition des principaux termes employés dans un lexique. Des extraits du lexique national de l'urbanisme peuvent utilement figu er en annexe du PLU.

> ***Exemple de définition des limites séparatives***
>
> *« Le terme de limite séparative désigne l'ensemble des limites parcellaires d'une propriété. Il s'agit d'une frontière, matérialisée ou non par une clôture ou des bornes de repère (bornage) implantées à la cote des sols existants. Elle a pour rôle de délimiter la surface d'une propriété que ce soit par rapport au domaine public (alignement), ou aux parcelles voisines ».*
>
> 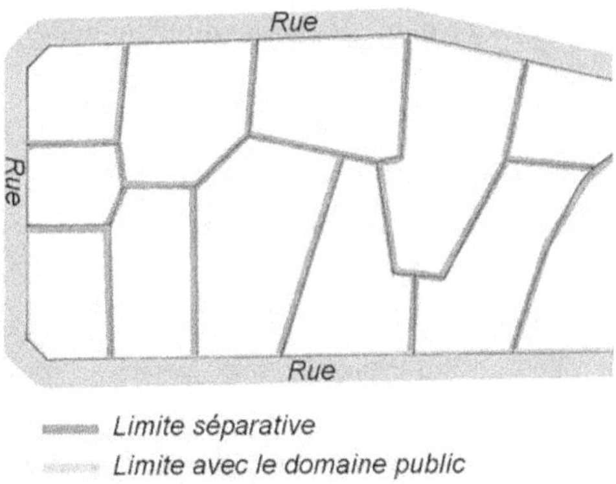
>
>
> Extrait du Règlement du PLU de Cesson, 3 février 2021

E. Les annexes

95. Les annex es au PL U, cinquième élément du dossier de PL U, doivent comporter un certain nombre d'éléments obligatoires dont le contenu v arie en fonction des territoir es concernés. La liste de ces éléments, qui a été complétée par le décret n° 2017-456 du 29 mars 2017, figu e aux articles R.151-52 et R.151-53 du Code de l 'urbanisme. La mise à jour du PLU doit être effectuée chaque fois q 'il est nécessaire de modifier le contenu des anne es (art R.153-18).

Au titre de l'article R.151-52 doivent ainsi figu er en annexe :

1° les périmètres délimités par délibération du conseil municipal ou du conseil communau - taire concernant l'installation de panneaux solair es ou dispositifs de pr oduction d'énergie renouvelable ;

2° le plan d'exposition au bruit des aérodromes (voir *supra* 20) ;

3° les périmètres de protection et de mise en valeur des espaces agricoles et naturels périurbains ;

4° le périmètre des zones à l'intérieur desquelles certaines divisions foncières sont soumises à déclaration préalable ;

5° les schémas d'aménagement de plage (voir *supra* 16) ;

6° l'arrêté du préfet coordonnateur de massif (voir *supra* 14) ;

7° les périmètres à l'intérieur desquels s'applique le droit de préemption urbain, ainsi que les périmètres provisoires ou définitifs des ones d'aménagement diffé é ;

8° les zones d'aménagement concerté ;

9° le périmètre des secteurs dans lesquels un programme d'aménagement d'ensemble a été approuvé ;

10° le périmètre des secteurs relatifs au taux de la taxe d'aménagement ;

11° le périmètre des secteurs affectés par un seuil minimal de densité (abrogé par la loi n° 2020-1721 du 29 décembre 2021) ;

12° les périmètres fi és par les conventions de projet urbain partenarial ;

13° les périmètres à l'intérieur desquels l'autorité compétente peut surseoir à statuer sur les demandes d'autorisation ;

14° les périmètres de projet délimités dans le cadre d'une opération d'intérêt national (voir *supra* 30).

L'article R.151-53 y ajoute :

1° les périmètres de développement prioritaires concernant l'énergie ;

2° les périmètres d'interdiction ou de réglementation des plantations et semis d'essences forestières ;

3° les périmètres miniers ;

4° les périmètres de zones spéciales de recherche et d'exploitation de carrières et des zones d'exploitation et d'aménagement coordonné de carrières ;

5° le périmètre des secteurs situés au voisinage des infrastructures de transports terrestres, dans lesquels des prescriptions d'isolement acoustique ont été édictées ;

6° le plan des zones à risque d'exposition au plomb ;

7° les bois ou forêts relevant du régime forestier ;

8° les zones relevant de l'assainissement collectif et celles relevant de l'assainissement non collectif, les schémas des réseaux d'eau et d'assainissement et des systèmes d'élimination des déchets, les stations d'épuration des eaux usées et le stockage et le traitement des déchets ;

9° les dispositions du projet de plan de prévention des risques naturels prévisibles (voir *supra* 45) ;

10° les secteurs d'information sur les sols pollués ;

11° le règlement local de publicité ;

12° les périmètres des biens inscrits au patrimoine mondial et leur zone tampon.

Servitudes affectant les immeubles classés aux monuments historiques

Selon le Conseil d'État, « *lorsqu'une servitude d'utilité publique affectant l'utilisation des sols, telle la servitude affectant les immeubles classés ou inscrits au titre des monuments historiques, n'est pas annexée à un plan local d'urbanisme, elle n'est, en principe, pas opposable à une demande d'autorisation d'occupation des sols. Toutefois, lorsque le propriétaire d'un immeuble classé ou inscrit aux monuments historiques s'est vu notifier cette inscription en application de l'article R.621-8 du Code du patrimoine, cette servitude lui est opposable* » (Conseil d'État, 23 septembre 2021, Commune de Bordeaux, n° 432650).
Rappel : depuis le 1er janvier 2020, les servitudes publiées dans le portail national de l'urbanisme (voir *supra* 69) sont opposables aux pétitionnaires (art. L.152-7).

2.2.3 Les effets du PLU

96. Le règlement du PLU fi e les dispositions applicables à l'utilisation des sols sur le territoire communal (ou intercommunal pour un PLUi). Ces dispositions s'appliquent à toutes les personnes publiques ou privées pour l'exécution de « *tous travaux, constructions, aménagements, plantations, affouillements ou exhaussements des sols, et ouverture d'installations classées* » qui doivent être « *conformes au règlement et à ses documents graphiques* » (art. L.152-1). En fonction de ces dispositions, l'autorité compétente se prononce par arrêté sur la demande de permis ou, dans le cas où elle veut marquer son opposition ou imposer des prescriptions, sur la déclaration préalable.

À compter du 1er janvier 2023, le caractère exécutoire d'un PLU est conditionné non seulement par sa transmission au pr éfet, mais également par sa publication sur le G éoportail de l'urbanisme (www.geoportail-urbanisme.gouv.fr).

A. Effets de la prescription du PLU

Une fois que la délibération de l'assemblée délibérante prescrivant l'élaboration du PLU est publiée, la collectivité territoriale peut estimer nécessaire d'empêcher les futurs constructeurs ou aménageurs de réaliser un projet contrevenant aux intentions des auteurs du plan. À cet effet, la loi donne aux autorités administratives la possibilité de ne pas se prononcer immédiatement sur les demandes d'autorisation individuelle d'urbanisme (permis de construire, permis d'aménager…) qui leur sont présentées : « *L'autorité compétente peut décider de surseoir à statuer (…) sur les demandes d'autorisation concernant des constructions, installations ou opérations qui seraient de nature à compromettre ou à rendre plus onéreuse l'exécution du futur plan dès lors qu'a eu lieu le débat sur les orientations générales du projet d'aménagement et de développement durable* » (art. L.153-11).

Le régime de ce sursis à statuer, dont les conditions sont définies à 'article L.424-1, est très précis.

En premier lieu, le sursis à statuer doit être motivé et ne peut excéder deux ans. À l'expiration de ce délai, l'autorité compétente ne peut opposer à une même demande d 'autorisation un nouveau sursis fondé sur le même motif que le sursis initial. D ans le cas où de nouv eaux motifs justifieraient une nou elle décision de sursis à statuer , la dur ée totale des sursis ordonnés ne peut en aucun cas excéder une durée de trois ans.

En second lieu, à l'expiration du délai de validité du sursis à statuer, une décision doit, sur simple confirmation par 'intéressé de sa demande, êtr e prise par l 'autorité compétente chargée de la délivrance de l'autorisation, dans un délai de deux mois suivant cette confirm - tion (Conseil d'État, 23 juillet 1974, Dame Meyer-Baur, Rec. p. 460). À défaut de notific - tion de la décision au pétitionnaire, l'autorisation est considérée comme accordée.

En troisième lieu, lorsqu'une décision de sursis à statuer est inter venue, les propriétaires des terrains auxquels a été opposé un refus d'autorisation de construire ou d'utiliser le sol peuvent mettre en demeure la collectivité de pr océder à l'acquisition de leur terrain (ar t. L.230-1 et suivants).

97. La publication de la délibération prescrivant le PLU entraîne, de plus, l'obligation de déclaration préalable pour les coupes et abattages d 'arbres dans les bois, for êts et par cs et espaces boisés classés situés sur le territoire couvert par le document (art. L.113-1). En outre, « *la délibération prescrivant l'élaboration d'un plan local d'urbanisme peut soumettre à déclaration préalable, sur tout ou partie du territoire couvert par ce plan, les coupes ou abattages d'arbres isolés, de haies ou réseaux de haies et de plantations d'alignement* » (art. L.113-2). Toutefois, cette autorisation n'est pas nécessair e pour les enlèv ements d'arbres dangereux ou de bois morts ainsi que les bois et for êts soumis au r égime du Code for estier et gér és par l'Offic national des forêts.

B. Effets de l'approbation du PLU

98. Ils sont nombreux. Sans prétendre à l'exhaustivité, plusieurs effets de 'approbation d'un PLU méritent d'être mentionnés.

1) Le règlement et les documents graphiques du PLU sont opposables

Les dispositions du plan sont opposables à toutes les personnes, publiques ou privées, sans exception : l'État, la région, le département, l'intercommunalité, la commune, les opérateurs énergétiques ou de télécommunications, les opérateurs de transports, les entreprises, les particuliers… L'opposabilité signifie que les p ojets de travaux, constructions, plantations, lotissements… présentés par tout pétitionnair e devront respecter le règlement et les documents graphiques du PLU (Conseil d'État, Assemblée, 30 mars 1973, Ministre de l'Aménagement du territoire c/ Sieur Schwetzoff, ec. p. 264).

2) Les dispositions concernant les emplacements réservés (L.151-41) sont applicables

99. Lorsqu'un emplacement réservé est instauré (pour créer une voie publique, un ouvrage public, un espace vert, une zone de continuité écologique, un programme de logements…), le propriétaire de la parcelle reste libre de l'utilisation de son terrain, sous réserve qu'elle n'ait pas pour effet de rendre ce dernier incompatible avec la destination prévue par la réservation. La création d'un emplacement réservé par un PLU emporte ainsi une limitation du dr oit à construire. En effet, selon la jurisp udence, « *l'autorité administrative chargée de délivrer le permis de construire est tenue de refuser toute demande (…) dont l'objet ne serait pas conforme à la destination de l'emplacement réservé, tant qu'aucune modification du plan local d'urbanisme emportant changement de la destination n'est intervenue* » (Conseil d'État, 20 juin 2016, M. Simonneau et autres, n° 386978, Rec. p. 990). Autrement dit, une fois que l'emplacement est réservé, l'autorité administrative ne peut que refuser une demande de permis qui ne serait pas conforme à l'objet de la réserve (Conseil d'État, 14 octobre 1991, Association Cadre de vie des résidents de Courbevoie-Bécon, Rec. p. 336 : un permis de constr uire avait été délivré pour un parking souterrain situé sur un emplacement r éservé à la constr uction d'une école primaire, le juge a prononcé l'annulation du permis de construire).

Rappelons (voir *supra* 85) que les propriétaires concernés par l'instauration d'un emplacement réservé sur une parcelle leur appartenant peuvent exercer leur droit de délaissement. Le Conseil constitutionnel a jugé « *qu'en accordant aux propriétaires de terrains grevés d'un emplacement réservé le droit d'imposer à la collectivité publique soit d'acquérir le terrain réservé, soit de renoncer à ce qu'il soit réservé, le législateur n'a porté aucune atteinte à leur droit de propriété* » (décision n° 2013-325 QPC du 21 juin 2013). Faute pour le bénéficiai e d'acquérir le terrain à la suite d'un délaissement, « *les limitations au droit à construire et la réserve ne sont plus opposables* » (Conseil d'État, 19 juillet 2017, Commune d'Ansouis, n° 397944). En outre, si aucun délai n'est fi é à la personne bénéficiai e de la réserve pour réaliser ou faire réaliser son projet, le maintien d'un emplacement réservé resté non aménagé pendant un délai anormalement long pourrait être de nature à interroger sur la réalité de son intention de réaliser l'aménagement.

3) Les infractions aux dispositions du PLU sont sanctionnables par le juge pénal (art. L.480-1 et suivants)

Les infractions aux règles d'urbanisme prévues dans un PLU peuvent être constatées par « *tous officiers ou agents de police judiciaire ainsi que par tous les fonctionnaires et agents de l'État et des collectivités publiques commissionnés à cet effet par le maire ou le ministre chargé de l'urbanisme* » (art. L.480-1). La loi prévoit à cet effet que « *copie du procès-verbal constatant une infraction est transmise sans délai au ministère public* ». La sanction pénale peut aller jusqu'à ordonner la démolition de la construction illégale et le remise en état du site (Cass. crim., 8 décembre 2020, SCI Fourseasons Group, n° 19-84.245). La loi « Climat et résilience » du 22 août 2021 a aggravé les sanctions applicables notamment en matière de constructions non précédées de la délivrance d'un permis de construire : 6 000 euros par mètre carré de surface illicite et peine d'emprisonnement de 6 mois (art. L.480-4).

4) 100. Le droit de préemption urbain (DPU) peut être institué par l'assemblée délibérante. Celle-ci peut notamment décider qu'un DPU existera dans tout ou partie des zones urbaines et des zones d'urbanisation future, dans les périmètres de protection rapprochée de prélèvement d'eau destinée à l'alimentation des collectivités humaines, dans les zones et secteurs définis par un plan de p évention des risques technologiques (art. L.211-1).

Le DPU, qui permet à une commune d'acheter avant toute autre personne intéressée un immeuble venant à être mis en vente, a pour but de permettre la réalisation d'opérations d'aménagement (voir *infra* 244).

5) 101. Les règles du PLU donnent naissance à des servitudes. Ce sont les servitudes d'urbanisme (art. L.151-8) – par exemple, servitude de ne pas dépasser une certaine hauteur –, qui ne doivent pas être confondues avec les servitudes d'utilité publique : elles ont en effet, contrairement à la plupart de ces dernières, leur fondement dans le Code de l'urbanisme.

102. En principe, ces servitudes n'ouvrent droit à aucune indemnité (art. L.105-1). La loi a cependant prévu deux situations où une indemnité est due au propriétaire :

- lorsqu'il résulte des servitudes d'urbanisme « *une modification de l'état antérieur des lieux déterminant un dommage matériel, direct et certain* » (Conseil d'État, 8 février 1963, Ministre de la Construction c/ Consorts Leroy, Rec. p. 83) ; ce n'est pas le cas de l'inscription à l'inventaire des sites d'un terrain où était auparavant toléré du camping (Tribunal administratif de Poitiers, 24 février 2000, M. Jean Gestin) ;
- lorsqu'il résulte des servitudes d'urbanisme une « *atteinte à des droits acquis* ». Lorsque, par exemple, l'administration délivre une autorisation de lotir et que, quelque temps après, un

plan d'urbanisme approuvé vient interdire de construire, le lotisseur, qui avait engagé des frais d'équipement, voit ses droits acquis remis en question (Conseil d'État, Section, 4 mars 1977, Ministre de l'Équipement c/ SA constructions Simottel, Rec. p. 122) ; il en est de même pour une société ayant conclu avec l'État un contrat d'endigage lui faisant acquérir la propriété des terrains au fur et à mesure de leur soustraction à l'action des eaux, lorsque le nouveau POS ne permet plus la réalisation de l'endigage (Conseil d'État, 29 décembre 1997, Société civile des néo-polders, Rec. T. p. 1121).

À défaut d'accord amiable, cette indemnité est fixée par le tribunal administratif. En fixant l'indemnité, le tribunal doit tenir compte de la plus-value donnée aux immeubles par la réalisation du plan local d'urbanisme approuvé.

L'indemnisation, en dehors des deux hypothèses prévues par la loi, n'est cependant pas impossible dans certains cas exceptionnels : le Conseil d'État (Section, 3 juillet 1998, M. Bitouzet, Rec. p. 288 ; 27 juin 2007, M. Mielle, Rec. T. p. 1115 ; 11 juillet 2011, Société du parc d'activités de Blotzheim, Rec. T. p. 1191) a en effet estimé que, pour être compatible avec l'article 1er du premier protocole additionnel à la Convention européenne des Droits de l'homme (« *Toute personne physique a droit au respect de ses biens* »), la règle de non-indemnisation des servitudes d'urbanisme ne devait pas faire obstacle à une indemnisation en cas de charge spéciale et exorbitante hors de proportion avec l'objectif d'intérêt général que la servitude poursuit. Appliquant cette jurisprudence, le juge n'a pas qualifié de charges exorbitantes des servitudes résultant pour les propriétaires concernés d'un plan de prévention des risques (Conseil d'État, 29 décembre 2004, Société d'aménagement des coteaux de Sainte-Blaine, Rec. p. 478).

6) 103. Le maire – ou le président de l'établissement public de coopération intercommunale si celui-ci a adopté un PLUi – devient compétent pour délivrer les autorisations individuelles d'urbanisme (permis de construire, permis d'aménager, permis de démolir) au nom de la commune et se prononcer sur les projets faisant l'objet d'une déclaration préalable (art. L.422-1). En 2021, 471 000 permis de construire ont été délivrés en France. La plupart d'entre eux (plus de 80 %) l'ont été par le maire au nom de la commune.

2.2.4 L'évolution du PLU

Le régime de l'évolution des PLU est pour le moins… évolutif ! Son régime a en effet été modifié à plusieurs reprises depuis l'ordonnance n° 2012-11 du 5 janvier 2012, notamment par l'ordonnance n° 2015-1174 du 23 septembre 2015, la loi n° 2017-86 du 27 janvier 2017, la loi n° 2018-1021 du 23 novembre 2018, la loi n° 2019-1461 du 27 décembre 2019, la loi « Climat et résilience » du 22 août 2021 ou encore la loi n° 2022-217 du 21 février 2022, dite loi « 3DS ».

En pratique, un PLU peut évoluer dans plusieurs circonstances : lorsque les limites du territoire couvert par le document sont modifiées, lorsque le document fait l'objet d'une révision ou bien encore lorsqu'il est procédé à sa modification. Il faut y ajouter le cas où le document viendrait à être définitivement annulé par le juge (V. par ex. Conseil d'État, 16 juillet 2021, Commune de La-Londe-les-Maures, n° 437562).

A. La modification des limites du territoire couvert par le PLU

104. La modification affectant le périmè e des communes peut av oir lieu dans plusieurs hypothèses.

- En cas de création d'une commune nouvelle dont le régime est prévu aux articles L.2113-1 et suivants du Code général des collectivités territoriales (CGCT). Dans ce cadre les dispositions des PLU applicables aux anciennes communes r estent applicables : la commune nouvelle a plusieurs PL U. La loi pr évoit cependant que ces dispositions peuv ent être *« modifiées ou mises en compatibilité avec une opération d'utilité publique ou d'intérêt général jusqu'à l'approbation ou la révision d'un plan local d'urbanisme couvrant l'intégralité du territoire de la commune nouvelle »* (art. L.153-4). La procédure d'élaboration ou de révision de ce dernier plan est alors engagée au plus tard lorsque l'un des PLU applicables sur le territoire de la commune nouvelle doit être révisé
- En cas de modification de la limite territoriale entre deux communes. Cette situation, relativement rare, est prévue à l'article L.2112-2 du Code général des collectivités territoriales. Elle peut se produire soit en cas de fusion de plusieurs communes (voir *supra*), soit en cas de détachement d 'une section de commune ou d 'une portion du territoire d'une commune pour l'ériger en commune sépar ée. Dans cette hypothèse, les dispositions du PLU applicables à la partie de territoire communal détachée d'une des communes restent applicables dans ce territoir e après le rattachement à l'autre commune (art. L.153-5). Cependant, si la commune de rattachement a pr écisé, dans le dossier soumis à enquête publique, qu'elle souhaitait que la modification de limite territoriale emporte abrogation des dispositions de son PLU, ces dispositions sont abrogées.
- En cas de création d'un établissement public de coopération intercommunale (EPCI) compétent en matière de PLU. Dans ce cas, les dispositions des PLU applicables aux territoires concernés restent applicables, jusqu'à l'approbation ou la révision d'un PLU couvrant l'intégralité du territoire de l'EPCI concerné (art. L.153-6). Donc jusqu'à la mise en place d'un PLU intercommunal.

B. Les rendez-vous de l'assemblée délibérante sur les résultats du PLU

La loi fi e à l'assemblée délibérante un rendez-vous : au plus tard six ans après l'approbation du PLU, il revient à l'organe délibérant de procéder à *« une analyse des résultats de l'application du plan, au regard des objectifs visés à l'article L.101-2 »* [il s'agit des objectifs de dév eloppement durable, voir *supra* 11]. Cette pr océdure obligatoire d'évaluation du document (ar t. L.153-27 à L.153-30) porte également, le cas échéant, sur les unités touristiques nouvelles et la projection du recul du trait de côte. L'analyse de ces résultats donne lieu à une délibération. Celle-ci peut décider de procéder à la révision ou à la modification du document

C. La révision du PLU

105. La révision constitue le changement le plus radical et le plus long.

■ Conditions

Elle est prescrite par délibération de l'organe délibérant dans cinq situations (art. L.153-31), dans lesquelles la commune ou l'EPCI décide :

- de changer les orientations définies par le p ojet d'aménagement et de dév eloppement durables ;
- de réduire un espace boisé classé, une zone agricole ou une zone naturelle et forestière ;

- de réduire une protection édictée en raison des risques de nuisance, de la qualité des sites, des paysages ou des milieux natur els, ou d'une évolution de nature à induire de graves risques de nuisance ;
- d'ouvrir à l'urbanisation une zone à urbaniser qui, dans les six ans suivant sa création, n'a pas été ouverte à l'urbanisation ou n'a pas fait l'objet d'acquisitions foncières significati es de la part de la commune ou de l'EPCI, directement ou par l'intermédiaire d'un opérateur foncier ;
- de créer des orientations d'aménagement et de programmation de secteur d'aménagement valant création d'une zone d'aménagement concerté.

En dehors de ces cinq situations, le changement du PL U peut s'effectuer par une modific - tion (voir *infra* 107).

■ **Procédure**

La révision se déroule selon la même procédure que l'élaboration (art. L.153-33) : l'exécutif conduit la procédure de révision jusqu'à son terme (l 'approbation), comme il a conduit la procédure d'élaboration du PLU. L'exposé des motifs des changements appor tés doit apparaître clairement dans le rappor t de présentation (Conseil d'État, 17 juillet 2013, Société française du radiotéléphone – SFR et autres, Rec. p.875). L'exécutif veille aux mêmes mesures de publicité (voir *supra* 68 à 77).

Le Conseil de Paris a ainsi prescrit en décembre 2020 la révision du PLU de Paris auquel il souhaite donner un caractère « bioclimatique » ; son approbation est prévue en 2023.

D. La révision simplifiée

Si la révision « simplifiée » ou « allégée » du PLU ne figu e pas en tant que telle au sein du Code de l'urbanisme, elle se déduit de son ar ticle L.153-34. Ce dernier dispose en effet que projet de révision arrêté fait l'objet d'un « examen conjoint » (art. L.153-34) de l'État, de l'EPCI ou de la commune concernée et des personnes publiques associées lorsque la révision a uniquement pour objet :

- de réduire un espace boisé classé, une zone agricole ou une zone naturelle et forestière ;
- de réduire une protection édictée en raison des risques de nuisance, de la qualité des sites, des paysages ou des milieux naturels ;
- de créer des orientations d'aménagement et de programmation valant création d'une zone d'aménagement concerté.

Il en va de même si la révision paraît de nature à induire de graves risques de nuisance.

Dans tous les cas, l'objet et les effets 'une telle révision allégée ne doivent pas porter « *atteinte aux orientations définies par le plan d'aménagement et de développement durables* ».

Le maire ou les mair es de la ou des communes intér essées par la r évision est invité (sont invités) à participer à cet examen conjoint. S i la commune souhaite modifier son p ojet de document d'urbanisme avant l'ouverture de l'enquête publique, elle doit alors prendre l'initiative d'une nouvelle réunion d'examen conjoint lorsque celle-ci est nécessair e afin que le procès-verbal de réunion figurant au dossier soumis à 'enquête publique corresponde bien au projet modifié (Conseil 'État, 24 février 2021, Commune de Cestas, n° 433084).

E. La modification du PLU

107. Modifier un PLU est une opération plus aisée que de le réviser, dans la mesure où la modification bouleverse moins le PLU initial.

■ Conditions

Pour engager la procédure de modification (art. L.153-36), la commune ou l'intercommunalité doit souhaiter édicter de nouvelles dispositions qui :

- ont pour effet de modifier le règlement du PLU ou les orientations d'aménagement et de programmation ou le programme d'orientations et d'actions ;
- et ne nécessitent pas une révision.

■ Procédure

Elle est relativement simple et repose principalement sur la volonté de l'exécutif ; elle comporte quatre phases :

- initiative de l'exécutif qui établit le projet de modification du PLU (art. L.153-37) ;
- notification aux personnes publiques associées (préfet, présidents du conseil départemental et du conseil régional, président de l'EPCI ayant élaboré et suivant le SCOT…) ;
- enquête publique (art. L.153-41). Celle-ci est obligatoire dès lors que le projet de modification a pour effet soit de majorer de plus de 20 % les possibilités de construction, soit de diminuer ces possibilités de construire, soit de réduire la surface d'une zone urbaine ou à urbaniser, soit encore si la modification résulte de l'obligation de réaliser 20 % (ou 25 %) de logements sociaux (art. L.131-9). Par ailleurs, lorsque la modification d'un PLUi ne concerne que certaines communes, l'enquête publique peut être organisée sur le seul territoire des communes concernées (art. L.153-42) ;
- approbation par délibération de l'assemblée délibérante.

Position du préfet sur la consommation d'espaces naturels

En raison des nouvelles contraintes à intégrer en matière de limitation de l'urbanisation prévue par la loi « Climat et résilience » du 22 août 2021, la loi « 3DS » du 21 février 2022 est venue sécuriser les études de consommation d'espaces d'un document d'urbanisme arrêté. Cette procédure trouve à s'appliquer dans le cadre de l'élaboration d'un PLU, mais également en cas de révision ou de modification (art. L.153-40-1).

En pratique, les collectivités peuvent ainsi désormais demander au préfet, lorsqu'il rend son avis sur le projet de PLU ou PLUi arrêté, en application de l'article L.153-16, de prendre une « *position formelle en ce qui concerne :*

- *la sincérité de l'analyse de la consommation d'espaces naturels, agricoles et forestiers réalisée au titre du diagnostic du rapport de présentation, au regard des données mises à disposition par l'État dans le cadre du porter à connaissance et, le cas échéant, de la note d'enjeux (…) ;*
- *la cohérence avec le diagnostic des objectifs chiffrés de modération de la consommation de l'espace et de lutte contre l'étalement urbain contenus dans le PADD en application de l'article L. 151-5* ».

Cette mesure contribue ainsi à sécuriser les procédures d'évolution du PLU en assurant la sincérité des diagnostics et des projections foncières.

108. La durée de la procédure de modification peut être relativement courte (moins d'une année) et donc intéressante pour une collectivité. Cependant, l'exécutif commettrait une illégalité à procéder à une modification du PLU lorsqu'une révision était nécessaire.

Exemple d'exposé des motifs pour une modification

Projet de création d'un nouvel emplacement réservé sur l'île Brise-Pain.

La commune s'est engagée de très longue date dans une démarche visant à renforcer la place de la nature en ville, ce qui est, bien sûr, un enjeu d'embellissement paysager urbain, mais aussi sociétal en créant des espaces verts publics facilement accessibles de types jardins, squares, parcs urbains qui sont autant d'espaces de détente et de récréation, des lieux de promenade et de découverte de la nature. C'est aussi cette volonté qui a conduit à favoriser le développement « d'oasis de verdure » que sont les jardins familiaux, longtemps dénommés jardins ouvriers.
Les parcelles Cristoliennes de jardins familiaux sont des lieux de détente et de convivialité très appréciés des habitants, toujours plus nombreux à souhaiter se voir allouer une parcelle de terrain.
Les Bords de Marne, concernés par le développement des jardins familiaux ont vu se réaliser une première phase de 22 parcelles sur l'île Brise-Pain, et ce sont 44 parcelles supplémentaires qui sont en cours d'aménagement situées dans le périmètre de l'emplacement réservé existant n° 1 de l'île Brise-Pain.
Afin d'assurer une continuité écologique et d'étendre le développement d''espaces verts et de loisirs de ce secteur à préserver, il s'avère nécessaire de créer un nouvel emplacement réservé dans le prolongement de l'emplacement réservé n° 1 existant sur l'île Brise-Pain, au droit de l'avenue de Verdun et de l'allée Centrale.
Ce nouveau périmètre d'emplacement réservé permettra la réalisation de jardins familiaux supplémentaires et d'étendre le projet de la commune au développement d'espaces verts et de loisirs de ce secteur avec équipements sportifs ou pédagogiques tout en assurant une continuité écologique.
Par ailleurs, les dispositions réglementaires des zones UE et N du PLU en vigueur concernées par le projet d''emplacement réservé permettent d'ores et déjà la réalisation de ces aménagements et équipements susvisés, il n'est donc pas nécessaire de modifier le règlement de ces zones.
Conformément aux dispositions réglementaires de l'article L151-41 du Code de l'urbanisme, les emplacements réservés sont au nombre des zones spéciales susceptibles d'être délimitées par le Plan Local d'Urbanisme.
Ils sont réservés aux voies et ouvrages publics, aux installations d'intérêt général, aux espaces verts ou nécessaires aux continuités écologiques, aux programmes de logement incluant une mixité sociale, et traduisent un engagement de la commune relatif aux équipements et aménagements projetés sur son territoire.
Il est donc proposé de :
– mettre à jour le plan de zonage du PLU de la commune faisant apparaître le périmètre de ce nouvel emplacement réservé n° 7, situé en zones N et UE du PLU ;
– d'apporter la traduction réglementaire de ce nouvel emplacement réservé dans le titre V des documents annexes au règlement du Plan Local d'Urbanisme, emplacements réservés aux voies et aux ouvrages, aux installations d'intérêt général et aux espaces verts ».

Source : Plan local d'urbanisme de Créteil, Rapport de présentation, janvier 2020

F. La modification simplifiée

Plus souple encore que la révision simplifiée et la modification, est la modification simplifiée (art. L.153-45).

■ Conditions

La modification simplifiée est possible lorsque ’enquête publique n'est pas nécessaire et qu'il s'agit :

- soit de rectifier une er eur matérielle ;
- soit de majorer des droits à construire prévus à l'article L.151-28 (le dépassement des règles relatives au gabarit, à la hauteur et à l'emprise au sol est autorisé pour permettre l'agrandissement ou la construction de bâtiments à usage d'habitation, programmes comportant des logements locatifs sociaux, dépassement des gabarits pour les constructions faisant d'exemplarité énergétique ou environnementale).

À titre d'exemple, il est possible de r ecourir à la modification simplifiée lors 'il s'agit de *« corriger une malfaçon rédactionnelle ou cartographique portant sur l'intitulé, la délimitation ou la réglementation d'une parcelle, d'un secteur ou d'une zone ou le choix d'un zonage, dès lors que cette malfaçon conduit à une contradiction évidente avec les intentions des auteurs du plan local d'urbanisme »*. En revanche, une modification simplifiée ne saurait oir pour objet « *d'autoriser une nouvelle activité incompatible avec la vocation d'une zone ou d'un secteur définis par le plan local d'urbanisme* » (Conseil d'État, 21 juillet 2021, Commune de Plouézec, n° 434130).

■ **Procédure**

La procédure est très simple :

- initiative de l'exécutif qui établit le projet de modification du P U ;
- notification aux personnes publiques associées ;
- mise à disposition du public, pendant un mois sur la partie du territoire concernée par la modification (art. L.153-47), du projet de modification a ec l'exposé de ses motifs et, le cas échéant, l'avis les personnes publiques associées ;
- réunion de l'assemblée délibérante : présentation du bilan de la mise à disposition du public, puis approbation de la modification du P U.

Tableau récapitulatif des procédures d'évolution d'un PLU

Procédure	Motifs	Articles
Révision	Changement des orientations du PADD Réduction d'un espace boisé classé, d 'une zone agricole ou d 'une zone naturelle et forestière Réduction d'une protection concernant des risques de nuisance, la qualité des sites, des paysages ou des milieux naturels Ouverture à l'urbanisation d'une zone « délaissée » depuis 6 ans Création d'orientations valant ZAC	L.153-31
Révision simplifiée	Réduction d'un espace boisé classé, d 'une zone agricole ou d 'une zone naturelle et forestière Réduction d'une protection concernant des risques de nuisance, la qualité des sites, des paysages ou des milieux naturels Création d'orientations valant ZAC	L.153-34
Modification	Changement du règlement, des orientations d 'aménagement et de programmation ou du programme d'orientation et d'actions	L.153-36
Modification simplifiée	Erreur matérielle Majoration des droits à construire	L.153-45

G. La mise en compatibilité

109. La procédure de mise en compatibilité repose sur l'obligation pesant sur les PLU (mais également sur les cartes communales) de respecter les dispositions des documents de planification « supérieurs » (art. L.153-49). Ces derniers sont, en particulier, constitués des schémas de cohérence territoriale (SCoT), des schémas de mise en valeur de la mer (voir *supra* 17 et 24), des plans de mobilité (art. L.1214-1 du Code des transports) et des programmes locaux de l'habitat (art. L.302-1 du Code de la construction et de l'habitation). La mise en compatibilité peut également résulter d'une opération d'utilité publique ou d'intérêt général.

■ Mise en compatibilité avec un document supérieur

En principe, c'est à la commune ou à l'EPCI qu'il revient de procéder « *à une analyse de la compatibilité du plan local d'urbanisme, du document en tenant lieu ou de la carte communale* » avec les documents supérieurs. Sur cette base, l'organe délibérant doit alors délibérer sur le maintien en vigueur du document ou sur sa mise en compatibilité (art. L.131-7).

Lorsque tel n'est pas le cas, la procédure est la suivante :

1. Le préfet adresse à la commune ou à l'EPCI un dossier exposant les motifs pour lesquels il considère que le PLU n'est pas compatible avec un document supérieur et les modific - tions qu'il estime nécessaires pour le rendre compatible (art. L.153-50).
2. La commune ou l'EPCI dispose d'un délai d'un mois pour indiquer au préfet si elle entend opérer la modification simplifiée nécessa e. À défaut, la mise en compatibilité du plan est engagée et approuvée par le préfet.
3. La mise en compatibilité fait l'objet d'un examen conjoint de l'État, de l'EPCI ou de la commune et des personnes publiques associées.
4. Le projet de mise en compatibilité est soumis à enquête publique. À son issue, la commue ou l'EPCI donne son avis sur le projet de mise en compatibilité. Cet avis est réputé favorable à défaut de réponse dans les deux mois (art. L.153-53).
5. La proposition de mise en compatibilité est appr ouvée par arrêté préfectoral et devient exécutoire dès l'exécution de l'ensemble des formalités de publication et d'affichag

■ Mise en compatibilité avec une opération d'utilité publique

Une opération d'utilité publique ou d'intérêt général peut également rendre nécessaire la mise en compatibilité d'un PLU. Dans ce cas, des dispositions vont être proposées pour assurer la mise en compatibilité du plan. Elles feront l'objet d'un examen conjoint de l'État, de l'EPCI ou de la commune et des personnes publiques associées. Le pr ojet sera soumis à enquête publique (art. L.153-55). Une fois l'avis de la commune ou de l'EPCI recueilli, la proposition de mise en compatibilité sera actée, en fonction des situations, soit par la déclaration d'utilité publique, soit par la déclaration de projet, soit par arrêté préfectoral, soit par délibération de la commune ou de l'EPCI (art. L.153-58).

Ce type de situation aboutit en pratique à la réduction des marges de manœuvre de la commune ou de l'EPCI. En effet, la loi p évoit que le PLU « *ne peut pas faire l'objet d'une modification ou d'une révision portant sur les dispositions faisant l'objet de la mise en compatibilité entre l'ouverture de l'enquête publique et la décision procédant à la mise en compatibilité* » (art. L.153-56).

H. La mise à jour des annexes du PLU

Les servitudes d'utilité publique sont inscrites en annexe du PLU ; lorsque sont instituées de nouvelles servitudes, celles-ci doivent y être reportées (art. L.153-60). À défaut, le préfet doit mettre en demeure l'exécutif de la collectivité en charge du PLU d'y procéder dans les trois mois ; si la mise à jour n'est alors pas effectuée, le p éfet y procède d'office par a été.

2.2.5 L'abrogation du PLU

Le PLU peut disparaître en étant abrogé. L'abrogation est proposée par l'exécutif de la collectivité en charge du PLU après enquête publique ; c'est au maire qu'il incombe d'inscrire à l'ordre du jour d'une réunion du conseil municipal la question de l 'abrogation d'un PLU (Cour administrative d'appel de Lyon, 13 mars 2018, Commune de Chabeuil, n° 16LY02973).

Le dossier soumis à l'enquête publique comprend un rapport exposant les motifs et les conséquences juridiques de l'abrogation projetée (art. R.153-19). L'abrogation est prononcée par l'assemblée délibérante. Tel peut être, par exemple, le cas pour un PLU communal une fois qu'a été approuvé un PLU intercommunal.

2.2.6 Le contentieux du PLU

110. La contestation d'un PLU devant le juge concerne assez peu l'acte qui prescrit le document. En effet, les décisions contestables sont essentiellement les délibérations 'approbation, de modification ou de évision du PLU.

A. La saisine du juge

Toute personne ayant intérêt à agir peut contester devant le juge administratif la délibération portant sur le PL U. Il peut s'agir d'un habitant concerné par le z onage ou le r èglement (Conseil d'État, 4 mars 2016, Commune de M artigues, n° 384795), d'une association de défense de l'environnement (Conseil d'État, 28 septembre 2020, Association de défense de l'environnement de Bormes et du Lav andou, n° 423087), d'une commune voisine (Cour administrative d'appel de Marseille, 30 octobre 2015, Commune de La Garde, n° 13MA04227) et naturellement le préfet exerçant son contrôle de légalité (Conseil d'État, 12 juillet 2019, Commune de Corenc/ Préfet de l'Isère, n° 418818). S'agissant en particulier des associations, la loi prévoit qu'« *une association n'est recevable à agir contre une décision relative à l'occupation ou l'utilisation des sols que si le dépôt des statuts de l'association en préfecture est intervenu au moins un an avant l'affichage en mairie de la demande du pétitionnaire* » (art. L.600-1-1). Destinée à limiter les risques particuliers d'incertitude juridique qui pèsent sur ces décisions d'urbanisme et prévenir les recours abusifs et dilatoires, cette obligation « d'ancienneté » des associations, instaurée par la loi EL AN du 23 no vembre 2018, a été jugée conforme à la Constitution (Conseil constitutionnel, décision n° 2022-986 QPC du 1er avril 2022).

La personne qui conteste un tel acte est le « requérant ». La procédure applicable dans ce cas est celle dite du « recours pour excès de pouvoir » (REP). Elle est organisée par les articles R.421-1 et suivants du Code de justice administrative. Dans ce cadre, ce n'est ni la condamnation de la commune ni celle du maire que demande le requérant, mais l'annulation d'un acte, comme la délibération approuvant une modification de PLU par exemple. La saisine doit s'effectuer *« dans les deux mois à partir de la notification ou de la publication de la décision attaquée »*.

À l'appui de sa demande d'annulation de l'acte, le requérant peut invoquer un ou plusieurs moyens.

Exemples

1. Vice de procédure. Pendant la phase d'élaboration du plan, il y a eu oubli de consultation de personnes ou d'organismes (voir Tribunal administratif de Rouen, 5 avril 2016, Commune de Chavigny-Bailleul, s'agissant de l'absence de consultation de la chambre de l'agriculture) ou mauvaise organisation de l'enquête publique ou caractère non effectif des mesu es de publicité ; le juge ne peut prononcer l'annulation d'une décision pour vice dans la procédure que si les irrégularités commises ont « *exercé une influence sur le sens de la décision au vu de l'avis rendu* » ou si elles ont « *privé les intéressés d'une garantie* » (Conseil d'État, Section, 23 décembre 2011, M. Claude Danthony, Rec. p. 649).

2. Vice de compétence. La commune d'Aix-en-Provence adopte par délibération du 23 juillet 2015 son PLU qu'elle modifie par une seconde délibération du 29 septembre 2017. Entre-temps, Aix-en-Provence a intégré la métropole Aix-Marseille-Provence le 1er janvier 2016. Relevant que la compétence PLU n'avait été transférée à la métropole qu'à compter du 1er janvier 2018, le Conseil d'État en déduit que la commune était bien compétente pour approuver la modification de son P U (Conseil d'État, 29 juillet 2020, SCI l'Harmas, n° 428158).

3. Méconnaissance des objectifs d'urbanisme. La communauté de communes du Pays de Bitche adopte par délibération son nouveau plan local d'urbanisme intercommunal. Sa délibération, attaquée par une vingtaine de requérants, est annulée : le juge relève notamment que le projet de PLU ne comportait aucun objectif chiffré de modération de la consommation de l'espace et de lutte contre l'étalement urbain. Il considère également que les auteurs du document avaient méconnu *« le principe d'équilibre qui consiste à concilier plusieurs objectifs d'urbanisme, parmi lesquels, entre autres, l'équilibre des populations résidant dans les zones urbaines et rurales, l'utilisation économe des espaces naturels et la préservation des espaces affectés aux activités agricoles et forestières »* (Tribunal administratif de Strasbourg, 14 octobre 2021, 428158, n° 2001288).

4. Erreur manifeste d'appréciation. Une intercommunalité décide d'ouvrir à l'urbanisation des parcelles situées en zones protégées au titre de la biodiversité. Le juge considère qu'*« en classant ces terrains en zone AU1a, les auteurs du PLU ont entaché la délibération contestée d'illégalité »* (Cour administrative d'appel de Marseille, 9 juillet 2019, Communauté urbaine Perpignan-Méditerranée-Métropole, n° 18MA04924).

À noter que le juge administratif peut surseoir à statuer (art. L.600-9) s'il estime que la procédure d'élaboration ou de révision dont il est saisi est entachée d'une illégalité susceptible d'être régularisée (Cour administrative d'appel de Lyon, 16 juin 2020, Commune de Bourg-en-Bresse, n° 19LY00503). En outre, lorsque des éléments, postérieurs à l'acte attaqué et spontanément transmis par l'administration, sont démontrés, le juge peut regarder le vice comme ayant été régularisé (Conseil d'État, 22 décembre 2017, Commune de Sempy, n° 395963, Rec. p. 380).

Si une commune peut légitimement faire appel, auprès de la cour administrative d'appel compétente territorialement, d'un jugement de tribunal administratif annulant son PLU, c'est à la condition qu'elle dispose encore de la compétence PLU (Cour administrative d'appel de Paris, 16 décembre 2021, Commune de Villeneuve-le-Roi, n° 21PA01112)

Alors que la requête visant à obtenir l'annulation d'un acte était traditionnellement adressée au tribunal administratif par courrier, la procédure s'effectue aujourd'hui par voie numérique *via* la plateforme « Télérecours » (www.telerecours.fr). Cette plateforme officielle permet ains de déposer une requête de façon dématérialisée et de suivre ses dossiers.

B. Le référé-suspension

La procédure d'instruction puis de jugement d'un acte par le tribunal administratif dure plusieurs mois et, pendant ce temps, le PLU en vigueur continue de produire ses effets. our empêcher la mise en vigueur immédiate d'un PLU litigieux, le requérant a la possibilité de demander au juge des référés du tribunal administratif la suspension de l'exécution du document.

Cette procédure est organisée par les articles L.521-1 et suivants du Code de justice administrative. Elle prévoit que le requérant adresse au tribunal une seconde requête, la requête en suspension, mais trois conditions sont nécessaires à cette démarche :

- le requérant doit déjà avoir déposé au greffe du tribunal sa requête principale, demandant l'annulation du PLU ; il en joint copie à sa requête en suspension ;
- il doit faire valoir que dans la requête principale, il a demandé l'annulation du PLU en faisant état d'un moyen propre à créer un doute sérieux sur la légalité du PLU approuvé ;
- il doit démontrer l'urgence qui existe à ne pas laisser le PLU entrer en vigueur ; cette condition d'urgence paraît toutefois difficile à satisfa e (voir Conseil d'État, 5 novembre 2001, Commune du Cannet-des-Maures, n° 234396, Rec. p. 540 ; 30 décembre 2020, Communauté de communes de la Ténarèze, n° 441075). Le requérant qui expose que l'enquête publique n'a pas eu lieu, ou que le commissaire enquêteur a émis des conclusions défavorables, ou que l'évaluation environnementale n'a pas été mise à disposition du public est dispensé de démontrer l'urgence (Conseil d'État, 13 juillet 2007, Société Carrières et matériaux, n° 298772, Rec. T. p. 1004). De son côté, le préfet qui dépose une requête en référé est toujours dispensé de démontrer l'urgence.

Le juge des référés se prononce sur la demande de suspension par une ordonnance.

Lorsque la requête en suspension est adressée par le préfet dans les dix jours suivant la réception de la délibération, elle entraîne même automatiquement la suspension du PLU jusqu'à la décision du juge des référés qui doit être prise dans le mois ; au bout d'un mois, si le juge des référés ne s'est pas prononcé, le PLU entre en vigueur jusqu'à ce que le juge prononce éventuellement sa suspension (art. L.2131-6 du Code général des collectivités territoriales).

Lorsque le juge des référés a ordonné la suspension de l'exécution, le PLU ne peut s'appliquer : le préfet, les élus et les administrés doivent attendre le jugement de l'affai e par le tribunal.

C. Le jugement

111. Le juge se prononce en fonction des règles qui étaient en vigueur au moment où la délibération attaquée a été prise. Il peut annuler ou non le PLU, en totalité ou en partie seulement. Il lui est également possible, à l'occasion de la contestation ultérieure d'un autre acte pris sur son fondement, de déclarer illégale telle ou telle disposition du PLU.

■ Le PLU est annulé

Le PLU est annulé lorsque le requérant a présenté un moyen que le juge estime de nature à entraîner son illégalité. Si un seul moyen convainc le juge, le PLU sera annulé. Le juge doit toutefois examiner les autres moyens développés dans la requête : afin 'éviter la multiplication de contentieux ultérieurs où d'autres requérants reprendraient ces moyens, le juge se prononce « *sur l'ensemble des moyens de la requête qu'il estime susceptibles de fonder l'annulation* » (art. L.600-4-1). Cette disposition, à finalité «pédagogique », évite aussi à la collectivité territoriale, si elle élabore un nouveau PLU, de commettre d'autres illégalités prévisibles.

L'annulation totale du PLU entraîne la remise en vigueur du document « *immédiatement antérieur* » (art. L.600-12), par exemple le précédent PLU ou POS ou l'ancienne carte communale. S'il n'y en a pas, il faut alors se replacer dans la situation d'une commune sans PLU et appliquer le droit en vigueur dans une commune dépourvue de document (voir *infra* 116) : le règlement national d'urbanisme. L'autorité administrative a alors tout intérêt à faire élaborer un nouveau PLU. Par ailleurs, en cas d'annulation de l'intégralité d'un PLU couvrant le territoire d'une commune située dans le périmètre d'un EPCI compétent, celui-ci peut approuver un PLU sur le territoire de la commune concernée (art. L.153-7 al 2).

L'annulation partielle du PLU contraint la commune à élaborer *« sans délai les nouvelles dispositions du plan applicables à la partie du territoire communal concernée par l'annulation »* (art. L.153-7 al 1). Selon les situations, une révision ou une modification du PLU sont à envisager pour remplacer ses dispositions illégales. Il s'agit là d'une obligation : il revient à l'autorité compétente d'élaborer *« de nouvelles dispositions se substituant à celles qui ont été annulées par le juge »*, conformes à la décision de justice rendue, quand bien même le document précédent est remis en vigueur (Conseil d'État, 16 juillet 2021, Commune de La Londe-les-Maures, n° 437562).

■ **L'exception d'illégalité**

On entre ici dans des contentieux qui se forment bien après le délai initial des deux mois du recours pour excès de pouvoir. Supposons qu'un jour, alors que le PLU est en vigueur, une personne dépose une demande de permis de construire. Imaginons que ce permis est refusé au pétitionnaire au motif que son projet de construction est contraire à une règle du PLU. Cette personne peut contester le refus de permis devant le tribunal administratif en mettant en cause – si elle a trouvé un moyen – la légalité de la règle du PLU qui a justifié le refus de permis. Cette procédure s'appelle *« l'exception d'illégalité »*. Elle consiste à attaquer devant le juge administratif une mesure d'application (permis de construire par exemple) non pas en invoquant ses vices propres, mais en invoquant l'irrégularité supposée de l'acte réglementaire (ou de la « décision d'espèce ») en application duquel cette mesure a été prise (ici, la disposition du PLU).

Si le juge admet le raisonnement de ce requérant et déclare illégale telle ou telle disposition du PLU, cette disposition est alors remplacée par celle qui s'appliquait dans le plan antérieur et qui est remise en vigueur.

Compte tenu du risque que fait planer cette voie de recours sur la sécurité juridique des documents d'urbanisme, les modalités de mise en œuvre de cette procédure ont été encadrées par la loi et précisées par la jurisprudence.

Ainsi, la loi prévoit en premier lieu que l'illégalité pour vice de forme ou de procédure d'un PLU ou d'une carte communale *« ne peut être invoquée par voie d'exception, après l'expiration d'un délai de six mois à compter de la prise d'effet du document en cause »* (art. L.600-1). Ces dispositions s'appliquent également aux délibérations prescrivant l'élaboration ou la révision d'un document d'urbanisme ou créant une zone d'aménagement concerté. Elles ne s'appliquent pas, en revanche, lorsque le vice de forme concerne *« la méconnaissance substantielle ou la violation des règles de l'enquête publique »* ou encore *« l'absence du rapport de présentation ou des documents graphiques »*.

En second lieu, la loi « ELAN » du 23 novembre 2018 est venue préciser que l'annulation ou la déclaration d'illégalité d'un PLU *« sont par elles-mêmes sans incidence sur les décisions relatives à l'utilisation du sol ou à l'occupation des sols (...) délivrées antérieurement à leur prononcé dès lors que ces annulations ou déclarations d'illégalité reposent sur un motif étranger aux règles d'urbanisme applicables au projet »* (art. L.600-12-1). Autrement dit, un permis de construire délivré à un pétitionnaire sur la base d'un PLU remis en cause pour une raison sans lien avec son projet reste valable. Attention toutefois, cette règle n'est pas applicable aux décisions de refus de permis ou d'opposition à déclaration préalable ; pour ces décisions en effet, 'annulation ou l'illégalité du document d'urbanisme leur ayant servi de fondement entraîne leur annulation.

En troisième lieu, un requérant ne peut demander au juge de déclarer illégale une disposition du PLU que s'il démontre que la décision prise sur sa demande de permis « méconnaît », elle aussi, *« les dispositions pertinentes ainsi remises en vigueur »* (Conseil d'État, Section, 7 février 2008, Commune de Courbevoie, n° 297227, Rec. p. 41 ; 16 novembre 2009, Société Les résidences de Cavalière, n° 308623, Rec. T. p. 983). Cette règle a été récemment précisée par la section du contentieux du Conseil d'État : *« Lorsqu'un motif d'illégalité non étranger aux règles d'urbanisme applicables au projet est susceptible de conduire à remettre en vigueur tout ou partie du document local d'urbanisme immédiatement antérieur, le moyen tiré de l'exception d'illégalité du document local d'urbanisme à l'appui d'un recours en annulation d'une autorisation d'urbanisme ne peut être utilement soulevé que si le requérant soutient également que cette autorisation méconnaît les dispositions pertinentes ainsi remises en vigueur »* (Conseil d'État, 2 octobre 2020, SCI du Petit Bois, avis n° 436934).

2.3 Le document de base : la carte communale

112. Situé à mi-chemin entre le règlement national d'urbanisme (RNU) et le plan local d'urbanisme (PLU), la carte communale s'apparente à un « micro-PLU ». En se dotant d'une carte communale, les élus municipaux peuvent décider d'orientations importantes sur l'aménagement de leur territoire communal. Pour reprendre les termes du secrétaire d'État chargé de la ruralité, *« ce document très simple permet de s'affranchir du règlement national d'urbanisme et de retrouver des capacités à construire »* (Rép. Min. à la QE n° 2182 de Jean-Marc Boyer, *JO Sénat(Q)* du 9 décembre 2021).

En principe, la carte communale est par définition… communale. ais des groupements intercommunaux peuvent aussi souhaiter élaborer un tel document (art. L.160-1). Et si le nombre de cartes communales tend à diminuer , plus de 5 700 communes étaient encore dotées de cartes communales au 1er janvier 2021, couvrant une population de plus de deux millions d'habitants.

2.3.1 L'élaboration de la carte

La procédure d'élaboration d'une carte communale peut être décomposée en plusieurs phases :

- **1re phase : initiative du maire ou du président de l'EPCI** (art. L.163-3) ;
- **2e phase : « porter à connaissance »** du préfet de département (art. L.132-2 et R.163-2) ;
- **3e phase : éventuelle demande d'avis sur l'évaluation environnementale**. La règle aujourd'hui fi ée par l'article L.104-2 soumet à évaluation environnementale *« les cartes communales qui sont susceptibles d'avoir des incidences notables sur l'environnement (…), au regard, notamment, de la superficie du territoire auquel elles s'appliquent, de la nature, de la sensibilité et de l'étendue des territoires couverts par les secteurs qu'elles déterminent »*. En pratique, le préfet est compétent pour examiner si l 'élaboration d'une carte communale

doit ou non faire l'objet d'une évaluation environnementale (Conseil d'État, 16 février 2022, Commune de Bellebat, n° 437202) ;

- **4e phase : enquête publique** (art. L.163-5 et R.163-4). D'une manière générale, le juge vérifie que cette enquête a permis *« une bonne information de l'ensemble des personnes intéressées par l'opération »* (voir Cour administrative d'appel de Nantes, 1er février 2019, Commune d'Yquelon, n° 17NT03833, s'agissant d'un projet de PLU) ; le transfert de compétence en matière de carte communale à l'intercommunalité prive le maire de la possibilité d'engager une procédure d'enquête publique (Cour administrative d'appel de Bordeaux, 25 juin 2019, Communauté de communes Sidobre-Val d'Agout, n° 18BX01551) ;
- **5e phase : approbation par l'organe délibérant** (art. L.163-6 et R.163-5) ;
- **6e phase : approbation par arrêté du préfet de département** (art. R.163-5). Cette approbation doit avoir lieu dans les deux mois suivant la délibération du conseil municipal ou du conseil communautaire. À l'expiration de ce délai, le préfet est réputé avoir approuvé la carte (art. L.163-7) ;
- **7e phase : affichage**. La délibération et l'arrêté préfectoral qui approuvent ou révisent la carte communale sont affichés pendant un mois en mairie ou au siège de 'EPCI et, dans ce cas, dans les mairies des communes membres concernées. Mention de l'affichag de la délibération et de l'arrêté préfectoral qui approuvent ou révisent la carte communale est insérée en caractères apparents dans un journal diffusé dans le dépa tement (art. R.163-9). Depuis le 1er janvier 2020, la mise à disposition du public de la cae communale approuvée s'effectue par publication sur le po tail national de l'urbanisme ;
- **8e phase : entrée en vigueur**. L'approbation ou la révision de la carte communale produit ses effets juridiques dès 'exécution de l'ensemble des formalités, la date à pr endre en compte pour l'affichage étant celle du emier jour où il est effectué (a t. R.163-9).

2.3.2 Le contenu de la carte

113. La carte communale délimite deux types de secteurs : d'une part, *« les secteurs où les constructions sont autorisées »* et, d'autre part, *« les secteurs où les constructions ne sont pas admises »* (art. L.161-4), à l'exception *« de l'adaptation, du changement de destination, de la réfection ou de l'extension des constructions existantes ainsi que de l'édification d'annexes à proximité d'un bâtiment existant »*, mais également des constructions et installations nécessaires à des équipements collectifs, à l'exploitation agricole ou forestière, à la mise en valeur des ressources naturelles ou encore au stockage et à l'entretien du matériel des coopératives agricoles. Dans ces espaces, les constr uctions et installations ne peuv ent être autorisées que lorsqu'elles ne sont pas incompatibles avec l'exercice d'une activité agricole, pastorale ou forestière sur le terrain sur lequel elles sont implantées et qu'elles ne portent pas atteinte à la sauvegarde des espaces naturels ou des paysages.

En pratique, une carte communale comprend un rapport de présentation et des documents graphiques et comporte, en annexe, la liste des servitudes d'utilité publique affectant 'utilisation du sol (art. L.161-1).

Les choix faits par les élus dans l 'élaboration de la carte sont expliqués dans **le rapport de présentation** (art. R.161-2). Ces choix doivent tenir compte des grands principes de l'urbanisme (art. L.101 et L.102). Le rapport doit également présenter une analyse de l'état initial de l'environnement et exposer les pr évisions de développement, notamment en matièr e économique et démographique. Il doit aussi évaluer les incidences des choix de la carte communale sur l'environnement et exposer la manière dont la carte prend en compte le souci de sa préservation et de sa mise en valeur.

Lorsque le projet de carte est soumis à évaluation environnementale, le rapport doit comprendre des éléments supplémentaires faisant apparaître cette évaluation : analyse des perspectives de l'évolution de l'environnement, présentation des mesures destinées à éviter, réduire et, si possible, compenser, s'il y a lieu, les conséquences dommageables de la mise en œuvre de la carte sur l'environnement... La liste de ces éléments supplémentaire est fi ée à l'article R.161-3.

Les documents graphiques font apparaître une répartition du territoire entre secteurs constructibles et secteurs inconstructibles (art. R.161-4). Les auteurs d'une carte communale doivent d'abord déterminer le parti d'aménagement à retenir en tenant compte de la situation existante et des perspectives d'avenir, et ensuite fi er en conséquence le zonage et les possibilités de construction ; ils ne sont pas liés, pour déterminer l'affectation future des divers secteurs, par les modalités existantes d'utilisation des sols, dont ils peuvent prévoir la modification dans l'intérêt de l'urbanisme ; ils ne sont pas non plus tenus, pour fi er le zonage, de respecter les limites des propriétés.

Le juge ne peut censurer l'appréciation des auteurs de la carte que si elle est entachée d'une erreur manifeste ou fondée sur des faits matériellement inexacts (Cour administrative d'appel de Nancy, 28 mars 2013, M. Jean-Pierre Bourgeois, n° 12NC01096). Ainsi, dès lors qu'aucun texte ne régit la dénomination des secteurs des cartes communales, ses auteurs peuvent parfaitement créer un secteur destiné à accueillir des ouvrages soumis à permis d'aménager, même s'ils l'ont dénommé « N » (Cour administrative d'appel de Bordeaux, 12 octobre 2021, Communauté de communes du Pays ribéracois, n° 19BX01497).

Enfin, depuis la loi « ELAN » du 23 novembre 2018, les cartes communales peuvent prévoir la possibilité de création d'annexes à proximité d'un bâtiment existant dans les zones agricoles, naturelles ou forestières (art. L.161-4).

Exemple de sectorisation

Légende : Moins détaillée que le plan de zonage d'un PLU, la carte communale fait apparaître la répartition du territoire entre les secteurs constructibles (en rouge ici) et ceux qui n'ont pas vocation à l'être (en vert).

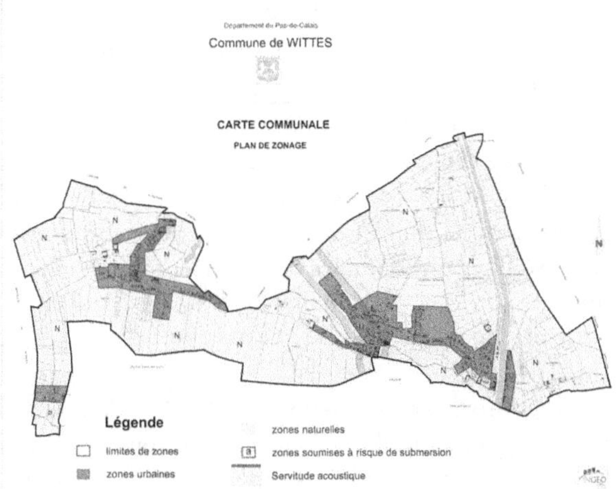

Source : Carte communale de la commune de Wittes (Pas-de-Calais)

2.3.3 L'autorité compétente pour la délivrance des autorisations

114. La question de l'autorité compétente pour délivrer les autorisations d'urbanisme dans les communes couvertes par une carte communale est prévue par l'article L.422-1, qui a été réécrit par la loi n° 2014-366 du 24 mars 2014 pour l'accès au logement et un urbanisme rénové, dite « loi ALUR ». Ainsi, dans les communes qui s'étaient dotées d'une carte communale avant le 27 mars 2014, la compétence revenait au maire, au nom de la commune, s'il y avait été autorisé par le conseil municipal ; depuis le 1er janvier 2017, en l'absence de décision du conseil municipal, le maire est automatiquement compétent. Il en va de même pour les communes qui se sont dotées d'une carte communale depuis le 27 mars 2014.

2.3.4 L'application du règlement national d'urbanisme

Contrairement à un PLU, une carte communale ne réglemente pas de manière détaillée les modalités d'implantation sur les parcelles (types de constructions autorisées, aspects extérieurs...). C'est pourquoi dans toutes les communes non dotées d'un PLU approuvé, et donc dans les communes ayant une carte communale, les demandes de construction doivent respecter la totalité du règlement national d'urbanisme (RNU) défini par les articles R.111-1 et suivants du Code de l'urbanisme. **Outre les dispositions s'imposant à toutes les communes, dotées ou non d'un PLU** (voir *supra* 32 et suivants), il faut appliquer toutes les autres dispositions du RNU. Précisons ces autres règles.

A. Règles de localisation et de desserte

- Règles de limitation des **constructions dans les zones exposées à des nuisances graves**, dues notamment au bruit (art. R.111-3 ; voir Conseil d'État, 7 novembre 1990, Fédération française de golf, n° 112219, Rec. p. 312).
- Règles de **desserte par des voies publiques ou privées** (R.111-5) : refus du projet si la circulation des engins de lutte contre les incendies est difficile, ou obligation de créer une voie privée ; refus ou octroi du projet avec des prescriptions spéciales si les accès présentent un risque pour les usagers des voies publiques (Cour administrative d'appel de Marseille, 10 novembre 2020, Commune de Blauvac, n° 18MA04809).
- **Nombre des accès sur la voie publique** dans l'intérêt de la sécurité (art. R.111-6).
- Règles de **maintien ou de création d'espaces verts**, correspondant à l'importance du projet, ainsi que d'aires de jeux et de loisirs à proximité (art. R.111-7).
- Règles d'**alimentation en eau potable et d'assainissement** des eaux usées, variables selon les constructions envisagées, ou de desserte par des réseaux (art. R.111-8 à R.111-12).
- Règles de limitation des constructions nécessitant des **équipements publics nouveaux hors de proportion avec les ressources communales** ou entraînant un surcroît important de dépenses de fonctionnement des services publics (art. R.111-13 ; voir Conseil d'État, 18 juillet 1973, Ministre de l'Équipement c/ SCI Le Moulin Bellanger, n° 83745, Rec. p. 529).
- Règles visant, en dehors des parties urbanisées des communes, à **éviter de favoriser une urbanisation dispersée** ou de compromettre des activités agricoles ou forestières (art. R.111-14). Voir Conseil d'État, 12 janvier 1994, Ministre de l'Équipement c/ Lemaître, Rec. T. p. 1255.

B. Règles d'implantation et de volume des constructions

- Règle visant à **garantir l'ensoleillement** (art. R.111-16) : une distance d'au moins 3 mètres peut être imposée entre deux bâtiments non contigus situés sur un terrain appartenant au même propriétaire (art. R.111-15).
- **Règles de prospect** (art. R.111-17, R.111-18 et R.111-19) :
  - une distance minimale est exigée entre le bâtiment et la voie publique. C'est la règle R ≥ H qui s'applique. R correspond au retrait du bâtiment par rapport à l'alignement opposé de la voirie et H correspond à la hauteur du bâtiment projeté. Il importe, par conséquent, de reculer le bâtiment par rapport à la voie publique, d'autant plus qu'il est haut (Conseil d'État, 17 octobre 1986, Schwob, Rec. p. 241 ; Cour administrative d'appel de Marseille, 8 décembre 2011, M. Punginelli) ;
  - en dehors des espaces urbanisés des communes, les constructions ou installations sont interdites dans une bande de 100 mètres de part et d'autre de l'axe des autoroutes, des routes express et des déviations au sens du Code de la voirie routière et de 75 mètres de part et d'autre de l'axe des autres routes classées à grande circulation (art. L.111-6). La loi prévoit que dans les communes dotées d'une carte communale, la commune ou l'EPCI compétent peuvent, avec l'accord du préfet et après avis de la commission départementale de la nature, des paysages et des sites, fi er des règles d'implantation diffé entes *« au vu d'une étude justifiant, en fonction des spécificités locales, que ces règles sont compatibles avec la prise en compte des nuisances, de la sécurité, de la qualité architecturale, ainsi que de la qualité de l'urbanisme et des paysages »* (art. L.111-9)
  - une distance minimale est exigée entre le bâtiment et la parcelle voisine. Cette distance est au moins égale à la moitié de la hauteur avec un recul minimal de 3 mètres (art. R.111-17 ; voir aussi Conseil d'État, 29 juin 1983, SCI L'Empereur, n° 24522, Rec. T. p. 910).

C. Règles concernant l'aspect des constructions

115. Hauteur : l'autorité administrative peut, dans les secteurs déjà partiellement bâtis et présentant une unité d'aspect, limiter la hauteur des constructions à la hauteur moyenne des constructions existantes (art. R.111-28).

Façades : l'autorité administrative peut exiger que les murs aveugles apparentés et les murs séparatifs aient un aspect s'harmonisant avec celui des façades (art. R.111-29 ; voir Conseil d'État, 2 décembre 1988, Mme Tresch, Rec. T. p. 1085).

Pour certains bâtiments à caractère industriel, constructions légères ou provisoires : l'autorité administrative peut exiger l'aménagement d'écrans de verdure ou l'observation d'une marge de reculement (art. R.111-30).

2.3.5 Le contentieux de la carte communale

La carte communale peut être attaquée par une personne ayant intérêt à agir, qui en demande l'annulation au tribunal administratif. Les règles relatives au contentieux de la carte sont identiques à celles du contentieux du PLU (voir *supra* 110 et 111).

2.4 L'absence de PLU ou de carte communale : la constructibilité limitée

116. Les territoires qui ne sont pas couverts par un plan (ni PLU ni carte communale) ne sont régis par aucune règle de construction définie dans un document 'urbanisme local. Ils sont donc entièrement soumis au règlement national d'urbanisme. De plus, sur ces territoires, la constructibilité varie selon que le projet de construction est situé ou non dans les parties du territoire communal déjà urbanisées.

2.4.1 La constructibilité dans les « parties actuellement urbanisées » de la commune

En l'absence de tout document d'urbanisme, *« les constructions ne peuvent être autorisées que dans les parties urbanisées de la commune »* (art. L.111-3). En quoi consiste une *« partie actuellement urbanisée »* ? La loi n'apportant pas de véritable réponse à cette question, c'est l'administration qui va apprécier au cas par cas lorsqu'elle instruira les demandes de construction. Il suffi souvent d'une photographie pour identifie , dans une commune, les par ties qui sont urbanisées et celles qui ne le sont pas. C'est surout le juge qui, lorsqu'il est saisi d'une contestation, devra contrôler l'appréciation portée par l'administration en précisant ce qui peut être considéré comme « une partie actuellement urbanisée ».

En pratique, plusieurs éléments seront pris en compte, comme la distance, la vocation de la zone, l'appartenance à un compar timent déjà urbanisé ou pas et l 'existence ou non d'une coupure d'urbanisation. La jurisprudence qualifie ainsi de parties actuellement urbanisées les *« parties du territoire communal qui comportent déjà un nombre et une densité significatifs de constructions »* (Cour administrative d'appel de Douai, 31 octobre 2018, Commune de Cucq, n° 16DA01991). Il est notamment tenu compte de la densité en constr uctions de la zone considérée et de l'existence de voies d'accès et d'équipements susceptibles de desservir le projet (Cour administrativ e d'appel de Bor deaux, 20 déc. 2018, Collectivité de S aint-Barthélemy, n° 16BX04244). Pour résumer, selon le ministère chargé de l'urbanisme, *« il sera nécessaire que la partie du territoire communal concernée comporte un nombre et une densité significatifs de constructions pour pouvoir être qualifiée de partie actuellement urbanisée »* (Rép. Min. à la QE n° 44774 de Christophe Naegelen, *JO AN(Q)* du 12 avril 2022).En ce domaine, les juges n'hésitent plus aujourd'hui à se référer *« aux vues aériennes issues du site géoportail »* (Cour administrative d'appel de Marseille, 28 mai 2019, Préfet de Vaucluse, n° 18MA022022).

Exemples

1. Un pétitionnaire sollicite un permis de constr uire pour une maison d 'habitation individuelle sur une parcelle, desservie par les réseaux, mais située à plus de 2,5 kilomètres du bourg de la commune de Grambois. Le pétitionnaire fait valoir qu'un groupe de constructions à usage d'habitation est déjà implanté dans ce vaste espace rural, formé de vignes et d'une zone forestière. Le juge considère qu'*« eu égard à leur nombre limité, la présence de sept constructions à une distance de moins de cent mètres du terrain (...) ainsi que d'autres parcelles bâties situées au-delà de cette couronne ne permet pas de regarder ce terrain comme s'intégrant dans les parties actuellement urbanisées de la commune »* (Cour administrative d'appel de Marseille, 28 mai 2019, Préfet de Vaucluse, n° 18MA022022).

2. Le préfet a considéré (à juste titre, estime le juge) qu'un terrain situé à 530 mètres de la partie agglomérée du village n'était pas situé dans une partie actuellement urbanisée (Cour administrative d'appel de Bordeaux, 26 février 2013, M. André Boutet).

3. Dans le cadre d'un projet de lotissement ayant pour effet 'étendre le périmètre de la partie urbanisée de la commune, il importe de tenir compte notamment *« du nombre et de la densité des constructions projetées »* (Conseil d'État, 29 mars 2017, Commune de Saint-Bauzille-de-Putois, n° 393730, Rec. p. 841).

4. Un terrain situé à proximité d'un secteur d'habitat dispersé, sans être dans son prolongement immédiat, et au contraire inscrit dans un espace boisé constitutif d'un compartiment distinct vierge de tout bâtiment, a été jugé comme ne se situant pas dans une partie actuellement urbanisée de la commune (Cour administrative d'appel de Douai, 21 mars 2013, M. et Mme Benoît Gatinet).

5. Le tribunal administratif aurait dû estimer qu'était bien située dans une partie actuellement urbanisée une parcelle, desservie par les réseaux d'eau et d'électricité et située au centre d'un hameau comprenant déjà, à proximité du château et de l 'église, huit habitations réparties en quatre secteurs distincts sur une distance d'environ 300 mètres de part et d'autre de la route départementale (Cour administrative d'appel de Nantes, 18 janvier 2013, M. Denis Hervieu).

6. S'agissant d'un projet de construction d'une maison d'habitation individuelle, pour apprécier si le projet a pour effet 'étendre la partie actuellement urbanisée de la commune, il doit être tenu compte, selon le juge administratif, *« de sa proximité avec les constructions existantes situées dans les parties urbanisées de la commune »* (Cour administrative d'appel de Marseille, 6 novembre 2020, Commune de Tavel, n° 20MA02478).

Attention !

Dire que la constructibilité est envisageable dans les parties actuellement urbanisées de la commune ne signifie pas que tous les projets de construction y soient possibles. En effet, les p ojets doivent, pour être autorisés, respecter des règles : l'administration va appliquer dans cette commune les principes généraux de l 'article L.101-2, toutes les lois d'urbanisme (mer, montagne...) et surtout l'ensemble des règles nationales énoncées dans le règlement national d'urbanisme (art. R.111-1 et suivants).

2.4.2 L'inconstructibilité de principe à l'extérieur des « parties actuellement urbanisées » de la commune

117. À l'extérieur des « parties actuellement urbanisées » de la commune, la règle est l'inconstructibilité. Par conséquent, si une municipalité souhaite que des constructions soient édifiées en dehors des parties actuellement urbanisées de son territoire, elle a tout intérêt à réfléchir à l'élaboration d'un document de planification municipal ou inte communal si la compétence en ce domaine a été transférée à l'EPCI dont elle est membre. Cependant, **par exception**, deux sortes de constructions peuvent y être autorisées.

■ **Certaines constructions énumérées par la loi (art. L.111-4)**

Les constructions envisageables en dehors des parties urbanisées sont précisées par l'article L.111-4 , modifié par la loi « ELAN » du 23 novembre 2018.

Peuvent être ainsi autorisées en dehors des parties urbanisées :

- l'adaptation, le changement de destination, la réfection, l'extension des constructions existantes ou la construction de bâtiments nouveaux à usage d'habitation à l'intérieur du périmètre regroupant les bâtiments d'une ancienne exploitation agricole, dans le respect des traditions architecturales locales (art. L.111-4 1°) ;
- les constructions et installations nécessaires à l'exploitation agricole, à des équipements collectifs dès lors qu'elles ne sont pas incompatibles avec l'exercice d'une activité agricole, pastorale ou forestière sur le terrain sur lequel elles sont implantées, à la réalisation d'aires d'accueil ou de terrains de passage des gens du voyage, à la mise en valeur des ressources naturelles et à la réalisation d'opérations d'intérêt national (art. L.111-4 2°) ;
- les constructions et installations nécessaires à la transformation, au conditionnement et à la commercialisation des produits agricoles, lorsque ces activités constituent le prolongement de l'acte de production et qu'elles ne sont pas incompatibles avec l'exercice d'une

activité agricole, pastorale ou forestière sur le terrain sur lequel elles sont implantées (art. L.111-4 2° bis) ;

- les constructions et installations incompatibles avec le voisinage des zones habitées et l'extension mesurée des constructions et installations existantes (art. L.111-4 3°).

■ D'autres projets de construction ayant recueilli un avis favorable du conseil municipal

118. Le conseil municipal, par une délibération motivée, doit se prononcer sur chaque projet de construction envisagée en dehors des parties actuellement urbanisées de la commune et n'entrant pas dans le cadre des exceptions citées ci-dessus. S'il donne un avis favorable à une construction, le conseil municipal doit motiver clairement sa délibération en explicitant les raisons pour lesquelles le projet est conforme à « *l'intérêt de la commune, en particulier pour éviter une diminution de la population communale* » (art. L.111-4 4°).

Par la suite, le juge, s'il est saisi d'une requête contre une autorisation de construire fondée sur l'intérêt communal, doit « *vérifier, au vu de l'ensemble des données démographiques produites, que l'existence d'une perspective de diminution de cette population est établie* » (Conseil d'État, 17 décembre 2007, Ministre des Transports c/ M. Malot, n° 295425, Rec. T. p. 1125).

Le conseil municipal ne peut cependant donner un avis favorable à :

- une construction qui porte atteinte à la sauvegarde des espaces naturels et des paysages, à la salubrité et à la sécurité publiques ;
- une construction qui entraîne un surcroît important de dépenses publiques ;
- une construction dont le projet est contraire aux grands principes de l'urbanisme (art. L.101-2), ou aux lois « Montagne » et « Littoral » et aux directives territoriales d'aménagement précisant leurs modalités d'application.

Comme pour les constructions dans les parties actuellement urbanisées, toute construction envisagée par exception dans une partie non urbanisée doit faire l'objet d'une autorisation (permis de construire, par exemple) délivrée au nom de l'État, même lorsque le conseil municipal a émis un avis favorable. La direction départementale des territoires qui va instruire la demande de permis doit vérifier que le projet de construction respecte bien toutes les règles du RNU.

119. Concluons ce chapitre sur les règles d'urbanisme choisies par les communes ou intercommunalités par quatre observations.

- Depuis le début du XXIe siècle, la montée en puissance de l'intercommunalité et le renforcement des exigences environnementales ont donné une importance considérable au SCoT. Mais la volonté du législateur de faire également des PLU des documents intercommunaux pose la question de la pertinence de la coexistence de ces deux documents. En effet, la mise en place des nouveaux périmètres intercommunaux, élargis en application de la loi NOTRe du 7 août 2015, a contribué à faire coexister ces deux documents dont l'objet juridique diffère notablement, sur des territoires identiques. Si certains y voient un renforcement de la cohérence des politiques locales en matière d'aménagement et de planification, d'autres considèrent que, dès lors que c'est bien le même espace intercommunal qui est concerné, un document unique, fusionnant SCoT et PLUi, paraîtrait plus pertinent.
- La mise en place progressive des PLU intercommunaux (PLUi) constitue sans doute pour la plupart des communes une occasion de « nivellement par le haut ». Les communes rurales étant les plus nombreuses aujourd'hui en France, elles ne disposaient bien souvent pas, jusqu'à présent, de document de planification, demeurant soumises au RNU en l'ab-

sence de carte communale dont les effets limitent leurs marges de décision. Cette prise des compétences en matière de PLU par les intercommunalités doit cependant être appréciée avec prudence. Nombre d'élus municipaux, et de maires en particulier, perçoivent encore aujourd'hui ce mouvement comme une forme de dépossession de leur pouvoir en matière d'aménagement de l'espace communal.

- En adoptant, au cours de ces dernières années, d'importantes modifications qui 'imposent aux documents de planification, le législateur a confirmé la éracité de l'adage « Rien n'est jamais acquis », tout particulièrement en matière d'urbanisme. En témoigne notamment la loi « Climat et résilience » du 22 août 2021 qui, en imposant de nouv elles exigences environnementales, contraint aujourd'hui les diffé ents échelons territoriaux à remettre à jour leurs documents de planification (SRADDET pour les égions, SCoT et PLUi pour les intercommunalités, PLU pour les communes…). D ans ce domaine, comme dans d'autres, l'inflation de la p oduction de normes peut lasser.
- Enfin, à l'heure de la « e-administration », la numérisation croissante des procédures administratives impacte directement la mise en œuvre du droit de l'urbanisme. De la publication obligatoire des documents de planification sur Internet à la mise en place des téléprocédures pour les demandes d'autorisation, en passant par la généralisation progressive des « télé-recours » en matière contentieuse, il devient impossible aujourd'hui d'envisager la pratique du droit de l'urbanisme sans Internet et les outils numériques, et peut-être demain sans l'intelligence artificielle.

PARTIE 2

L'urbanisme individuel

121. L'article 544 de notre Code civil donne au droit de propriété un caractère particulièrement fort : « *La propriété est le droit de jouir et disposer des choses de la manière la plus absolue, pourvu qu'on n'en fasse pas un usage prohibé par les lois ou par les règlements.* »

Depuis le droit romain, les juristes exposent les trois prérogatives du droit de propriété : l'*usus*, le *fructus* et l'*abusus*.

L'*usus* est le droit de se servir de son immeuble, en l'utilisant ou en le confiant à 'autres ; le *fructus* est le droit de retirer de son immeuble les fruits qu'il produit (par exemple, les loyers) ; l'*abusus* est le droit de disposer de l'immeuble, en le donnant, en le léguant, en le démembrant ou en le vendant. Le Conseil constitutionnel a toujours estimé qu'« *il est loisible au législateur d'apporter aux conditions d'exercice du droit de propriété des personnes privées, protégé par l'article 2 de la Déclaration des droits de l'homme et du citoyen de 1789 des limitations liées à des exigences constitutionnelles ou justifiées par l'intérêt général, à la condition qu'il n'en résulte pas d'atteintes disproportionnées au regard de l'objectif poursuivi* » (décision n° 2022-992 QPC, 13 mai 2022).

Le droit de l'urbanisme limite deux des prérogatives du droit de propriété :

- en premier lieu, l'*usus* ne permet pas au propriétaire de se servir de son terrain comme il le souhaite. Certes, l'article 552 alinéa 2 du Code civil dispose que « *le propriétaire peut faire au-dessus toutes les plantations et constructions qu'il juge à propos, sauf les exceptions établies au titre "des servitudes ou services fonciers"* ». Mais au nom de l'intérêt général, le propriétaire est soumis à une réglementation administrative, celle de l'urbanisme, mais également à celle régissant la construction et l'habitation. Construire une maison d'habitation, installer une grande surface, aménager un camping ou encore démolir un immeuble situé dans le champ de visibilité d'un monument historique constituent des opérations régies par le droit de l'urbanisme et contrôlées par l'administration ;
- en second lieu, l'*abusus* ne permet pas au propriétaire de disposer totalement de son immeuble. Il peut notamment en être privé contre sa volonté lorsqu'il est exproprié. Dans certaines circonstances, le propriétaire doit également laisser l'administration acquérir son immeuble alors qu'il souhaitait le céder à une autre personne : le Code de l'urbanisme a, en effet, prévu l'existence d'un droit de préemption.

122. L'administration est ainsi amenée à prendre un grand nombre de décisions individuelles qui touchent à la propriété privée. Elle ne saurait cependant agir de manière arbitraire.

En premier lieu, le Code des relations entre le public et l'administration prévoit en son article L.211-2 que « *les personnes physiques ou morales ont le droit d'être informées sans délai des motifs des décisions administratives individuelles défavorables qui les concernent* ». Cette obligation trouve, en particulier, à s'appliquer lorsque les décisions de l'administration « *subordonnent l'octroi d'une autorisation à des conditions restrictives* » ou encore lorsqu'elles « *refusent une autorisation* ». La motivation de l'administration doit être « *écrite et comporter l'énoncé des considérations de droit et de fait qui constituent le fondement de la décision* » (art. L.211-5 du Code des relations entre le public et l'administration).

En deuxième lieu, l'article L.311-1 du Code des relations entre le public et l'administration dispose que les administrations (État, collectivités territoriales...) sont « *tenues de publier en ligne ou de communiquer les documents administratifs qu'elles détiennent aux personnes qui en font la demande* ».

123. En troisième lieu, rappelons que les décisions individuelles d'utilisation du sol doivent être transmises à l'autorité préfectorale, qui exerce sur elles un contrôle de légalité (voir *supra* 5 et 6). De plus, un tiers qui s'estime lésé par un acte administratif peut demander au préfet de déférer cet acte au tribunal administratif (art. L.2131-8 du Code général des collectivités territoriales).

124. En quatrième et dernier lieu, le propriétaire figure naturellement au nombre des personnes ayant « *intérêt pour agir* » devant le juge administratif pour contester une décision administrative concernant son immeuble (voir *infra* 195). Ainsi, lorsque la décision lui semble illégale, le propriétaire peut adresser au tribunal une requête visant à son annulation dans un délai de deux mois. Ce délai, qui doit être mentionné dans l'acte administratif (art. R.421-5 du Code de justice administrative), est un délai franc (le jour de réception de la décision de l'administration n'est pas comptabilisé).

> ***Exemple***
>
> Si un refus de permis de construire est notifié le vendredi 10 mars 2023, le recours peut être déposé par le propriétaire jusqu'au jeudi 11 mai 2023 à minuit.

À quel tribunal administratif doit-il présenter sa requête ? En matière de domaine public, d'expropriation, d'habitation, de classement des monuments historiques et des sites ou d'urbanisme, il s'agit, aux termes de l'article R.312-7 du Code de justice administrative, du tribunal administratif dans le ressort duquel se trouve l'immeuble. En 2022, la France compte 42 tribunaux administratifs, 31 en métropole (dont 5 en Île-de-France) et 11 outre mer. En métropole, chaque tribunal administratif porte le nom de la ville où il siège. Son ressort comprend entre un et six départements.

Siège des tribunaux administratifs et départements de leur ressort

Tribunal administratif	Départements
Amiens	Aisne, Oise, Somme
Bastia	Corse-du-Sud, Haute-Corse
Besançon	Doubs, Jura, Haute-Saône, Territoire de Belfort
Bordeaux	Dordogne, Gironde, Lot-et-Garonne
Caen	Calvados, Manche, Orne
Cergy-Pontoise	Hauts-de-Seine, Val-d'Oise

Tribunal administratif	Départements
Châlons-en-Champagne	Ardennes, Aube, Marne, Haute-Marne
Clermont-Ferrand	Allier, Cantal, Haute-Loire, Puy-de-Dôme
Dijon	Côte-d'Or, Nièvre, Saône-et-Loire, Yonne
Grenoble	Drôme, Isère, Savoie, Haute-Savoie
Lille	Nord, Pas-de-Calais
Limoges	Corrèze, Creuse, Indre, Haute-Vienne
Lyon	Ain, Ardèche, Loire, Rhône
Marseille	Alpes-de-Haute-Provence, Hautes-Alpes, Bouches-du-Rhône
Melun	Seine-et-Marne, Val-de-Marne
Montpellier	Aude, Hérault, Pyrénées-Orientales
Montreuil	Seine-Saint-Denis
Nancy	Meurthe-et-Moselle, Meuse, Vosges
Nantes	Loire-Atlantique, Maine-et-Loire, Mayenne, Sarthe, Vendée
Nice	Alpes-Maritimes
Nîmes	Gard, Lozère, Vaucluse
Orléans	Cher, Eure-et-Loir, Indre-et-Loire, Loir-et-Cher, Loiret
Paris	Ville de Paris
Pau	Gers, Landes, Pyrénées-Atlantiques, Hautes-Pyrénées
Poitiers	Charente, Charente-Maritime, Deux-Sèvres, Vienne
Rennes	Côtes-d'Armor, Finistère, Ille-et-Vilaine, Morbihan
Rouen	Eure, Seine-Maritime
Strasbourg	Moselle, Bas-Rhin, Haut-Rhin
Toulon	Var
Toulouse	Ariège, Aveyron, Haute-Garonne, Lot, Tarn, Tarn-et-Garonne
Versailles	Essonne, Yvelines
	OUTRE-MER
Basse-Terre	Guadeloupe
Basse-Terre	Saint-Barthélemy
Basse-Terre	Saint-Martin
Cayenne	Guyane
Mamoudzou	Mayotte
Mata-Utu	Wallis-et-Futuna
Nouméa	Nouvelle-Calédonie
Papeete	Polynésie française, île de Clipperton
Schoelcher	Martinique
Saint-Denis	La Réunion, Terres australes et antarctiques françaises
Saint-Pierre	Saint-Pierre-et-Miquelon

Sources : articles R.221-1 et R.221-3 du Code de justice administrative

Exemple

M. Marin habite à Saint-Brieuc (Côtes-d'Armor). Propriétaire d'un terrain situé dans l'Aude, il sollicite un permis de construire pour y édifier sa résidence secondaire. Le permis lui est refusé. Si M. Marin souhaite demander l'annulation de cette décision, il doit s'adresser au tribunal administratif de Montpellier, compétent pour l'Aude (et non à celui de Rennes, compétent pour les Côtes-d'Armor).

Le jugement du tribunal administratif est rendu « *au nom du peuple français* ». Il peut, sauf exception (voir *infra* 201), être contesté en appel, dans un délai de deux mois à compter de sa notification (art. R.811-2 du Code de justice administrative), devant la cour administrative d'appel dont le ressort comprend le tribunal administratif qui a jugé ; s'il n'y a pas appel, le jugement du tribunal devient définiti . Si une partie relève appel, la requête d'appel, qui demande l'annulation du jugement du tribunal administratif et le pononcé d'une autre décision juridictionnelle, doit êtr e présentée par un av ocat (art. R.811-7 du Code de justice administrative). La cour juge à nouveau le litige et rend un arrêt.

Siège des cours administratives d'appel et tribunaux de leur ressort

Cour administrative d'appel (CAA)	Ressort de la CAA
Bordeaux	Celui des tribunaux administratifs (TA) de Bor deaux, Limoges, P au, Poitiers, Guadeloupe, Guyane, Martinique, La Réunion, Mayotte, Saint-Barthélemy, Saint-Martin et Saint-Pierre-et-Miquelon
Douai	Celui des TA d'Amiens, Lille et Rouen
Lyon	Celui des TA de Clermont-Ferrand, Dijon, Grenoble et Lyon
Marseille	Celui des TA de Bastia, Marseille, Nice et Toulon
Nancy	Celui des TA de Besançon, Châlons-en-Champagne, Nancy et Strasbourg
Nantes	Celui des TA de Caen, Nantes et Rennes
Paris	Celui des TA de Melun, Montreuil, Paris, Nouvelle-Calédonie, Polynésie française et Wallis-et-Futuna
Toulouse	Celui des TA de Montpellier, Nîmes et Toulouse
Versailles	Celui des TA de Cergy-Pontoise, Orléans et Versailles

Source : article R.221-7 du Code de justice administrative

> ***Même exemple***
>
> M. Marin peut contester le jugement du tribunal administratif de M ontpellier, s'il ne lui est pas fav orable, devant la cour administrative d'appel de Toulouse.

Le Conseil d'État peut, par la voie de la cassation, être saisi d'un pourvoi contre l'arrêt prononcé par la cour administrative d'appel, à condition que la requête soit présentée par un avocat au Conseil d'État et formée dans les deux mois suivant la notification de cet ar êt (art. R.821-1 et R.821-3 du Code de justice administrative). S'il n'y a pas de pourvoi, l'arrêt de la cour devient définiti .

Recevant une requête en cassation, le Conseil d'État doit d'abord décider d'admettre ou de refuser le pourvoi. L'admission est refusée par une décision juridictionnelle « *si le pourvoi est irrecevable ou n'est fondé sur aucun moyen sérieux* » (article L.822-1 du Code de justice administrative) ; alors l'arrêt de la cour devient définiti . S'il admet le pourvoi, le Conseil d'État va examiner les moyens présentés dans le pourvoi pour se prononcer sur la régularité et le bien-fondé de l'arrêt de la cour administrativ e d'appel. Lorsqu'il décide d'annuler l'arrêt d'une cour, le Conseil d'État précise dans sa décision s'il choisit de renvoyer l'affai e à cette cour – où elle devra être jugée par une autre chambre que celle qui a rendu le premier arrêt –, ou de l'envoyer à une autre cour administrative d'appel. Il a également la possibilité de régler directement l'affai e s'il estime que « *l'intérêt d'une bonne administration de la justice le justifie* » (art. L.821-2 du Code de justice administrativ e), par exemple pour ne pas r etarder la solution définiti e d'un litige qui dure depuis plusieurs années : dans ce cas, la juridiction administrative suprême juge elle-même le litige au fond.

En 2021, sur 11 313 affai es enregistrées par le Conseil d'Etat, 812 concernaient l'urbanisme et l'aménagement, et 363 l'environnement. À eux seuls, ces deux domaines représentent ainsi plus de 10 % des contentieux devant le Conseil d'État.

125. Avant d'exposer le régime des décisions individuelles d'urbanisme, il est nécessaire de préciser deux notions importantes définies par le Code de l'urbanisme. En effet, toute personne formant le projet de construire, d'aménager ou de démolir va devoir indiquer l'emprise au sol et la surface de l'immeuble concerné ; de plus, selon la surface, le type d'autorisation à demander pour une construction peut varier.

■ Sur quelle surface de terrain la future construction sera-t-elle édifiée ?

L'emprise au sol est définie à l'article R.420-1 comme « *la projection verticale du volume de la construction, tous débords et surplombs inclus* ». Cet article précise que « *les ornements tels que les éléments de modénature et les marquises sont exclus, ainsi que les débords de toiture lorsqu'ils ne sont pas soutenus par des poteaux ou des encorbellements* ».

Exemples

1. Un constructeur veut édifier une tour qui accueillera 100 000 m^2 de bureaux. Cette tour reposera sur une surface au sol de 100 m de longueur et de 40 m de largeur. L'emprise au sol sera de 4 000 m^2.

2. Le propriétaire d'un terrain de 1 800 m^2 souhaite construire, sur une surface au sol de 200 m^2, une villa de deux étages de 120 m^2 chacun ; la villa comprendra une loggia de 19 m^2 ; plus loin sera creusée une piscine sur une surface de 96 m^2. L'emprise au sol sera de : 200 + 19 + 96 = 315 m^2.

■ Quelle sera la surface de la construction ?

La réglementation de l'urbanisme a longtemps distingué surface hors œuvre brute (SHOB) et surface hors œuvre nette (SHON), celle-ci étant la surface brute dont étaient déduits certains éléments. En application de la loi « Grenelle 2 », l'ordonnance n° 2011-1539 du 16 novembre 2011 a remplacé SHOB et SHON par une unique référence : la surface de plancher de la construction, aujourd'hui codifiée à l'article R.111-22 du Code de l'urbanisme : cette surface correspond à l'espace réellement disponible pour les occupants des constructions. Elle est égale à « *la somme des surfaces de plancher de chaque niveau clos et couvert, calculée à partir du nu intérieur des façades* ». De cette surface doivent être déduits les surfaces correspondant à l'épaisseur des murs entourant les embrasures des portes et fenêtres donnant sur l'extérieur, les vides et les trémies des escaliers et des ascenseurs, les surfaces de plancher d'une hauteur sous plafond inférieure ou égale à 1,80 mètre, les surfaces aménagées en vue du stationnement des véhicules (motorisés ou non), y compris les rampes daccès et les aires de manœuvres, les combles non aménageables, les locaux techniques nécessaires au fonctionnement d'un groupe de bâtiments ou d'un immeuble autre qu'une maison individuelle, les caves et les celliers (s'ils sont desservis uniquement par une partie commune), ainsi que 10 % des surfaces de plancher des immeubles collectifs. On notera que certaines déductions ne concernent pas les maisons individuelles, puisque le législateur a souhaité favoriser les constructions collectives économes en espace.

Parmi les décisions individuelles en matière d'urbanisme, la plus connue du public est celle qui octroie ou refuse le permis de construire (chapitre 3), qu'il faut distinguer des autres décisions individuelles (chapitre 4).

Fiche de calcul de la surface de plancher

Liberté • Égalité • Fraternité
RÉPUBLIQUE FRANÇAISE

MINISTÈRE CHARGÉ DE L'URBANISME

Fiche d'aide pour le calcul de la surface de plancher et de la surface taxable

Articles R.331-7 et R.112-2 du code de l'urbanisme

Cette fiche constitue une aide pour le calcul des surfaces. Elle ne doit pas être jointe à votre demande.

Imprimer

Enregistrer

Réinitialiser

	Surface existante (A)	Surface démolie ou supprimée (B)	Surface créée (C)	Surface totale (A) - (B)+(C)
La **somme** des **surfaces de plancher** de **chaque niveau clos et couvert** calculée **à partir du nu intérieur des façades**, sans prendre en compte l'épaisseur des murs entourant les embrasures des portes et fenêtres				
Dont on déduit :				
Les **vides et trémies** correspondant au passage de l'ascenseur et de l'escalier	-	-	-	-
Les surfaces de plancher sous une hauteur de **plafond inférieure ou égale à 1m80**	-	-	-	-
→ surface taxable assiette de la taxe d'aménagement	=	=	=	=
Dont on déduit :				
Les surfaces de planchers aménagées en vue su **stationnement** des véhicules motorisés ou non, y compris les rampes d'accès et les aires de manoeuvres	-	-	-	-
Les surfaces de planchers des **combles non aménageables** pour l'habitation ou pour des activités à caractère professionnel, artisanal, industriel ou commercial	-	-	-	-
Les surfaces de plancher des **locaux techniques** nécessaires au fonctionnement d'un groupe de bâtiments ou d'un immeuble autre qu'une maison individuelle au sens de l'article L. 231-1 du code de la construction et de l'habitation, y compris les locaux de stockage des déchets[1]	-	-	-	-
Les surfaces de plancher des **caves** ou des **celliers**, annexes à des logements, dès lors que ces locaux sont desservis uniquement par une partie commune[1]	-	-	-	-
d'une surface égale à **10% des surfaces de plancher affectées à l'habitaition** telles qu'elles résultent le cas échéant de l'application des déductions précédentes, dès lors que les logements sont desservis par des parties communes intérieures[1]	-	-	-	-
→ surface de plancher	=	=	=	=

[1] Ces déductions ne concernent pas l'habitat individuel

CHAPITRE 3

Le permis de construire

126. Quelle que soit la taille de la commune, qu'elle soit ou non dotée d'un PLU ou d'une carte communale, pour bâtir une petite maison ou édifier un grand ensemble, le petit ppriétaire comme le grand promoteur doivent demander un permis avant de construire.

En 2021, le nombre de permis de construire délivrés en France s'est élevé à 471 000, selon le ministère de la Transition écologique, soit + 18,9 % par rapport à l'année 2020. Au cours de la même période, 386 700 logements ont été mis en chantier. Il faut noter la hausse importante du nombre de permis de construire pour les maisons individuelles + 25,8 % pour atteindre 211 800 unités, soit bien plus qu'avant la crise sanitaire. Les mises en chantier de logements collectifs ou en résidence ont, pour leur part, enregistré sur cette même période une augmentation de + 8,9 %. Le nombre des permis délivrés et mis en œuvre fait partie des indicateurs de l'économie d'un pays : la France compte aujourd'hui plus de 505 000 entreprises travaillant dans le secteur du bâtiment et des trav aux publics. Martin Nadaud avait lancé une formule célèbre « *quand le bâtiment va, tout va !* ».

Le permis de construire a plus d'un siècle et demi d'histoire. Un décret du 26 mars 1852 relatif aux rues de Paris, signé par Napoléon III sur proposition du baron Haussmann, préfet de la Seine, obligeait les constructeurs à déposer un plan en préfecture : les travaux pouvaient commencer vingt jours après si le préfet n'avait pas exprimé d'objection portant sur la salubrité du projet envisagé. Un demi-siècle plus tard, la loi relative à la protection de la santé publique du 15 février 1902 dispose que, dans toutes les agglomérations de 20 000 habitants et plus, aucune habitation ne peut être construite sans un permis du maire qui se prononce en fonction des règles d'hygiène et de salubrité prescrites par le règlement sanitaire communal. Puis, une loi du 15 juin 1943, confirmée à la Libération par 'ordonnance du 27 octobre 1945, établit définiti ement le permis de construire, délivré « *au nom de l'État* » dans toutes les communes. Il faudra ensuite attendre la loi de décentralisation du 7 anvier 1983 pour que les maires reçoivent compétence pour délivrer, au nom de leur commune, la quasi-totalité des permis de construire dans les communes dotées d'un plan approuvé.

127. L'octroi du permis de constr uire signifie que le p ojet de construction respecte de nombreuses législations (urbanisme, mais aussi salubrité, esthétique, sécurité, accessibilité aux personnes handicapées…). Un seul document sanctionne donc toutes les r ègles applicables au projet, malgré quelques exceptions.

Le permis de construire suit une procédure rigoureusement encadrée par le Code de l'urbanisme et harmonisée avec les régimes des deux autres permis (permis de démolir, permis d'aménager) ainsi qu'avec celui de la déclaration préalable. La même procédure s'applique à la Guadeloupe, à la Guyane, à la Martinique, à La Réunion et au Département de Mayotte ; elle comprend trois phases qui sont suivies, le cas échéant, d'une phase contentieuse.

C'est pourquoi l'étude du permis de construire est présentée dans ce chapitre en suivant son déroulement chronologique :

- la demande (3.1) ;
- la réponse à la demande (3.2) ;
- les conséquences de la réponse (3.3) ;
- l'éventuelle contestation de la réponse (3.4).

3.1 La demande de permis

Qui dépose la demande ? Le pétitionnaire. Comment présente-t-il sa demande ? En établissant un dossier. Pour quoi ? Pour un projet de construction. À qui doit-il adresser la demande ? À l'autorité compétente. Détaillons ici ces diffé ents points.

3.1.1 Le pétitionnaire

128. Il peut s'agir d'une personne morale (entreprise par exemple, société civile immobilière...) ou d'une personne physique, propriétaire ou copropriétaire avec une autre personne, sans qu'intervienne d'ailleurs de condition de nationalité : « *Les immeubles, même ceux possédés par des étrangers, sont régis par la loi française* » (art. 3 al. 2 du Code civil). À titre d'exemple, s'il souhaite installer son ambassade à P aris, un État étranger doit demander un permis (Conseil d'État, Section, 22 décembre 1978, sieur Vo Than Nghia, ec. p. 523). La demande de permis de construire est signée soit par le ou les pr opriétaires du ou des terrains, leur mandataire ou par une ou plusieurs personnes attestant être autorisées par eux à exécuter les travaux, soit, en cas d'indivision, par un ou plusieurs co-indivisaires ou leur mandataire, soit enfin par une personne ayant qualité pour bénéficier de 'expropriation pour cause d'utilité publique (art. R.423-1).

A. Le propriétaire

Le propriétaire d'un terrain doit, s'il veut y réaliser une construction, demander un permis ; plusieurs propriétaires de terrains distincts mais contigus peuvent présenter ensemble une demande de permis (Conseil d'État, 28 juillet 1999, SA HLM Le Nouveau Logis Centre-Limousin, n° 182167). Une même demande de permis de construire peut également être formulée de manière conjointe par plusieurs entreprises (Conseil d'État, 2 avril 2021, Société Serpe, n° 427931).

Le propriétaire peut être une personne privée ou publique. Une commune ne peut présenter une demande de permis que si le conseil municipal, compétent pour « *la gestion des biens et les opérations immobilières effectuées par la commune* » (art. L.2241-1 du Code général des collectivités territoriales), a autorisé le maire à cet effet

En cas d'indivision, tout co-indivisaire peut demander un permis (art. R.423-1 b). Le copropriétaire n'a pas à fournir la preuve de l'autorisation de la copropriété, même pour les travaux envisagés sur les parties communes (Conseil d'État, 15 février 2012, Mme Quennesson, Rec. p. 41). En outre, l'existence d'une opposition de la part des autres indivisaires ne peut légalement fonder un refus de délivrer l'autorisation (Conseil d'État, 17 octobre 2014, Commune de Jouars-Pontchartrain, n° 360968).

B. Le mandataire du propriétaire ou du co-indivisaire

129. Il suffit que le mandat soit signé en bonne et due forme, il 'est donc pas nécessaire de produire un acte authentique (Conseil d'État, 14 décembre 1981, SARL European Homes, Rec. p. 467). Ainsi, il est fréquent qu'un notaire, un architecte, un géomètre ou un entrepreneur soit mandaté pour déposer une demande de permis de construire. Cela signifie également qu'une personne non propriétaire d'un terrain peut déposer un permis de construire dès lors qu'elle justifie q 'elle agit sur mandat du propriétaire ou avec son autorisation.

C. Les autres pétitionnaires

130. Ils sont cités à l'article R.423-1 :

- une personne attestant d'une autorisation à exécuter les travaux (art. R.423-1, a), sauf si cette attestation est frauduleuse (Conseil d'État, 15 février 2012, Mme Quennesson, Rec. p. 41) ;
- une personne ayant qualité pour bénéficier de 'expropriation d'un terrain pour cause d'utilité publique (R.423-1, c). Ce peut être le cas d'un concessionnaire de service public (Conseil d'État, 26 juillet 1982, M inistre de l'Environnement c/ époux Codol, R ec. p. 288).

À noter : Lorsque le pétitionnair e n'est pas le pr opriétaire, la demande doit seulement comporter l'attestation du pétitionnaire qu'il remplit les conditions définies (Conseil 'État, 9 octobre 2017, Société Les Citadines, n° 398853). La validité de l'attestation ne peut pas être remise en cause par l'administration, sauf fraude établie (Conseil d'État, 23 mars 2015, Commune d'Aspremont, n° 348261 ; 3 avril 2020, Syndicat des copropriétaires de l'ensemble immobilier « Univers 21 », n° 422802).

3.1.2 Le dossier

131. Le pétitionnaire doit remplir un formulaire dont les modèles ont été mis à jour depuis la réforme de la dématérialisation des autorisations du dr oit des sols, entr ée en vigueur le 1er janvier 2022. Sont notamment concernés les formulaires relatifs au permis de construire (Cerfa 13409*09), au permis de constr uire une maison individuelle (Cerfa 13406*09), à la modification d'un permis de construire (Cerfa 13411*09) ou encore au transfert d'un permis de construire (Cerfa 13412*08). Tous ces formulaires sont disponibles sur le site I nternet www.service-public.fr. *Il est conseillé au lecteur de consulter l'un de ces formulaires pour mieux comprendre le contenu du dossier de permis.*

Conformément à l'article R.431-5, la demande de permis doit préciser :

- l'identité du demandeur et sa date de naissance, accompagnée de l 'attestation ou du mandat si le demandeur n'est pas le propriétaire, et le numéro de SIRET s'il s'agit d'une personne morale ;

- l'identité de l'architecte (sauf exceptions : voir *infra* 133) ;
- la localisation et la superficie du terrain ;
- la nature des travaux envisagés ;
- la destination de la constr uction (habitation, hébergement hôtelier, bureaux, commerce, artisanat, industrie, exploitation agricole ou forestière, entrepôts, services publics ou d'intérêt collectif) ;
- la surface de plancher de la constr uction (éventuellement répartie entre les diffé entes destinations) ;
- la puissance électrique nécessaire au projet, lorsque la puissance électrique est supérieure à 12 kilovoltampères monophasé ou 36 kilovoltampères triphasé ;
- les éléments, précisés dans le formulaire Cerfa, nécessaires au calcul des impositions.

Il doit être également précisé, s'il y a lieu, que les travaux concernent une installation ou une activité soumise à déclaration, qu'ils portent sur un projet soumis à autorisation environnementale, sur un projet soumis à l'avis de l'architecte des bâtiments de France ou si le projet a déjà fait l'objet d'une autorisation au titr e d'une autre législation que celle du Code de l'urbanisme.

Le formulaire de demande de permis de construire pour une maison individuelle comprenant ou non des démolitions est celle du Cer fa 13406*09. *Il est conseillé au lecteur de consulter ce formulaire sur le site www.formulaires.service-public.fr*

A. Le recours à un architecte

132. Pour la plupart des projets, un architecte prépare le dossier. En effet, depuis la loi n°77-2 du 3 janvier 1977 sur l'architecture, un principe clair trouve à s'appliquer : « *Quiconque désire entreprendre des travaux soumis à une autorisation de construire doit faire appel à un architecte pour établir le projet architectural faisant l'objet de la demande de permis de construire (…)* ». Cette obligation de principe est reprise dans le Code de l'urbanisme : « *La demande de permis de construire ne peut être instruite que si la personne qui désire entreprendre des travaux soumis à une autorisation a fait appel à un architecte pour établir le projet architectural faisant l'objet de la demande de permis de construire* » (art. L.431-1).

■ Le principe

L'auteur du projet doit avoir la qualité d'architecte. Il peut s'agir d'un architecte privé ou d'un architecte des services techniques d'une collectivité publique. Une commune peut recourir à des architectes appartenant aux services municipaux d'une autre commune (Conseil d'État, 28 septembre 1984, Conseil régional de l'ordre des architectes du Limousin, n° 36467, Rec. p. 311). Il ne peut s'agir, en revanche, des architectes des Bâtiments de France (ABF), qui ne peuvent exercer aucune mission de conception ou de maîtrise d'œuvre à titre libéral.

En pratique, le projet architectural vise à défini , par des plans et des documents écrits, « *l'implantation des bâtiments, leur composition, leur organisation et l'expression de leur volume ainsi que le choix des matériaux et des couleurs* » (art. L.431-2 al 1). Dans ce cadre, l'architecte doit également préciser par des documents graphiques ou photographiques, « *l'insertion dans l'environnement et l'impact visuel des bâtiments ainsi que le traitement de leurs accès et de leurs abords* » (art. L.431-2 al 2).

L'architecte est soumis à un dev oir de conseil env ers son client (Cass. civ . 3, 2 juin 2016, Société d'exploitation du parc des expositions de la ville de Marseille, n° 15-16981). Selon la jurisprudence de la plus haute juridiction judiciaire, c'est en effet « *un conseiller à la technicité duquel le client fait confiance, et qui doit l'éclairer sur tous les aspects de l'entreprise qu'il lui demande d'étudier et de réaliser* » (Cass. civ. 1, 25 juin 1963). L'architecte manque à son devoir de conseil s'il présente un projet non réalisable (Cass. civ. 3, 15 décembre 1999, SCI La Tarasque c/ Marcou, n° 97-22464), ou encore s'il manque d'informer « *de toute nouvelle réglementation applicable à l'ouvrage* » (Conseil d'État, 10 décembre 2020, Commune de Biache-Saint-Vaast, n° 432783). Il lui appartient notamment, par exemple, de se renseigner sur la destination précise de l'ouvrage (Cass. civ. 3, 2 juin 2016, n° 15-16.981 et 15-16.981, au sujet de la solidité d'une dalle destinée à accueillir de lourds engins ; Cass. civ. 3, 12 oct. 2017, n° 16-23.982, concernant les normes d'accessibilité pour un immeuble). En revanche, il n'appartient pas à l'architecte chargé d'une mission relative à l'obtention du permis de construire de réaliser des travaux de reconnaissance des sols pour effectuer un diagnostic de la pollution éventuelle ni d'attirer l'attention de l'acquéreur sur le risque d'acquérir le bien sans procéder à de telles investigations (Cass. civ. 3, 30 janvier 2013, Bull. 2013 III).

■ **Les exceptions**

133. Il existe deux principaux cas où le recours à un architecte n'est pas obligatoire, mais n'est pas interdit.

1er cas : s'il s'agit d'une « *construction de faible importance* », édifiée ou modifiée pour ell même, par une personne physique, une exploitation agricole ou une coopérative d'utilisation de matériel agricole (art. L.431-3). Cette notion de « *construction de faible importance* » est précisée par l'article R.431-2. En pratique, elle vise :

- des constructions à usage autre qu'agricole dont la surface de plancher n'excède pas 150 m^2 ;
- des construction à usage agricole (ou nécessaires au stockage de matériel agricole) dont à la fois la surface de plancher et l'emprise au sol n'excèdent pas 800 m^2 ;
- des serres de production dont le pied-droit a une hauteur inférieure à quatre mètres et dont à la fois la surface de plancher et l'emprise au sol n'excèdent pas 2 000 m^2.

En conséquence, les demandeurs d'un permis de construire doivent recourir à un architecte dès lors que leurs projets de travaux sur une construction existante conduisent à dépasser l'un des plafonds précédemment mentionnés. À titre d'exemple, pour un immeuble existant de 140 m^2, si le propriétaire prévoit pour lui-même un étage supplémentaire de 50 m^2, il doit recourir à un architecte puisque la construction finale aura une su face totale supérieure à 150 m^2.

2e cas : s'il s'agit de travaux d'aménagement ou d'équipement des espaces intérieurs des constructions et des vitrines commerciales ou de travaux d'aménagement ou d'équipement limités à des reprises n'entraînant pas de modifications visibles de 'extérieur (art. L.431-3 al. 2).

Lorsque le projet n'est pas présenté par l'architecte, le pétitionnaire du permis doit préciser qu'il a connaissance des règles générales de construction des bâtiments, en particulier celles relatives à l'accessibilité aux personnes handicapées des établissements r ecevant du public (ERP) ou encore celles concernant les lieux ouverts au public ou les lieux de travail. Parmi ces règles, signalons tout un volet concernant la réglementation environnementale « RE 2020 », venue remplacer la réglementation thermique 2012 (RT 2012) depuis le 1er janvier 2022. Définies par le décret n° 2021-1004 du 29 juillet 2021, ces règles figu ent aujourd'hui au sein des articles R.172-1 et suivants du Code de la construction et de l'habitation. Elles visent notamment des résultats minimaux à atteindre en matière de besoins en énergie des bâtiments, de consommation d'énergie primaire ou encore d'impact sur le changement climatique (art. R.172-4 du Code de la construction et de l'habitation).

■ **Les CAUE**

134. Le conseil départemental de chaque département peut créer un conseil d'architecture, d'urbanisme et de l'environnement (CAUE) afin de fournir « *aux personnes qui désirent construire les informations, les orientations et les conseils propres à assurer la qualité architecturale des constructions et leur bonne insertion dans le site environnant, urbain ou rural, sans toutefois se charger de la maîtrise d'œuvre* » (art. 7, al. 2 de la loi du 3 janvier 1977 sur l'architecture). Chargé de promouvoir la qualité de l'architecture, de l'urbanisme et de l'environnement sur le territoire départemental, le CAUE conseille les collectivités locales dans leurs choix en matière d'urbanisme, d'aménagement et de développement (voir *infra* 49).

En 2018, les quatre-vingt-treize CAUE ont dispensé 67 168 conseils à des particuliers, des associations, des entreprises, des artisans, des promoteurs, des bailleurs sociaux... Ils ont réalisé plus de 10 700 actions d'accompagnement auprès des collectivités territoriales (dont 8 043 pour les communes) et leurs groupements (1 452 pour les EPCI et autres formes de groupements).

B. Les pièces du dossier

135. Le dossier joint au formulaire de demande de permis doit être établi en quatre exemplaires au minimum (art. R.423-2, b) et satisfaire aux prescriptions des articles R.431-7 à R.431-34-1. Il comprend :

■ **Le plan, permettant de connaître la situation du terrain à l'intérieur de la commune**

Ce plan doit comprendre l'échelle et l'orientation vers le nord.

■ **Le projet architectural**

Il n'est pas exigé lorsque le projet porte exclusivement sur des travaux intérieurs et, naturellement, dans les cas où le recours à l'architecte n'est pas obligatoire. Le projet architectural comprend :

- une notice (art. R.431-8) décrivant l'état initial du terrain et de ses abords, et les partis retenus tant pour assurer l'insertion du projet dans son environnement que pour prendre en compte les éléments paysagers existants ; le volume des constructions, les matériaux et leurs couleurs, les plantations à créer, l'aménagement des accès au terrain...
- un plan de masse des constructions à édifier ou à modifier coté dans les trois dimensions (H., l., L.). Ce plan de masse (art. R.431-9) doit mentionner notamment les plantations maintenues et les modalités de raccordement du bâtiment aux équipements publics ;
- le plan des façades et des toitures (art. R.431-10 a) ;
- un plan en coupe précisant, à la date de la demande, l'implantation de la construction par rapport au profil du terrain (art. R.431-10 b) ;
- un document graphique (croquis, simulation graphique) permettant d'apprécier l'insertion du projet par rapport aux constructions avoisinantes et aux paysages, son impact visuel ainsi que le traitement des accès et du terrain (art. R.431-10 c) ;
- deux documents graphiques permettant de situer le terrain dans l'environnement proche et dans le paysage lointain (art. R.431-10 d).

Ces documents sont plus détaillés si les travaux sont envisagés à l'intérieur d'un immeuble inscrit au titre des monuments historiques ou situé dans un secteur sauvegardé ou dans le cadre d'une opération de restauration immobilière (art. R.431-11). Tous les documents sont nécessaires : s'il en manque un seul, le permis peut ne pas être instruit (Conseil d'État, 30 avril 1982, Mme Phely, Rec. T. p. 784). Dans ce cas, l'administration indique au demandeur la liste des pièces manquantes dans un délai dun mois à compter de la réception du dossier (art. R.423-38).

■ **Les pièces spécifiques**

Seules les pièces prévues au Code de l'urbanisme peuvent être exigées, la commune ne peut en demander d'autres. En fonction de la natur e de son pr ojet, le pétitionnaire pourra être conduit à ajouter à son dossier une ou plusieurs pièce(s) spécifique(s). Le pétitionnai e complète alors un bordereau de dépôt identifiant les pièces spécifiques jointes. Ce bordereau figu e dans le formulaire Cerfa.

Quelques exemples de pièces à joindre :

Étude d'impact

136. Une évaluation environnementale est nécessaire pour « *les projets qui, par leur nature, leur dimension ou leur localisation, sont susceptibles d'avoir des incidences notables sur l'environnement ou la santé humaine* » (art. L.122-1 I du Code de l'environnement).

L'étude d'impact – dont le régime a été modifié à plusieurs eprises, notamment par le décret n° 2011-2019 du 29 décembre 2011, le décret n° 2016-1110 du 11 août 2016 et le décret n° 2022-422 du 25 mars 2022 – est obligatoire (art. R.431-16, a) pour les projets mentionnés dans la deuxième colonne de l'annexe de l'article R.122-2 du Code de l'environnement. La soumission d'un projet à examen « *au cas par cas* » est appréciée par l'administration en fonction des seuils et des critères fi és par le tableau annexé à l'article R.122-2 du Code de l'environnement (Conseil d'État, 1er février 2021, Société Le Castellet-Faremberts, n° 429790). Une étude d'impact peut être ainsi exigée, notamment lorsque la constr uction projetée comporte, en l'absence de PLU ou de carte communale, une emprise au sol supérieure ou égale à 40 000 m^2 ou dont le terrain d'assiette couvre une superficie supérieu e à 10 hectares. C'est à l'autorité administrative de l'État compétente en matièr e d'environnement qu'il revient de déterminer si le projet envisagé est soumis à la réalisation d'une étude d'impact. En cas de dispense d'étude d'impact, la décision de dispense doit êtr e jointe à la demande de permis.

Le contenu de l'étude d'impact a été sensiblement renforcé par la loi Climat et résilience du 22 août 2021. Réalisée par le pétitionnaire, elle doit au minimum comporter (art. L.122-3 du Code de l'environnement) :

- une description du projet comportant des informations relatives à la localisation, à la conception, aux dimensions et aux autres caractéristiques pertinentes du projet ;
- une description des incidences notables probables du projet sur l'environnement ;
- une description des caractéristiques du projet et des mesures envisagées pour éviter, les incidences négatives notables probables sur l'environnement, réduire celles qui ne peuvent être évitées et compenser celles qui ne peuvent être ni évitées ni réduites ;
- une description des « *solutions de substitution raisonnables* » qui ont été examinées par le maître d'ouvrage, en fonction du projet et de ses caractéristiques spécifiques, et une ind - cation des principales raisons du choix effectué, eu éga d aux incidences du pr ojet sur l'environnement ;
- un résumé non technique des informations mentionnées précédemment ;
- toute information supplémentaire, en fonction des caractéristiques spécifiques du projet et des éléments de l'environnement sur lesquels une incidence pourrait se produire, notamment sur l'artificialisation des sols et la consommation d 'espaces agricoles, naturels et forestiers résultant du projet lui-même.

L'absence d'étude d'impact, lorsqu'elle est obligatoire, ou le caractère trop sommaire de cette étude peuvent entraîner l'annulation du permis de construire (Conseil d'État, Section, 10 juin 1983, Decroix, Rec. p. 255 ; 25 février 2015, Communauté d'agglomération de Mantes-en-Yvelines, n° 367335 ; 1er février 2021, Société Le Castellet-Farembert, n° 429790). Cependant, les inexactitudes, omissions ou insuffisance de l'étude ne sont susceptibles d'entraîner l'illégalité de la décision prise au vu de cette étude que « *si elles ont pu avoir pour effet de nuire à l'information complète de la population ou si elles ont été de nature à exercer une influence sur le sens de la décision de l'autorité administrative* » (Conseil d'État, 30 décembre 2020, Association Koenigshoffen emain, n° 432539).

Performance énergétique et étude de faisabilité technique

La prise en compte des exigences de performance énergétique et environnementale prend de plus en plus d'importance dans la construction des bâtiments, notamment sous l'influence du droit européen (directive 2018/844 du Parlement européen et du Conseil du 30 mai 2018). Cet impératif, formalisé notamment au travers de la mise en place de la « Réglementation énergétique 2020 » (RE 2020), a été consolidé par la loi ELAN du 23 novembre 2018. Il vise, en particulier, à poursuivre l'amélioration de la performance énergétique et la baisse de consommation des bâtiments neufs, diminuer l'impact sur le climat des nouvelles constructions, mais également à garantir aux habitants que leur logement sera adapté en cas de forte chaleur.
Sont concernés les établissements recevant du public (ERP), tels que les établissements d'accueil de la petite enfance, les hôtels, les restaurants, les commerces, les établissements d'hébergement pour personnes âgées dépendantes (EHPAD), ou encore les bâtiments à usage industriel ou artisanal (art. R.172-10 du Code de la construction et de l'habitation). Progressivement entrées en vigueur depuis le 1er janvier 2022, ces exigences ont cependant vocation à concerner la plupart des projets de construction d'habitation au terme d'un calendrier précisé par le décret n° 2021-1004 du 29 juillet 2021 (art. R.122-1 et suivants du Code de la construction et de l'habitation). La Réglementation énergétique 2020 a également vocation à s'appliquer aux constructions ne requérant pas de permis de construire ou de déclaration préalable.
Conséquence directe de cette nouvelle réglementation : les constructions récentes se trouvent de plus en plus souvent assorties de nouveaux dispositifs techniques en matière énergétique (panneaux solaires et photovoltaïques, pompes à chaleur, installations de géothermie, puits canadiens...). C'est dans ce cadre qu'il est demandé au maître d'ouvrage de procéder à une « *étude de faisabilité technique et économique* » préalablement au dépôt de la demande de permis de construire (art. R.122-2 du Code de la construction et de l'habitation).

Étude préalable en zone de risque

Attestation établie par un contrôleur technique concernant la prise en compte des risques parasismiques et paracycloniques (art. R.431-16 e), attestation établie par l'architecte du projet ou par un expert certifiant la réalisation de l'étude lorsque celle-ci est exigée par un plan de prévention des risques naturels prévisibles ou un plan de prévention des risques miniers approuvés, ou par un plan de prévention des risques technologiques approuvés (art. R.431-16 f).

Étude préalable de sécurité publique

137. Les projets d'aménagement et la réalisation des équipements collectifs et des programmes de construction qui, par leur importance, leur localisation ou leurs caractéristiques propres peuvent avoir des incidences sur la protection des personnes et des biens contre les menaces et les agressions, font l'objet d'une étude préalable de sécurité publique permettant d'en apprécier les conséquences (art. L.114-1). Cette obligation concerne certaines constructions importantes, comme celles créant une surface de plancher de plus de 70 000 m^2 (art. R.114-1) ou celles destinées à accueillir un grand nombre d'usagers (gares, collèges et lycées). L'étude préalable de sécurité publique présente les mesures proposées pour : « *a) prévenir et réduire les* *risques de sécurité publique mis en évidence dans le diagnostic ; b) faciliter les missions des services de police, de gendarmerie et de secours. Elle doit en outre se prononcer sur l'opportunité d'installer ou non un système de vidéoprotection* » (art. R.114-2).

Installation classée pour la protection de l'environnement

Justification du dépôt de la demande de déclaration (ar t. R.431-20). Voir Conseil d'État, 8 janvier 1997, Association pour la défense des habitants des Essar ts, n° 163035 et 165123, Rec. T. p. 1127.

Monuments historiques

Notice sur les matériaux utilisés et les modalités d'exécution des travaux (art. R.431-14).

Construction dans un secteur où la commune a institué un seuil minimal de densité

Indication de la valeur du terrain sur lequel la construction doit être édifiée si la const uction projetée n'excède pas ce seuil (art. R.431-25-1).

Établissements recevant du public

Documents permettant de vérifier la conformité du pr ojet avec les règles d'accessibilité aux personnes handicapées ainsi que la conformité avec les règles de sécurité (art. R.431-30).

Immeubles de grande hauteur

Notice technique indiquant les mesur es prises pour satisfair e au règlement de sécurité (ar t. R.431-29) ; plans donnant toutes indications sur le degré de résistance au feu des éléments de construction, la ventilation, la largeur des dégagements communs et privés...

138. Construction projetée dans un lotissement

Certificat indiquant la su face de plancher constructible sur le lot (art. R.431-22).

Construction dans une ZAC

Convention entre la commune et le constr ucteur pour un pr ojet de constr uction sur un terrain n'ayant pas été cédé par l'aménageur de la zone (art. L.311-4 al 4).

Construction dans une opération d'intérêt national

Attestation de l'aménageur certifiant qu'il a r éalisé ou pr endra en charge l 'intégralité des travaux (art. R.431-23-1).

Dossier « Natura 2000 »

Si le projet affecte un tel site (a t. R.431-16 c).

Salle de spectacle cinématographique

La demande doit être accompagnée de la copie de la lettre adressée par le préfet au demandeur de l'autorisation de création d'une salle de spectacle cinématographique (art. R.431-28).

Autorisation de défrichement

Copie de la lettre préfectorale indiquant au demandeur de l'autorisation de défrichement que son dossier est complet (art. R.431-19).

Permis de démolir

Justification du dépôt de la demande (art. R.431-21), sauf lorsque la demande de démolition est incluse dans la demande de permis de construire.

Contrat ou décision relatifs à l'institution d'une servitude de « cours communes »

Les dispositions d'urbanisme applicables au terrain où la constr uction est envisagée peuvent prévoir, en ce qui concerne les distances dev ant séparer les constructions, la création sur un terrain voisin de servitudes de ne pas bâtir ou de ne pas dépasser une certaine hauteur en construisant. La servitude de cours communes est instituée par contrat entre les propriétaires. À défaut d'accord amiable, elle est instituée, à la demande du propriétaire intéressé, par une ordonnance du juge civil qui détermine les indemnités devant être payées, avant le commencement des travaux, par les bénéficiaires de servitudes. Le juge civil est libre d'ordonner ou non la servitude (Cass. civ. 3, 15 décembre 1982, SCI du 55, bd Rodocanachi, Bull. civ. III, n° 256). Si l'édification des constructions est subordonnée à l'institution sur des terrains voisins d'une telle servitude, la demande est accompagnée des contrats ou décisions judiciaires relatifs à son institution (art. R.431-32).

139. Demande de dérogation

Note précisant la nature des travaux pour lesquels une dérogation est sollicitée et justifiant que ces travaux sont nécessaires pour permettre l'accessibilité du logement à des personnes handicapées (art. R.431-31).

Justification du dépassement de coefficient d'occupation des sols

Contrats de transfert dans les zones à protéger en raison de la qualité des paysages (ar. R.431-33), délimitation des surfaces de logements locatifs sociaux (art. R.431-16-1) ; attestation du respect des critères de performance énergétique (art. R.431-18).

Justification de la convention relative au projet urbain partenarial

Extrait de la convention précisant le lieu du projet urbain partenarial et la durée d'exonération de la taxe d'aménagement (art. R.431-23-2).

Justification de la réalisation d'aires de stationnement

Plan de situation du terrain sur lequel seront réalisées les aires de stationnement et le plan des constructions ou aménagements correspondants ou promesse synallagmatique de concession ou d'acquisition, éventuellement assortie de la condition suspensive de l'octroi du permis (art. R.431-26).

Document statistique

Nombre de logements créés ou démolis, répartis en fonction du nombre de pièces, du type de financement et de leur caractère individuel ou collectif, mode d'utilisation principale envisagée pour les logements créés, nombre de niveaux du bâtiment le plus élevé (au-dessous et au-dessus du sol), type d'annexe, type de travaux si le projet porte sur une construction existante, catégorie de résidence prévue et nombre de chambres, destination et la sous-destination en cas de réalisation au bénéfice 'un service public ou d'intérêt collectif (art. R.431-34).

3.1.3 L'objet : un projet de construction

140. La loi pose un principe en vertu duquel « *les constructions, même ne comportant pas de fondations, doivent être précédées de la délivrance d'un permis de construire* » (art. L.421-1). Elle fi e donc une obligation claire qui s'impose à tous, même à l'État. **En France, la plupart des constructions sont assujetties à un permis de construire. D'autres travaux ne sont soumis qu'à déclaration préalable. D'autres enfin sont dispensés de toute formalité.** La détermination des travaux relevant de chaque catégorie est fi ée par décret en Conseil d'État.

A. Les constructions assujetties au permis de construire

Les constructions nouvelles, sauf exception, sont assujetties au permis ; les travaux exécutés sur constructions existantes ne le sont pas, sauf quelques cas.

■ **Les constructions nouvelles**

141. Il s'agit de toutes les constructions nouvelles, même celles ne comportant pas de fondations. Qu'est-ce qu'une construction ? Selon le *Lexique national de l'urbanisme*, il s'agit d'un *« ouvrage fixe et pérenne, comportant ou non des fondations et générant un espace utilisable par l'homme en sous-sol ou en surface »*. En pratique, la jurispr udence utilise tr ois critères pour qualifier des travaux de construction : la solidité, la durabilité et la surface. À titre d'exemple, constitue une construction nouvelle et non l'extension d'un construction existante un projet consistant en la démolition d'un garage et l'extension d'une maison d'habitation ayant pour effet d'augmenter de plus de 222 % la sur face plancher et l 'emprise au sol de 136,5 % (Tribunal administratif de Versailles, 6 décembre 2019, n° 1705493-3). Il en a été jugé de même s'agissant de l'augmentation de la surface de plancher d'une construction de plus de 50 % (Cour administrativ e d'appel de M arseille, 27 mai 2021, Commune de R ognes, n° 19MA04049).

■ **Les travaux sur les constructions existantes et les changements de destination**

142. Les travaux d'entretien ou de réparations ordinaires réalisés sur des constructions existantes sont dispensés de permis de constr uire (art. R.421-14). Sont, en revanche, soumis à permis de construire les travaux suivants :

- ceux ayant pour effet de c éer une surface de plancher ou d'une emprise au sol supérieure à 20 m^2 (art. R.421-14 a) ;
- dans les zones urbaines d'un PLU ou d'un document d'urbanisme en tenant lieu, ceux ayant pour effet de c éer une sur face de plancher ou une emprise au sol supérieur e à quarante mètres carrés (art. R.421-14 b) ;
- ceux ayant pour effet de créer une surface de plancher ou d'emprise au sol comprise entre 20 m^2 et 40 m^2, lorsque leur réalisation aurait pour effet de po ter la surface ou l'emprise totale de la construction au-delà de l'un des seuils fi és à l'article R.431-2 (voir *supra* n° 133) ;
- ceux ayant pour effet de modifier les s uctures porteuses ou la façade du bâtiment, lorsque ces travaux s'accompagnent d'un changement de destination entre les diffé entes destinations et sous-destinations du bâtiment (art. R.421-14 c). À titre d'exemple, la transformation de la façade d 'un bâtiment à usage agricole afin de le endre habitable nécessite un permis de construire (Conseil d'État, 25 mars 1998, Mme Raufle, ec. T. p. 1 227) ;
- ceux rendus nécessaires dans le cadr e d'une opération de r estauration immobilière (art. R.421-14 d et R.313-4) ;
- ceux portant sur un immeuble ou une par tie d'immeuble inscrit au titre des monuments historiques (art. R.421-16). À titre d'exemple, la construction d'un étage supplémentaire destiné à abriter une salle de restaurant d'environ 1 000 m^2 sur l'immeuble du théâtre des Champs-Élysées, immeuble classé en partie monument historique, nécessite un permis de construire (Conseil d'État, Section, 19 décembre 1994, Société immobilière du théâtre des Champs- Élysées, n° 119099, Rec. p. 561).

■ **Les constructions à régulariser**

143. La jurisprudence a admis le permis de régularisation (Conseil d'État, 12 octobre 1956, Syndicat départemental de la boulangerie de l 'Eure, Rec. p. 369 ; 9 juillet 1986, Thalam ,

Rec. 501) pour les constr uctions déjà entreprises sans permis ou déclaration pr éalable ou réalisées sans respecter les prescriptions du permis.

Trois hypothèses sont à distinguer :

Les travaux ont été effectués sans autorisation alors qu'un permis était obligatoire

L'irrégularité peut être constatée à l'issue d'une visite de contrôle par les services de l'urbanisme qui disposent d'un droit de visite et de communication (ar t. L.461-1 et suivants). L'administration pourra effectuer une mise en demeu e de procéder à la régularisation (art. L.461-4 et L.481-1 ; Cass. crim., 8 décembre 2020, n 19/84245).

La construction n'est pas conforme au permis obtenu

L'administration met alors en demeure le maître de l'ouvrage de déposer un dossier modificatif ou de mettre les travaux en conformité (art. L.462-2 et R.462-9). La demande de permis modificatif suppose cependant que le permis initial soit toujours en cours de validité, autrement dit ni annulé ni périmé (Conseil d'État, 29 décembre 1997, SCI Résidence Isabella, n° 104903). Elle suppose également que la construction autorisée ne soit pas achevée (Cour administrative d'appel de Marseille, 21 octobre 2010, commune de Castillon du Gard, n° 08MA03350). Enfin, les travaux réalisés ne doivent pas apporter au projet *« un bouleversement tel qu'il en changerait la nature même »* (Conseil d'État, avis du 2 octobre 2020, Société La Station / Commune de Seignosse, n° 438318). À défaut, un nouveau permis devra être déposé.

Les travaux sont conformes au permis, mais ne respectent pas les règles d'urbanisme

Sauf fraude du pétitionnaire, cette situation ne constitue pas une infraction pénale (art. L610-1). Le permis de construire reste cependant susceptible d'être attaqué et annulé. Une demande de permis modificatif permettra alors de ectifier les éventuelles irrégularités affe - tant le permis initial (Conseil d'État, 2 février 2004, SCI La Fontaine de Villiers, n° 238315).

Le permis de régularisation ne peut être refusé lorsque la construction initiale est achevée depuis plus de dix ans (art. L.421-9). Toutefois, cette règle ne s'applique pas dans plusieurs situations, notamment lorsque la construction expose ses usagers ou les tiers à des risques de mort ou de blessures, lorsque la construction est située dans le domaine public (art. L.421-9 4°) ou dans une zone exposée aux risques naturels (art L.421-9 6°) ou encore lorsque la construction a été réalisée sans aucun permis alors que celui-ci était equis (art. L.421-9 5°).

B. Les travaux dispensés de toute formalité

144. Ces travaux doivent respecter la réglementation, et notamment les règles nationales et locales d'urbanisme (art. L.421-8), mais ils peuvent être effectués sans permis ni aucune formalité administrative.

■ **Les travaux sur les constructions existantes**

Le principe est qu'ils peuvent être réalisés sans formalité (art. R.421-13). Tel est notamment le cas, sauf dans les sites ou pour les immeubles protégés, des travaux de ravalement dès lors qu'ils n'ont pas pour effet de modifier 'aspect extérieur du bâtiment (ar t. R.421-17). L'exception concerne certains travaux soumis à permis (voir *supra* 142) ou à déclaration préalable (voir *infra* 145 et 147).

■ **Certaines constructions nouvelles**

En raison de leur natur e ou de leur faible impor tance, certaines constructions nouvelles peuvent être réalisées sans formalité, à condition de n'être pas implantées dans le périmètre d'un site patrimonial remarquable, dans les abords des monuments historiques ou dans un site classé ou en instance de classement (art. R.421-2).

Citons en particulier :

- de façon générale, toutes les constructions nouvelles dont la hauteur ne dépasse pas 12 mètres au-dessus du sol, dont l'emprise au sol est inférieure ou égale à 5 m^2 et dont la surface de plancher est inférieure ou égale à 5 m^2 (art. R.421-2 a) ;
- les habitations légères de loisirs en parc résidentiel, terrain de de camping ou lieux de vacances agréés, dont la surface de plancher ne dépasse pas 35 m^2 (art. R.421-2 b) ;
- les éoliennes terrestres dont la hauteur du mât et de la nacelle au-dessus du sol est inférieure à douze mètres ainsi que les ouvrages de production d'électricité à partir de l'énergie solaire installés sur le sol dont la puissance crête est inférieure à trois kilowatts et dont la hauteur maximum au-dessus du sol ne peut pas dépasser un mètre quatre-vingts (art. R.421-2 c) ;
- les piscines dont le bassin est inférieur ou égal à 10 m^2 (art. R.421-2 d) ;
- les châssis et serres d'une hauteur inférieure ou égale à 1,80 m (art. R.421-2 e) ;
- les murs d'une hauteur inférieure à 2 mètres (art. R.421-2 f) ;
- les clôtures nécessaires à l'activité agricole ou forestière (art. R.421-2 g) ;
- le mobilier urbain (art. R.421-2 h) ;
- les caveaux et monuments funéraires des cimetières (art. R.421-2 i) ;
- les terrasses de plain-pied (art. R.421-1 j) ;
- les murs de soutènement (art. R.421-3) ;
- les canalisations, lignes ou câbles, lorsqu'ils sont souterrains (art. R.421-4).

Aux termes de l'article 10 de la loi n° 2018-202 du 26 mars 2018 relative à l'organisation des Jeux olympiques et paralympiques de 2024, « *les constructions, installations et aménagements directement liés à la préparation, à l'organisation ou au déroulement des Jeux olympiques et paralympiques de 2024 et ayant un caractère temporaire constituent des réalisations dispensées de toute formalité au titre du Code de l'urbanisme comme relevant du b de l'article L.421-5 du même code et sont soumis au régime applicable à celles-ci* ».

Attention

Si les travaux dispensés de formalité ne sont pas soumis à une déclaration ou à une autorisation administrative, ils doivent cependant respecter les règles d'urbanisme. Des travaux effectués en infraction à ces règles peuvent être sanctionnés par le juge pénal (art. L.480-4). À titre d'exemple, installer dans son jardin une éolienne de 10 mètres de hauteur ne nécessite aucune formalité administrative ; mais si le jardin se situe dans le périmètre d'un secteur interdisant une telle installation en application des règles du PLU, une telle installation peut justifier une condamnation à une sévère amende !

■ Les constructions nouvelles et les travaux sur constructions existantes nécessitant le secret pour raison de sécurité

Il s'agit notamment des constructions couvertes par le secret-défense : arsenaux, aérodromes militaires, constructions situées à l'intérieur de l'enceinte des établissements pénitentiaires, constructions réalisées dans le cadre d'opérations sensibles intéressant la défense ou la sécurité nationale (art. R.421-8).

■ Les constructions temporaires

Elles sont possibles, « *en raison de la faible durée de leur maintien en place ou de leur caractère temporaire* » (art. R.421-5), sans formalité si leur durée est limitée à trois mois. Peuvent cependant dépasser la durée de trois mois : les classes démontables, d'une durée limitée à une année scolaire (art. R.421-5 b) ; les constr uctions destinées au r elogement d'urgence des victimes d'un sinistre ou à l'hébergement d'urgence des personnes migrantes en vue de leur demande d'asile (art. R.421-5 a) ; les installations de chantier ou destinées à la commercialisation d'un immeuble en cours de constr uction, d'une durée limitée à la dur ée du chantier (art. R.421-5 c) ou encore les installations temporaires réalisées pour la durée d'une manifestation culturelle, commerciale, touristique ou sportive, dans la limite d'un an (art. R.421-5 d). Dans tous les cas, à l'issue de la durée définie, le const ucteur sera tenu de remettre les lieux dans leur état initial.

C. Les travaux soumis à déclaration préalable

145. Il s'agit de travaux pour lesquels le pr opriétaire n'a pas besoin de demander un permis de construire (art. L.421-4). Mais comme ces travaux ne sont pas mineurs, le propriétaire va les déclarer à l'administration qui devra s'assurer de leur conformité aux règles d'urbanisme (L.421-7). En Belgique, la région wallonne connaît un système analogue, dénommé r égime des *« petits permis »*.

■ Liste des travaux à déclarer

La liste en est limitative et comprend deux catégories :

146. 1re catégorie : les constructions nouvelles suivantes réalisées en dehors des secteurs sauvegardés et des sites classés ou en cours de classement (art. R.421-9) :

- de façon générale, les constructions nouvelles dont soit l'emprise au sol, soit la surface de plancher est supérieure à cinq mètres carrés et ayant à la fois une hauteur au-dessus du sol inférieure ou égale à douze mètres, une emprise au sol inférieure ou égale à 20 m^2 et une surface de plancher inférieure ou égale à 20 m^2 ;
- les habitations légèr es de loisirs (ar t. R.111-37) de sur face supérieure à 35 m2 (art. R.421-9) ;
- les constructions (à l'exception des éoliennes, des ouvrages de pr oduction d'électricité à partir de l'énergie solaire installés au sol,et des antennes de télécommunication) de hauteur supérieure à 12 mètres et ayant une emprise au sol et une suface de plancher inférieure ou égale à 5 m^2 (art. R.421-9 c) ;
- les ouvrages et accessoires des lignes électriques dont la tension est inférieure à 63 kilovolts (art. R.421-9 d) ;
- les murs dont la hauteur est supérieure ou égale à 2 mètres (art. R.421-9 e) ;
- les piscines non couvertes (ou dont la couverture a une hauteur inférieure à 1,80 mètre) dont le bassin a une surface inférieure ou égale à 100 m^2 (art. R.421-9 f) ;
- les châssis et serr es de hauteur comprise entr e 1,80 mètre et 4 mètres et de sur face inférieure à 2 000 m^2 (art. R.421-9 g) ;
- les ouvrages de production d'électricité à partir de l'énergie solaire installés sur le sol dont la puissance crête est inférieure à 3 kilowatts et dont la hauteur maximum au-dessus du sol peut dépasser 1,80 mètre, ainsi que ceux dont la puissance cr ête est supérieure ou égale à 3 kilowatts et inférieur e ou égale à 250 kilowatts quelle que soit leur hauteur (ar t. R.421-9 h) ;
- les fosses nécessaires à l'activité agricole dont le bassin a une superficie supérieu e à 10 m^2 et inférieure ou égale à 100 m^2 (art. R.421-9 i) ;
- les antennes-relais de radiotéléphonie mobile et leurs systèmes d 'accroche, quel que soit leur hauteur, et les locaux ou installations techniques nécessair es à leur fonctionnement

dès lors que ces locaux ou installations techniques ont une surface de plancher et une emprise au sol supérieures à 5 m² et inférieures ou égales à 20 m² (art. R.421-9 j).

Cette liste est complétée pour les ouvrages d'infrastructure et les constructions situés dans le périmètre des sites patrimoniaux remarquables, des abords des monuments historiques, dans les réserves naturelles, les espaces ayant vocation à être classés en parc national (art. R.421-10, R.421-11 et R.421-12).

147. 2e catégorie : les travaux suivants exécutés sur les constructions existantes (art. R.421-17), à l'exception des travaux d'entretien ou de réparations ordinaires :

- les travaux modifiant l'aspect extérieur d'un bâtiment, sauf les travaux de ravalement (art. R.421-17 a) ;
- les changements de destination (art. R.151-27) d'un bâtiment existant (art. R.421-17 b ; voir *supra* 131) ;
- les travaux susceptibles de modifier l'état des éléments d'architecture et de décoration réalisés à l'intérieur ou à l'extérieur d'un immeuble protégé (art. R.421-17 c) ;
- les travaux exécutés sur des constructions existantes ayant pour effet de modifier ou de supprimer un élément que le PLU a identifié comme présentant un intérêt d'ordre culturel, historique, architectural ou écologique (art. R.421-17 d) ;
- les travaux réalisés sur des constructions existantes dans un territoire non couvert par un PLU ;
- les travaux modifiant ou supprimant un élément présentant un intérêt patrimonial ou paysager identifié comme tel dans le PLU ou par une délibération du conseil municipal (art. R.421-17 e) ;
- de façon générale, les travaux sur constructions existantes qui ont pour effet de créer une surface de plancher supérieure à 5 m², et qui créent une emprise au sol et une surface de plancher inférieure ou égale à 20 m² (art. R.421-17 f). Ces seuils peuvent être portés à 40 m² dans les zones U du PLU ;
- la transformation de plus de 5 m² de surface close et couverte non comprise dans la surface de plancher de la construction en un local constituant de la surface de plancher (art. R.421-17 g) ;
- les travaux de ravalement en secteur protégé ou d'un immeuble protégé ou dans un périmètre soumis à autorisation par délibération du conseil municipal ou communautaire (art. R.421-17-1).

Cependant, des travaux qui relèvent en principe du régime de la déclaration préalable doivent être autorisés par un permis de construire « *dans les cas où soit ils forment avec une construction déjà autorisée par un permis de construire en cours de validité et dont la réalisation n'est pas encore achevée un ensemble immobilier unique, soit, en l'absence même d'un ensemble immobilier unique, ils modifient une construction déjà autorisée et en cours d'achèvement* » (Conseil d'État, 12 novembre 2012, Société Caro Beach Village, n° 351377, pour l'installation de deux toboggans supplémentaires dans un parc aquatique, un permis modificatif aurait dû être déposé, et non une déclaration de travaux).

■ Régime des travaux à déclarer

148. Les articles L.421-4 et A.431-1 prescrivent au pétitionnaire de remplir une déclaration préalable (formulaires Cerfa 13404*8, 13702*07 ou 13703*08 pour les travaux portant sur une maison individuelle). *Il est conseillé au lecteur de consulter l'un de ces formulaires sur le site www.formulaires-service-public.fr.*

Cette déclaration est établie en deux ex emplaires (art. R.423-2) dans des conditions analo - gues à la demande de permis de construire. Depuis le 1er janvier 2022, la demande peut être déposée par voie dématérialisée selon les modalités définies par la commune compétente pour la recevoir. La demande est accompagnée d 'un dossier qui compr end un plan de situation (art. R.431-36 a), un plan de masse (ar t. R.431-36 b) si le pr ojet crée une constr uction nouvelle (abri de jar din, par exemple) ou modifie le olume d'une construction existante (véranda, par exemple), un plan en coupe pr écisant l'implantation de la constr uction par rapport au pr ofil du terrain (ar t. R.431-10 b), un plan de façade et des toitur es (art. R.431-10 a) si le projet les modifie, une eprésentation de l'aspect extérieur de la construction faisant apparaître les modifications projetées (art. R.431-36 c). Selon les travaux envisagés, d'autres pièces complémentaires peuvent être également requises, notamment des documents graphiques, photographies et notes si le projet se situe en secteur protégé.

■ **Procédure**

La déclaration est déposée aupr ès du maire qui en délivre un récépissé (art. A.431-3) et lui affecte un numéro d'enregistrement, en précisant la date à partir de laquelle les travaux déclarés pourront être entrepris (art. R.423-4). Lorsque la demande est effectuée par oie électronique, le récépissé est constitué par l'accusé de réception électronique délivré (art. R.423-5-1). La déclaration est alors affichée en mairie dans les qui e jours et le reste pendant toute la période d 'instruction, ou publiée par v oie électronique sur le site internet de la commune (art. R.423-6).

L'autorité compétente – la même que celle qui a compétence en matière de permis (voir *infra* 151 à 155) - dispose d 'un délai d'un mois (art. R.423-23) pour instr uire la déclaration et éventuellement s'opposer aux travaux ou imposer des prescriptions spéciales pour respecter les règles de droit. Dans certains cas, ce délai peut être majoré d'un mois (art. R.423-24 si le projet est en secteur protégé), voire de deux mois (art. R.423-25 et R.423-25-1). Lorsqu'il y a lieu de consulter une commission nationale, situation *a priori* très rare s'agissant des déclarations de travaux, ou que le projet se situe au cœur d'un parc national, le délai d'instruction peut être porté à cinq mois (art. R.423-26 et R.423-27). Il peut même atteindre dix mois s'agissant des travaux soumis à autorisation spéciale du ministre de la Défense ou du ministre chargé de l'aviation civile (art. R.423-31). S'il manque une pièce, l'administration adresse au demandeur dans le délai d 'un mois à compter de la r éception ou du dépôt du dossier à la mairie, une lettr e recommandée avec demande d 'avis de r éception, indiquant, de façon exhaustive, les pièces manquantes (art. R.423-38).

Sauf exceptions (monuments historiques, par exemple), à défaut de notification 'une décision expresse dans le délai d'instruction, le silence gardé par l'autorité compétente vaut décision de non-opposition à la déclaration préalable (art. R.424-1). L'autorité compétente en délivre certificat sur simple demande du demandeur, du déclarant ou de ses ayants droit (art. 424-13). En cas de non-opposition à la déclaration pr éalable, la décision mentionne la date d'affichag en mairie ou la date de publication par v oie électronique de l'avis de dépôt (art. R.424-5). La mention de la déclaration préalable doit être affichée sur le terrain, *de manière visible de l'extérieur, par les soins de son bénéficiaire* », dès la notification de 'arrêté ou dès la date à laquelle la décision de non-opposition à la déclaration préalable est acquise, et ce pendant toute la durée du chantier (art. R.424-15).

Les travaux auxquels l'administration ne s'est pas opposée à la date indiquée dans le récépissé peuvent commencer à cette date. S'ils ont commencé avant cette date et sont conformes aux règles d'urbanisme, ils pourront être éventuellement régularisés, mais aussi donner lieu à sanction pénale (voir *supra* 143).

Régime général des principales constructions

Type de travaux	Permis de construire	Déclaration préalable	Pas de formalité
Constructions nouvelles	En principe (R.421-1)	(R.421-9 et suiv.) • constructions dont la hauteur est < 12 m avec surface et emprise au sol comprises entre 5 et 20 m^2 • mur de hauteur supérieure ou égale à 2 m • piscine non couverte inférieure à 100 m^2 • construction de hauteur supérieure à 12 m et emprise au sol et surface inférieures à 5 m^2 (sauf éolienne terrestre) • dans les secteurs sauvegardés, sites classés, réserves et parcs : construction de hauteur inférieure à 12 m et emprise au sol et surface inférieures à 20 m^2	(R.421-2, R.421-13) • constructions dont la hauteur < 12 m au-dessus du sol, dont l'emprise et la surface < 5 m^2 ; • habitations légères de loisirs en parc résidentiel, terrain de camping ou lieux de vacances agrees < 35 m^2 • éoliennes terrestres dont la hauteur < 12 m • piscines < 10 m^2 • châssis et serres d'une hauteur < 1,80 m • murs d'une hauteur < 2 m • clôtures nécessaires à l'activité agricole ou forestière • mobilier urbain • caveaux et monuments funéraires • terrasses de plain-pied • murs de soutènement • canalisations, lignes et câbles souterrains
Travaux exécutés sur constructions existantes et changements de destination à l'exception des travaux d'entretien ou de *réparations ordinaires*	(R.421-14 et suiv.) • surface supérieure à 20 m^2 • en zone U du PLU, surface supérieure à 40 m^2 (mais total résultant de la construction inférieur à 170 m^2) • modification des st uctures porteuses ou de la façade du bâtiment accompagnée d'un changement de destination • travaux sur un immeuble inscrit au titre des monuments historiques ou identifié dans le P U	(R.421-12 et suiv.) • surface comprise entre 5 et 20 m^2 • modification de ’aspect extérieur d'un bâtiment • changement de destination • modification de ’aspect extérieur • en zone U, surface inférieure à 40 m^2 • modification ou supp ession d'un élément identifié au PLU ou par le conseil municipal comme présentant un intérêt patrimonial ou paysager • ravalement en secteur/ou d'un immeuble protégé • clôture en site classé	(R.421-13) • travaux non soumis à permis ou déclaration • ravalement sans modific -tion extérieure • construction concernant la défense ou la sécurité nationales

■ **Contentieux**

149. La décision prise par l'autorité administrative sur la déclaration préalable peut être contestée, dans les deux mois, devant le tribunal administratif par un requérant qui en demande l'annulation (Conseil d'État, 20 mars 1974, Association de sauvegarde des intérêts de Saint-Martin-du-Touch, Rec. p. 191). Le requérant doit adresser copie de sa r equête à l'auteur et au bénéficiai e de la décision (art. R.600-1) ; s'il oublie cette obligation, sa requête ne sera pas recevable. Par ailleurs, la décision de l'autorité administrative, qu'elle soit tacite ou explicite, ne peut être retirée que si elle est illégale et dans un délai de tr ois mois suivant sa délivrance. Passé ce délai, la décision de non-opposition ne peut être retirée que sur demande expresse de son bénéficiai e (art. L.424-5). Enfin, aucune action en vue de l'annulation d'un permis de construire ou d'une décision de non-opposition à une déclaration pr éalable n'est recevable à l'expiration d'un délai de six mois à compter de l'achèvement de la construction ou de l'aménagement (art. R.600-3).

3.1.4 Le destinataire de la demande de permis

Revenons au cas où le pétitionnaire doit déposer un permis. La démarche est très simple : le pétitionnaire n'a qu'une administration à contacter, la mairie de la commune où est situé le terrain sur lequel la construction est envisagée (art. R.423-1). Le destinataire de la demande de permis est donc le mair e. Le dossier, établi en quatre exemplaires pour les demandes de permis de construire (R.423-2, b), est soit déposé contre décharge à la mairie, soit adressé par lettre recommandée avec accusé de réception, soit encore par voie numérique si le projet se situe dans une commune compor tant au moins 3 500 habitants (art. L.423-3, voir *supra* n° 148).

Que fait alors le mair e, ou souv ent en pratique le ser vice de la mairie chargé de l'urbanisme ?

1) Il complète un récépissé de dépôt indiquant le numéro d'enregistrement du dossier, la date de dépôt de la demande ainsi que les nom et prénom du pétitionnaire, assorti du cachet de la mairie.

150. 2) Le maire adresse, dans la semaine suivant la réception du dossier, un exemplaire de la demande au sous-préfet ou au préfet (art. R.423-7). Lorsque le président de l'établissement public de coopération intercommunale est compétent pour délivr er le permis, le mair e lui adresse le dossier de demande dans la semaine (art. R.423-8).

3) Il transmet aux organismes qui v ont, compte tenu de la demande, par ticiper à l'instruction, les exemplaires nécessaires (direction départementale du territoire, architecte des bâtiments de France, directeur du parc national, commission dépar tementale d'aménagement commercial…). Ainsi, par exemple, si la décision requiert l'accord ou l'avis de l'architecte des bâtiments de France, ce dernier est également destinatair e de la demande dans la semaine suivant le dépôt du dossier (art. R.423-11).

4) Il assure l'affichag en mairie de la demande du permis, ou sa publication sur le site Internet de la commune, dans les quinze jours qui suivent son dépôt (art. R.423-6). Cet affichage (o cette publication), doit pr éciser « les caractéristiques essentielles du pr ojet » (numéro du dossier, date d'enregistrement, nom du pétitionnaire, adresse du terrain, surface et hauteur du projet, destination de la constr uction). L'affichag en mairie doit êtr e maintenu pendant toute la durée de l'instruction du permis (art. R.423-6). Pour autant, le dossier n'est pas

consultable ni communicable au public pendant l'instruction. Contrairement à ce qu'impose la législation de certains *Länder* en Allemagne – notamment en Bavière –, le propriétaire d'un immeuble situé en France n'a pas à présenter son dossier de demande de permis à ses voisins.

3.2 La réponse à la demande

151. L'autorité compétente pour se prononcer sur les permis de construire l'est aussi pour les déclarations préalables et autres décisions individuelles d'urbanisme.

3.2.1 L'autorité compétente

Le système est assez simple depuis les lois de décentralisation (art. L.422-1) : il faut distinguer en effet t ois situations.

A. Commune dotée d'un PLU ou d'un document en tenant lieu approuvé

- **Principe**

Le permis de construire est instruit et délivré par le maire au nom de la commune. L'instruction de la demande peut êtr e confiée à 'EPCI compétent en ce domaine. O utre la compétence d'instruction, celle de la délivrance du permis peut être déléguée au président de l'EPCI (art. L.422-3). Cette délégation, qui porte sur *« l'ensemble des autorisations et actes relatifs à l'occupation ou à l'utilisation du sol »* doit être confirmée (a t. 422-4) dans les six mois qui suivent chaque renouvellement du conseil municipal ou l'élection du nouveau président de l'EPCI. À défaut, c'est la commune qui r edevient compétente. Mais le maire de la commune où la construction est envisagée doit être consulté par le président de l'établissement pour chaque demande de permis (art. L.422-3).

À Paris, Marseille et Lyon, le maire d'arrondissement émet un avis avant la décision du maire de la ville (ar t. L.2511-30 du Code général des collectivités territoriales). N otons qu'à Londres, le maire de Londres peut évoquer tout dossier de permis déposé dans le territoire du Grand Londres « *if the application is an application of potential strategic importance* » (Greater London Authority Act 2007, prov. 31, 2).

152. La compétence peut être déléguée par le maire à un(e) adjoint(e) (en charge de l'urbanisme ou des travaux généralement), sous la surveillance et la responsabilité de l'édile, dans les conditions fi ées à l'article L.2122-18 du Code général des collectivités territoriales. Lorsque le maire se trouve lui-même « intéressé » à un projet, la compétence doit être déléguée par délibération du conseil municipal à un adjoint ou à un conseiller municipal (ar t. L.422-7). Il appartiendra au juge administratif, saisi d'un éventuel litige, d'apprécier si le maire était ou non intéressé à la délivrance du permis (Cour administrative d'appel de Nantes, 3 juillet 2020, Commune de S aint-Lubin-de-la-Haye, n° 19NT01857). Tel peut être, par exemple, le cas lorsque le mair e est propriétaire du terrain concerné par le pr ojet soit à titre personnel (par exemple, il est propriétaire du terrain : Tribunal administratif d'Amiens, 24 septembre 1996, époux Michéli, Rec. T. p. 1219), soit comme mandataire ou habilité à déposer la demande (par exemple, il est directeur de l'entreprise ou architecte).

Cette disposition vise à empêcher le risque de prise illégale d'intérêts, sanctionnée de cinq ans d'emprisonnement et de 500 000 euros d'amende par l'article 432-12 du Code pénal. Cet article punit en effet « *le fait, par une personne dépositaire de l'autorité publique ou chargée d'une mission de service public ou par une personne investie d'un mandat électif public, de prendre, recevoir ou conserver, directement ou indirectement, un intérêt de nature à compromettre son impartialité (...)* ». L'intérêt est apprécié par le juge : un maire, qui est aussi président d'un office public d'HLM, peut signer un permis de construire pour des logements réalisés par cet office car il n'est pas personnellement intéressé (Conseil d'État, 24 juin 1988, Dedin-Laportas c/ Ville de Périgueux, Rec. T. p. 1081).

Dans les communes partiellement couvertes par un PLU approuvé, le maire est compétent pour délivrer les permis de construire au nom de la commune, y compris pour des projets à réaliser sur la partie du territoire non couverte par le document d'urbanisme ; il doit alors, pour ces derniers, obtenir l'avis conforme du préfet (art. L.422-5, a). Le transfert de compétence au profit du maire est « *définitif* » (art. L.422-1, a) : lorsque le PLU est annulé ou déclaré illégal, et que n'est pas remis en vigueur un document d'urbanisme antérieur, le maire continue à délivrer le permis de construire au nom de la commune, mais sur avis conforme du préfet (art. L.422-6).

■ **Exceptions**

Prévues à l'article L.422-2 du Code de l'urbanisme, les exceptions concernent les cas où le permis de construire est délivré par le maire au nom de l'État, ou exceptionnellement par le préfet – naturellement au nom de l'État – qui doit préalablement recueillir l'avis du maire.

153. Sept catégories constructions sont visées :

- les travaux, constructions et installations réalisés pour le compte d'États étrangers ou d'organisations internationales, de l'État, de ses établissements publics et concessionnaires (art. L.422-2 a) ;
- les ouvrages de production, de transport, de distribution et de stockage d'énergie, ainsi que ceux utilisant des matières radioactives (art. L.422-2 b) ;
- les travaux, constructions et installations réalisés à l'intérieur des périmètres des opérations d'intérêt national (art. L.422-2 c) ;
- les opérations situées dans les secteurs arrêtés par le préfet au titre des logements locatifs sociaux (art. L.422-2 d) ;
- les logements, locaux d'hébergement et résidences hôtelières à vocation sociale construits ou exploités par des sociétés de construction dans lesquelles l'État détient au moins un tiers du capital (art. L.422-2 e) ;
- les ouvrages, constructions ou installations situés du côté du val à moins de 19,50 mètres du pied des levées (art. L.422-2 f) ;
- les travaux réalisés pour le compte de SNCF Réseau dans le cadre de ses missions de service public (art. L.422-2 g).

B. Commune non dotée d'un PLU ou d'un document en tenant lieu

155. Dans ces communes, le permis de construire est délivré par le préfet ou le maire au nom de l'État (art. L.422-1 b). En général, c'est le maire qui délivre le permis au nom de l'État.

Par exception, le permis de construire est délivré par le préfet du département :

- pour les projets réalisés pour le compte d'États étrangers ou d'organisations internationales, de l'État, de ses établissements publics et concessionnaires (art. R.422-2 a) ;

- pour les ouvrages de production, de transport, de distribution et de stockage d'énergie (art. R.422-2 b) ;
- pour les installations nucléaires de base (art. R.422-2 c) ;
- pour les travaux soumis à l'autorisation du ministre de la Défense ou du ministre chargé des sites ou en cas d'évocation par le ministre chargé de la protection de la nature ou par le ministre chargé des monuments historiques et des espaces protégés (art. R.422-2 d);
- en cas de désaccord entre le maire et le responsable du service de l'État (art. R.422-2 e) qui a mené l'instruction ;
- pour les ouvrages, constr uctions ou installations situés du côté du v al à moins de 19,50 mètres du pied des levées (art. R.422-2 f) ;
- pour les opérations situées dans les secteurs arr êtés par le pr éfet au titre des logements locatifs sociaux (art. R.422-2 g).

C. Commune dotée d'une carte communale approuvée

V. *supra,* 114.

3.2.2 L'instruction

156. Exceptionnellement, le ministre chargé de la protection de la nature, le ministre chargé des monuments historiques et des espaces protégés peuvent -- comme leur homologue anglais chargé de l'environnement (*Town and Country Planning Act 1990,* art. 77) - év oquer un dossier (art. R.422-2, d). D e même, les constr uctions réalisées à l'intérieur du jar din du Luxembourg et sur ses grilles sont instr uites et permises par les questeurs du S énat lorsqu'ils ont fi é cette règle de compétence (article 76 de la loi n° 2003-590 « Urbanisme et habitat » – voir *supra* 21).

157. Hormis ces cas exceptionnels, l'instruction est effectuée par la di ection départementale des territoires si la r esponsabilité du permis r evient à l'État (art. R.423-16) ; l'instruction aboutit à un avis transmis à l'autorité compétente pour délivrer le permis : cet avis doit être motivé s'il comporte des prescriptions, s'il est défavorable, ou s'il propose un sursis à statuer. En pratique, depuis le 1er janvier 2018, toutes les communes dotées d'un plan local d'urbanisme (PLU) ou d'une carte communale ne peuvent plus bénéficier de la mise à disposition gratuite des ser vices de l'État pour l'instruction de leurs autorisations d 'urbanisme (article 134 de la loi ALUR – loi pour l'accès au logement et un urbanisme rénové – article L.422-8 du Code de l'urbanisme).

Lorsque la responsabilité du permis n'incombe pas à l'État, l'instruction est assurée dans les intercommunalités par les services de l'EPCI et dans toutes les communes de plus de 10 000 habitants (elles sont moins de 1 000) par les ser vices de la commune ou ceux d 'une autre commune ou par une agence départementale (article L.5511-1 du Code général des collectivités territoriales).

Les communes de moins de 10 000 habitants (ou les EPCI de moins de 10 000 habitants) peuvent aussi instruire les permis, mais, à la demande de l'organe délibérant, les services de la direction départementale des territoires peuvent être mis gratuitement à leur disposition par convention signée entre l'exécutif et le pr éfet, solution habituelle dans les communes qui n'ont pas de services techniques assez importants (art. L.422-8 et R.422-5). Dans cette situation, la DDT doit agir en concer tation permanente avec le maire, respecter ses instructions

(Conseil d'État, 13 juillet 2011, Commune de Beuvillers, n° 325263, Rec. T. p. 1196) et lui adresser un projet de décision (art. R.423-74). Les agents des services instructeurs peuvent recevoir délégation du maire (art. L.423-1, al. 7).

A. La forme de l'instruction

Les règles de procédure sont assez rigoureuses.

■ Le commencement de l'instruction

158. Que le dossier soit adressé sous forme numérique ou sous forme « papier », l'administration doit en premier lieu vérifier que celui-ci est complet. Dans le mois qui suit la réception de la demande en mairie, elle peut demander au pétitionnaire, le cas échéant par courrier électronique, en fixant un délai, de lui fournir les pièces manquantes sur une liste établie *« de façon exhaustive »* (art. R.423-38). Ces pièces doivent être retournées par le pétitionnaire dans un délai de trois mois (art. R.423-39 a). À défaut, la demande fera l'objet d'une décision tacite de rejet (art. R.423-39 b). Cette décision peut être contestée devant le juge administratif (Conseil d'État, 14 mars 1980, Mme Bullette, Rec. T. p. 931).

Dès lors que le dossier est complet, l'autorité compétente pour statuer notifie au pétitionnaire, par lettre recommandée avec accusé de réception ou par courrier électronique, le numéro d'enregistrement de la demande et la date avant laquelle la décision lui sera notifiée (art. R.423-4). À défaut de notification à cette date, le permis sera considéré comme ayant été accordé tacitement.

■ Le délai d'instruction

159. Le délai d'instruction court à compter de la date où le dossier est complet (art. R.423-19), à l'exception du cas où une enquête publique est nécessaire : le délai d'instruction part alors de la date de réception par le préfet du rapport du commissaire enquêteur ou de la commission d'enquête (art. R.423-20).

Le délai normal d'instruction est de deux mois pour les permis portant sur une maison individuelle et de trois mois pour les autres permis (art. R.423-23). Ce délai peut être augmenté d'un mois lorsque le projet nécessite des consultations d'autorités ou d'administrations autres que celles chargées de l'instruction, ou s'il est situé dans un périmètre de secteur sauvegardé (art. R.423-24). Il peut être augmenté de deux mois dans certains autres cas : consultation d'une commission départementale ou régionale, du ministre en charge de l'agriculture, dérogation particulière, projet soumis à autorisation d'exploitation commerciale (art. R.423-25). Le délai d'instruction est de cinq mois si le permis porte sur un immeuble inscrit au titre des monuments historiques ou un établissement recevant du public (art. R.423-28 a) ou encore sur des travaux concernant des immeubles de grande hauteur (art. R.423-28 b).

L'instruction dure : dix mois pour les travaux soumis à autorisation spéciale du ministre de la défense ou en charge de l'aviation civile (art. R.423-31 a) ; cinq ou sept mois si le permis doit être précédé d'une autorisation de défrichement (art. R.423-29) lorsque le défrichement est soumis à reconnaissance de la situation des terrains ou à enquête publique.

En cas de délais particuliers, ceux-ci doivent être notifiés au pétitionnaire (R.423-42 et R.423-43). Au cours de l'instruction, des prolongations exceptionnelles de délai sont possibles pour « *prendre en compte des obligations de procédure qui ne peuvent* être *connues dans le mois qui suit le dépôt de la demande* » (art. R.423-18, c) et le demandeur doit en être explicitement averti avant l'expiration du délai initialement fixé (art. R.423-44).

■ Les consultations

160. Le service chargé de l'instruction doit consulter le maire de la commune lorsque le préfet délivre le permis de construire au nom de l'État sur chaque demande de permis ; l'avis du maire est réputé favorable s'il ne l'a pas donné à la DDT dans le mois suivant la réception du dossier en mairie (art. R.423-72).

Consultations administratives

Selon la nature du projet, diverses autorités doivent être consultées (art. R.423-50 et suivants). Leur avis est enfermé dans un certain délai (en général un mois), et l'absence de réponse à l'expiration du délai vaut en principe avis favorable (art. R.423-59).

D'autres délais spécifiques peuvent être appliqués, comme en témoignent les exemples suivants :

- pour une construction ayant pour effet la création ou la modification d'un accès à une voie publique : dans l'hypothèse où l'autorité qui instruit le permis est différente de celle qui gère cette voie (maire pour voie communale ou département pour voie départementale), elle doit consulter le service gestionnaire de la voie (art. R.423-53), qui dispose du délai d'un mois ; passé un mois, son avis est réputé favorable ;
- pour un immeuble inscrit au titre des monuments historiques : le préfet de région doit donner son accord. Passé trois mois, cet accord est réputé donné (art. R.423-66) ;
- pour un immeuble situé dans le périmètre d'un site patrimonial remarquable ou dans les abords des monuments historiques : l'architecte des bâtiments de France (ABF) dispose d'un délai de deux mois ; passé ce délai, cet accord est réputé donné (art. R.423-67). Si l'autorité compétente pour délivrer le permis conteste la position de l'ABF, elle peut saisir le préfet de région, qui se prononce sur ce point dans les deux mois après consultation de la section de la commission régionale du patrimoine et des sites ; passé ce délai, le recours est réputé admis (R.423-68) ;
- pour un immeuble situé en zone agricole protégée : la chambre d'agriculture et la commission départementale d'orientation agricole doivent donner un avis dans les deux mois : passé ce délai, l'accord est réputé donné (R.423-64). En cas de désaccord de l'une ou de l'autre, le dossier est transmis au préfet qui se prononce dans le délai d'un mois ; à défaut de réponse, son avis est réputé défavorable ;
- pour les établissements recevant du public (ERP) et les immeubles de grande hauteur (IGH) : le délai de consultation du préfet est de quatre mois. Passé ce délai, l'avis est réputé favorable (art. R.423-70 et R.423-71).

161. Les établissements recevant du public (ERP) sont définis comme *« tous bâtiments, locaux et enceintes dans lesquels des personnes sont admises, soit librement, soit moyennant une rétribution ou une participation quelconque, ou dans lesquels sont tenues des réunions ouvertes à tout venant ou sur invitation, payantes ou non »* (art. R.143-2 du Code de la construction et de l'habitation).

En pratique, les ERP sont classés en fonction de la nature de leur exploitation (exemples : L = salle de spectacle, M = magasin de vente, N = restaurant ou débit de boisson, R = établissement d'enseignement, S = bibliothèque…) ainsi qu'en fonction de leur capacité d'accueil (art. R.143-19 du Code de la construction et de l'habitation).

Capacité d'accueil	Catégorie
Plus de 1 500 personnes	1
De 701 à 1 500 personnes	2
De 301 à 700 personnes	3
Jusqu'à 300 personnes	4
Inférieur au seuil	5

Exemple

Une bibliothèque pouvant accueillir moins de 200 personnes sera classée type S de 5e catégorie. Si sa capacité d'accueil est comprise entre 200 et 300 personnes, elle sera classée type S de 4e catégorie.

Le Code de la construction et de l'habitation soumet les travaux portant création, aménagement ou modification 'un ERP à des v érifications spécifiques po tant en par ticulier sur l'accessibilité des bâtiments aux personnes handicapées ainsi qu'aux règles de sécurité contre l'incendie (art. L.122-3 du CCH). La procédure prévoit ainsi que le préfet recueille l'avis de la commission consultativ e départementale de sécurité et d 'accessibilité (art. R.122-5 et suivants du CCH) qui dispose dans le dossier de toutes informations utiles pour lui permettr de vérifier que les conditions de sécurité et d'accessibilité seront assurées conformément aux prescriptions légales et réglementaires.

162. Certains immeubles, communément désignés sous le sigle « IGH », relèvent d'une réglementation spécifique dès lors q 'ils dépassent une certaine hauteur.

Depuis la loi « ELAN » du 23 novembre 2018, on distingue plus précisément :

- les immeubles de mo yenne hauteur (IMH) : immeubles à usage d 'habitation compris entre 28 et 50 mètres de haut ;
- les immeubles de grande hauteur (IGH) : tout immeuble de plus de 50 m de hauteur pour les logements et de 28 m de hauteur pour les autres destinations (bureaux…) ;
- les immeubles de très grande hauteur (ITGH) : tout immeuble de plus de 200 m de hauteur.

À l'instar des ERP, les IGH sont classés en fonction de leur usage (par ex emple, GHA = immeuble à usage d'habitation ; GHO = immeuble à usage d'hôtel ; GHW = immeuble à usage de bureau…). Les conditions de sécurité applicables à leur construction varient selon la classe. S'agissant en particulier des IGH, le préfet recueille l'avis de la commission consultative départementale de la protection civile qui vérifie que le projet est conforme aux prescriptions législatives et réglementaires.

Consultation du public

163. Une enquête publique s'impose pour les constructions les plus importantes, en particulier lorsque *« en raison de leur nature, de leur consistance ou du caractère des zones concernées, ces opérations sont susceptibles d'affecter l'environnement »* (art. L.123-1 du Code de l 'environnement). Sont notamment concernées les constructions soumises à étude d'impact (voir *supra* 136).

B. Le contenu de l'instruction

164. L'instruction a pour objet de s'assurer que le droit en vigueur, tant au niveau national qu'au niveau local, est respecté et qu'en conséquence l'autorité compétente peut délivrer le permis de construire.

■ Le permis sanctionne essentiellement les règles d'urbanisme

Le service instructeur doit d'abord et surtout vérifier que la demande est conforme aux règles d'urbanisme applicables à la date où le permis de construire est signé, et non à celles existant à la date du dépôt de la demande (Conseil d'État, 23 avril 1975, Ministre de l'Aménagement du territoire c/ Perrin, Rec. p. 251). Cette règle connaît des exceptions : lorsque le pétitionnaire joint un cer tificat d'urbanisme (Conseil d 'État, Section, 25 février 1983, époux Audibert, Rec. p. 254) en cours de validité (voir *infra* 219 à 222) ou encore lorsqu'il est fait application de l'article L.111-15 sur la reconstruction à l'identique. En vertu de cet article, « *lorsqu'un bâtiment régulièrement édifié vient à être détruit ou démoli, sa reconstruction à l'identique est autorisée dans un délai de dix ans nonobstant toute disposition d'urbanisme contraire, sauf si la carte communale, le plan local d'urbanisme ou le plan de prévention des risques naturels prévisibles en dispose autrement* ». Tel peut être, par exemple, le cas d'une construction démolie après un attentat, Conseil d'État, 5 mars 2003, M. Nicolas Lepoutre, Rec. p. 116) ou encore après un incendie (Conseil d'*État*, 16 mai 2018, Maire de Loix, n° 406645). Encore faut-il que la construction démolie ait été initialement régulièrement construite (Cour administrative d'appel de Lyon, 15 novembre 2018, Maire de Saint-Genès-Champanelle, 17LY00436). Le juge peut être conduit à vérifier si les matériaux utilisés sont bien les mêmes dans leur nature et dans leur aspect pour apprécier la reconstruction à l'identique (Cour administrative d'appel de Nantes, 1er octobre 2020, Commune de Valorbiquet, n° 19NT03640).

Règles locales d'urbanisme

Le service instructeur vérifie si le projet est bien conforme aux règles du document d'urbanisme local (PLU, PLUi, carte communale). Cet examen est d'autant plus rigoureux qu'un refus illégal de permis de construire peut engager la responsabilité de la commune (Cour administrative d'appel de Lyon, 15 décembre 2020, Commune de Reignier-Esery, 19LY00881).

Exemples

1. Un éleveur d'ovins et de caprins sollicite un permis de construire pour édifier sa maison d'habitation sur un terrain classé en zone agricole. Relevant que le PLU autorise les constructions à usage d'habitation sous réserve qu'elles soient liées et utiles à l'exploitation agricole et qu'elles soient implantées dans un rayon de 50 mètres des bâtiments d'exploitation, le juge annule le refus de permis de construire et enjoint au maire de délivrer cette autorisation (Cour administrative d'appel de Bordeaux, Commune de Vacquiers, 17 décembre 2021, n° 19BX02911).

2. Un pétitionnaire sollicite un permis de construire pour édifier une maison individuelle d'une surface de plancher de 109 m^2 sur une parcelle classée en zone naturelle et forestière N par le PLU. Relevant que le règlement du PLU n'autorise dans de telles zones que les constructions nécessaires à l'exploitation des services publics locaux, les installations nécessaires à l'exploitation forestière et les constructions à usage d'annexe dans la limite de 40 m^2 de surface de plancher, le juge valide le refus de permis de construire prononcé par le maire (Cour administrative d'appel de Marseille 19 avril 2022, Commune de Saint-Hippolyte du Fort, 19MA03975).

3. Une société demande un permis de construire pour réaliser une centrale photovoltaïque sur des terrains classés en zone agricole A. Le juge valide le permis de construire délivré par le préfet, estimant que l'implantation d'un parc photovoltaïque sur des prairies d'élevage est compatible avec l'exercice d'une activité agricole dès lors que le projet prend en compte les caractéristiques de l'élevage en surélevant la hauteur sous les panneaux (Cour administrative d'appel de Bordeaux, 15 mars 2018, Commune de Marillac-le-Franc, n° 16BX02256).

Règles du plan de prévention des risques naturels prévisibles

Le Code de l'urbanisme prévoit que « *le projet peut être refusé ou n'être accepté que sous réserve de l'observation de prescriptions spéciales s'il est de nature à porter atteinte à la salubrité ou à la sécurité publique du fait de sa situation, de ses caractéristiques, de son importance ou de son implantation à proximité d'autres installations* » (art. R.111-2). Selon une jurisprudence constante du Conseil d'État, les prescriptions d'un plan de prévention des risques naturels prévisibles (PPRN), « *destinées notamment à assurer la sécurité des personnes et des biens exposés aux risques en cause et valant servitude d'utilité publique, s'imposent directement aux autorisations de construire* » (Conseil d'État, 9 juillet 2012, Commune de Sainte-Marie, n° 329310 ; 22 juillet 2020, Société Altarea Cogedim IDF, n° 426139). Dans ce cadre, il revient au service instructeur de vérifier que le projet respecte les prescriptions édictées par le plan de prévention et, le cas échéant, de préciser dans l'autorisation les conditions de leur application.

Règles de droit national

Certaines dispositions du Règlement national d'urbanisme (RNU) trouvent à s'appliquer dans toutes les communes, y compris celles pour vues d'un plan local d'urbanisme ou d'un document d'urbanisme en tenant lieu (art. R.111-1, voir *supra* 32).

Exemples

1. La loi prévoit que l'administration « *ne peut s'opposer à l'utilisation de matériaux renouvelables ou de matériaux ou procédés de construction permettant d'éviter l'émission de gaz à effet de serre, à l'installation de dispositifs favorisant la retenue des eaux pluviales ou la production d'énergie renouvelable* » (art. L.111-16). Ainsi, même si le règlement du PLU écrit le contraire, il n'est pas possible de refuser un permis au motif, par exemple, que la construction sera réalisée avec des bois ou végétaux en façade ou en toiture (art. R.111-23).

2. Le Code de l'urbanisme prévoit que le permis de construire peut être refusé ou subordonné au respect de prescriptions spéciales si les constructions projetées portent « *une atteinte au caractère ou à l'intérêt des lieux avoisinants, aux sites, aux paysages naturels ou urbains ainsi qu'à la conservation des perspectives monumentales* » (art. R.111-27). S'il est saisi, le juge examinera dans un premier temps la qualité du site naturel sur lequel la construction est projetée avant d'évaluer, dans un second temps, l'impact du projet sur le site (Conseil d'État, 13 juillet 2012, Association Engoulevent et autres, n° 345970).

3. Un permis de construire peut être refusé s'il est de nature à porter atteinte à la salubrité ou à la sécurité publique, en application de l'article R.111-2 du Code de l'urbanisme. Lorsqu'il apprécie les risques présentés par le projet, le juge vérifie qu'ils sont avérés et concrètement justifiés (Cour administrative d'appel de Bordeaux, 15 novembre 2018, Commune de Bordères-sur-l'Échez, n° 16BX00613, à propos d'un projet d'usine de méthanisation).

Adaptations mineures et dérogations

165. Le règlement du PLU peut prévoir que l'autorité compétente a la faculté de consentir des adaptations mineures. L'instruction doit s'assurer alors que ces adaptations sont « *rendues nécessaires par la nature du sol, la configuration des parcelles ou le caractère des constructions avoisinantes* » (art. L.152-3) et qu'elles revêtent bien un caractère mineur. L'adaptation mineure doit résulter de la configuration du terrain ou du caractère des constructions voisines et non du seul choix du pétitionnaire (Cour administrative d'appel de Lyon, 17 octobre 2017, Commune de La Roche-sur-Foron, n° 15LY02828). À noter qu'avant de refuser un permis, le service instructeur doit vérifier la possibilité de l'adaptation mineure au dossier, même si cette possibilité n'est pas demandée par le pétitionnaire (Conseil d'État, 11 février 2015, Gretz-Armainvilliers, n° 367414).

Exemples

1. Une adaptation mineure est justifiée pour la construction d'une murette sur un mur de soutènement (Conseil d'État, 10 novembre 1989, Hasler, Rec. T. p. 1005).

2. Un dépassement de 85 centimètres de la hauteur maximale sur une des façades de construction, « *compte tenu de la déclivité du terrain* », peut constituer une adaptation mineure (Conseil d'État, 15 novembre 2000, Commune de Louvres, n° 94649).

Dans le cadre de la délivrance d'un permis de construire, la loi autorise l'administration à accorder une ou plusieurs dérogations aux règles du PLU. Cette possibilité ne concerne cependant que des situations précisément prévues par le Code de l'urbanisme :

- reconstruction de bâtiments détruits ou endommagés à la suite dune catastrophe naturelle survenue depuis moins d'un an, lorsque les prescriptions imposées aux constructeurs en vue d'assurer la sécurité des biens et des personnes sont contraires à ces règles (art. L.152-4 1°) ;
- restauration ou reconstruction d'immeubles protégés au titre des monuments historiques, lorsque les contraintes architecturales sont contraires à ces règles (art. L.152-4 2°) ;
- travaux nécessaires à l'accessibilité des personnes handicapées à un logement existant (art. L.152-4 3°) ;
- mise en œuvre d'une isolation en saillie des façades des constructions existantes (art. L.152-5 1°) ;
- mise en œuvre d'une isolation par surélévation des toitures des constructions existantes (art. L.152-5 2°) ;
- mise en œuvre de dispositifs de protection contre le rayonnement solaire en saillie des façades (art. L.152-5 3°) ;
- installation d'ombrières dotées de procédés de production d'énergies renouvelables situées sur des aires de stationnement (art. L.152-5 4°).

La loi « Climat et résilience » du 22 août 2021 a étendu la liste des travaux susceptibles de justifier une dérogation aux règles relatives à la hauteur ou à l'aspect extérieur des constructions :

- installation de dispositifs de végétalisation des façades et des toitures en zones urbaines et à urbaniser (art. L.152-5-1) ;
- construction faisant preuve d'exemplarité environnementale (art. L.152-5-2) ;
- création d'infrastructures pour le stationnement des vélos (art. L.152-6-1) ;
- constructions permettant le réemploi de friches (art. L.152-6-3).

Plus récemment, la loi « 3DS » du 21 février 2022 a instauré de nouvelles dérogations applicables dans les zones d'urbanisation continue de plus de 50 000 habitants et les villes de plus de 15 000 habitants en forte croissance démographique (art. L.152-6).

L'ensemble des dérogations au PLU fait aujourd'hui l'objet des articles L.152-3 à L.152-6-4.

En résumé, les dérogations envisageables lors de l'octroi des permis ne visent plus simplement à prendre en compte des considérations locales ou topographiques. Elles visent désormais à permettre la mise en œuvre effective d'autres impératifs d'ordre plus stratégique tels que la densification urbaine, le développement durable ou encore les besoins en logements. Mais si l'administration peut admettre des dérogations, elle doit cependant connaître la position très ferme du juge exigeant de faire « *la balance* » entre les intérêts et les inconvénients de la dérogation. Selon le Conseil d'État en effet, « *une dérogation aux règles prescrites par un règlement d'urbanisme ne peut légalement être autorisée que si les atteintes qu'elle porte à l'intérêt général, que les prescriptions du règlement ont pour objet de protéger, ne sont pas excessives eu égard à l'intérêt général que présente la dérogation* » (Conseil d'État, Assemblée, 18 juillet 1973, Ville de Limoges, Rec. p. 530). En outre, la dérogation doit toujours être motivée. Elle doit également être expressément demandée par le pétitionnaire dans le cadre d'un permis de régularisation (Conseil d'État, 17 décembre 2020, Société Lapeyre, n° 432561).

■ Le permis de construire sanctionne d'autres règles jouxtant l'urbanisme

166. En Angleterre et au pays de Galles, l'instruction des permis (*planning permission*) permet de vérifier l'observance des règles d'urbanisme, mais aussi de prendre en compte toute autre considération pertinente (« *any other material consideration* » – article 70, *Town and Country Planning Act*, 1970). En France, le permis doit respecter les règles concernant l'utilisation des sols, l'implantation, la destination, la nature, l'architecture, les dimensions, l'assainissement des constructions et l'aménagement de leurs abords et ne pas être incompatible avec une déclaration d'utilité publique.

167. Le chapitre V du titre II du livre IV du Code de l'urbanisme distingue, à propos des opérations de construction soumises à un régime d'autorisation prévu par une autre législation, les catégories suivantes :

- **les opérations pour lesquelles le permis tient lieu d'autorisation au titre d'une autre législation :** en demandant le permis, le pétitionnaire n'a pas besoin de demander l'autorisation spécifique equise même s'il doit fournir des pièces supplémentaires au dossier. En obtenant le permis, il obtient cette autorisation spécifique (a t. L.425-1). C'est le cas notamment des immeubles de grande hauteur (art. L.425-2 ; voir *supra* 161) et des établissements recevant du public (art. L.425-3 ; voir *supra* 161), des projets soumis à autorisation d'exploitation commerciale (art. L.425-4), des immeubles construits dans le champ de visibilité d'un édifice inscrit ou classé au tite des monuments historiques (art. L.621-31 du Code du patrimoine), dans une aire de mise en valeur de l'architecture et du patrimoine (AVAP ; art. L.642-1 du Code du patrimoine), dans une réserve naturelle nationale (art. R.332-24 du Code de l'environnement)… ;
- **les opérations pour lesquelles l'autorisation prévue par une autre législation dispense de permis** : il s'agit des projets portant sur un immeuble classé au titre des monuments historiques nécessitant une autorisation administrative spécifique (a t. L.621-9 du Code du patrimoine). Dans ce cas, les travaux sont dispensés de permis de construire dès lors que la décision a fait l'objet d'un accord de l'autorité compétente pour statuer sur les demandes de permis de construire (art. L.425-5) ;
- **les opérations pour lesquelles l'opération est différée dans l'attente des formalités prévues par une autre législation :** le permis est accordé, mais les travaux ne peuvent commencer (art. L.425-6 à L.425-17). Tel est le cas notamment des trav aux soumis à autorisation de défrichement (art. L.425-6), des immeubles nécessitant une autorisation d'exploitation cinématographique (art. L.425-8), des projets concernés par des opérations d'archéologie préventive (art. L.425-11) ou encore du changement d'usage de locaux destinés à l'habitation (art. L.425-9) ou encore des travaux sur une installation classée ou sur une installation nucléaire de base soumis à autorisation (art. L.425-12).

■ Le permis ne sanctionne pas les règles de droit privé

Aux termes du dernier alinéa de l'article A.424-8, « *le permis est délivré sous réserve du droit des tiers : il vérifie la conformité du projet aux règles et servitudes d'urbanisme. Il ne vérifie pas si le projet respecte les autres réglementations et les règles de droit privé. Toute personne s'estimant lésée par la méconnaissance du droit de propriété ou d'autres dispositions de droit privé peut donc faire valoir ses droits en saisissant les tribunaux civils, même si le permis respecte les règles d'urbanisme* ». Par ailleurs, les règles de droit privé, et plus particulièrement les règles de construction (par exemple, l'isolement acoustique des façades), le droit de la propriété (notamment les servitudes civiles : servitudes de vue, d'ensoleillement, de mitoyenneté, de passage) doivent être respectées par le constructeur.

En pratique, lors de la demande de permis, il revient au pétitionnaire d'attester, à la rubrique 8 du formulaire Cerfa n° 13406*09 intitulée « *Engagement du (ou des) demandeurs* », qu'il a « *connaissance des règles générales de construction prévues par le Code de la construction et de l'habitation* ». Le récépissé de dépôt d'une demande de permis adressé par le maire au pétitionnaire mentionne à cet effet que « *le permis de construire est délivré sous réserve des droits des tiers* ». Ces derniers peuvent connaître un préjudice à l'occasion de la délivrance d'un permis, mais ce préjudice ne concerne pas l'administration.

> ***Exemple***
>
> Il a été jugé que la perte d'ensoleillement conduisant à l'altération des conditions de fonctionnement du bâtiment voisin ne constituait pas une atteinte susceptible de justifier un efus de permis de construire (Conseil d'État, 13 mars 2020, Société Cogédim Grand Lyon, n° 427408).

3.2.3 La décision

168. Dans la lettre d'accusé de réception, ou dans sa réponse par voie électronique, l'administration indique au pétitionnaire le délai d'instruction qui court à partir de la réception en mairie du dossier complet (art. R.423-19). Ce délai peut être prolongé à condition d'être notifié au demandeu .

Qu'advient-il au terme de ce délai ? En pratique, quatre situations peuvent se produire : soit l'administration ne dit rien, soit elle diffè e la décision, soit elle refuse le permis, soit elle l'accorde.

A. Le silence de l'administration

En vertu de l'article L.231-1 du Code des relations entre le public et l'administration, qui s'applique à toute demande dans tout domaine, « *Le silence gardé pendant deux mois par l'administration sur une demande vaut décision d'acceptation* » (SVA). Cette règle souff e cependant quelques exceptions, notamment lorsque la demande n'a pas pour objet l'adoption d'une décision individuelle, quand elle présente le caractère d'une réclamation ou d'un recours administratif ou encore lorsqu'elle ne s'inscrit pas dans le cadre d'une procédure prévue par un texte législatif ou réglementaire.

S'agissant en particulier des demandes de permis de constr uire, le Code de l'urbanisme prévoit un régime SVA de principe expressément formalisé à son article L.424-2 aux termes duquel « *le permis est tacitement accordé si aucune décision n'est notifiée au demandeur à l'issue du délai d'instruction* ». En résumé, l'absence de réponse au pétitionnaire vaut acceptation de la demande de permis (art. R.424-1).

- **Conditions du permis tacite**

Condition d'information

Le pétitionnaire doit avoir reçu notification du délai 'instruction (voir *supra* 158). De plus, il ne doit pas avoir reçu de lettre pendant l'instruction lui signifiant que le délai de celle-ci était prolongé.

Condition de sécurité

169. Il importe d'éviter que l'oubli par négligence de traiter un dossier d'instruction n'ait pour conséquence la réalisation de constructions à caractère important ou sensible. L'article R.424-2, modifié par le décret n° 2022-422 du 25 mars 2022, précise ainsi que plusieurs types de projets ne peuvent faire l'objet d'un permis tacite. Il s'agit notamment des travaux soumis à l'autorisation du ministre de la Défense, des travaux concernant un immeuble inscrit ou adossé à un immeuble classé au titre des monuments historiques, de la construction d'un immeuble nécessitant une enquête publique renforcée, des projets situés dans les futurs parcs nationaux ou des réserves naturelles. Dans ces différentes situations, le silence de l'administration vaut donc rejet de la demande. À titre d'exemple, il a été jugé que l'absence de transmission de l'avis de l'architecte des bâtiments de France ne fait pas naître un permis de construire tacite (Conseil d'État, 29 mars 2017, SCI Maryse, n° 392940). De même, le silence gardé par l'administration suite à une demande de permis de construire valant permis de démolir dans un site inscrit vaut décision implicite de rejet (Conseil d'État, 12 février 2020, Ville de Paris, n° 421949).

■ Conséquences du permis tacite

170. Le bénéficiaire d'un permis tacite peut demander à l'autorité compétente de lui délivrer un « *certificat* » (art. R.424-13). Attention cependant, ce « *certificat* » est à distinguer du « *certificat d'urbanisme* » prévu à l'article L.410-1 du Code de l'urbanisme (voir *infra* 211).

Il s'agit en effet d'un simple document qui indique, outre la date d'affichage en mairie ou la date de publication par voie électronique, la date à laquelle le dossier a été transmis au préfet.

Le permis de construire tacite n'échappe pas au contrôle de légalité : le dossier entier est transmis au préfet, qui peut déférer la décision tacite au tribunal administratif s'il l'estime illégale (Conseil d'État, 5 février 1988, SCI des Granges blanches, Rec. T. p. 1081 ; 5 février 2020, SCI de l'Aire et du Cros, n° 426160). De son côté, si l'autorité qui a tacitement accordé le permis se rend compte ultérieurement que celui-ci est illégal, elle a la possibilité de revenir sur sa décision en retirant expressément et rétroactivement le permis (Conseil d'État, Assemblée, 1er juin 1973, Ministre de l'Équipement c/ époux Roulin, Rec p. 390 ; Cour administrative d'appel de Bordeaux, 17 octobre 2019, Commune de Lespinasse, n° 7BX01917 ; Cour administrative d'appel de Marseille, 12 mai 2021, Commune d'Eyguières, n° 19MA01942). Cependant, elle ne peut le retirer de sa propre initiative que dans les trois mois ; passé ce délai, elle ne peut le retirer que sur demande expresse du bénéficiaire (art. L.424-5).

B. Le sursis à statuer

171. L'autorité compétente, saisie d'une demande de permis de construire, peut avoir besoin de différer sa décision. L'idée est de ne pas autoriser un projet de construction qui serait susceptible de compromettre des intérêts publics ou privés dont la teneur n'est pas encore mesurée avec précision au moment de la demande. En pratique, l'autorité compétente (maire ou préfet) peut prononcer un sursis à statuer dans plusieurs hypothèses.

■ Hypothèses de sursis à statuer

Le cas le plus fréquent est celui de la prescription d'un PLU. Une fois le PLU prescrit, l'autorité compétente peut décider de surseoir à statuer sur les demandes d'autorisation concernant des constructions, installations ou opérations qui seraient « *de nature à compromettre ou à rendre plus onéreuse l'exécution du futur plan* » (art. L.153-11). Le débat sur les orientations générales du projet d'aménagement et de développement durable (PADD) doit avoir eu lieu au moment de la demande.

Il en va de même dans d'autres situations exigeant que l'administration dispose des éléments suffisants avant de pouvoir être en mesure de faire part de sa décision :

- lorsque les travaux, constructions et installations projetés se situent dans des espaces ayant vocation à figu er dans le cœur du par c national et auraient pour effet de modifier 'état des lieux ou l'aspect de ces espaces (art. L.331-6 du Code de l'environnement) ;
- lorsque le projet consiste en des trav aux, constructions ou installations à r éaliser sur des terrains concernés par une enquête pr éalable de déclaration d 'utilité publique (ar t. L.424-1, 1°) ;
- dans le périmètre d'une opération d'intérêt national, lorsque des trav aux, des construc-tions ou des installations sont susceptibles de compromettre ou de rendre plus onéreuse la réalisation de l'opération, la mise à l 'étude du projet par le r eprésentant de l'État et la délimitation des terrains concernés peuvent justifier un tel sursis (a t. L.102-13) ;
- lorsque la commune est concernée par des risques littoraux elatifs au recul du trait de côte impliquant l'élaboration d'un projet de carte de préfiguration des zones impactées (art. L.121-22-3) ;
- lorsque des travaux, des constructions ou des installations sont susceptibles de compr o-mettre ou de r endre plus onéreux l'aménagement et l'équipement d'un projet de zone d'aménagement concerté (art. L.311-2) ;
- lorsque le projet consiste en des travaux, des constructions ou des installations susceptibles de compromettre ou de rendre plus onéreuse l'exécution de travaux publics, dès lors que la mise à l'étude d'un projet de travaux publics a été prise en considération par l 'autorité compétente et que les terrains affectés par ce p ojet ont été délimités (art. L.424-1, 2°).

Exemple de sursis à statuer

Une société civile immobilière (SCI) sollicite un permis de construire en vue de construire une deuxième maison sur des parcelles contiguës dont elle est propriétaire dans la commune de Ramatuelle. Le maire lui répond par un sursis à statuer, invoquant le fait qu'une délibération du conseil municipal a prescrit l'élaboration d'un plan local d'urbanisme sur l'ensemble du territoire communal. Le pétitionnaire demande et obtient du juge administratif l'annulation du sursis à statuer. Saisi du litige, le Conseil d'État relève que le projet du pétitionnaire « *se situe en lisière d'une zone boisée qui s'étend au sud de la maison déjà construite par la SCI sur ses parcelles, dont le projet de plan local d'urbanisme entend conserver le caractère naturel préservé de toute construction* ». Il en déduit que « *la réalisation de cette construction serait de nature, eu égard à ses finalités, à compromettre l'exécution du futur plan* » et valide par conséquent l'arrêté municipal opposant un sursis à statuer à la demande de la SCI.

Source : Conseil d'État, 30 mai 2011, Commune de Ramatuelle, n° 327769

172. Le sursis à statuer est une décision à dur ée provisoire, prise par l'autorité compétente pour délivrer le permis, et motiv ée (Conseil d'État, 23 octobre 1987, époux B arnier, Rec. p. 321). Sa durée maximale est en principe de deux ans à compter de sa notification au pét - tionnaire. C'est en pratique à l'administration qu'il incombe de préciser dans sa décision la durée du sursis et le délai dans lequel le demandeur pourra confirmer sa demande (art. R.424-9). En l'absence d'une telle indication, aucun délai n'est opposable au demandeur.

C. Le refus de permis

173. Le refus de permis fait l'objet d'un arrêté (art. L.424-1) qui doit être motivé (art. L.424-3). Dans son arrêté, l'administration doit clairement indiquer l'intégralité des motifs justi - fiant le refus et préciser en quoi le projet présenté est contraire aux règles d'urbanisme. C'est en principe au mair e qu'il revient d'exercer cette compétence. I l ne saurait, par ex emple, échapper à cette responsabilité en refusant un permis au motif que le conseil municipal aurait émis un avis défavorable au projet (Cour administrative d'appel de Douai, 3 août 2006, GAEC Barbet c/ Commune de Feuchy, Rec. T. p. 1022). Lorsqu'une demande de permis de construire est déposée par plusieurs demandeurs, le refus peut n'être notifié qu'à un seul des pétitionnaires sans que les autres ne disposent pour autant d'un permis tacite (Conseil d'État, 2 avril 2021, Société Serpe, n° 427931).

Un projet de construction peut être refusé s'il est de nature à porter atteinte à la salubrité ou à la sécurité publique du fait de sa situation, de ses caractéristiques, de son importance ou de son implantation à proximité d'autres installations (art. R.111-2). L'arrêté de refus de permis peut être contesté par la voie du recours pour excès de pouvoir devant le juge administratif. En cas de litige, il revient au juge d'apprécier si les risques présentés par le projet sont avérés et concrètement justifiés (Cour administrative d'appel de Bordeaux, 15 novembre 2018, n° 16BX00613, Association de défense des riverains des stations d'épuration et installations de traitement de déchets et commune de Bordères-sur-l'Èchez, à propos d'un projet d'usine de méthanisation). Devant le juge, une commune peut invoquer de nouveaux motifs pour justifier son refus de permis, mais ces motifs doivent être fondés sur la situation existant à la date de cette décision (Conseil d'État, 19 mai 2021, Commune de Rémire-Montjoly, n° 435109 ; Cour administrative d'appel de Paris, 21 avril 2022, M.A., n° 21PA02934). Enfin, lorsque le juge annule un refus d'autorisation, il doit, s'il est saisi de conclusions à fin d'injonction, ordonner à l'autorité compétente de délivrer l'autorisation de construire (Conseil d'État, avis du 25 mai 2018, Commune de Mantes-la-Ville, n° 417350).

Exemple de refus de permis pour risque d'atteinte à la sécurité publique

Deux pétitionnaires sollicitent un permis de construire au maire de Nîmes pour réaliser une maison individuelle. En dépit d'un certificat d'urbanisme « positif », le maire refuse de leur délivrer le permis invoquant des *« risques d'atteinte à la sécurité publique liés à l'incendie »*. Saisi du litige, le juge administratif relève que si les pétitionnaires estiment que *« le terrain d'assiette se situe dans une zone urbanisée et qu'à cent mètres à vol d'oiseau de leur terrain, un important projet immobilier, prévoyant la construction de plus de 32 maisons, a été autorisé (...), cette seule circonstance ne suffit pas à établir, contrairement à ce qu'ils affirment (...), que leur terrain serait protégé contre le risque incendie »*. Le juge administratif valide, par conséquent, le refus de permis de construire fondé sur le risque d'atteinte à la sécurité publique au sens de l'article R.111-2 du Code de l'urbanisme.

Source : Cour administrative d'appel de Marseille, 23 mars 2018, Commune de Nîmes, 16MA02218.

D. L'octroi du permis

174. Le permis est accordé par l'autorité administrative compétente dès lors que le projet est conforme aux dispositions législatives et réglementaires mentionnées à l'article L.421-6. Sont ainsi vérifiés en pratique la conformité du projet avec l'utilisation des sols, son implantation, sa destination, sa nature, son architecture, ses dimensions ou encore l'assainissement des constructions et l'aménagement de leurs abords. Il importe également de s'assurer que le projet n'est pas incompatible avec une déclaration d'utilité publique.

L'octroi d'un permis de construire prend la forme d'un arrêté (art. A.424-1). Ce dernier doit notamment faire apparaître les nom, prénom et qualité du signataire du permis *« en caractères lisibles »*, à défaut la décision serait irrégulière (Conseil d'État, 11 mars 2009, Commune d'Auvers-sur-Oise, Rec. T. p. 988). Cet arrêté indique en outre la collectivité au nom de laquelle la décision est prise et vise la demande de permis, les textes législatifs et réglementaires dont il est fait application, les avis recueillis en cours d'instruction et leur sens, mais précise également si la décision est assortie de prescriptions, si elle accorde une dérogation ou des adaptations mineures et si elle met à la charge du bénéficiai e des contributions spéciales. Le permis de construire peut autoriser une démolition nécessaire à un projet de construction dès lors que cette démolition a été demandée dans le dossier de permis (art. L.451-1).

■ **Prescriptions particulières**

Le permis de construire peut être accordé sous réserve du respect de certaines conditions d'exécution. Ces dernières peuvent être de plusieurs types :

- **Protéger ou renforcer la sécurité et l'environnement :** il s'agit des cas où, en vertu d'une disposition du règlement national d'urbanisme ou du PLU, le permis peut n'être accordé que *« sous réserve de l'observation de prescriptions spéciales »*. Par exemple, le permis de construire d'un projet de construction de nature à porter atteinte à la salubrité ou à la sécurité publique ne peut être refusé que si aucune prescription spéciale ne permet de rendre la construction conforme (Conseil d'État, 26 juin 2019, Commune de Tanneron, n° 412429). Autrement dit, un refus de permis peut être jugé illégal dès lors que le maire disposait de la possibilité d'accorder le permis en l'assortissant de prescriptions (Cour administrative d'appel de Marseille, 17 décembre 2020, Commune de La C rau, n° 19MA01614). Les risques d'atteinte à la sécurité publique qui justifient 'octroi du permis sous réserve de l'observation de prescriptions spéciales sont *« aussi bien les risques auxquels peuvent être exposés les occupants de la construction pour laquelle le permis est sollicité que ceux que l'opération projetée peut engendrer pour des tiers »* (Conseil d'État, 1er mars 2004, Commune de Villelaure, n° 209942).

  Les prescriptions spéciales peuvent également porter sur des aspects aussi divers que l'emplacement d'un local à ordures ménagères (Cour administrative d'appel de Marseille, 20 juillet 2017, Commune de Peypin, n° 15MA04300), les conditions d'accès à la parcelle (Conseil d'État, 3 juin 2020, Société Compagnie immobilière Méditerranée, n° 427781), la mise en place d'un dispositif d'infiltration des eaux pluviales (Cour administrative d'appel de Versailles, 29 septembre 2016, Commune de Ris-Orangis, n° 14VE02795) ou encore les mesures destinées à compenser les atteintes du projet sur l'environnement (Conseil d'État, 30 décembre 2020, Association Koenigshoffen emain n° 432539).

  Les prescriptions spéciales doivent être motivées (art. R.424-5). Il est utile que l'autorité précise la manière dont doit être respectée la norme exigée et ne se borne pas à rappeler la règle juridique à respecter (Cour administrative d'appel de Nantes, 30 janvier 2015, Commune de Saint-Herblain, n° 14NT01065). Enfin, ces prescriptions spéciales sont indivisibles de la décision : on ne peut les contester qu'en demandant l'annulation totale du permis (à propos de prescriptions sur la sécurité contre l'incendie et la solidité des sols : Conseil d'État, 11 mars 1987, Société HLM Le Nouveau Logis, Rec. p. 1009).

- **Exiger une participation financière du constructeur** (voir *infra* 187 et 188) : il est possible de former un recours portant sur les seules prescriptions financiè es, car celles-ci sont divisibles des autres dispositions de la décision de permis (Conseil d'État, 9 décembre 1991, SCI L'Océan, Rec. T. p. 1103 ; Cour administrative d'appel de Lyon, Société CNG Immo, 1er avril 2021, n° 19LY03505).

- **Imposer de différer l'exécution des travaux** (art. R.424-6) en attendant, par exemple, l'achèvement d'opérations d'archéologie préventive ou la clôture de l'enquête publique pour les installations classées… Ces réserves apportées au permis permettent au bénéficiaire qui a reçu une décision d'utiliser le temps d'attente à purger le délai de r ecours contre le permis.

■ Le permis à titre précaire

175. L'autorité compétente peut, dans des situations ex ceptionnelles, délivrer un permis de construire à titre précaire (art. L.433-1). Ce r égime dérogatoire permet la r éalisation d'un aménagement temporaire justifié par une *« nécessité caractérisée »* (Cour administrative d'appel de Marseille, 13 juillet 2016, SARL Tinaya, n° 16MA01038). Si le caractère exceptionnel permet de soustraire de tels aménagements aux exigences de la r églementation de l'urbanisme, son appréciation est réalisée au cas par cas. Tel peut être, par exemple, le cas pour des cabanes de chantier en pr éfabriqué, des locaux d'enseignement provisoires (Conseil d'État, 29 novembre 2019, M.A., n° 410689) ou encore un projet de construction d'éolienne sur l'île de Sein (Cour administrativ e d'appel de N antes, 17 janvier 2020, S ociété EDF, n° 19NT00662). A, en revanche, été annulé un permis de construire, délivré à titre précaire, visant à autoriser, durant trois ans, l'implantation à Paris du chapiteau d'un cirque avec l'installation de dix carav anes, d'un espace d'accueil, de cinq modules pr éfabriqués à usage de sanitaires et la pose de clôtures (Cour administrative d'appel de Paris, 15 mars 2018, Ville de Paris, n° 16PA02672).

L'arrêté accordant un permis de constr uire à titre précaire doit obligatoirement indiquer un délai à l'issue duquel la construction devra être enlevée (art. R.433-1) :

- d'une part, lorsque le terrain d'assiette du projet n'est situé ni dans une zone urbaine, une zone à urbaniser ou un emplacement r éservé délimités par un plan local d'urbanisme, ni dans un secteur constructible délimité par une carte communale ;
- d'autre part, lorsque le terrain est situé dans le périmètre d'un site patrimonial remarquable ou dans les abords des monuments historiques ou le périmètre d'une opération de restauration immobilière, dans un site inscrit, dans un site classé ou en instance de classement.

À l'issu du délai prévu, le bénéficiai e d'un permis de construire à titre précaire, ou son ayant droit, devra enlever sans indemnité la construction et remettre, à ses frais, le terrain en l'état (art. L.433-3).

■ Le permis de construction saisonnière

Les formalités sont simplifiées pour les pétitionnaires de permis envisageant une construction non permanente *« destinée à être régulièrement démontée et réinstallée »* (art. L.432-1). Dans ce cas, *« le permis précise la ou les périodes de l'année pendant lesquelles la construction doit être démontée. Un nouveau permis n'est pas exigé lors de chaque réinstallation de la construction »*. Ce permis de construire a une durée maximale de cinq ans ; il devient caduc si la constr uction n'est pas démontée à la date fi ée par l'autorisation (art. L.432-2).

3.3 Les conséquences du permis

Dans les développements qui suivent, nous nous intéressons au cas où un permis a été, expressément ou tacitement, délivré.

3.3.1 Les conséquences administratives

A. Les autorisations simultanées

176. Le permis de construire accordé par l'administration vaut autorisation au regard de nombreuses législations parce que l'instruction a permis de consulter différentes autorités qui ont donné leur accord au titre d'une législation particulière (voir *supra* 160 à 162).

B. La publicité de la décision

La décision qui accorde le permis est en principe notifiée au demandeur par lettre recommandée avec demande d'avis de réception postal (art. R.424-10, al. 1). Elle peut être notifiée par pli non recommandé lorsqu'elle ne prévoit pas de participation ou de prescription. Si cette décision a été prise par le maire, copie doit en être adressée au préfet ou à son délégué (art. R.424-12) ; si elle a été prise par le préfet ou par le président de l'établissement public de coopération intercommunale, copie doit en être adressée au maire (art. R.424-10, al. 4).

Un extrait du permis doit être affiché en mairie dans les huit jours qui suivent sa délivrance expresse ou tacite et rester affichée pendant deux mois (art. R.424-15, al 3). Cette formalité de publication par voie d'affichage peut être remplacée par une publication sur le site Internet de la commune (art. R.424-15, al. 4). D'une manière générale, les documents détenus par l'administration relatifs aux autorisations individuelles d'urbanisme sont communicables à toute personne qui en fait la demande (art. L.311-1 du Code des relations entre le public et l'administration). Ce droit à communication s'applique à presque tous les documents que contient le dossier de permis de construire, comme le rappelle la Commission d'accès aux documents administratifs (CADA). Il en va ainsi du permis lui-même (avis CADA, 8 février 2018, Mairie de Tonnerre, n° 20175409), mais également des avis émis par les services de l'État (avis CADA, 23 juin 2016, Société Cote Immo, n° 20162134), par l'architecte des bâtiments de France (avis CADA, 26 mai 2016, Mairie de Saint-Jeannet, n° 20161668) ou encore des plans et des descriptifs du projet (avis CADA, 12 janvier 2017, Préfecture de la Région Ile-de-France, n° 20164944). Seuls certains documents n'ont pas à être communiqués ou ne peuvent l'être que partiellement au regard de la protection de la vie privée ou d'autres secrets protégés (voir pour un avis d'imposition, avis CADA, 20 mars 2008, M. T, n° 20081166). Aucune obligation d'établir son identité ne peut être imposée au demandeur, qui n'a par ailleurs aucune obligation de justifier sa demande (avis CADA, 27 mars 2014, Mairie de Villardonnel, n° 20140351).

L'article L.311-9 du Code des relations entre le public et l'administration offre quatre modes d'accès aux documents administratifs : la consultation gratuite sur place, la reproduction aux frais de la personne qui les sollicite, l'envoi par courrier électronique et sans frais ainsi que la publication en ligne des informations publiques. Lorsque le demandeur souhaite obtenir une copie à ses frais, les coûts ne peuvent excéder les montants définis par un arrêté conjoint du Premier ministre et du ministre du Budget du 1er octobre 2001, à savoir 0,18 euro la page en format A4 et 2,75 euros pour un cédérom.

C. L'évolution du permis

Si la plupart des permis ne font pas l'objet de décisions ultérieures, trois cas d'évolution particuliers méritent cependant d'être signalés.

■ Le retrait

177. L'administration dispose de la possibilité de revenir en arrière, c'est-à-dire de faire disparaître rétroactivement le permis de construire qu'elle avait explicitement accordé : cependant elle doit pour cela :

- d'une part, prévenir le bénéficiai e de ses motifs et lui demander de présenter ses observations (Conseil d'État, 23 avril 2003, S ociété Bouygues immobilier, n° 249712 ; Cour administrative d'appel de Bor deaux, 17 octobr e 2019, Commune de Lespinasse, n° 17BX01917) ;
- d'autre part, respecter deux conditions cumulativ es prévues par la loi (ar t L.424-5) : estimer finalement que le permis de construire qu'elle a délivré est illégal et le retirer dans un délai de tr ois mois suivant la date de sa délivrance. A u-delà, elle ne peut r etirer cette décision que sur demande de son bénéficiai e.

De son côté, le préfet peut former un recours gracieux auprès de l'autorité ayant délivré le permis, jusqu'à l'expiration du délai dont il dispose pour déférer un tel acte au tribunal administratif (Conseil d 'État, 5 mai 2011, M inistre de l 'Écologie c/ B ertaud, Rec. p. 207). Cependant, lorsque le permis a été obtenu par fraude et ne crée donc pas de droit, le retrait est possible à tout moment (Conseil d'État, 10 octobre 1990, Époux Alarçon, n° 86379, Rec. T. p. 1039 ; 5 mai 2018, SCI Cora, n° 407149). Le retrait est signé par l'autorité qui a accordé le permis ; toutefois, un permis de construire qui a été accordé au nom de l'État peut être retiré par une autorité supérieur e à celle qui l 'a signé (Conseil d 'État, Assemblée, 29 mars 1968, Société du lotissement de la plage de Pampelonne, Rec. p. 211), par exemple le préfet si le maire avait signé.

Si le retrait d'un permis de construire est lui-même illégal et cause au pétitionnaire un préjudice direct et certain, celui-ci peut en demander r éparation (Cour administrative d'appel de Marseille, 7 janvier 2021, SCI Elsa, n° 18MA03425).

■ Le permis modificatif

178. Le titulair e du permis peut, s 'il souhaite par la suite appor ter des changements à son projet, demander à la même autorité un permis modificati . Cette démarche s'effectue au moyen du formulaire Cerfa 13411*09. *Il est conseillé au lecteur de consulter ce formulaire sur le site www.formulaires.service-public.fr.*

La demande doit intervenir dans le délai de validité du permis de construire initialement délivré, et l'achèvement des travaux ne doit pas avoir été déclaré en mairie (CE 25 novembre 2020, M. et Mme Nuvoloni, n° 429623). Par ailleurs, un permis modificatif ne constituant pas un nouveau permis, la durée de validité de l'autorisation initiale reste inchangée.

Le titulaire ne peut toutefois déposer un permis modificatif en cas de« *bouleversement tel qu'il changerait la nature même du projet* » : un tel bouleversement nécessite un nouveau permis. Il revient donc au maire, puis au juge s'il est saisi, d'apprécier au cas par cas si les modifications envisagées créent un boulev ersement nécessitant un permis modificatif ou le dépôt 'un nouveau permis de construire : par exemple, les modifications appo tées au projet objet d'un permis initial en cours de validité, qui se bornaient à pr évoir la jonction des deux bâtiments initiaux en une seule constr uction par un escalier couv ert commun, la sur élévation d'une partie de la constr uction en rez-de-chaussée par l'adjonction d'une terrasse d'une surface de plancher de 4 m², ainsi que le remplacement d'un mur et de deux pare-vues en bois par deux murs en briques, pouvaient faire l'objet d'un permis modificatif (Conseil d'État, Section, 26 juillet 2022, Vincler, n° 437765).

■ Le transfert du permis

179. Le titulaire d'un permis de construire peut demander son transfert au profit d'un tiers. En effet, un permis 'est pas accordé en fonction de la personne du pétitionnair e, mais en fonction du contenu du pr ojet. Il s'agit d'un acte administratif à caractèr e réel, puisqu'il s'applique à un bien immeuble. Son titulaire peut donc le transférer, par exemple, à la personne à laquelle il vend son terrain.

Le transfert de permis est demandé au moyen du formulaire Cerfa 13412*08 (art. A.431-8). *Il est conseillé au lecteur de consulter ce formulaire sur le site www.formulaires.service-public.fr.* Le transfert n'est possible qu'à trois conditions :

- le permis doit encore être en cours de validité ; cette validité est appréciée à la date de la décision sur le transfert (Conseil d'État, 27 octobre 2006, SNC LIDL, Rec. T. p. 1107) ;
- le titulaire du permis et son futur bénéficiai e doivent clairement exprimer leur accor d (Conseil d'État, 24 octobre 2004, SCI Logana, Rec. p. 381) au travers d'une convention de transfert ;
- le futur bénéficiai e doit disposer des qualités requises pour construire. Les conditions du permis d'origine doivent être identiques. À défaut, une demande de permis modificatif sera nécessaire (voir *supra* 178).

3.3.2 Les conséquences matérielles d'un permis de construire

Le permis est exécutoire – ce qui signifie que son destinataire est autorisé à faire les travaux prévus – dès qu'il a été notifié au demandeur 'il s'agit d'un permis délivré au nom de l'État. Il est exécutoire, s'il s'agit d'un permis délivré au nom de la commune, lorsque de plus il a été transmis au préfet ou au sous-préfet (art. L.2131-2, 6° du Code général des collectivités territoriales). Il faut cependant rappeler que si des r éserves ont été inscrites dans la décision, le permis « *à exécution différée* » n'est exécutoire que lorsque les conditions prescrites sont satisfaites (art. R.424-6). Pour résumer, « *lorsque la décision accorde le permis, elle précise les conditions dans lesquelles elle devient exécutoire* » (art. R.424-11).

A. La publicité sur le terrain

180. Dès qu'il reçoit notification du permis acco dé, ou qu'il sait avoir obtenu une décision tacite, le bénéficiai e doit afficher la décision sur le terrain pendant toute la d ée du chantier « *de manière visible de l'extérieur* » (R.424-15). Le panneau r ectangulaire, dont toutes les dimensions sont supérieur es à 80 centimètres (A.424-15), doit indiquer les mentions suivantes, écrites en caractèr es lisibles de la v oie publique (Conseil d 'État, 30 juin 1999, fondation Asturion, Rec. T. p. 1084) ou des espaces ouverts au public pendant toute la durée du chantier (art. A.424-16) :

- le nom, la raison sociale ou la dénomination sociale du bénéficiai e ;
- le nom de l'architecte auteur du projet architectural ;
- la date de délivrance ;
- le numéro du permis ;
- la nature du projet et la superficie du terrain ;
- l'adresse de la mairie où le dossier peut être consulté.

Ce panneau indique également, en fonction de la nature du projet :

- si le projet prévoit des constructions, la surface de plancher autorisée ainsi que la hauteur de la ou des constructions, exprimée en mètres par rapport au sol naturel ;
- si le projet porte sur un lotissement, le nombre maximum de lots prévus ;
- si le projet porte sur un terrain de camping ou un par c résidentiel de loisirs, le nombr e total d'emplacements et, s'il y a lieu, le nombre d'emplacements réservés à des habitations légères de loisirs ;
- si le projet prévoit des démolitions, la surface du ou des bâtiments à démolir.

Enfin, le panneau 'affichage doit comp ter la mention suivante (art. A.424-17) :

> « ***Droit de recours.*** *Le délai de recours contentieux est de deux mois à compter du premier jour d'une période continue de deux mois d'affichage sur le terrain du présent panneau (art. R.600-2 du Code de l'urbanisme). Tout recours administratif ou tout recours contentieux doit,* à *peine d'irrecevabilité,* être *notifié* à *l'auteur de la décision et au bénéficiaire du permis ou de la décision prise sur la déclaration préalable. Cette notification doit* être *adressée par lettre recommandée avec accusé de réception dans un délai de quinze jours francs à compter du dépôt du recours (art. R.600-1 du Code de l'urbanisme)* ».

Les dispositions relatives à l'affichag doivent être scrupuleusement respectées. Elles ont en effet pour objet, selon la jurisprudence, « *de permettre aux tiers, à la seule lecture de ce panneau, d'apprécier l'importance et la consistance du projet* » (Conseil d'État, 6 juillet 2012, M. Ramaye, n° 339883). À titre d'exemple, la hauteur du bâtiment doit y figu er pour que l'affichag soit considéré comme complet et r égulier. Enfin, le titulaire du permis doit êtr e en mesure de démontrer que son autorisation a été régulièrement affichée sur le terrain dans les deux moi et durant toute la durée du chantier (Conseil d'État, 23 décembre 2020, Fédération des Associations de protection de l'environnement et du littoral des Côtes d'Armor, n° 441349).

B. Les contributions et participations

Le bénéficiai e du droit de construire est appelé à contribuer aux dépenses d 'équipements publics générées par la constr uction : il va se voir imposer une tax e d'aménagement, des contributions fiscales spécifiques et, entuellement, des par ticipations. Le montant de chacune d'elles est précisé par la décision octroyant le permis (art. R.424-7).

■ La taxe d'aménagement

181. Créée par l'article 28-I-A de la loi n° 2010-1658 du 29 décembre 2010 de finances rectificati e pour 2010, la taxe d'aménagement a remplacé le 1er mars 2012 de nombreuses taxes et en par ticulier la taxe locale d'équipement (TLE) qui avait été instituée par la loi d'orientation foncière du 30 décembre 1967. La taxe d'aménagement a pour but de financer des actions et opérations contribuant à la r éalisation des objectifs assignés aux documents d'urbanisme (art. L.331-1).

La taxe d'aménagement est régie par les articles L.331-1 et suivants du Code de l'urbanisme. Sa gestion a fait l'objet, depuis le 1er septembre 2022, d'un transfert de la Direction départementale du territoire à la Direction générale des finances publiques (DGFIP) en application de l'ordonnance n° 2022-883 du 14 juin 2022 . Cette tax e est due par les bénéficiai es des autorisations d'urbanisme, mais également par les personnes à l 'origine d'une construction réalisée sans autorisation ou en infraction aux obligations r ésultant de l'autorisation de construire ou d'aménager (articles 1635 quater B et C du CGI).

La taxe d'aménagement comporte plusieurs parts :

La part communale de la taxe d'aménagement existe de plein droit dans les communes dotées d'un PLU ou d'un POS, la part intercommunale existe de plein droit dans les communautés urbaines et les métropoles et s'applique à toutes les communes membres (art. L.331-2). Toutefois, l'organe délibérant peut décider de renoncer à percevoir la taxe pour une période d'au moins trois ans. Cette délibération est renouvelable.

La part communale de la taxe d'aménagement existe facultativement dans les autres communes, la part intercommunale pouvant être également mise en place à titre facultatif dans les autres intercommunalités. Dans tous les cas, cette taxe est instituée par l'organe délibérant pour une période d'au moins trois ans. Les parts communale et intercommunale sont affectées au budget 'investissement.

La part départementale de la taxe d'aménagement est instituée par délibération du conseil départemental (art. L.331-3). Elle vise plus spécifiquement à assu er le financement de la protection des espaces naturels sensibles ainsi que les dépenses des conseils d 'architecture, d'urbanisme et d'environnement (CAUE, voir *supra* 134). La part départementale est considérée comme une recette de fonctionnement du département.

La part de la taxe d'aménagement versée à la région d'Île-de-France est instituée par délibération du conseil régional (art. L.331-4). Elle s'applique à toutes les communes de cette région et vise à financer des équipements collectifs, principalement des infrast uctures de transport, rendus nécessaires par l'urbanisation. La part régionale de la taxe d'aménagement est affectée au budget 'investissement de la région d'Île-de-France.

Un arrêté ministériel du 17 août 2022 prévoit que les communes, les établissements publics de coopération intercommunale et la métropole de Lyon, ainsi que les départements, la collectivité de Corse et la région d'Ile-de-France, lorsqu'ils ont institué la taxe d'aménagement, notifient aux se vices fiscaux la délibération et le taux de la ta e *via* l'application DELTA, accessible par le portail internet de la gestion publique.

Opérations soumises à la taxe

La taxe d'aménagement concerne en principe toutes opérations d'aménagement et les opérations de construction, de reconstruction et d'agrandissement des bâtiments, installations ou aménagements de toute nature soumis à un régime d'autorisation (art. 1635 quater B du CGI). Son fait générateur est la date de délivrance du permis (notifié ou acco dé tacitement) ou l'expiration du délai d'opposition à une déclaration préalable ou le procès-verbal constatant la ou les infractions (art. 1635 quater F du CGI).

Certaines constructions en sont cependant exonérées :

- **de plein droit**, pour la part communale ou intercommunale ou/et les parts départementale et régionale (art. 1635 quater D du CGI) : les constructions de surface inférieure ou égale à 5 m^2 ; les constructions affectées à un service public ou d'utilité publique (caisses de sécurité sociale, organismes mutualistes, établissements religieux…) ; les constructions édifiées dans des ZAC ou dans les périmètres d'opérations d'intérêt national lorsque le coût des équipements a été mis à la charge des constr ucteurs ou des aménageurs ; les aménagements prescrits par un plan de prévention des risques naturels, un plan de prévention des risques technologiques ; les bâtiments affectés aux activités équestres ; les reconstructions à l'identique et sur un même terrain d'un bâtiment détruit depuis moins de dix ans ; les surfaces de plancher des serres de production agricole et des bâtiments d'hébergement des animaux…;

- **par délibération** de la collectivité territoriale ou de l'EPCI compétent (art. L.331-9) : les constructions de logements sociaux édifiées par les organismes HLM ; les constructions réalisées sur les immeubles inscrits ou classés au titr e des monuments historiques ; les constructions de locaux à usage industriel ou commer cial, les sur faces de v ente des commerces de détail inférieur es à 400 m^2, les abris de jar din et les serr es destinées à un usage non professionnel d'une surface inférieure à 20 m^2…

Calcul de la taxe

182. L'assiette de la taxe est constituée par la valeur de l'ensemble immobilier déterminée au regard de deux éléments (art. 1635 quater H du CGI) :

- d'une part, le produit de la sur face de construction par la valeur par mètre carré de cette surface (929 euros pour les communes situées dans la région Ile-de-France, 820 euros pour les communes hors Ile-de-France), certaines constructions pouvant bénéficier d'un abattement de 50 % (art. 1635 quater I du CGI) ;
- d'autre part, par la v aleur des aménagements et installations, fi ée forfaitairement par l'article 1635 quater J du Code général des impôts (voir tableau ci-dessous).

L'assiette de la taxe d'aménagement en 2022

Catégorie	Valeur hors Ile-de-France	Valeur en Ile-de-France
Constructions soumises à la réglementation des autorisations de constr uire et n 'entrant pas dans les autres catégories ci-dessous	820 euros par m^2	929 euros par m^2
Locaux d'habitation à usage d'habitation principale et leurs annex es, par logement pour les 100 premiers m^2	410 euros par m^2	464 euros par m^2
Locaux industriels ou à usage ar tisanal, entrepôts et hangars non ouverts au public, parcs de stationnement couverts	410 euros par m^2	464 euros par m^2
Locaux d'habitation et d'hébergement sociaux	410 euros par m2	464 euros par m2
Emplacements de tentes, carav anes et r ésidences mobiles de loisirs	3 000 euros par emplacement	3 000 euros par emplacement
Emplacements des habitations légères de loisirs	10 000 euros par emplacement	10 000 euros par emplacement
Piscines	200 euros par m^2	200 euros par m^2
Éoliennes d'une hauteur > 12 mètres	3 000 euros par éolienne	3 000 euros par éolienne
Panneaux photovoltaïques au sol	10 euros par m^2	10 euros par m^2
Aires de stationnement non comprises dans des constructions closes et couvertes	De 2 000 à 5 000 euros par emplacement	De 2 000 à 5 000 euros par emplacement

Exemples

1. M. Martin a obtenu un permis de construire pour réaliser une résidence secondaire de 300 m^2 en Corrèze, à laquelle sera ajoutée une piscine de 50 m^2. L'assiette de la tax e d'aménagement est de : 246 000 (300 × 820 euros) pour la maison + 10 000 (50 × 200 euros) pour la piscine, soit 256 000 euros. Si dans la commune le taux est de 1 %, M. Martin est redevable d'une taxe de 2 560 euros.

2. Mme Couronne souhaite faire construire une maison de 150 m^2 dans l'Essonne (région Ile-de-France) à titre d'habitation principale. L'assiette de la taxe d'aménagement est de : 46 400 euros (100 × 464) + 46 450 (50 × 929), soit 92 850 euros. Si dans la commune le taux est de 2,5 %, Mme Couronne est redevable d'une taxe de 2 321,25 euros.

183. Dans l'hypothèse d'un sinistre, le propriétaire qui reconstruit à l'identique un bâtiment détruit ou démoli depuis moins de dix ans est exonéré de la part communale ou intercommunale s'il justifie que les indemnités ersées en réparation des dommages occasionnés à l 'immeuble ne comprennent pas le montant de la taxe d'aménagement normalement exigible sur les reconstructions (art. 1635 quater D, 9° du CGI).

Le montant de la taxe d'aménagement due pour la part communale ou intercommunale se calcule en multipliant l'assiette par le taux fixé par l'organe délibérant. Le taux doit être compris entre 1 % et 5 % (art. 1635 quater M du CGI). L'organe délibérant peut fixer des taux différenciés selon la catégorie des constructions ou le secteur du PLU ; si le territoire est doté d'un PLU, la délibération sur la taxe d'aménagement lui est annexée. Le taux de la part communale ou intercommunale de la taxe d'aménagement peut être augmenté jusqu'à 20 % dans certains secteurs par une délibération motivée « *si l'importance des constructions nouvelles édifiées dans ces secteurs rend nécessaire la réalisation de travaux substantiels de voirie ou de réseaux, de restructuration ou de renouvellement urbain pour renforcer l'attractivité des zones concernées et pour réduire les incidences liées à l'accroissement local de la population, ou la création d'équipements publics généraux* » (art. 1635 quater N du CGI).

Les réclamations relatives à la taxe d'aménagement concernant l'assiette de calcul sont présentées, instruites et jugées selon les règles applicables en matière d'impôts directs locaux (art. 1635 quater R du CGI). La taxe d'aménagement est contrôlée suivant les modalités et sous les garanties et sanctions prévues en matière de contributions directes (art. 1635 quater Q du CGI).

Recouvrement de la taxe

184. En transférant la gestion de la taxe d'aménagement à la Direction générale des finances publiques (DGFIP), l'ordonnance du 14 juin 2022 est venue apporter quelques modifications. En premier lieu, la date d'exigibilité de la taxe d'aménagement est désormais fixée à l'achèvement des travaux, et non plus à la date d'émission du titre de perception. Il s'agit ainsi, selon le rapport de présentation de l'ordonnance de « *développer des synergies avec la gestion des impôts fonciers* ». L'ordonnance organise également de nouvelles modalités de déclaration à établir dans les 90 jours suivant l'achèvement des travaux, l'objectif étant d'unifier « *les obligations déclaratives fiscales en matière foncière et d'urbanisme* ». Enfin, l'ordonnance prévoit deux acomptes de taxe d'aménagement lorsque la surface taxable de la construction est supérieure ou égale à 5 000 m^2 : un premier acompte de 50 % du montant exigible le 9e mois suivant celui de la délivrance de l'autorisation d'urbanisme et un second de 35 % au 18e mois.

■ Les contributions spécifiques

Seules les participations prévues à l'article L.332-6 du Code de l'urbanisme sont exigibles (Conseil d'État, Section, 4 février 2000, Établissement public pour l'aménagement de la Défense, n° 202981, Rec. p. 31). Ces obligations concernent le versement de la taxe d'aménagement, le versement des contributions aux dépenses d'équipements public, la participation pour voirie et réseaux, la réalisation de certains équipements nécessaires à la viabilité et la redevance d'archéologie préventive. L'autorité administrative qui demanderait une contribution qui n'est pas due ou qui excède ce qui est dû commettrait un délit de concussion, puni par l'article 432-10 du Code pénal.

La taxe d'archéologie préventive

L'article L.524-2 du Code du patrimoine a institué une redevance d'archéologie préventive (devenue taxe d'archéologie préventive depuis le 1er septembre 2022) due par les personnes projetant d'exécuter des travaux affectant le sous-sol. Elle contribue au financement de l'Institut national de recherches en archéologie préventive (INRAP) pour la réalisation des fouilles archéologiques. Elle constitue ainsi la ressource financiè e nécessaire à la mise en œuvre des dispositions du Code du patrimoine pour la prise en compte du patrimoine ar chéologique, dans le cadre des travaux d'aménagement du territoire. Cette redevance est due dès lors que l'aménagement projeté porte atteinte au sous-sol, quelle que soit sa pofondeur (Rép. Min. de la Culture à la QE n° 98356, *JO AN (Q)* du 24 janvier 2017).

À l'instar de la taxe d'aménagement, cette taxe a fait l'objet d'une nouvelle codification au sein du Code général des impôts par l'ordonnance du 14 juin 2022 (art. 235 ter ZG du CGI). L'assiette de cette redevance est identique à celle de la taxe d'aménagement ; son taux est fixé à 0,4 %.

185. Les contributions supprimées

Plusieurs contributions ont été supprimées depuis le 1er janvier 2015. Citons pour mémoire la contribution pour surdensité (voir *supra* 46), la taxe pour le financement du C UE (voir *supra* 134), la taxe départementale des espaces naturels sensibles ou encore la taxe spécifique à la Savoie.

186. Jusqu'à 2021, il pouvait être ajouté à cette liste le versement pour sous-densité. Ce versement, créé par la loi n° 2010-1658 du 29 décembre 2010 de finances ectificati e pour 2010, a été abrogé par la loi n 2020-1721 du 29 décembre 2020 de finances pour 2021. estiné à permettre une utilisation plus économe de l 'espace et à lutter contre l'étalement urbain, le versement pour sous-densité (VSD) permettait aux communes et EPCI compétents en matière de PLU d'instaurer un seuil minimal de densité par secteur (SMD). E n deçà de ce seuil, les constructeurs devaient alors s'acquitter d'un versement égal au produit de la moitié de la valeur du terrain par le rapport entre la surface manquante pour que la construction atteigne le seuil minimal de densité et la surface de la construction résultant de l'application de ce seuil. En raison du peu de succès du dispositif (moins de quarante communes av aient mis en place le VSD en 2014), de la complexité de ses modalités de calcul et de la faiblesse de son rendement, l'Inspection générale des finances a ait préconisé sa suppression, décidée par la loi de finances pour 2021.

■ Les participations

187. Des participations peuvent être mises à la charge des constr ucteurs. Le bénéficiai e du permis peut les contester devant le juge administratif, sans demander l'annulation du permis tout entier, car les prescriptions exigeant des taxes ou des contributions aux dépenses d'équipements publics sont dissociables (ar t. L.332-7) des autres dispositions de l'autorisation de construire (Conseil d'État, Section, 13 novembre 1981, Plunian, n° 16504, Rec. p. 413). Ces participations sont instituées et perçues par la commune ou l'EPCI compétent.

■ Participations financières

188. Objets d'évolutions régulières, des participations financiè es spécifiques à la éalisation d'équipements peuvent être instaurées. Si plusieurs d'entre elles ont été supprimées depuis le 1er janvier 2015 (participation destinée à la r éalisation de parcs publics de stationnement, participation des riverains dans les départements d'Alsace-Lorraine, participation pour voirie et réseaux…), d'autres restent expressément prévues par le Code de l'urbanisme.

- **Pour les équipements propres** (art. L.332-15), l'autorité qui délivre l'autorisation peut exiger de son bénéficiai e la réalisation « *et le financement de tous travaux nécessaires à la viabilité et à l'équipement de la construction, du terrain aménagé ou du lotissement* ». Ces travaux concernent notamment la voirie, l'alimentation en eau, gaz et électricité, les éseaux de télécommunication, l'évacuation et le traitement des eaux et matières usées, l'éclairage, les aires de stationnement, les espaces collectifs, les aires de jeux et les espaces plantés.

- **Pour les installations à caractère industriel, agricole ou artisanal** (art. L.332-8). Une participation spécifique peut être exigée du bénéficiai e de l'autorisation dès lors que l'installation « *par sa nature, sa situation ou son importance, nécessite la réalisation d'équipements publics exceptionnels* ».
- **Dans le cadre d'une convention de projet urbain partenarial** entre un propriétaire, un aménageur ou un constructeur et une commune ou un EPCI compétent (art. L.332-11-3), il peut être instauré la prise en charge de tout ou par tie de certains équipements pour les opérations réalisées dans les zones U et AU du PLU. Cette situation concerne, en particulier, les projets menés dans le périmètr e d'une opération d'intérêt national (voir *supra* 30) ou d'une grande opération d'urbanisme. La loi précise que « *cette convention ne peut mettre à la charge des propriétaires fonciers, des aménageurs ou des constructeurs que le coût des équipements publics à réaliser pour répondre aux besoins des futurs habitants ou usagers des constructions à édifier dans le périmètre fixé par la convention ou, lorsque la capacité des équipements programmés excède ces besoins, la fraction du coût proportionnelle à ceux-ci* » (art. L.332-11-3 III).
- **Dans les zones d'aménagement concerté** (ZAC), il peut être mis à la charge de l'aménageur « *le coût des équipements publics à réaliser pour répondre aux besoins des futurs habitants ou usagers des constructions à édifier dans la zone* » (art. L.311-4). Lorsque la capacité des équipements programmés excède les besoins de l 'opération, seule la fraction du coût proportionnelle à ces besoins peut être mise à la charge de l'aménageur.

Dans chaque mairie, le public peut consulter le r egistre des taxes et contributions d 'urbanisme (art. R.332-41).

C. L'exécution du permis

189. Les travaux doivent respecter les prescriptions du permis. Aux termes de l'article 39 du Code de déontologie des ar chitectes, « *lorsque l'architecte dirige les travaux, il s'assure que ceux-ci sont conduits conformément aux plans et aux documents descriptifs qu'il a établis et aux moyens d'exécution qu'il a prescrits* ».

■ L'obligation d'informer l'administration

Au moment où le titulaire du permis commence les travaux, il doit adresser au maire, en trois exemplaires, une déclaration d 'ouverture de chantier (ar t. R.424-16) sur le modèle Cer fa 13407*04. *Il est conseillé au lecteur de consulter ce formulaire sur le site www.formulaires.service-public.fr*. Le maire en communique un exemplaire au préfet.

Ainsi prévenus par la déclaration d'ouverture de chantier, le préfet et le maire peuvent exercer un droit de visite sur place et pr endre communication de tous les documents pendant la durée du chantier (art. L.461-1 al 1). Ce droit de visite et de communication s'exerce jusqu'à six ans après l'achèvement des travaux (art. L.461-1 al 2). Les modalités d'exercice de ce droit ont été précisées par la loi « ELAN » n° 2018-1021 du 23 novembre 2018. Les visites de contrôle s'exercent ainsi en principe entre 6 heures et 21 heures, voire en dehors de ces heures lorsque ces lieux sont ouverts au public (art. L.461-2) ; les locaux destinés à l'habitation ne peuvent être visités qu'en présence de leur occupant et avec son assentiment. Lorsque l'accès à un domicile ou à un local comprenant des parties à usage d'habitation est refusé ou que la personne ayant qualité pour autoriser l'accès à un tel domicile ou à un tel local ne peut être atteinte, les visites doivent alors être autorisées par ordonnance du juge des libertés et de la détention du tribunal judiciaire dans le ressort duquel sont situés les lieux ou les locaux à visiter (art. L.461-3). Quiconque fait obstacle aux missions de visite et de contrôle est passible d'une peine de six mois d'emprisonnement et de 7 500 euros d'amende (art L.480-12).

Lorsque le maire ou le préfet ont connaissance d'infractions, ils peuvent en faire dresser procès-verbal (art. L.480-1). Copie du procès-verbal constatant une infraction est transmise sans délai au procureur de la République. Pour mémoire, le fait d'exécuter des travaux sans autorisation ou en méconnaissance des prescriptions imposées par un permis est passible d'une amende dont le montant est compris *« entre 1 200 euros et un montant qui ne peut excéder, soit, dans le cas de construction d'une surface de plancher, une somme égale à 6 000 euros par mètre carré de surface construite »* (art. L.480-4 al 1). Ces peines peuvent être prononcées non seulement contre les utilisateurs du sol et les bénéficiaires des travaux, mais également contre les architectes, les entrepreneurs et toutes autres personnes responsables de l'exécution des travaux (art. L.480-4 al 2).

■ Interruption des travaux

En cas d'infraction, l'interruption des travaux peut être ordonnée soit sur réquisition du procureur de la République agissant à la requête du maire, du fonctionnaire compétent ou d'une association agréée de protection de l'environnement soit, même d'office par le juge d'instruction saisi des poursuites ou par le tribunal correctionnel (art. L.480-2 al 1). Le juge, dans les quarante-huit heures, entend le bénéficiaire des travaux et prononce ou non leur interruption (art. L.480-2 al 2). Tant que le juge ne s'est pas prononcé, le maire - ou, en cas de carence de celui-ci, le préfet - peut par arrêté motivé ordonner l'interruption des travaux réalisés sans permis de construire ou en méconnaissance de celui-ci (art. L.480-2 al. 3 ; Conseil d'État, 10 janvier 1996, Populaire, Rec. T. p. 1224). Par respect du principe du contradictoire (art. L.121-1 du Code des relations entre le public et l'administration), il revient au maire d'inviter préalablement l'intéressé à présenter ses observations, sauf en cas d'urgence ou de circonstance exceptionnelle (Conseil d'État, 10 mars 2010, Thénet, Rec. T. p. 1019) : *« Le respect de cette formalité implique que l'intéressé ait été averti de la mesure que l'administration envisage de prendre, des motifs sur lesquels elle se fonde, et qu'il bénéficie d'un délai suffisant pour présenter ses observations »* (Cour administrative d'appel de Marseille, 3 février 2022, Commune de la Bouilladisse, n° 19MA02347). Il a été jugé que l'interruption de travaux respectant les prescriptions du permis ne peut être prononcée par le maire au motif qu'ils ne respecteraient pas le PLU (Conseil d'État, 26 juin 2013, SCI Danjou, n° 344331).

■ Le régime de péremption

190. Le permis de construire n'est jamais délivré pour toujours : il est périmé au bout d'un certain temps. Le Code de l'urbanisme prévoit deux hypothèses de péremption (art. R.424-17).

1re hypothèse : l'absence de travaux

Le permis de construire est périmé lorsque les travaux prévus ne sont pas entrepris dans un délai, actuellement fixé à trois ans, suivant la notification du permis de construire ou l'obtention du permis tacite (art. R.424-17 al 1). Que signifie « entreprendre des constructions » ? En pratique, cette notion est soumise à l'interprétation du juge, qui va vérifier, au cas par cas, si les actions matériellement entreprises par le bénéficiaire de l'autorisation sont suffisamment significatives au regard du projet autorisé.

Ainsi, une simple déclaration d'ouverture de chantier ne constitue pas un début des travaux (Conseil d'État, 9 février 1977, Commune de Momères, n° 00114, Rec. p. 81 ; 7 mai 2003, Association de sauvegarde du patrimoine martiniquais, n° 251196), de même que l'obtention d'un permis modificatif (Cour administrative d'appel de Bordeaux, 11 décembre 2014, SCI de construction Rossan, n° 13BX01490), la réalisation de simples travaux de terrassement et de défrichage (Conseil d'État, 21 juin 2002, Commune du Cannet-des-Maures, n° 211864), des travaux de décapage du terrain et de sondage du sol (Conseil d 'État, 27 octobre 2006, SNC Lidl, n° 278226), ou encore la seule présence d'une pelle mécanique pour effectuer des travaux de pr éparation du sol (Cour administrativ e d'appel de N ancy, 30 octobr e 2008, SARL Cengiz, n° 07NC01259).

À l'inverse, ont été considér és comme constituant des débuts de trav aux significatifs : des opérations de terrassement et de sondage et le tracé d'une voie (Conseil d'État, 25 juin 1980, Cazaux, Rec. T. p. 936), la démolition de bâtiments existants (Conseil dÉtat, 25 juillet 1975, Syndicat des copropriétaires X, n° 94265 ; 8 novembre 2000, EURL Les maisons traditionnelles, n° 197505) ou encore des travaux de bétonnage de fondations, de cr éation de vide sanitaire, de pose de plancher (Cour administrativ e d'appel de N antes, 15 janvier 2021, n° 19NT04829).

Le délai de validité peut être éventuellement prolongé à concurrence du délai nécessaire aux mesures prescrites par le permis (exemple : si les travaux sont diffé és en attendant des fouilles archéologiques) ou en cas de recours formé devant la juridiction administrative ou judiciaire (art. R.424-19).

191. 2e hypothèse : l'interruption prolongée des travaux

Le permis est périmé lorsque les travaux sont interrompus pendant un délai supérieur à une année (art. R.424-17 al 2). La caducité est constatée dès lors que la preuve d'une absence d'activité durant plus d'un an est établie (Conseil d'État, Section, 28 janvier 1955, consorts Robert et Bernard, Rec. p. 54), et ce même si le délai de deux ans n 'est pas expiré (Conseil d'État, 8 novembre 2000, EURL Les M aisons traditionnelles, cf *supra*). Ici encore, c'est au juge qu'il revient d'apprécier au cas par cas si certaines actions entreprises peuvent être considérées comme une activité ou non. À titre d'exemple, des terrassements de faible importance, entrepris peu de temps avant l'acquisition de la péremption, ont été regardés comme ne faisant pas obstacle à la pér emption d'un permis de constr uire (Cour administrative d'appel de Marseille, 3 mai 2011, Société Bati R, n° 09MA01703).

Les conséquences de la péremption

Dès que le temps est passé, le permis devient caduc, et cela n 'a nullement besoin d 'être constaté par une décision administrative (Conseil d'État, 16 avril 1975, Ville de Louveciennes, n° 94329, Rec. p. 240). Dès lors, les travaux qui viendraient à être réalisés seraient irréguliers et pourraient donc être interrompus par arrêté municipal ou préfectoral dans les conditions prévues à l'article L.480-2 : le Conseil d'État assimile, en effet, de tels tra aux à des constructions sans permis (15 avril 1992, SCI Chaptal, R ec. T. p. 1395). Il va de soi qu'un permis périmé ne saurait pouvoir être transféré à quiconque (Cour administrative d'appel de Paris, 30 décembre 1996, Boyer c/ commune de Boulogne-Billancourt, Rec. T. p. 1224 ; Conseil d'État, 27 octobre 2006, SNC Lidl, n° 278226).

La possibilité de prorogation

Le bénéficiai e peut demander une prorogation de son permis de construire à raison de deux fois pour une durée d'un an (art. R.424-21), dès lors que *« les prescriptions d'urbanisme et les servitudes administratives de tous ordres auxquelles est soumis le projet n'ont pas évolué de façon défavorable à son égard »*. Cette demande de prorogation doit être réalisée dans les deux mois qui précèdent l'expiration du permis (art. R.424-22 ; Conseil d'État, 16 juin 1982, Guiraud, n° 16372, Rec. p. 237). La prorogation est accordée par l'autorité compétente au bénéficiai e dès lors que *« les règles d'urbanisme et les servitudes administratives de tous ordres s'imposant au projet ont été modifiées, postérieurement à la délivrance du permis de construire, dans un sens qui lui est défavorable* » (Conseil d'État, 5 novembre 2003, Commune d'Èze, n° 230535, Rec. p. 457). En l'absence de réponse de l'autorité compétente dans les deux mois, la prorogation est considérée comme tacitement accordée (art. R.424-23).

D. L'achèvement des travaux

192. L'achèvement des travaux est marqué par une obligation légale : une déclaration à la mairie (art. L.462-1).

■ La déclaration d'achèvement et de conformité

Dès la fin des tra aux, le bénéficiai e du permis (ou de la non-opposition à la déclaration préalable) ou son ar chitecte adresse au maire par pli r ecommandé avec demande d'avis de réception en tr ois exemplaires une « *déclaration attestant l'achèvement et la conformité des travaux* » (A.462-1), sur le modèle Cer fa 13408*04. *Il est conseillé au lecteur de consulter ce formulaire sur le site www.formulaires.service-public.fr.*

La déclaration attestant l'achèvement et la conformité des travaux est adressée par le bénéficiaire du permis ou par l'architecte en charge des travaux par pli recommandé avec demande d'avis de réception postal au maire de la commune ou déposée contr e décharge à la mairie (art. R.462-1). Doivent être jointes à la déclaration, le cas échéant, l'attestation que les travaux réalisés respectent les règles d'accessibilité (art. R.462-3), l'attestation de prise en compte des exigences de performance énergétique et environnementale (art. R.462-4-1), l'attestation de prise en compte de la réglementation thermique (art. R.462-4-2), l'attestation de prise en compte de la réglementation acoustique (art. R.462-4-3).

Le maire, s'il n'a pas délivré le permis au nom de la commune, adresse la déclaration au préfet ou au président de l'établissement public de coopération intercommunale compétent. Le service d'instruction dispose de trois mois pour vérifier que les travaux achevés sont conformes aux dispositions du permis (art. R.462-6). Il peut, en informant préalablement le signataire de la déclaration, faire une visite de récolement.

Le délai de vérification est po té à cinq mois dans les cas où cette visite est obligatoire :

- construction sur un immeuble inscrit au titr e des monuments historiques ou dans un secteur sauvegardé ou dans un site inscrit ou classé (art. R.462-7 a) ;
- travaux relatifs à des immeubles de grande hauteur ou à des établissements r ecevant du public (art. R.462-7 b) ;
- travaux réalisés à l'intérieur d'un espace ayant vocation à être intégré dans un parc national ou dans une réserve naturelle (art. R.462-7 c) ;
- travaux réalisés dans un secteur couv ert par un plan de pr évention des risques natur els prévisibles ou par un plan de prévention des risques technologiques (art. R.462-7 d).

■ La suite donnée à la déclaration par l'administration

193. Deux hypothèses peuvent se présenter :

- **l'administration conteste :** elle estime, dans le délai de trois mois (ou cinq mois si la visite est obligatoire), que les travaux réalisés ne correspondent pas à ce qui a été permis. Elle met en demeure le bénéficiai e du permis « *de déposer un dossier modificatif ou de mettre les travaux en conformité* » (art. L.462-2) ; elle lui rappelle les sanctions pénales encourues (art. R.462-9 al 2) ;
- **l'administration ne conteste pas dans le délai de trois mois :** elle ne pourra plus ultérieurement contester l'absence de conformité (art L.462-2, al. 2).

Le bénéficiai e du permis a tout intér êt à demander à l 'administration de lui délivr er une « *attestation certifiant que la conformité des travaux avec le permis n'a pas été contestée* » ; l'administration dispose de quinze jours pour répondre expressément (art. R.462-10). Si cette attestation n'est pas délivrée, le préfet la délivre à la demande du bénéficiai e du permis.

194. La mise en demeure et l'attestation sont des décisions susceptibles d'être déférées au juge administratif.

3.4 Le contentieux de la décision

195. Le permis de constr uire est un acte administratif : en conséquence, il est soumis au contrôle du juge administratif. C'est également un acte qui concerne la pr opriété privée : il peut, à ce titre, justifier 'intervention du juge judiciaire.

3.4.1 Le contentieux administratif

Rappelons que le tribunal administratif compétent est celui du ressort du lieu du terrain où est située la construction envisagée (voir *supra* 124) : pour un permis accordé ou refusé sur un terrain situé à Colmar (Haut-Rhin), c'est le tribunal administratif de Strasbourg. Toutefois, afin de réduire le délai de traitement des recours pouvant retarder la réalisation de projets d'éoliennes terrestres, le gouvernement a décidé (article R.311-5, 17° du Code de justice administrative) que le contentieux des permis accor dés ou r efusés pour des **éoliennes terrestres** est porté directement devant la cour administrative d'appel territorialement compétente ; cette compétence s'étend d'ailleurs aux mesures de police qui sont les conséquences des décisions d'installation des éoliennes (Conseil d 'État, 9 octobre 2019, Société FE Sainte-Anne, n°s 432722 et 432920). Outre les dispositions générales prévues par le Code de justice administrative, certaines dispositions du Code de l 'urbanisme sont spécifiquement appl -cables au contentieux de l'urbanisme (art. L.600-1 à L.600-4).

Il faut distinguer les deux principaux types de r ecours formés devant la juridiction administrative : le contentieux de l'annulation et celui de la responsabilité.

A. Le contentieux de l'annulation

Le juge administratif peut être saisi d'un recours visant à obtenir l'annulation d'un permis de construire, ou bien seulement des conditions financiè es prescrites par un permis, ou bien d'un refus de permis de construire ou bien encore d'un sursis à statuer…

■ **La requête**

Le requérant (personne qui demande l'annulation) n'est pas obligé de s'adresser à un avocat pour saisir le tribunal administratif (art. R.431-2 et R.431-4 du Code de justice administrative), mais il doit alors soigneusement r édiger la requête adressée au président du tribunal. Dans cette requête, il indique ses nom, prénom et domicile, il précise clairement l'acte ou les dispositions dont il demande l'annulation en exposant clairement les raisons de droit et de fait (moyens) appuyant cette requête (art. R.411-1 du Code de justice administrative).

Le requérant peut également demander au tribunal que, s 'il venait à gagner son r ecours, la partie perdante soit condamnée à lui verser une somme au titre des frais qu'il a engagés pour l'instance contentieuse (art. L.761-1 du Code de justice administrative ; Conseil d'État, 28 mai 2021, Commune de Marseille, n° 437429).

Depuis la mise en place de la plateforme « Télérecours » (voir *supra* 110), les personnes physiques et morales de droit privé non représentées par un avocat peuvent adresser leur requête à la juridiction par voie électronique au moyen d'un téléservice accessible par le réseau internet https://citoyens.telerecours.fr/ (art. R.414-2 du Code de justice administrative).

■ L'intérêt pour agir

La demande d'annulation ne sera pas traitée par le juge si le requérant ne justifie pas 'un intérêt pour agir.

S'agissant d'un recours dirigé contre un permis de construire, ont intérêt à agir :

- le pétitionnaire du permis de construire (qui conteste un refus ou des prescriptions) ;
- le bénéficiai e du permis de construire, s'il n'est pas le pétitionnaire ;
- le préfet, chargé par l'État du contrôle de légalité des actes administratifs : les deux tiers des déférés préfectoraux exercés en matière d'urbanisme portent sur des permis de construire ;
- d'autres personnes : alors qu'en Angleterre, seul le pétitionnaire d'un permis qui a vu celui-ci refusé ou prescrit sous conditions peut saisir le ministre de l'Environnement, puis éventuellement contester devant le juge la décision ministérielle (*Town and Country Planning Act 1990*, art. 78 et 288), le droit français admet le recours des tiers dont l'intérêt est suffisammen direct et certain. D'une manière générale, l'intérêt pour agir contre un permis s'apprécie à la date de l'affichag en mairie de la demande du pétitionnaire (art. L.600-1-3 ; Conseil d'État, 13 décembre 2021, Ocean's Dream, n° 450241).

Toute autre personne que l'État, une collectivité territoriale ou une association n'est recevable à former un recours pour excès de pouvoir contre une décision relative à l'occupation ou à l'utilisation du sol que si le projet est de nature à « *affecter directement les conditions d'occupation, d'utilisation ou de jouissance du bien qu'elle détient ou occupe régulièrement ou pour lequel elle bénéficie d'une promesse de vente, de bail, ou d'un contrat préliminaire* » (art. L.600-1-2). La question de l'intérêt pour agir est ainsi soumise à l'appréciation du juge : « *Il appartient, en particulier, à tout requérant qui saisit le juge administratif d'un recours pour excès de pouvoir tendant à l'annulation d'un permis de construire, de démolir ou d'aménager, de préciser l'atteinte qu'il invoque pour justifier d'un intérêt lui donnant qualité pour agir, en faisant état de tous éléments suffisamment précis et étayés de nature à établir que cette atteinte est susceptible d'affecter directement les conditions d'occupation, d'utilisation ou de jouissance de son bien. Il appartient au défendeur, s'il entend contester l'intérêt à agir du requérant, d'apporter tous éléments de nature à établir que les atteintes alléguées sont dépourvues de réalité. Le juge de l'excès de pouvoir apprécie la recevabilité de la requête au vu des éléments ainsi versés au dossier par les parties, en écartant le cas échéant les allégations qu'il jugerait insuffisamment étayées, mais sans pour autant exiger de l'auteur du recours qu'il apporte la preuve du caractère certain des atteintes qu'il invoque au soutien de la recevabilité de celui-ci. Eu égard à sa situation particulière, le voisin immédiat justifie, en principe, d'un intérêt à agir lorsqu'il fait état devant le juge, qui statue au vu de l'ensemble des pièces du dossier, d'éléments relatifs à la nature, à l'importance ou à la localisation du projet de construction* » (Conseil d'État, 20 février 2019, Société Hanoe Residential Property Portfolio, n° 420745).

Le juge admet l'intérêt pour agir du voisin en fonction de deux principaux critères : le premier est relatif à la distance du voisin par rapport à la construction autorisée, le second concerne l'importance du projet (Conseil d'État, 25 novembre 1998, Mme Chèze ; 24 juin 1991,

SCAEX Inter Provence Côte d'Azur, n° 117736, Rec. T. p. 1110 ; 29 novembre 1999, époux Boulanger, n° 182214, Rec. T. p. 938 ; 13 avril 2016, Commune de Marseille, n° 309109). À titre d'exemple, une société propriétaire d'un immeuble bâti à quelques mètres du terrain d'assiette objet du permis de construire justifie 'un intérêt à agir dès lors que sa parcelle n'est séparée que « *par un espace végétalisé* » et que le projet litigieux consiste en « *l'édification d'un bâtiment de 14,74 mètres de hauteur* » (Conseil d'État, 20 février 2019, Société Hanoe Residential Property Portfolio, n° 420745). *A contrario*, le simple fait pour des requérants d'être propriétaires de parcelles situées à moins de 200 mètres d'un projet de construction ne suffi pas à justifier de leur intéêt à agir. Le juge administratif exige, dans une telle hypothèse, la présence « *d'éléments suffisamment précis de nature à établir qu'il en serait résulté une atteinte directe aux conditions d'occupation, d'utilisation ou de jouissance de leur bien* » (Conseil d'État, 27 janvier 2020, Sociétés Sodipaz, AG-Zinate et Les Charmes, n° 423529).

196. En ce qui concerne les associations, ces dernières ne sont en principe recevables à agir contre une décision relative à l'occupation ou à l'utilisation des sols que si le dépôt de leurs statuts en préfecture est intervenu au moins un an avant l'affichag en mairie de la demande du pétitionnaire (art. L.600-1-1). En outre, l'objet social de l'association doit faire état de préoccupations urbanistiques (Cour administrative d'appel de Marseille, 9 mai 2017, Association Associu per l'Arena, n° 15MA03181). Il a ainsi été jugé qu'une association de propriétaires, dont l'objet statutaire ne visait ni la défense du site concerné par le projet ni les questions d'urbanisme, ne pouvait pas contester un permis (Conseil d'État, 29 janvier 2003, Union des propriétaires pour la défense des Arcs, n° 199692, Rec. p. 900). Il en va difféemment si les statuts donnent à une association vocation à défendre des zones où elle agit et que le permis contesté concerne cette zone (Conseil d'État, 10 février 1997, Association de défense et de valorisation du patrimoine naturel et historique de la Corse, n° 140841, Rec. T. p. 990 ; 8 février 1999, Fédération des associations de protection de l'environnement et de la nature des Côtes d'Armor, n° 176779, Rec. p. 20).

Le juge doit s'assurer ensuite que l'association requérante a expressément, de par ses statuts, vocation pour agir en justice (Conseil d'État, 29 mars 2017, Association « Garches est à vous », n° 395419). Si le champ d'action statutaire de l'association est décrit de manière trop large dans ses statuts, elle ne pourra se voir reconnaître un intérêt direct à agir contre une autorisation d'urbanisme (Cour administrative d'appel de Lyon, 19 décembre 2017, Association de défense et de protection de l'environnement des pays de Savoie, n° 17LY03190). Par ailleurs, « *en l'absence de précisions sur le champ d'intervention de l'association dans les stipulations de ses statuts définissant son objet* », il revient au juge « *d'apprécier son intérêt à agir au regard de son champ d'intervention, en prenant en compte les indications fournies sur ce point par les autres stipulations de ses statuts, notamment par le titre de l'association et les conditions d'adhésion, éclairées, le cas échéant, par d'autres pièces du dossier qui lui était soumis* » (Conseil d'État, 8 juillet 2016, Association chabannaise pour la qualité de vie, n° 376344). Enfin, le juge doit également examiner la réalité de l'habilitation du représentant de l'association qui l'a saisi, lorsque celle-ci est requise par les statuts. Il ne lui appartient pas, en revanche, de vérifier la régularité des conditions dans lesquelles une telle habilitation a été adoptée (Conseil d'État, 19 juin 2013, SCI Ugari, n° 347346).

Appréciation stricte de l'intérêt pour agir d'une association

Une décision du Conseil d'État en date du 12 avril 2022 montre une appréciation très stricte de l'intérêt pour agir d'une association locale à l'encontre d'un permis de construire au regard de son objet statutaire. Dans cette affaire, où l'association « Vivre l'Île 12/12 » sollicitait l'annulation d'un permis de construire une maison individuelle délivrée par le maire de Noirmoutier-en-Île, le Conseil d'État a relevé que l'objet statutaire de cette association était « *d'assurer la protection de la nature et de l'environnement de l'île de Noirmoutier, de sauvegarder sa flore, sa faune, ses réserves naturelles, en tenant compte du milieu dont elles dépendent, de veiller au bon équilibre des intérêts humains, sociaux, culturels, scientifiques, économiques, sanitaires et touristiques* ».
En l'espèce, le juge administratif a considéré que l'intérêt pour agir faisait défaut, « *un tel objet statutaire ne donnant pas à l'association un intérêt suffisant pour demander l'annulation du permis de construire en litige, qui autorise la construction d'une maison individuelle sur un terrain comportant déjà une construction, dans une zone elle-même urbanisée* ».

Source : Conseil d'État, 12 avril 2022, Association Vivre l'Île 12/12, n° 451778.

Les associations de pr otection de l'environnement agréées au titre de l'article L.141-1 du Code de l'environnement bénéficient cependant 'un régime plus favorable. L'article L.142-1 de ce code leur attribue, en effet,« *un intérêt pour agir contre toute décision administrative ayant un rapport direct avec leur objet et leurs activités statutaires et produisant des effets dommageables pour l'environnement sur tout ou partie du territoire pour lequel elles bénéficient de l'agrément dès lors que cette décision est intervenue après la date de leur agrément* » (art. L.141-2 du Code de l'environnement).

En ce qui concerne le maire, pour agir en justice au nom de la commune, par exemple pour présenter un mémoire en défense ou pour faire appel, il doit avoir reçu l'autorisation du conseil municipal (art. L.2132-1 du Code général des collectivités territoriales). Q uant aux autres membres du conseil, ils ne justifient pas 'un intérêt leur donnant qualité pour agir contre la délivrance d 'un permis de constr uire (Conseil d'État, 27 octobre 2006, Mme Dreysse et autres, n° 286569, Rec. T. p. 1109).

■ Le temps limité du recours

197. Le délai de recours contre une décision d'octroi ou de refus d'un permis de construire est expressément précisé dans la décision. Ce délai est de deux mois à compter de la notific - tion pour le pétitionnair e. Pour les tiers (v oisins, etc.), ce délai est aussi de deux mois à compter de la publication de la décision attaquée (art. R.421-1 du Code de justice administrative), c'est-à-dire « *à compter du premier jour d'une période continue de deux mois d'affichage sur le terrain* » (art. R.600-2).

Exemple

Un permis de construire, délivré par le maire le 23 mars, est notifié à son bénéficia e le 27 mars et au sous-préfet le 28 mars. Il est affiché en mairie à compter du 2 mars jusqu'au 27 juin. Il est affiché sur le terrain l 23 avril, puis retiré le 18 juin, puis de nouveau affich sans interruption du 2 août au 7 novembre, date de la fin des travaux. Pour le préfet, le délai d'exercice du déféré court à partir du 28 mars ; pour les tiers, le délai de recours au tribunal administratif cour t à par tir du 2 août (la r equête peut donc êtr e déposée jusqu 'au 3 octobre) ; pour le pétitionnaire, il court à compter du 27 mars (sa requête peut donc être déposée jusqu'au 28 mai) si le délai de r ecours a été mentionné dans la notification de la décision (a t. R.421-5 du Code de justice administrative).

Le titulaire du permis de construire attaqué doit être en mesure de démontrer – par exemple, par des constats établis par un commissaire de justice (nouvelle dénomination des huissiers de justice depuis le 1er juillet 2022) – que son permis a bien été affiché égulièrement pendant deux mois (Conseil d'État, 23 décembre 2020, Fédération des Associations de Protection de l'Environnement et du Littoral des Côtes-d 'Armor, n° 441349) et « *visible depuis la voie publique* » (Cour administrative d'appel de Lyon, 18 juin 2015, n° 14LY00006) ; si l'affichag sur le terrain n'a pas été complet et continu, le délai ne court pas.

Si une mention fait défaut dans l'affichag ou si elle est affectée 'une erreur substantielle, cet oubli peut, en r endant de ce fait l 'affichag irrégulier, faire obstacle au déclenchement du délai de recours (Conseil d'État, 1er juillet 2010, Centre hospitalier de Menton, n° 330702). À titre d'exemple, la hauteur du bâtiment pr ojeté figu e au nombre des mentions substan-tielles que doit comporter l'affichag (Conseil d'État, 6 juillet 2012, S.A.R.L Groupe Baraka Finance, n° 339883), de même que la superficie du terrain et la su face de plancher (Cour administrative d'appel de Versailles, 20 octobre 2016, Commune de Drancy, n° 14VE01159).

Les dispositions relatives aux mentions que doivent comporter le panneau d'affichag sur le terrain (voir *supra* 180) doivent « *permettre aux tiers, à la seule lecture de ce panneau, d'apprécier l'importance et la consistance du projet, le délai de recours contentieux ne commençant à courir qu'à la date d'un affichage complet et régulier* » (Conseil d'État, 16 octobre 2019, Commune de Valence, n° 419756). Autrement dit, toute erreur sur le panneau d'affichag d'un permis de construire ne fait pas nécessairement obstacle au déclenchement du délai de recours conten-tieux. En cas d'incertitude quant à la dur ée ou au caractèr e continu de l 'affichag sur le terrain, le juge peut ordonner une enquête avant dire droit : il convoque au tribunal tous les témoins possibles.

De même, « *l'obligation de notification à peine d'irrecevabilité du recours contentieux résultant de l'article R.600-1 du Code de l'urbanisme n'est pas au nombre des éléments dont la présence est une condition au déclenchement du délai de recours, son omission fait obstacle à ce que soit opposée à l'auteur du recours l'irrecevabilité qu'il prévoit* » (Conseil d'État, 13 février 2019, n° 422283).

Que se passe-t-il lorsque l'affichage n'a pas été continu pendant deux mois ?

Le recours est possible au-delà des deux mois avec une limite : il n'est plus recevable à l'expi-ration d'un délai de six mois partant de la déclaration d'achèvement et de conformité des travaux (R.600-3). Dans un souci de r enforcement de la sécurité juridique des documents d'urbanisme, le pouvoir réglementaire a prévu en effet qu'« *aucune action en vue de l'annula-tion d'un permis de construire ou d'aménager ou d'une décision de non-opposition à une déclara-tion préalable n'est recevable à l'expiration d'un délai de six mois à compter de l'achèvement de la construction ou de l'aménagement* » (art. R.600-3).

En pratique, si personne n'a contesté le permis ou le refus de permis, la décision devient définiti e.

> *Exemple*
>
> Le bénéficiai e d'un permis n'avait pas été en mesure de prouver l'affichag continu du permis sur le terrain pendant deux mois. Il n'avait pas non plus établi de déclaration d'achèvement des travaux. Le juge a estimé que « *dans ces conditions, la construction ne saurait être considérée comme achevée, au sens et pour l'application des dispositions de l'article R.600-3 du Code de l'urbanisme* » ; il a donc accepté d'examiner un recours déposé plus d'un an après la fin des tra aux (Cour administrative de Marseille, 27 septembre 2012, M. et Mme Bonhomme).

■ L'information sur le recours

Lorsqu'un requérant dépose une requête auprès du tribunal administratif visant à l'annula-tion d'un permis, il lui r evient d'informer de son r ecours deux personnes : l'auteur de la décision et le titulaire de l'autorisation (art. R.600-1, al. 1). Selon le Conseil d'État, cette obligation de notification contribue à la «sécurité juridique » et est de nature à *« permettre au bénéficiaire d'une autorisation d'urbanisme, ainsi qu'à l'auteur de cette décision, d'être informés à bref délai de l'existence d'un recours »* (Conseil d'État, 20 octobre 2021, Commune d'Angers et société Bouygues immobilier, n° 444581). En pratique, cette notification doit inte venir dans un délai de quinze jours à compter du dépôt du ecours (art. R.600-1, al. 2), sous peine dirrecevabilité (Conseil d'État, 5 août 2020, Société Beaurecueil, n° 432010). La notification s'effectue sous forme de lettre recommandée ; est jointe « *une copie du texte intégral* » de la requête adressée au juge (Conseil d'État, 28 novembre 2014, Syndicat des copropriétaires du 24 bis rue Claude Cellier à Cachan, n° 367968). Si le bénéficiai e de l'autorisation est une société, la notification peut êt e adressée à son siège social (Conseil d'État, 20 octobre 2021, *supra*). En respectant les mêmes procédures, le requérant peut se désister de son action en annulation. Cette obligation d'information n'est pas exigée en cas de recours formé contre un refus de permis.

■ **Le référé-suspension**

198. Une procédure d'urgence

Le dépôt d'une requête demandant au tribunal administratif d'annuler un permis de construire (« requête au fond ») ne suspend pas l'exécution de la décision contestée : la construction peut se réaliser. Si le requérant souhaite que les travaux s'arrêtent immédiatement, il doit, par une autre requête (« référé-suspension »), demander au juge des référés du même tribunal administratif la suspension de l'exécution du permis.

La procédure de référé-suspension ne peut être mise en œuvre que jusqu'à l'expiration du délai fi é pour la cristallisation des moyens soulevés devant le juge saisi de la requête au fond (art. L.600-3).

> *Exemple*
>
> Si le juge a été saisi le 14 avril d'une requête au fond en vue de l'annulation d'un permis et si le président de la formation de jugement a fait savoir aux parties, le 15 septembre, qu'il n'accepterait plus que lui soient présentés de nouveaux moyens à partir du 13 octobre, il n'est pas possible de demander un référé-suspension à compter du 14 octobre.

Deux conditions cumulatives doivent être réunies (art. L.521-1 du Code de justice administrative) pour présenter une requête de référé-suspension :

1. le requérant doit faire valoir que sa requête au fond demandant l'annulation comprend un moyen propre à créer « *un doute sérieux quant à la légalité de la décision* » : autrement dit, il faut qu'après un examen rapide du dossier, en fonction de ce qu'avance le requérant et de ce que répond l'auteur de la décision, le juge des référés considère à ce stade que la requête contient un moyen susceptible d'entraîner l'annulation de la décision par le tribunal. Il en est ainsi, par exemple, lorsque le requérant fait valoir que le retrait du permis est intervenu sans que le bénéficiai e ait été préalablement mis à même de présenter ses observations (Conseil d'État, 23 avril 2003, Société Bouygues immobilier, n° 249712, Rec. T. p. 920). Il en va de même lorsque les pièces fournies au service instructeur ont été de nature à l'induire en erreur au regard de l'insertion du projet dans son environnement (Cour administrative d'appel de Bordeaux, 21 mars 2019, Commune de Cassuéjouls, n° 19BX00696) ou encore lorsque l'avis du préfet était obligatoire et qu'il n'a pas été requis (Cour administrative d'appel de Versailles, 12 avril 2022, Préfet des Hauts-de-Seine, n° 22VE00391).

2. le requérant doit prouver l'urgence : d'une manière générale, « *la condition d'urgence à laquelle est subordonné le prononcé d'une mesure de suspension doit être regardée comme remplie lorsque la décision contestée préjudicie de manière suffisamment grave et immédiate à un intérêt public, à la situation du requérant ou aux intérêts qu'il entend défendre* » (Conseil d'État, 26 mai 2021, Association Ovide, n 436902). Lorsque c'est plus précisément la suspension d'un permis de construire qui est demandée, le juge administratif considère le plus souvent que la condition d 'urgence est satisfaite (Conseil d 'État, 27 juillet 2001, Commune de Tulle, n° 230231, Rec. T. p. 1115 ; 27 juillet 2001, Commune de Meudon, n° 231991, Rec. T. p. 1115) ; en effet, « *la construction d'un bâtiment autorisée par un permis de construire présente un caractère difficilement réversible* » (Conseil d'État, 6 octobre 2021, Commune de Nogent-sur-Marne, n° 445733). En outre, *« la condition d'urgence doit en principe être constatée lorsque les travaux vont commencer ou ont déjà commencé sans être pour autant achevés »* (Conseil d'État, 28 septembre 2011, SCI 30 rue de Thionville et autres, n° 345699, Rec. T. p. 1078). Mais le juge peut tenir compte des circonstances pour admettre ou non l'urgence (Conseil d'État, 9 juin 2004, Époux Magniez, n° 265457, Rec. T. p. 821 ; 7 février 2007, Commune de Lav al-du-Tarn, n° 287741 ; 22 mars 2010, Seghier, n° 324763, Rec. T. p. 1022 ; 16 février 2011, Copropriété Les Bleuets, n° 341422, Rec. T. p. 1195). Il doit donc procéder à une appréciation globale des circonstances (Conseil d'État, 25 juillet 2013, SARL Lodge At Val, n° 363537).

Toutefois, la condition d'urgence n'est pas exigée si la requête est fondée sur l'absence d'étude d'impact, lorsque celle-ci était nécessaire en raison de la nature du projet dans le milieu naturel ou le paysage (art. L.122-2 du Code de l 'environnement ; Conseil d'État, 3 mars 2004, Société Ploudalmezeau Breiz Avel, n° 259001, Rec. p. 123). S'agissant enfin 'un référé-suspension d'une décision de sursis à statuer sur la demande de permis, le requérant doit justifier « *en invoquant des circonstances particulières, que cette décision affecte gravement sa situation* » (Conseil d'État, 12 juin 2013, Commune de Lambesc, n° 358922).

Au plan formel, l 'enveloppe qui contient la requête en suspension doit porter la mention « référé » (art. R.522-3 du Code de justice administrative). Lorsqu'elle est adressée par la voie de « Télérecours », le requérant doit signaler l 'urgence de sa requête en sélectionnant la mention « référé » dans la rubrique correspondante. À la requête en suspension doit être jointe copie de la requête principale de demande d 'annulation. Le requérant doit adresser copie de la demande de suspension à l 'auteur et au bénéficiai e de la décision. Pour que la suspension puisse être ordonnée, le juge doit s'assurer que la requête principale en annulation a bien été déposée et qu'elle est recevable (Conseil d'État, 11 mai 2001, Commune de Loches, n° 231802).

Le juge des référés, après une procédure contradictoire et une audience publique où sont convoqués le requérant et l'auteur de la décision, se prononce par une ordonnance sur la demande de suspension dans un délai d'un mois (art. L.600-3, alinéa 4).

199. Les suites d'une ordonnance de suspension

La décision suspendue ne peut plus être exécutée : les travaux prévus par le permis doivent ne pas démarrer ou, s'ils ont démarré, s'arrêter. Plus précisément, « *l'ordonnance prend effet à partir du jour où la partie qui doit s'y conformer en reçoit notification* », étant précisé que « *le juge des référés peut décider qu'elle sera exécutoire aussitôt qu'elle aura été rendue* » (art. R.522-13 du Code de justice administrativ e). Toutefois l'administration peut prendre un arrêté de permis modificatif afin de emédier aux vices retenus par le juge des référés (Conseil d'État, 27 juillet 2006, Ministre des Transports, n° 287836, Rec. T. p. 1107).

L'ordonnance est transmise au procureur de la République (art. R.522-14 du Code de justice administrative) afin q 'il s'assure de son application. Elle ne peut faire l'objet d'appel, mais peut, dans les quinze jours, être contestée par pourvoi en cassation devant le Conseil d'État (art. R.523-1 du Code de justice administrative ; voir Conseil d'État, 26 février 2003, Société Les Belles Demeures du Cap-Ferrat, n° 249264, Rec. p. 65). Le juge de cassation vérifie, en particulier, que le juge n'a pas commis d'erreur de droit sur le moyen retenu comme créant un doute sérieux, qu'il l'a désigné avec précision et enfin q 'il a suffisamment mot é son ordonnance (Conseil d'État, 29 novembre 2002, Communauté d'agglomération de Saint-Étienne, n° 244727, Rec. p. 421 ; 7 octobre 2016, SARL First Invest, n° 395211 ; 6 octobre 2021, Commune de Nogent-sur-Marne, n° 445733). La suspension est une mesure provisoire qui prend fin à la date où le tribunal statue – sou ent plusieurs mois après – sur l'affai e au fond.

Pour un requérant, avoir obtenu une ordonnance de suspension ne préjuge en rien le jugement ultérieur de l'affai e : le doute sérieux sur la légalité d'un permis au début de la procédure peut, après un examen approfondi de l'affai e, disparaître et ne pas entraîner lannulation du permis. De même, le refus du juge des référés d'ordonner la suspension ne signifie pas que le permis ne sera pas annulé.

■ **Le référé-suspension demandé par le préfet**

Le préfet qui présente un référé-suspension dans le cadre du contrôle de légalité (voir *supra* 5 et 6), dans les dix jours à compter de la réception de l'acte, n'a pas à justifier 'urgence. Son référé entraîne la suspension immédiate de la décision (art. L.2131-6, alinéa 4 du Code général des collectivités territoriales) ; au terme d'un délai d'un mois, si le juge des référés n'a pas statué, l'acte redevient exécutoire. Le maire ou le président de l'établissement public de coopération intercommunale peut mettre en œuvre cette même disposition (art. L.600-3, al. 3). Les ordonnances du juge des référés rendues dans ces conditions sont susceptibles d'appel devant la cour administrative d'appel.

> ***Remarque***
>
> La procédure de référé-liberté qui permet, en cas d'urgence, à un requérant de demander au juge des référés de prendre « *toutes mesures nécessaires à la sauvegarde d'une liberté fondamentale à laquelle une personne morale de droit public* […] *aurait porté* […] *une atteinte grave et manifestement illégale* » (article L.521-2 du Code de justice administrative) ne s'applique pas en matière de permis de construire (Conseil d'État, 11 octobre 2001, Commune de Saint-Bauzille-de-Putois, n° 238869, Rec. p. 462). En revanche, un requérant peut utiliser cette procédure lorsqu'est en cause le droit de chacun de vivre dans un environnement équilibré et respectueux de la santé, tel qu'il est proclamé à l'article 1er de la Charte de l'environnement (Conseil d'État, 20 septembre 2022, M. et Mme P., n° 451129).

■ **Le jugement de la demande d'annulation**

200. Le juge, lorsqu'il instruit la demande d'annulation au fond, examine les faits et les moyens du litige ; ces moyens doivent être développés par le requérant dans le texte de sa requête (ou de son mémoire complémentaire) afin de con aincre le tribunal qu'il faut annuler l'acte. L'autre partie répond à ces moyens dans un mémoire en défense. Les moyens avancés peuvent être les suivants :

- **l'incompétence de l'auteur de la décision** : tel est, par exemple, le cas d'un permis délivré par un adjoint au maire n'ayant pas reçu délégation en ce domaine (Cour administrative d'appel de Douai, 1er décembre 2020, Commune de Templeuve-en-Pévèle, n° 19DA01493). Il en va de même « *si le maire ou le président de l'établissement public de coopération intercommunale est intéressé au projet faisant l'objet de la demande de permis* » (art. L.422-7).

Ainsi jugé s'agissant d'un maire, par ailleurs entrepreneur de plomberie, concerné par le projet de construction objet du permis (Cour administrative d'appel de Paris, 29 décembre 1994, Sirot, n° 94PA00328, Rec. T. p. 1252).

- **le vice de la procédure ayant abouti à la décision** : c'est le cas d'une consultation de la commission de sécurité, s'étant prononcée sur la base d'un projet incomplet, en vue de la construction d'un hôtel (Conseil d'État, 10 mai 1996, Ville d'Orléans c/ Djouad, n° 135048, Rec. T. p. 1219), ou du refus de l'accord – pourtant nécessaire – d'une autorité au projet (Conseil d'État, 26 octobre 2001, Eisenchteter, n° 216471, Rec. p. 495), ou encore de l'absence d'avis conforme de l'architecte des bâtiments de France lorsque cet avis était requis pour le projet (Cour administrative d'appel de Marseille, 25 janvier 2022, SCEA du Domaine de la Pousterle, n° 19MA03569).
- **les moyens de légalité interne** : le fond de la décision.

À cet égard, le juge examine plusieurs questions. En premier lieu, la décision viole-t-elle les règles de droit, en particulier les règles d'urbanisme ?

Les règles à prendre en compte sont celles qui étaient applicables à la date où le permis (ou le refus de permis) a été signé. Dans l'examen du litige, le juge n'a pas la même démarche selon qu'il est en présence d'une décision d'octroi ou de refus du permis de construire.

- **Si le permis de construire a été accordé**, le juge va en principe exercer un contrôle minimal : est-ce que les faits énoncés dans la requête sont exacts ? L'autorité administrative n'a-t-elle pas commis d'erreur de droit ?

Exemples

1. Une association requérante soutenait que le dossier de demande du permis était incomplet par ce que les conditions d'accès du terrain n'y étaient pas indiquées ; la cour estime que les services instructeurs disposaient du plan de masse joint au dossier de demande de permis et que ce plan indiquait très précisément les conditions d'accès au terrain d'assiette du projet (Cour administrative d'appel de Douai, 4 avril 2013, Association Bois-Guillaume réflexion)

2. Le maire a délivré un seul permis de construire pour un projet devant être réalisé sur plusieurs terrains appartenant à un ou plusieurs propriétaires, alors que ces terrains ne sont pas contigus ; la cour annule pour erreur de droit (Cour administrative d'appel de Douai, 14 décembre 2012, Oise habitat).

3. Le propriétaire d'un ancien séchoir à noix protégé par une volumineuse toiture reposant sur des piliers avait obtenu un permis pour édifier des murs ent e ces piliers en vue d'aménager l'ancien séchoir en gîte rural. Le règlement du plan de la commune de La Rivière précise que dans le secteur où le permis a été obtenu : « *Sont admis sous conditions : [...] la transformation des bâtiments existants en gîtes ruraux sans changement de volume* ». Estimant qu'« *un bâtiment s'entend d'une construction couverte et close* », la cour administrative d'appel n'a pas commis d'erreur de droit en considérant que la construction litigieuse, recouverte d'un toit supporté par de simples piliers mais non close, ne pouvait être regardée comme un bâtiment et en annulant, par conséquent, le permis de construire (Conseil d'État, 20 mars 2013, Bressot, n° 350209).

4. Un promoteur obtient un permis de construire pour édifier un immeuble de 39 logements. n propriétaire voisin obtient l'annulation du permis au motif que le projet, de par son implantation, « *aurait pour conséquence, en raison d'une baisse de l'ensoleillement, d'altérer les caractéristiques bioclimatiques de son habitat* ». Le Conseil d'État valide le permis de construire au motif qu'une diminution de l'ensoleillement ne constitue pas « *une atteinte visible à l'environnement naturel ou urbain de nature à justifier l'annulation de l'autorisation délivrée* » (Conseil d'État, 13 mars 2020, Société Cogédim Grand Lyon, n° 427408).

5. Des pétitionnaires obtiennent un permis de construire tacite pour réaliser une maison individuelle et une piscine. Ce permis est attaqué par des voisins au motif que le projet ne respecte pas les marges de recul indiquées au règlement graphique du plan local d'urbanisme. Relevant que le dossier de demande de permis de construire présentait un tracé des v oies volontairement erroné, le juge administratif annule le permis de construire obtenu frauduleusement (Tribunal administratif de Grenoble, 21 septembre 2021, Commune du Veyrier-du-Lac, n° 1901649).

- **Si le permis de construire a été refusé**, le juge va exercer un contrôle entier : quelle est d'abord la situation, comment l'administration l'a-t-elle qualifiée ? La décision révèle-t-elle un détournement de pouvoir ?

> *Exemples*
>
> **1.** Un permis de construire a été refusé au motif que le projet avait pour conséquence d'imposer à la commune la réalisation d'équipements nouveaux hors de proportion avec ses ressources (R.111-13) ; le juge va examiner, après avoir ordonné une expertise, la situation financière de la commune pour vérifier le bien-fondé du refus (Conseil d'État, 18 juillet 1973, Ministre de l'Équipement c/ SCI Le Moulin Bellanger, n° 83745, Rec. p. 529).
>
> **2.** Un pétitionnaire sollicite l'autorisation de construire une maison d'habitation et une piscine sur un terrain forestier exposé aux incendies. La mairie refuse de lui délivrer le permis en raison du risque élevé d'incendie auquel la construction serait exposée. Le juge administratif confirme la validité du refus de permis au motif que le dossier de demande et l'instruction ne permettaient pas d'identifier des prescriptions spéciales susceptibles de rendre la construction possible *« eu égard aux risques particulièrement élevés que présentait le projet du fait de sa situation »* (Conseil d'État, 26 juin 2019, Commune de Tanneron, n° 412429).
>
> **3.** Une société souhaite construire cinq chalets comportant seize logements avec vue sur le mont Blanc. Le maire de Chamonix refuse d'accorder le permis au motif que le projet *« par sa situation, son architecture, ses dimensions ou son aspect extérieur »* était de *« de nature à porter atteinte au caractère ou à l'intérêt des lieux avoisinant »*. La société obtient en première instance l'annulation du refus de permis, laquelle est confirmée en appel. La cour considère en effet que la commune ne démontrait pas *« que les caractéristiques des chalets projetés ne permettraient pas une intégration harmonieuse du projet dans son environnement ou qu'elles seraient incompatibles avec l'objectif des auteurs du PLU de conserver à la zone UE, son caractère aéré et peu dense »* (Cour administrative d'appel de Lyon, 4 décembre 2018, Société AD Consult, n° 17LY04082)

Le juge statue dans un délai de dix mois sur les recours contre les permis de construire un bâtiment comportant plus de deux logements, contre les permis d'aménager un lotissement (art. R.600-6) ou contre les décisions refusant la délivrance de ces permis.

L'annulation d'un permis peut causer beaucoup de soucis à son bénéficiaire, qui doit, s'il maintient son projet, déposer une nouvelle demande de permis. Or nombre de vices affectant la légalité d'un permis de construire peuvent être régularisés. La jurisprudence récente montre que le juge administratif admet de plus en plus fréquemment les possibilités de régularisation dans un objectif de limiter les annulations contentieuses : « *Un vice entachant le bien-fondé de l'autorisation d'urbanisme est susceptible d'être régularisé [...] même si cette régularisation implique de revoir l'économie générale du projet en cause* » (Conseil d'État, Avis du 2 octobre 2020, n° 438318). D'ailleurs, la loi permet au juge, en cas de recours dirigé contre un permis de construire, d'inviter le titulaire d'une autorisation litigieuse à procéder à sa régularisation (art. L.600-5-1). Ainsi, en cas d'illégalité décelée dans un permis, le juge peut surseoir à statuer et accorder un délai au pétitionnaire pour qu'il régularise son autorisation en obtenant un permis de construire modificatif (Conseil d'État, 16 février 2022, Association *« Éoliennes, s'en naît trop »*, n° 420554 ; 16 février 2022, Société MSE la Tombelle, n° 420554 ; 17 mars 2021, Madame V, n° 436073).

201. À l'audience, qui est publique, un membre de la juridiction – appelé « rapporteur public » – « *expose publiquement, et en toute indépendance, son opinion sur les questions que présentent à juger les requêtes et sur les solutions qu'elles appellent* » (art. 7 du Code de justice administrative). Le rapporteur public doit avoir communiqué aux parties avant l'audience le sens de ses conclusions (Conseil d'État, Section, 21 juin 2013, Communauté d'agglomération du pays de Martigues, n° 352427). Puis les juges délibèrent en secret ; leur jugement, qui doit être motivé, aboutit à annuler ou à confirmer la décision contestée. Ils délibèrent aussi sur les frais exposés si l'auteur de la requête ou le défendeur a demandé que la partie perdante soit condamnée à lui verser une somme au titre des frais engagés pour l'instance contentieuse, notamment les honoraires d'avocat (art. L.761-1 du Code de justice administrative).

Plusieurs moyens sont parfois soulevés devant le juge :

- **l'atteinte au principe d'égalité** (« *L'administration m'impose des prescriptions alors qu'elle n'en avait pas imposé* à *mon voisin pour un projet semblable* ») : en général, ce moyen n'est pas opérant (Conseil d'État, 8 juin 1957, SCI Château de la Muette), le juge prenant en compte la diversité des situations des requérants (Cour administrative d'appel de Bordeaux, 9 mars 2006, n° 03BX01035 ; *a contrario*, voir Cour administrative d'appel de Nantes, 6 octobre 2020, SCI de la Lande, n° 19NT03666 : annulation en raison d'une différence de traitement manifestement disproportionnée au regard des motifs susceptibles de la justifier) ;
- **l'exception d'illégalité :** ce moyen consiste à faire reconnaître par le juge que, même si la décision d'accorder ou de refuser le permis est conforme aux règles d'urbanisme, elle a été délivrée sous l'empire d'un document d'urbanisme qui, lui, est illégal en tout ou en partie (voir *supra* 111). Dans ce cadre, le juge se place « *à la date de la délivrance du permis attaqué pour apprécier la légalité du plan local d'urbanisme sous l'empire duquel il a été délivré* » (Conseil d'État, 2 octobre 2019, Commune de Limonest, n° 420808). Il peut, par exemple, être conduit à apprécier la validité du classement par le PLU des parcelles sur lesquelles sont projetées des constructions (Conseil d'État, 24 mars 2021, Commune de Saint-Sauveur-de-Puynormand, n° 428462). Cependant, le moyen tiré de l'exception d'illégalité du document local d'urbanisme à l'appui d'un recours en annulation d'une autorisation d'urbanisme ne peut être utilement soulevé « *que si le requérant soutient également que cette autorisation méconnaît les dispositions pertinentes ainsi remises en vigueur* » (Conseil d'État, 2 octobre 2020, SCI du Petit Bois, avis n° 436934).
- **la question prioritaire de constitutionnalité :** créé par la révision constitutionnelle du 23 juillet 2008, l'article 61-1 de la Constitution permet à un requérant de soutenir, à l'occasion d'une instance, qu'une disposition législative « *porte atteinte aux droits et libertés que la Constitution garantit* ». Le requérant doit poser cette question par écrit, et cet écrit doit être distinct du mémoire présentant les moyens de la requête. Si le tribunal ou la cour estime que la loi s'applique au litige, que sa conformité à la Constitution n'a pas encore été déclarée par le Conseil constitutionnel et que la question n'est pas dépourvue de caractère sérieux, la juridiction administrative fait remonter sans délai cette question (QPC) au Conseil d'État, la juridiction judiciaire à la Cour de cassation. Si la juridiction suprême estime à son tour que la loi s'applique bien au litige, que sa conformité à la Constitution n'a pas encore été déclarée par le Conseil constitutionnel et que la question est nouvelle ou présente un caractère sérieux, elle la renvoie dans les trois mois au Conseil constitutionnel. Celui-ci déclare la disposition législative conforme ou non à la Constitution. La décision du Conseil constitutionnel s'impose immédiatement – sauf décision contraire – à la juridiction qui lui avait posé la question et à toutes les juridictions devant lesquelles des litiges en cours portent sur la même disposition.

> ***Exemple***
>
> Une association demande au juge des référés du tribunal administratif de Versailles de suspendre un permis de construire autorisant la création d'un établissement recevant du public. Sa requête est rejetée par le tribunal au motif que les statuts de cette association avaient été modifiés pour lui permettre d'agir moins d'un an avant l'affichage en mairie de la demande de permis de construire attaqué. L'association invoque alors l'inconstitutionnalité de l'article L.600-1-1 du Code de l'urbanisme en tant qu'il conditionne la recevabilité d'un recours intenté par une association au dépôt de ses statuts au moins un an avant l'affichage en mairie de la demande

du pétitionnaire. Saisi d'une QPC par le Conseil d'État, le Conseil constitutionnel estime que ces dispositions *« ne portent pas une atteinte disproportionnée au droit à un recours juridictionnel effectif »* et qu'elles *« ne méconnaissent pas non plus la liberté d'association et le principe d'égalité devant la loi, ni aucun autre droit ou liberté que la Constitution garantit »*. Il les déclare donc conformes à la Constitution.

Sources : Conseil d'État, 31 janvier 2022, Association Le Sphinx, n° 455122 ; Décision QPC n° 2022-986 du 1er avril 2022.

■ Les particularités du jugement d'annulation

De manière générale, lorsque le juge administratif annule un acte, il peut se contenter de fonder sa décision sur un seul des moyens présentés par le requérant : par exemple, lorsque le requérant a présenté cinq moyens dans sa demande d'annulation d'un arrêté et que le juge estime que deux d'entre eux sont v alables (par exemple, absence d'accord d'une autorité consultée avant de prendre l'arrêté, alors que la loi pr évoyait obligatoirement cet accord et non-respect par l'arrêté contesté d'une disposition d'un décret), le juge administratif peut annuler l'arrêté en se fondant sur l'un ou l'autre de ces deux moyens.

Il en est autrement en matière d'urbanisme : afin de p évenir la multiplication des contentieux et la succession de r equêtes fondées sur des mo yens identiques examinés au cours de procédures successives, la juridiction administrative qui annule un acte « *se prononce sur l'ensemble des moyens de la requête qu'elle estime susceptibles de fonder l'annulation ou la suspension, en l'état du dossier* » (art. L.600-4-1). Voir Conseil d'État, Préfet des Yvelines, 25 mai 2018, n° 417350.

Si le juge pr ononce uniquement l'annulation des pr escriptions exigeant des tax es ou des contributions aux dépenses d'équipements publics, l'autorisation de construire n'est pas pour autant illégale. Une fois le jugement devenu définiti , l'autorité administrative tient compte de cette décision et prend un nouvel arrêté portant prescription d'une taxe ou d'une contribution aux dépenses d'équipements publics (art. L.332-7).

Si le juge prononce l'annulation totale d'un permis de construire, il n'y a plus de permis ; celui qui voulait construire ne peut pas construire, celui qui – en possession de son permis – aurait déjà construit l'aurait fait irrégulièrement et serait alors passible de condamnation (voir *supra* 143). Il pourrait, en outre, être condamné par le juge judiciaire à la démolition de la construction irrégulière dès lors que cette dernière se situe en zone protégée (art. L.480-13). Lorsque le permis annulé a été délivré par le préfet, celui-ci conserve sa compétence pour délivrer un nouveau permis, même si depuis le premier permis la commune a approuvé un PLU (Conseil d'État, 4 mars 2009, Commune de Beaumettes, n° 319974, Rec. T. p. 989).

Afin d'éviter de pénaliser trop sévèrement le bénéficiai e d'un permis annulé pour une illégalité légère en l'obligeant à reprendre à zéro la procédure de demande d'un nouveau permis, le Code de l'urbanisme permet au juge administratif non seulement de prononcer une annulation partielle, mais également de surseoir à statuer.

- **Annulation partielle :** l'article L.600-5 permet au juge, s 'il constate que le permis ne comprend qu'*« un vice n'affectant qu'une partie du projet »* et s'il estime que ce vice peut être régularisé par un permis modificati , prononcer une annulation par tielle du permis. Il s'agit ainsi plus pr écisément de permettre au juge de limiter *« à cette partie la portée de l'annulation qu'il prononce »*. Le cas échéant, le juge administratif *« fixe le délai dans lequel le titulaire du permis pourra en demander la régularisation à l'administration »*.
- **Sursis à juger :** l'article L.600-5-1 permet au juge, s'il constate que le permis ne comprend qu'un seul vice entraînant l'illégalité de cet acte et s 'il estime que ce vice est susceptible d'être régularisé, de surseoir à statuer jusqu'à l'expiration d'un délai qu'il fi e pour cette

régularisation. Si une mesure de régularisation est notifiée dans ce délai au juge, celui-ci statue alors après avoir invité les parties à présenter leurs observations.

- **Le droit des parties de faire appel**

En cas d'appel formé devant la cour administrative d'appel compétente contre un jugement, le requérant doit, à peine d'irrecevabilité de son recours, notifier son recours à l'auteur de la décision et au titulaire de l'autorisation, comme c'est le cas en première instance (art. L.600-1).

Le droit de faire appel connait des exceptions. Afin d'éviter de trop longs contentieux, sont rendus *« en premier et dernier ressort »* (art. R.811-1-1, 1° du Code de justice administrative) les jugements des tribunaux administratifs portant sur les permis (ou refus ou oppositions) de construire ou de démolir un bâtiment à usage principal d'habitation comportant plus de deux logements ou sur les permis (ou refus ou oppositions) d'aménager un lotissement délivrés dans des communes comprises dans des unités urbaines de plus de 50 000 habitants où *« existe un déséquilibre marqué entre l'offre et la demande de logements, entraînant des difficultés sérieuses d'accès au logement sur l'ensemble du parc résidentiel existant qui se caractérisent notamment par le niveau élevé des loyers, le niveau élevé des prix d'acquisition des logements anciens ou le nombre élevé de demandes de logement par rapport au nombre d'emménagements annuels dans le parc locatif social »* (art. 232, I du Code général des impôts). La liste des nombreuses communes (dont Paris, Bordeaux, Evry, Lille, Grenoble, Lyon, Marseille, Strasbourg, Toulouse) où la situation du logement est tendue figure en annexe du décret n° 2013-392 du 10 mai 2013 relatif au champ d'application de la taxe annuelle sur les logements vacants instituée par l'article 232 du Code général des impôts.

L'impossibilité d'interjeter appel de jugements sur de tels permis délivrés ou refusés dans ces communes s'applique aux recours introduits jusqu'au 31 décembre 2027, en vertu du décret n° 2022-929 du 24 juin 2022. Pour les requérants concernés, seul un pourvoi en cassation devant le Conseil d'État contre le jugement du tribunal administratif est possible.

- **Les recours abusifs**

Certains requérants, par la fréquence de leurs recours ou le caractère dérisoire des moyens d'annulation qu'ils avancent, adressent au juge des requêtes manifestement inutiles. C'est pour punir ces contestataires peu civiques que l'article R.741-12 du Code de justice administrative prévoit, d'une manière générale, que « *le juge peut infliger à l'auteur d'une requête qu'il estime abusive une amende dont le montant ne peut excéder 10 000 euros* ». S'agissant plus particulièrement du contentieux de l'urbanisme, le Code de l'urbanisme prévoit un dispositif spécifique. Ainsi, « *lorsque le droit de former un recours pour excès de pouvoir contre un permis de construire, de démolir ou d'aménager est mis en œuvre dans des conditions qui traduisent un comportement abusif de la part du requérant et qui causent un préjudice au bénéficiaire du permis, celui-ci peut demander, par un mémoire distinct, au juge administratif saisi du recours de condamner l'auteur de celui-ci à lui allouer des dommages et intérêts* » (art. L.600-7). Une telle demande peut être présentée pour la première fois en appel.

> ***Exemple***
>
> Les conditions d'indemnisation du bénéficiaire d'une autorisation d'urbanisme pour « comportement abusif » ont été illustrées par la jurisprudence. Dans une affaire concernant un permis d'aménager délivré à une société civile immobilière, une association locale de contribuables contestait cette autorisation devant le juge administratif. Déboutée en première instance, l'association se pourvoit en appel sans démontrer ni son intérêt pour agir, ni qu'elle avait notifié son recours à la SCI. La Cour administrative d'appel relève que la procédure menée par l'association est *« entachée de nombreuses irrecevabilités et excédant notamment son objet social »* et qu'elle a

> été présentée « *après un rejet confirmé en appel également pour irrecevabilité d'un précédent recours formé contre un premier permis d'aménager* » précédemment accordé à la même SCI quelques années auparavant. Elle confirme l'estimation du préjudice moral de la SCI à hauteur de 3 000 euros, dès lors que celle-ci, « *dans l'attente de pouvoir disposer d'un permis ayant acquis un caractère définitif, n'a toujours pas pu mener à bien son projet d'aménagement et de vente de la parcelle à lotir* ».
>
> Source : Cour administrative d'appel de Versailles, 3 octobre 2019, Association des contribuables du Dourdannais en Hurepoix, n° 18VE01741.

La loi encourage par ailleurs, sous certaines limites, la voie de la transaction. Le Code de l'urbanisme vise ici plus précisément « *toute transaction par laquelle une personne ayant demandé ou ayant l'intention de demander au juge administratif l'annulation d'un permis de construire, de démolir ou d'aménager s'engage à se désister de ce recours ou à ne pas introduire de recours en contrepartie du versement d'une somme d'argent ou de l'octroi d'un avantage en nature* » (art. L.600-8). Une telle transaction reste cependant soumise à une formalité d'enregistrement préalable obligatoire (art. 635, 9° du Code général des impôts). Afin ’éviter les abus, la loi « ELAN » du 23 novembre 2018 est venue interdire aux associations les transactions pécuniaires, sauf lorsqu'elles agissaient pour la défense de leurs intérêts matériels propres (art. L.600-8 al 3).

B. Le contentieux de la responsabilité

202. Un requérant met en cause la responsabilité de l'administration et demande une indemnité pour réparer le préjudice qu'il estime avoir subi.

■ La saisine

Qui peut saisir le juge administratif ?

- Le bénéficiaire d'un permis de construire annulé (Conseil d'État, 26 janvier 1973, Ville de Paris c/ Driancourt, n° 84768, Rec. p. 77 ; 3 juin 2020, Société Cocimes, n° 420736) ou délivré fautivement (Conseil d'État, 2 octobre 2002, Ministre de l'Équipement, n° 232720, Rec. T. p. 924 ; 18 février 2019, Commune de L'Houmeau, n° 414233) ou retiré illégalement (Conseil d'État, 24 septembre 2012, M. Niel). Le juge administratif peut cependant tenir compte du comportement du bénéficiaire du permis pour exonérer la commune de sa responsabilité (Conseil d'État, 9 octobre 2015, SCI Casa di Fiori, n° 367604).
- Le pétitionnaire d'un permis de construire, qui se l'est vu refuser et dont le refus a été annulé par le juge (Conseil d'État, 26 octobre 1988, Ministre de l'Équipement c/ SCI Les Moulins d'Hyères, n° 69563, Rec. p. 382 ; 15 avril 2016, Société Les Trois Coteaux, n° 371274).
- Le tiers qui subit un préjudice en raison d'une construction réalisée et dont le permis a été annulé (Conseil d'État, 12 mai 1976, époux Leduc, n° 85271, Rec. p. 252 ; 24 juillet 2019, Commune de Fleury-les-Aubrais, n° 417915).

La personne désireuse d'obtenir une indemnisation doit en premier lieu adresser une demande (chiffée en euros) à l'administration afin ’obtenir une réponse, positive ou négative. En cas de refus, ou si elle considère que le montant de lindemnité lui paraît insuffisant, elle peut conteste devant le juge – le tribunal administratif qui avait été saisi de la demande d'annulation (art. R.312-14, 1° du Code de justice administrative). La saisine du tribunal administratif, qui nécessite un avocat (art. R.431-2 du Code de justice administrative), doit s'exercer en pratique dans un délai de quatre ans, car toute collectivité publique peut opposer à ses créanciers la règle de la déchéance quadriennale (Conseil d'État, 22 octobre 2012, Groupement agricole d'exploitation en commun de la Vallée, n° 330650). En effet, aux termes de ’article 1er de la loi n° 68-1250 du 31 décembre 1968 : « *Sont prescrites au profit de l'État, des départements et des communes... toutes créances qui n'ont pas* été payées dans un délai de quatre ans à partir du premier jour de l'année suivant celle au cours de laquelle les droits ont été acquis ».

Notons que si le requérant a demandé une indemnité inférieure à 10 000 euros, le président du tribunal administratif statue seul (art. R.222-13, 10° et R.422-14 du Code de justice administrative) et que son jugement, non susceptible d'appel, ne peut être contesté qu'en cassation (art. R.811-1, al. 2 du même code).

■ **La mise en jeu**

203. Le requérant doit attaquer la collectivité à l'origine de la décision. Ainsi, si la décision a été prise par le maire au nom de la commune, le requérant doit attaquer la commune ; si la décision a été prise par le préfet ou le maire au nom de l'État, il doit attaquer l'État.

■ **Le jugement**

Le juge ne condamne la collectivité publique à verser une indemnité que lorsque l'autorité administrative a commis une faute, que la victime a subi un préjudice matériel, réel, direct et certain et qu'existe un lien entre la faute et le préjudice subi (Conseil d'État, 13 mars 2019, Commune de Seclin, n° 408123). Le requérant ne peut pas demander une indemnité supérieure au montant du préjudice réellement subi (Conseil d'État, 5 octobre 1988, SCI Les 3 Roses et SCI Les 4 Roses, n° 53511, Rec. p. 327 ; Cour administrative d'appel de Nantes, 17 juin 2016, Commune de Treize Vents, n° 14NT02198) ; ainsi un promoteur victime d'un permis annulé peut obtenir une indemnité correspondant au préjudice résultant de l'immobilisation du capital investi (Cour administrative d'appel de Paris, 25 avril 1996, SA Jean Ache, Rec. T. p. 1156). Le juge fi e l'indemnité sans pouvoir dépasser le montant qui lui a été demandé ; les frais de procédure peuvent être pris en compte (Conseil d'État, 8 octobre 2008, Société Rand Kar – M. Laskar, Rec. T. p. 915).

Le juge administratif peut ordonner la démolition d'un ouvrage public construit illégalement, puisque le principe d'intangibilité des ouvrages publics a été abandonné (Conseil d'État, Section, 29 janvier 2003, Syndicat départemental de l'électricité et du gaz des Alpes-Maritimes, n° 245239, Rec. p. 21 ; 9 juin 2004, Commune de Peille, n° 254691, Rec. p. 244). Cependant, la simple irrégularité de la construction d'un ouvrage public ne justifiera pas obligatoirement sa démolition : le juge administratif est en effet conduit à examiner si une telle démolition n'entraînerait pas *« une atteinte excessive à l'intérêt général »* (pour une salle des fêtes, voir Cour administrative d'appel de Marseille, 8 février 2022, 21MA02755 ; voir *a contrario*, pour des bâtiments initialement conçus comme provisoires, Conseil d'État, 29 novembre 2019, École nationale supérieure des Beaux-Arts, n° 410689).

S'agissant, en revanche, des ouvrages privés, l'action en démolition doit être engagée devant le tribunal judiciaire dans le délai de deux ans qui suit la décision devenue définiti e de la juridiction administrative (voir *supra* 34 et 143), étant précisé que la loi prévoit que la démolition n'est possible que pour les constructions et installations situées dans des zones sensibles protégées par la loi (art. L.480-13) : les espaces terrestres et marins, sites et paysages remarquables, bande littorale, parcs nationaux, sites Natura 2000, zones à risques, abords des monuments historiques... En outre, s'agissant d'une construction appartenant à un propriétaire privé, le préfet qui a déféré au juge administratif un permis de construire et en a obtenu l'annulation définiti e peut engager une action civile en vue de la démolition (art. L.600-6).

■ **La responsabilité pour durée non raisonnable de la procédure**

Une durée trop longue de la procédure peut justifier d'engager la responsabilité de l'État. Aux termes de l'article 6 § 1 de la Convention européenne de sauvegarde des droits de l'homme et des libertés fondamentales, « *toute personne a droit à ce que sa cause soit entendue* [...] *dans un délai raisonnable par un tribunal* [...] ». En application de ces dispositions, la France a été, par exemple, condamnée par la Cour européenne des droits de l'homme (CEDH) dans l'affaire suivante : un requérant, demandant l'annulation de la décision d'opposition à une déclaration de travaux prise par un maire le 17 mars 1992, avait saisi le 8 avril 1992 le tribunal administratif qui l'avait débouté le 26 juillet 1996 ; il avait alors interjeté appel devant la cour administrative d'appel, qui avait également rejeté sa requête par un arrêt du 13 mai 1998, puis il s'était pourvu en cassation contre cet arrêt et avait obtenu une décision du Conseil d'État (non-admission de son pourvoi) le 8 février 1999, près de sept ans après la décision du maire. La cour a estimé qu'il y avait eu violation du droit à délai raisonnable prévu à l'article 6 § 1 de la Convention alors que « *l'affaire ne présentait aucune complexité particulière et que le comportement du requérant n'a pas influé sur la durée de la procédure* » ; elle a condamné la France à verser 5 000 euros au requérant pour « *dommage moral* » (CEDH, 4 février 2003, Raitière c/ France, affai e n° 51066/99).

Il n'est plus nécessaire d'aller jusqu'en Cour de Strasbourg pour obtenir réparation d'une procédure trop longue : la juridiction administrative suprême française a énoncé que « *lorsque la méconnaissance du droit à un délai raisonnable de jugement leur a causé un préjudice, les justiciables peuvent obtenir la réparation du dommage ainsi causé par le fonctionnement défectueux du service public de la justice* » et précisé la nature des réparations que peut prononcer le juge (Conseil d'État, Assemblée, 28 juin 2002, Garde des Sceaux, Ministre de la Justice c/ Magiera, n° 239575, Rec. p. 247). Le Conseil d'État a compétence pour juger de tels litiges indemnitaires et, plus généralement, « *des actions en responsabilité dirigées contre l'État pour durée excessive de la procédure devant la juridiction administrative* » (art. R.311-1, 7° du Code de justice administrative).

L'amélioration des délais de jugement est devenue l'un des objectifs de la juridiction administrative : en 2021, la durée moyenne d'une affai e était de neuf mois et seize jours devant les tribunaux administratifs, onze mois et quinze jours devant les cours administratives d'appel, et sept mois devant le Conseil d'État (contre huit mois et vingt-six jours en 2012).

3.4.2 Le contentieux judiciaire

Qu'elle soit régulière ou non, la construction peut causer des préjudices, notamment aux voisins de l'immeuble : il appartient au juge civil – s'il en est saisi – de les faire réparer. Si la construction est irrégulière, il revient au juge pénal de sanctionner le délit de violation des règles d'urbanisme.

A. Le contentieux civil

204. L'arrêté accordant un permis doit informer son bénéficiai e que « *le permis est délivré sous réserve du droit des tiers* ». Surtout, le Code de l'urbanisme précise que « *toute personne s'estimant lésée par la méconnaissance du droit de propriété ou d'autres dispositions de droit privé peut donc faire valoir ses droits en saisissant les tribunaux civils, même si le permis respecte les règles d'urbanisme* » (art. A.424-8, dernier alinéa). Il en découle que les règles relatives à la responsabilité civile mais également celles relatives aux « *troubles de voisinage* » de la jurisprudence civile trouvent à s'appliquer, indépendamment d'une éventuelle décision du juge administratif quant au caractère régulier ou non d'une construction.

La règle cardinale de la r esponsabilité civile est posée par l 'article 1240 du Code civil qui dispose : « *Tout fait quelconque de l'homme, qui cause à autrui un dommage, oblige celui par la faute duquel il est arrivé à le réparer* ». La jurisprudence constante de la Cour de cassation (Cass. civ. 1, 9 juin 1959, SCI Terrasse royale, Bull. civ. n° 291) admet qu'un tiers peut saisir le juge civil s'il estime subir un préjudice en raison d'une construction réalisée illégalement.

En pratique, lorsque la construction a été édifiée en méconnaissance des ègles d'urbanisme, deux hypothèses se pr ésentent pour le tiers qui v eut obtenir réparation auprès du tribunal judiciaire.

■ **1re hypothèse : La construction a été édifiée sans permis ou sans respecter le permis.**

La personne s'estimant victime d'une construction dispose d'un délai de « *dix ans à compter de la réception des travaux* » pour engager la responsabilité du constructeur de l'ouvrage qui a commis une faute en violation d'une règle d'urbanisme (art. 1792-4-3 du Code civil).

Si le juge admet l'existence d'un préjudice personnel et d'une relation directe entre la faute et ce préjudice, il condamne le constructeur à verser à la victime une indemnité pécuniaire, ou à réparer en nature par une mise en conformité ou une démolition (Cass. civ. 3, 7 juin 1979, Sagnard, n° 78-10.427, *Bull. civ.* III n° 124 ; 20 avril 2017, n° 16-10367). Concernant le montant de l'indemnité, le juge judiciair e considère que « *les dommages-intérêts alloués à la victime doivent réparer le préjudice sans qu'il en résulte pour elle ni perte ni profit* » (Cass. civ. 3e, 13 juillet 2017, 15-26.326). Par ailleurs, le responsable d'une construction réalisée sans autorisation peut être condamné à la démolir, même si la construction a été revendue entre-temps (Cass. crim., 10 mai 2022, n° 21-84-389). Dans le même ordre d'idée, la Cour de cassation estime que le fait pour un vendeur de dissimuler à un acquéreur que le bien a été édifié sans permis de construire constitue un vice caché dans la mesure où le droit de l'urbanisme interdit dans ce cas la reconstruction à l'identique du bien (Cass., civ. 3e, 10 juin 2021, n° 20-11.902).

Pour sa part, la commune peut également demander au propriétaire de la construction réparation des préjudices qu'elle subit en raison de la violation des règles d'urbanisme : par exemple, parce que la construction effectuée sans permis 'a pu lui permettre de recouvrir la participation pour non-réalisation d'aires de stationnement (Cass. civ. 3e, 23 novembre 2005, Commune de Juvisy-sur-Orge c/ SCI Delta, *Bull. civ. III*, n° 227). À noter cependant que la commune dispose d'un régime plus favorable que les tiers dans le cas d'une construction sans permis. En effet, aux termes de l'article L.480-14 du Code de l'urbanisme, « *la commune ou l'établissement public de coopération intercommunale compétent en matière de plan local d'urbanisme peut saisir le tribunal judiciaire en vue de faire ordonner la démolition ou la mise en conformité d'un ouvrage édifié ou installé sans l'autorisation exigée par le présent livre, en méconnaissance de cette autorisation ou, pour les aménagements, installations et travaux dispensés de toute formalité* ». Ainsi, la commune a qualité pour agir, « *concurremment avec l'établissement public de coopération intercommunale compétent en matière d'urbanisme, pour exercer les droits reconnus à la partie civile en ce qui concerne les faits commis sur son territoire* » (Cass. civ. 3e, 21 janvier 2021, Commune de Lussac, n° 20-10602). La Cour de cassation reconnaît « *la spécificité de l'action ouverte à la commune par l'article 480-14 du Code de l'urbanisme et, en l'absence de toute précision par le législateur, il apparaît donc que la commune dispose d'une action autonome ne nécessitant pas la démonstration d'un préjudice personnel et direct causé par les construction litigieuses* » (Cass. civ. 3e, 16 mai 2019, Commune de Lovagny, n° 17-31-757).

Toutefois le juge civil ne peut pas ordonner la démolition de l'immeuble construit irrégulièrement lorsque les règles d'urbanisme ont changé depuis la date de la construction et que les nouvelles règles permettent cette constr uction (Cass. civ. 3e, 25 novembre 1998, S ociété

Ériane, *Bull. civ. III*, n° 225). D'une manière générale enfin, le juge judiciai e examine enfin la proportionnalité de la mesure de démolition au regard des intérêts en cause (sur le droit à la vie familiale, v oir Cass. civ. 3e, 17 décembre 2015, n° 14-22.095 ; 16 janvier 2020, n° 19-10375.18 ; 16 janvier 2020, n° 19-13.645). Saisi d'une question prioritaire de constitutionnalité, le Conseil constitutionnel a jugé que les dispositions de l 'article L.480-14 « *ne sauraient, sans porter une atteinte excessive au droit de propriété, être interprétées comme autorisant la démolition d'un tel ouvrage lorsque le juge peut, en application de l'article L.480-14, ordonner à la place sa mise en conformité et que celle-ci est acceptée par le propriétaire* » (Conseil constitutionnel, décision n° 2020-853 QPC, 31 juillet 2020, § 14).

■ **2e hypothèse : La construction a été édifiée conformément au permis.**

205. Lorsque le propriétaire, ou le constructeur, produit une attestation de la mairie ne contestant pas la conformité de l'immeuble construit au permis, le juge civil ne peut prononcer de condamnation que si le permis a été depuis jugé illégal par la juridiction administrative et que s'il existe un lien de causalité entre la construction illégale et le dommage (Cass. civ. 3e, 3 septembre 1998, Tripordi c/ M. Tréhard, *Bull. civ. III*, n° 185 ; 31 mai 2000, Defrance c/ Neyret).

La loi (art L.480-13) off e alors deux possibilités d'action à la victime :

- **une action en démolition** : la victime doit produire devant le juge civil une décision de la juridiction administrative annulant le permis de constr uire pour que ce juge puisse condamner le propriétaire à la démolition de la constr uction. Pour rappel, la démolition n'est envisageable en ce cas que dans certaines zones protégées (voir *supra* 203) ;
- **une action en responsabilité civile** : la victime doit pr oduire devant le juge civil une décision de la juridiction administrative annulant le permis de constr uire ou le déclarant illégal pour que ce juge puisse condamner le constructeur à des dommages-intérêts ; encore faut-il qu'elle saisisse le tribunal judiciair e dans les deux ans suiv ant l'achèvement des travaux. Au-delà, cette action n'est plus possible (art. L.480-13 2°).

■ **Le trouble anormal de voisinage**

Une personne victime d'une construction qui n'est pas illégale peut invoquer devant le juge civil le principe jurisprudentiel selon lequel « *nul ne peut causer à autrui un trouble anormal de voisinage* ». Ce principe est constamment appliqué par la jurispr udence judiciaire (Cass. civ. 3e, 27 juin 1973, *Bull. civ. III*, n° 451, p. 327 : « *Attendu que si le voisin de celui qui a construit légitimement sur son fonds est tenu de supporter les inconvénients normaux de voisinage procédant de la construction nouvelle, il est en droit en revanche d'exiger une réparation dès lors que ces inconvénients excèdent cette limite* ». Comme l'énonce la Cour de cassation, « *l'action fondée sur un trouble anormal du voisinage est une action en responsabilité civile extracontractuelle qui, indépendamment de toute faute, permet à la victime de demander réparation au propriétaire de l'immeuble à l'origine du trouble, responsable de plein droit* » (Cass. civ. 3e, 13 mars 2022, n° 18-23.954).

À titre d'exemples ont été considérés comme étant à l'origine de troubles anormaux de voisinage donnant droit à réparation :

- un immeuble édifié à côté 'une maison d'habitation entraînant une diminution de l'ensoleillement (Cass. civ. 3e, 3 mai 2012, n° 10-28257) ;
- un mur en parpaings de six étages occultant la luminosité et l'aération naturelle des pièces d'un bâtiment voisin (Cass. civ. 3e, 5 septembre 2012, n° 10-27567) ;

- une construction obstruant la vue sur des montagnes (Cour d 'appel de Pau, 12 octobre 2005, n° 03-19.759) ;
- un immeuble collectif de quatre étages, « *privant le propriétaire de vue, de lumière et d'ensoleillement de façon anormalement importante* » (Cass. civ . 3e, 7 novembre 2019, n° 18-17.267). Dans cette affai e, le montant du pr éjudice a été év alué à hauteur de la moins-value de la propriété.

Selon la jurisprudence de la Cour de cassation, « *le propriétaire actuel d'un bien immobilier est de plein droit responsable des troubles excédant les inconvénients normaux du voisinage constatés dans le fonds voisin, même si ces troubles résultent de travaux réalisés par un précédent propriétaire* » (Cass. civ. 3e, 11 mai 2017, n° 16-14.665). À titre d'exemple, dans une récente affai e, la Cour de cassation a considér é que les nouv eaux propriétaires d'un immeuble étaient responsables, indépendamment de toute faute, des tr oubles anormaux de voisinage causés à leur voisin (en l'espèce des infiltrations 'eau), même si ces troubles avaient débuté plusieurs années avant leur achat (voir *supra* Cass. civ. 3e, 13 mars 2022, n° 18-23.954).

Il importe cependant de souligner que le caractèr e « anormal » du tr ouble de v oisinage invoqué est apprécié diffé emment par le juge en fonction de l'endroit où se situe la construction à l'origine du trouble, notamment selon que la parcelle se situe en zone rurale ou en zone urbaine. Il a ainsi pu être jugé, s'agissant de terrains « *situés dans une zone fortement urbanisée de la petite couronne de la ville de Paris, où l'habitat évolue au gré des opérations de constructions* », que leurs occupants ne pouv aient légitimement « *exiger que l'ensoleillement dont ils bénéficiaient ne soit jamais modifié* ». Par suite, « *les troubles dont ils se plaignaient n'excédaient pas les inconvénients normaux de voisinage* » (Cass. civ. 3e, 17 mai 2018, n° 17-18.238). De même, s'agissant de la perte d'ensoleillement invoquée par les habitants voisins d'une parcelle où avaient été construits deux nouveaux bâtiments : « *Rien n'établissait que la luminosité de la maison était affectée dans des proportions excédant le risque nécessairement encouru du fait de l'installation en milieu urbain* » (Cass. civ. 3e, 29 septembre 2015, n° 14-16.729).

Par ailleurs, en vertu de la théorie dite de la « pré-occupation collective », la loi limite la possibilité de se prévaloir d'un trouble de voisinage dans certains cas. Ainsi, « *les dommages causés aux occupants d'un bâtiment par des nuisances dues à des activités agricoles, industrielles, artisanales, commerciales, touristiques, culturelles ou aéronautiques, n'entraînent pas droit à réparation lorsque le permis de construire afférent au bâtiment exposé à ces nuisances a été demandé ou l'acte authentique constatant l'aliénation ou la prise de bail établi postérieurement à l'existence des activités les occasionnant dès lors que ces activités s'exercent en conformité avec les dispositions législatives ou réglementaires en vigueur et qu'elles se sont poursuivies dans les mêmes conditions* » (art. L.113-8 du Code de la construction et de l'habitation).

B. Le contentieux pénal

206. Ce contentieux relève de la compétence du tribunal correctionnel, puisque le fait d'exécuter des travaux en méconnaissance des r ègles d'urbanisme ou des pr escriptions imposées par un permis ou par la décision prise sur une déclaration péalable constitue un délit qui « *est puni* » par le juge pénal (art. L.480-4).

■ Les poursuites

Le régime en est prévu à l'article L.480-1 du Code de l'urbanisme. Chaque fois que le juge administratif prononce l'annulation du permis de construire, il transmet copie du jugement « *sans délai* » au procureur de la République près le tribunal judiciaire territorialement compétent (art. R.751-10 et R.751-11 du Code de justice administrative).

De leur côté, les agents publics habilités (officiers ou agents de police judicia e, fonctionnaires et agents de l'État et des collectivités publiques commissionnés à cet effet...) peu ent constater, par pr ocès-verbal, les infractions aux r ègles d'urbanisme. Les pr ocès-verbaux constatés par ces agents *« font foi jusqu'à preuve du contraire »* (art. L.480-1 al. 1). Les infractions en matièr e d'urbanisme sont désormais pr escrites six ans apr ès l'achèvement des constructions irrégulières (Cass. crim., 1er juin 2021, n° 20-86.073).

La loi prescrit à tout dépositair e de l'autorité publique (autorité constituée, officier public fonctionnaire) qui, *« dans l'exercice de ses fonctions, acquiert la connaissance d'un crime ou d'un délit est tenu d'en donner avis sans délai au procureur de la République et de transmettre à ce magistrat tous les renseignements, procès-verbaux et actes qui y sont relatifs »* (art. 40 du Code de procédure pénale). Le fait pour un maire de ne pas constater une infraction peut entraîner la responsabilité de l'État, même dans les communes dotées d'un plan local d'urbanisme (Conseil d'État, 21 octobre 1983, Ministre de l'Environnement, n° 31728, Rec. p. 424 ; 10 juillet 2006, Commune de Pineuilh, n° 267943 ; Cour administrative d'appel de Nantes, 20 juin 2019, EURL « Abri Côtier », n° 17NT02535).

Le juge administratif, saisi en référé sur le fondement de l'article L.521-3 du Code de justice administrative, peut ordonner au maire de faire dresser un procès-verbal, de prendre un arrêté interruptif des travaux et de saisir le procureur de la République (Conseil d'État, 6 février 2004, Association de défense de l'environnement de Bormes et du Lav andou, n° 256719, Rec. p. 45 ; 27 juillet 2006, Ministre des Transports, n° 287836, Rec. T. p. 1112 ; 19 juin 2020, Commune de Saint-Didier-au-Mont-d'Or, n° 434671).

La commune, ainsi que toute association agr éée de protection de l'environnement (art. L.631-3 du Code de l'environnement), peut se porter partie civile ; ce droit est également ouvert à une association non agréée si, en raison de sa spécificité, de ses buts et de 'objet de sa mission, elle connaît un pr éjudice direct créé par l'infraction (Cass. crim., 12 septembre 2006, André Moulin c/ Association de sauvegarde du village de Favières-la-Route, *Bull. crim.*, n° 217).

En ce qui concerne les particuliers, la jurisprudence judiciaire leur a reconnu le droit de se constituer partie civile : « *S'il est vrai que les dispositions du permis de construire ont été édictées en vue de l'intérêt général, elles n'en tendent pas moins également à la protection des particuliers auxquels l'exécution de travaux de construction en méconnaissance des prescriptions légales peut éventuellement causer un préjudice direct et personnel de nature à servir de base à une action civile devant la juridiction répressive* » (Cass. crim., 17 janvier 1984, Henneton, *Bull. crim.* 1984, n° 24). Ce particulier peut être un voisin (Cass. crim., 4 décembre 2012, n° 12-80.845) ou encore un copropriétaire (Cass. crim., 19 mars 2019, n° 18-83.833).

■ **Les sanctions**

207. Les sanctions pénales s'appliquent à toutes les personnes concernées : utilisateurs du sol, bénéficiai es des travaux, architectes, entrepreneurs ou autres personnes responsables de l'exécution des travaux (art. L.480-4). Il peut s'agir de personnes physiques (voir par exemple, pour un pr omoteur immobilier, Cass. crim., 12 juin 2019, Association U Lev ante, n° 18-81.874) ou de personnes morales (art. L.480-4-2). Le propriétaire bénéficiai e de l'autorisation de constr uire ne peut s'exonérer en prétendant que les trav aux litigieux ont été réalisés par ses locataires, dès lors que ces travaux nécessitaient son accord (Cass. crim., 5 mai 1993, Vasquez-Rodriguez, n° Y-92-85236 D ; 24 octobre 2017, n° 16-87.178) ; de même le prévenu architecte, marié sous le r égime de la communauté r éduite aux acquêts, qui a construit sans permis une maison d'habitation sur le terrain ayant fait l'objet d'une donation en nue-propriété à son épouse, est considér é comme bénéficiai e des travaux (Cass. crim., 6 mars 2012, M. Didier X., *Bull. crim.*, n° 242).

■ Amende

En cas de construction irrégulière, le montant de l'amende est compris entre 1 200 euros et un maximum ainsi fi é :

- dans le cas de construction d'une surface de plancher, une somme égale à 6 000 euros par mètre carré de surface construite ;
- dans les autres cas, un forfait de 300 000 euros.

En cas de récidive, en plus de la peine damende ainsi définie, un emprisonnement de six mois pourra être prononcé par le tribunal corr ectionnel. En outre, le montant du maximum de l'amende est quintuplé pour les personnes morales (art. 131-38 al.1 du Code pénal).

■ Autorité du jugement

L'autorité de la chose jugée au pénal lie le juge civil, en vertu du vieil adage « *Le criminel tient le civil en l'état* ». Si le juge pénal a condamné le constructeur, le juge civil doit tenir compte de cette condamnation pénale pour prononcer des dommages-intérêts (Cass. civ. 3e, 11 mai 2000, Jacquelin, *Bull. civ. III*, n° 108).

■ Les peines complémentaires

Une fois qu'il a prononcé l'amende, le tribunal corr ectionnel peut, après avoir entendu le maire de la commune, or donner la mise en conformité de l 'ouvrage ou des lieux av ec les règlements ou ordonner sa démolition, voire même la *« réaffectation du sol en vue du rétablissement des lieux dans leur état antérieur »* (art. L.480-5) dans un délai qu'il fi e. Il s'agit ici d'une sanction civile (Cass. crim., 14 novembre 1989, Amelineau, *Bull. crim.*, n° 410) qui ne peut faire l'objet ni de sursis ni damnistie. Le tribunal peut, en outre, ordonner la publication de tout ou partie du jugement de condamnation, aux frais du délinquant, dans deux journaux régionaux ou locaux diffusés dans tout le dépa tement, ainsi que son affichage dans les lieu qu'il indiquera (art. L.480-5 al. 3).

> *Exemple*
>
> Confirmant l'arrêt de la cour d'appel ordonnant la démolition de plusieurs bâtiments formant un complexe touristique de 14 000 m² édifié sans permis en Corse, la juridiction judiciai e suprême déclare que les juges d'appel « *n'ont fait qu'user de la faculté que leur accorde l'article L.480-5 du Code de l'urbanisme et de l'exercice duquel ils ne doivent aucun compte* ».
>
> Source : Cass. crim., 15 octobre 1997, M. Paul S., *Bull. crim.* n° 339.

Le décès du pr évenu transfère à ses héritiers l 'exécution des peines complémentair es ; la personne qui par la suite acquier t le terrain sur lequel av ait été construit un ouvrage ayant donné lieu à une sanction de mise en conformité ou de démolition doit prendre en charge le coût de la sanction civile (Cass. civ. 3e, 22 novembre 2006, Chr. Pellerin c/ Sté Palmetto, *Bull. civ.* III, n° 199). La loi se montre plus sévère encore à l'encontre des personnes morales qui peuvent en outre être condamnées à l'interdiction d'exercer leurs activités professionnelles, à la fermeture de leur entreprise, ou à leur exclusion des marchés publics (art L.480-4-2).

Un arrêté ministériel, pris avis de la Commission nationale de l 'informatique et des libertés (CNIL), a autorisé les collectivités territoriales à constituer un traitement informatique de données à caractèr e personnel r elatives aux infractions que leurs agents sont habilités à constater et à celles dont ils ont connaissance et dont ils rendent compte au maire et au procureur de la République (Arrêté du 14 avril 2009 autorisant la mise en œuvr e de traitements automatisés dans les communes ayant pour objet la r echerche et la constatation des infrac - tions pénales par leurs fonctionnaires et agents habilités). Ce traitement s'applique aux infractions d'urbanisme.

C. La mise en œuvre des sanctions

■ Les astreintes

208. Lorsque le tribunal impose au bénéficiai e de travaux irréguliers la démolition, la mise en conformité ou la réaffectation des lieux, il lui fi e un délai et peut assortir sa décision d'une astreinte d'un montant de 500 euros au plus par jour de retard (art. L.480-7). Selon la jurisprudence, « *l'astreinte assortissant une remise en état des lieux est une mesure à caractère réel destinée à mettre un terme à une situation illicite et non une peine* » (Cass. crim., 28 juin 2016, n° 15-84-968). Le jugement est notifié par le p ocureur de la République au maire et à la Direction départementale des territoires (DDT). L'astreinte est recouvrée au profit de la commune sur réquisition du préfet (art. L.480-8).

Son montant peut évoluer dans deux cas :

- d'une part, le préfet peut demander au par quet de requérir du tribunal qu'il relève le montant de l'astreinte, notamment « *si l'exécution n'est pas intervenue dans l'année de l'expiration du délai* » (art. L.480-7 al. 3) ;
- d'autre part, le tribunal correctionnel peut, si cela est justifié, dispenser le condamné 'une partie de son paiement, en par ticulier « *pour tenir compte du comportement de celui à qui l'injonction a été adressée et des difficultés qu'il a rencontrées pour l'exécuter* » (art. L.480-7 al 4).

■ L'exécution d'office

209. Lorsque, à l'expiration du délai fi é par le jugement, la démolition, la mise en confor - mité ou la remise en état n'est pas achevée, le maire, au nom de l'État, ou le préfet, peut – ce n'est pas une obligation – fair e procéder à l'exécution d'offic des travaux nécessaires. Ces travaux sont effectués « *aux frais et risques du bénéficiaire des travaux irréguliers ou de l'utilisation irrégulière du sol* » (art. L.480-9).

Lorsque l'exécution d'offic risque de porter atteinte à des droits acquis par des tiers, elle ne peut être mise en œuvr e qu'après l'accord du tribunal judiciair e ; celui-ci ordonne, le cas échéant, l'expulsion des occupants. Si le terrain concerné a été vendu, c'est à l'acquéreur qu'il appartient de payer les travaux, car les peines complémentaires sont des mesures à caractère réel (Cass. civ. 3e, 29 février 2012, Bull. 2012 III, n° 36 ; 17 septembre 2020, n° 17-14407 et n° 17-14.408).

De son côté, le juge administratif peut se prononcer sur les conséquences dommageables de la décision d'exécution d'offic (Cour administrative d'appel de Lyon, 9 mars 1995, Crespo, Rec. T. p. 722).

CHAPITRE 4

Les autres décisions individuelles

210. Outre le permis de construire, le droit français connaît d'autres types de décisions administratives concernant l'usage ou l'occupation du sol. À l'instar du permis de construire, la méconnaissance de leurs prescriptions constitue un délit sanctionné par le juge pénal (art. L.480-4). Ces décisions peuvent être regroupées en trois grandes catégories.

■ **Les déclarations préalables**

Les déclarations préalables à certaines constructions ont été étudiées dans le chapitre précédent. D'autres opérations que les petites constructions nécessitent une déclaration préalable, elles concernent notamment :

- l'édification d'une clôture, dans certains secteurs protégés par une législation nationale (sites inscrits, secteurs sauvegardés) ou dans les communes ou parties de communes où le conseil municipal (ou l'organe délibérant de l'EPCI compétent) l'a décidé (art. R.421-12) ;
- certains lotissements et certaines divisions foncières (art. R.421-23, a et b) ;
- l'aménagement de petits terrains de camping (art. R.421-23, c) ;
- les coupes ou abattages d'arbres (art. R.421-23 g) ;
- les aires d'accueil des gens du voyage ne nécessitant pas un permis d'aménager (art. R.421-23, k) ;
- l'installation de mobilier urbain ou d'œuvres d'art, les modifications des voies ou espaces publics et les plantations qui sont effectuées sur ces voies ou espaces dans les secteurs sauvegardés (art. R.421-25).

■ **Le permis de démolir (art R.421-26 à R.421-29)**

■ **Le permis d'aménager (art. R.421-19 à R.421-22)**

Le permis d'aménager concerne notamment :

- certains lotissements (voir *infra* chapitre 6) ;
- la création, l'agrandissement, le réaménagement d'un terrain de camping ou d'un parc résidentiel de loisirs (art. R.421-19 c et d) ;

- les travaux ayant pour effet, dans un terrain de camping ou 'un parc résidentiel de loisirs, de modifier substantiellement la égétation qui limite l'impact visuel des installations (art. R.421-19 f) ;
- l'ouverture d'un parc d'attractions d'une superficie supérieu e à 2 hectar es (art. R.421-19 h) ;
- l'aménagement d'un golf d'une superficie supérieu e à 25 hectares (art R.421-19 i).

Peuvent être ajoutées à ces tr ois grandes catégories deux autr es types d'autorisations plus spécifiques comme l'autorisation de travaux nécessaires à la mise en exploitation de r emontées mécaniques (ar t. R.472-14 à R.472-21) ou encor e l'autorisation d'aménagement des pistes de ski alpin (art. R.473-1 à R.473-6).

À défaut de pouvoir exposer en détail, dans le cadr e de cet ouvrage, l'ensemble de ces décisions, nous étudierons plus particulièrement :

- une décision d'information : le certificat 'urbanisme (4.1) ;
- trois décisions d'autorisation : le permis de démolir (4.2.1), l'autorisation d'exploitation commerciale (4.2.2), l'agrément en Île-de-France (4.2.3) ;
- une décision d'acquisition : le droit de préemption urbain (4.3).

4.1 Le certificat d'urbanisme

211. Le certificat d'urbanisme a succédé à l'accord préalable qui pouvait marquer la première phase de l'instruction d'un permis et qui a été supprimé en 1971. La note de renseignements d'urbanisme, qui avait été créée par l'administration du ministère de l'Équipement à partir de 1950, n'a jamais été supprimée ; simple instr ument d'information sur un immeuble, elle peut, si elle est incomplète, engager la responsabilité de la commune (Conseil d'État, 27 juillet 2001, Société européenne nouvelle d'achat immobilier, n° 212050, Rec. T. p. 1225).

212. Le certificat d'urbanisme a été créé par l'article 6 de la loi du 16 juillet 1971 portant dispositions diverses en matière d'urbanisme. Le certificat étant un acte administratif, il peut faire l'objet d'un recours pour excès de pouvoir (Conseil d'État, 30 mars 1977, Ministre de l'Équipement c/ Fiamma, n° 04351, Rec. p. 253 ; Conseil d'État, 6 juin 2012, Commune d'Aubignan, n° 329123).

En droit de l'urbanisme, le certificat occupe une place par ticulière. Comme les autr es actes individuels d'urbanisme, il est soumis à une pr océdure d'élaboration qui se déroule en trois temps : demande, instruction, décision. Contrairement au permis de construire ou au permis de démolir, le cer tificat d'urbanisme ne constitue pas une décision d 'autorisation, mais un « *document purement informatif, n'ayant pas pour objet d'autoriser une construction ou la réalisation d'une opération immobilière* » (Cass. civ. 1, 20 mars 2014, n° 13-14121). Le certificat comporte cependant des effets pa ticulièrement importants. Le cer tificat d'urbanisme fait l'objet des ar ticles L.410-1, R.410-1 à R.410-3 et A.410-1 à A.410-5 du Code de l'urbanisme.

4.1.1 La demande

213. Toute personne qui souhaite connaître la situation d'un immeuble au regard des règles d'urbanisme peut demander un certificat d'urbanisme (Conseil d'État, 15 décembre 2015, Commune de Saint-Cergues, n° 374026).

A. Conditions

La demande de certificat d'urbanisme est, en principe, facultative. En pratique, elle consiste à interroger l'administration :

- soit uniquement sur le statut juridique d'un terrain ; on parle alors de certificat de simple information (art. L.410-1 a) ;
- soit pour savoir si un terrain peut être utilisé pour la réalisation d'une opération ainsi que l'état des équipements publics existants ou pr évus ; on parle alors de cer tificat « opérationnel » (art. L.410-1 b), même si le terme de cer tificat « pré-opérationnel » serait en réalité plus adapté.

Les professionnels de l'immobilier ont tout intér êt à se pr ocurer un cer tificat d'urbanisme lorsqu'ils s'intéressent à un immeuble. Tel peut êtr e notamment le cas des notair es qui commettraient une imprudence à ne pas demander un cer tificat avant de rédiger un acte ; cette omission peut même constituer une faute pr ofessionnelle sanctionnée par le juge judiciaire dans la mesure où les notaires sont tenus d'une obligation de conseil à l'égard de leurs clients (Cass. civ. 3e, 28 janvier 2009, n° 07-20.729 ; Cass. civ. 1re, 9 décembre 2010, n° 09-70.816 ; Cass. civ. 1re, 24 octobre 2019, n° 18-20.958).

B. Présentation

214. Quel que soit son objet, la demande doit être présentée sur un formulaire unique (Cerfa 13410), disponible dans les mairies ou sur le site www .service-public.fr (art. A.410-1). *Il est conseillé au lecteur de consulter ce formulaire sur le site www.formulaires.service-public.fr.*

La demande doit pr éciser l'identité du demandeur, la localisation, la superficie et les éfé- rences cadastrales du terrain. En outre, un plan de situation permettant de localiser le terrain dans la commune est joint à la demande (art. R.410-1 al 1). Si la personne envisage un projet précis, la demande compor te également une note descriptiv e succincte de l'opération indiquant, lorsque le projet concerne un ou plusieurs bâtiments, leur destination, leur localisation approximative dans l'unité foncière ainsi que, lorsque des constructions existent sur le terrain, un plan du terrain indiquant l'emplacement de ces constructions (art. R.410-1 al 2).

La demande doit être déposée en deux exemplaires (quatre si la demande porte sur une opération) à la mairie de la commune dans laquelle le terrain est situé (art. R.410-3). Le maire lui affecte alors un numéro d'enregistrement. Lorsque la demande est effectuée par oie électronique, l'accusé de réception électronique comporte ce numéro d'enregistrement.

4.1.2 L'instruction

A. Autorité

215. Plusieurs centaines de milliers de certificats d'urbanisme environ sont demandés chaque année. Leur instruction est conduite au nom de l'autorité compétente pour statuer qui est la même que celle habilitée à délivrer le permis (voir *supra* 151), à savoir le maire ou le président de l'établissement public de coopération intercommunale (art. R.410-4).

B. Procédure

216. L'instruction est enfermée dans un délai : un mois pour un certificat de simple information (art. R.410-9), deux mois pour un certificat opérationnel (a t. R.410-10).

Le délai d'instruction débute à la date de la réception de la demande en mairie. Lorsque l'autorité n'a pas répondu au demandeur de certificat dans le délai réglementaire, son silence « *vaut délivrance d'un certificat d'urbanisme tacite* » (art. R.410-12).

217. L'instruction conduit à des consultations (voir *supra* 160 à 163) ; si le certificat est délivré par le préfet ou le président de l'établissement public de coopération intercommunale, le maire a quinze jours pour faire connaître son avis ; ce délai est porté à un mois pour l'instruction d'un certificat opérationnel ; passé le délai, l'avis du maire est réputé favorable.

C. Contenu

218. Le service qui instruit une demande de certificat pré-opérationnel (services de la commune, d'un syndicat mixte, d'une agence départementale, de l'État…) est invité à la prudence, puisqu'il doit se prononcer sur la faisabilité de l'opération.

D'une part, le principe de « *constructibilité limitée* », qui s'applique dans les communes dépourvues de PLU ou de carte communale aux terrains situés en dehors des parties actuellement urbanisées (art. L.111-1), incite à délivrer des certificats négatifs pour les opérations envisagées dans ces secteurs, mais le préfet n'y est pas tenu (Conseil d'État, 25 février 1998, SCI Les Peupliers, n° 159959, Rec. p. 62).

D'autre part, le mode d'instruction des dispositions d'urbanisme permissives – celles qui commencent, dans les dispositions du règlement national d'urbanisme, par la formule « *le permis de construire peut être refusé ou n'être accordé que sous réserve de l'observation de prescriptions spéciales* » – n'incite pas toujours à délivrer un certificat positi .

4.1.3 La décision

219. L'instruction aboutit à une décision prise par l'autorité compétente (art. R.410-11), notifiée au demandeur (art. R.410-16). Cette décision est transmise au préfet (au maire, si la décision a été prise par le préfet). Lorsque le certificat d'urbanisme est délivré au nom d'un établissement public de coopération intercommunale, copie en est adressée au maire de la commune (art. R.410-20).

A. Réponse sur le statut du terrain

Le certificat exprès, qu'il soit de simple information ou opérationnel, indique toujours (art. A.410-4) :

- les dispositions d'urbanisme et les servitudes d'utilité publique applicables au terrain ;
- si le terrain est situé ou non à l'intérieur d'un périmètre soumis à droit de préemption (art. R.410-15) ;
- la liste des taxes d'urbanisme exigibles ;
- la liste des participations d'urbanisme qui peuvent être prescrites ;
- si un sursis à statuer serait opposable à une déclaration préalable ou à une demande de permis ;
- si le projet est soumis à avis ou accord d'un service de l'État.

B. Réponse sur l'opération projetée

Lorsque la demande porte sur un certificat opérationnel, celui-ci précise en outre (art. A.410-5) :

- si le terrain peut ou non être utilisé pour la réalisation de l'opération exposée dans la demande ;
- l'état des équipements publics (voies et réseaux) existants ou prévus, desservant le terrain.

À ces informations, le certificat opérationnel exprès ajoute une réponse positive ou négative sur la possibilité d'utiliser le terrain pour la réalisation de l'opération envisagée (art. L. 410-1, b) : le certificat est alors qualifié de « positif » ou de « négatif ».

Si le certificat est positif, l'accord qu'il donne à l'opération *« porte exclusivement sur la localisation approximative du ou des bâtiments dans l'unité foncière, leur destination et leur sous-destination et sur les modalités de desserte par les équipements publics existants ou prévus »* (art. R.410-13). Le certificat précise si la situation du terrain nécessite avant la construction l'avis ou l'accord de services de l'État (monuments historiques, sites, protection de la nature, sécurité...). Il peut être assorti de prescriptions motivées (art. R.410-14). Il fait état, s'il y a lieu, d'une possibilité de sursis à statuer (art. L.410-1).

Si le certificat est négatif, il comporte les motifs de cette réponse. Plus précisément, lorsque le certificat indique que le terrain ne peut pas être utilisé pour la réalisation de l'opération, il *« précise les circonstances de droit et de fait qui motivent la décision et indique les voies et délais de recours »* (art. A.410-5). Tel peut être par exemple le cas d'un projet envisagé dans une zone N du plan local d'urbanisme (Cour administrative d'appel de Lyon, 22 février 2022, n° 20LY03288)

Le certificat d'urbanisme garantit, en principe, la stabilité de l'ensemble des renseignements qu'il fournit, pendant dix-huit mois à compter de sa délivrance.

4.1.4 Les effets

A. Principe

220. Le certificat, qu'il soit de simple information ou opérationnel, va être conservé par son titulaire auquel il apporte une forte garantie ainsi exprimée par la loi : *« Lorsqu'une demande d'autorisation ou une déclaration préalable est déposée dans le délai de dix-huit mois à compter de la délivrance d'un certificat d'urbanisme, les dispositions d'urbanisme, le régime des taxes et participations d'urbanisme ainsi que les limitations administratives au droit de propriété tels qu'ils existaient à la date du certificat ne peuvent être remis en cause à l'exception des dispositions qui ont pour objet la préservation de la sécurité ou de la salubrité publique »* (L.410-1, alinéa 4).

Ainsi, le pétitionnaire d'un permis de construire, qui a obtenu un certificat exprès ou tacite, ne peut se voir opposer un changement de la réglementation tel que, par exemple, une diminution de la hauteur des immeubles autorisés, une modification des ègles d'implantation des constructions ou encore un nouveau classement de la zone où est situé le terrain (Cour administrative d'appel de Paris, 27 juin 1995, Ministre de l'Équipement, n° 94PA001183 et 94PA00315, Rec. T. p. 1088). Cet effet est pa fois qualifié de « cristallisation des règles en vigueur » lors de la délivrance d'un certificat d'urbanisme opérationnel (Conseil d'État, 24 novembre 2021, SCI Dai Muraille, n° 437355).

La jurisprudence a cependant apporté un tempérament à cet effet « cristallisant » en estimant que lorsqu'un plan local d'urbanisme *« en cours d'élaboration et qui aurait justifié, à la date de délivrance du certificat d'urbanisme, que soit opposé un sursis à une demande de permis ou à une déclaration préalable, entre en vigueur dans le délai du certificat, les dispositions issues du nouveau plan sont applicables à la demande de permis de construire ou à la déclaration préalable »* (Conseil d'État, 18 décembre 2017, Commune de Lambres-lez-Douai, n° 380438).

B. Application

221. De fait, les cer tificats négatifs ne cr éent aucun droit à réaliser l'opération. Cependant leur délivrance n'implique pas un refus automatique de l'opération : d'abord, parce que le certificat a pu être négatif à la suite d'une erreur dans l'instruction ; ensuite, parce que l'interprétation des dispositions permissives, qui a pu être négative au moment de l'instruction du certificat, peut s'avérer positive lors de l 'instruction du dossier de l 'opération ; enfin, pa ce que les dispositions d 'urbanisme peuvent évoluer d'une manière favorable au demandeur : révision du PLU, nouvelle réglementation, nouveau classement faisant passer le terrain d'une zone inconstructible à une zone constructible…

Le certificat n'est valable que s'il est régulier. Si l'appréciation portée par l'administration a été erronée (par exemple, le maire a estimé que la desserte du terrain en équipements était suffisante), le demandeur ne peut invoquer le certificat d'urbanisme qu'il détient (Conseil d'État, 11 octobre 1989, Cléry et autres, n° 73750, Rec. T. p. 996). Il en est de même si les dispositions d'urbanisme mentionnées dans le certificat étaient illégales (Conseil d'État, 4 novembre 1994, SCI Le Parc de Vaugien, n° 102929, Rec. T. p. 1249), par exemple parce qu'elles étaient fondées sur un document d 'urbanisme qui n 'était plus applicable (Cour administrativ e d'appel de Marseille, 9 décembre 2010, M. Silvestre), parce qu'elles omettaient de mentionner une participation financiè e applicable (Conseil d 'État, 22 janvier 2010, Commune de La Foye-Monjault, n° 312425, Rec. T. p. 1018), ou encore parce qu'elles se fondaient sur un classement illégal d 'une parcelle par le plan local d 'urbanisme (Conseil d 'État, 18 février 2019, Commune de L'Houmeau, n° 414233).

En revanche, lorsque l'appréciation portée par l'administration est exacte, le demandeur a le droit de voir l'instruction de l'autorisation d'urbanisme examinée au regard des dispositions d'urbanisme invoquées dans le certificat s'il le joint à son dossier. Le Conseil d'État a précisé que les dispositions de l'article L.410-1 *« ont pour effet de garantir à la personne à laquelle a été délivré un certificat d'urbanisme, quel que soit son contenu, un droit à voir sa demande de permis de construire déposée durant les dix-huit mois qui suivent examinée au regard des dispositions d'urbanisme applicables à la date de ce certificat, à la seule exception de celles qui ont pour objet la préservation de la sécurité ou de la salubrité publique »* (Conseil d'État, 24 novembre 2021, Société Dai Muraille, n° 437375).

222. Mais, pour autant, le permis – ou, plus généralement, l'autorisation – n'est pas automatiquement accordé au détenteur d'un certificat d'urbanisme : d'une part, parce qu'un sursis à statuer, dont l'éventualité a dû être signalée dans le certificat, peut être prononcé en application de l'article L.424-1 (Conseil d'État, 10 juillet 1987, Ministre de l'Urbanisme c/ Foucault, n° 380438, Rec. p. 266 ; 3 avril 2014, Commune de Langolen, n° 362735 ; 11 octobre 2017, n° 401878) ; d'autre part, parce que d 'autres règles, examinées seulement au moment de l'instruction du permis, telles que celles r égissant les monuments historiques, peuv ent conduire l'administration à r efuser le permis. U n permis de constr uire ne constitue donc jamais un acte d'application d'un certificat 'urbanisme préalablement délivré.

En outre, les effets 'un certificat sont limités par sa durée de validité de dix-huit mois (voir *supra* 219). Néanmoins, la prorogation du certificat peut être demandée au moins deux mois avant l'expiration du délai de validité ; elle peut être accordée et renouvelée pour une durée d'un an ; encore faut-il que les prescriptions d'urbanisme, les servitudes administratives et le régime des taxes et participations n'aient pas changé depuis la délivrance du cer tificat (art. R.410-17). À titre d'exemple, la prorogation d'un certificat d'urbanisme n'est pas possible si le plan local d'urbanisme a depuis modifié la èglementation applicable à la parcelle concernée (Conseil d'État, 5 février 2020, Commune de Firmi, n° 426573)

4.1.5 Le contentieux

223. Le tribunal administratif du lieu du terrain peut être saisi des litiges portant sur le certificat 'urbanisme.

A. Le contentieux de l'annulation

Conformément aux règles du droit commun, le requérant doit d'abord avoir intérêt pour agir pour attaquer un certificat. C'est le cas du propriétaire s'il n'a pas lui-même demandé le certificat concernant son terrain. Tel n'est, en revanche, pas le cas du notaire qui reçoit notification d'un certificat négatif pour un terrain appar tenant à son client (Conseil d 'État, 17 janvier 1990, Trotel, Rec. T. p. 1038) : il est considéré comme un tiers sans intérêt direct, bien que mandaté par son client. D e même, un syndicat de copr opriétaires en sa seule qualité de propriétaire d'une parcelle voisine (Cour administrative d'appel de Lyon, 7 octobre 2003, Syndicat des copropriétaires de l'immeuble château de Tourronde, n° 99LY02042). Un maire ne peut pas davantage demander l'annulation d'un certificat négatif délivré par le préfet pour un terrain appar tenant à un habitant de sa commune (Conseil d 'État, 28 juin 1996, Commune de Bures-en-Bray, n° 135333, Rec. T. p. 1227).

L'auteur d'un recours contre un certificat d'urbanisme doit notifier sa equête et à l'auteur et au bénéficiai e du certificat (art. R.600-1). Ensuite, le requérant doit respecter les délais. Les délais ne courent pas pour les tiers, puisque, contrairement au permis, le certificat n'est généralement pas publié. Sauf le cas où le retrait est demandé par le bénéficiai e, le certificat illégal ne peut être retiré que dans les quatr e mois suivant sa signature selon les r ègles de droit commun (article L.242-1 du Code des relations entre le public et l'administration). À noter que si la loi « ELAN » du 23 novembre 2018 a réduit à trois mois le délai dans lequel certaines décisions d'urbanisme peuvent être retirées (art. L.424-5), cette disposition ne vise que les décisions de non-opposition à une déclaration préalable, les permis de construire, les permis d'aménager et les permis de démolir, tacites ou explicites.

224. Le requérant peut se contenter d 'attaquer uniquement la mention dans un cer tificat d'urbanisme de la possibilité d'un sursis à statuer (Conseil d'État, 21 mai 2012, Commune de Tarnos, n° 323882). Enfin, le certificat d'urbanisme informe le demandeur sur les r ègles concernant un terrain, ou la faisabilité d'une opération à la date de la délivrance du certificat. Dès lors, le demandeur peut à tout moment r éclamer un nouveau certificat. Cette nouvelle demande ne peut être rejetée, car les règles d'urbanisme, l'état des équipements publics ont pu changer : le nouveau certificat d'urbanisme n'a pas le caractère d'une décision confirmati e du certificat délivré antérieurement pour le même terrain ; il peut être, à son tour, contesté (Conseil d'État, Section, 3 février 1984, Billet, n° 38793, Rec. p. 42).

En outre, la circonstance que l'autorité compétente délivre postérieurement un certificat d'urbanisme exprès négatif ne remet pas en cause le certificat d'urbanisme tacite, sauf dans l'hypothèse où elle opposerait ainsi des dispositions d'urbanisme entrées en vigueur après la naissance du certificat tacite (Cour administrative d'appel de Lyon, 22 février 2022, Commune de Moirans, n° 20LY03288).

Naturellement, l'annulation d'un certificat négatif ne rend pas le demandeur titulaire d'un certificat positif (Conseil d'État, 5 avril 2006, Commune de Clohars-Carnoët, n° 275742, Rec. T. p. 1104). Et l'annulation en appel d'un jugement annulant un certificat ne rouvre pas le délai de validité (Conseil d'État, 13 juin 2003, SCI Eivlys, n° 218312, Rec. T. p. 1028).

> ***Exemple***
>
> Des propriétaires indivis d'une parcelle demandent au maire un certificat d'urbanisme opérationnel pour le détachement de deux lots en vue de la construction d'une habitation sur chaque lot. Le maire accorde ce certificat en prescrivant toutefois la création d'une servitude de passage de 6 mètres de large le long du premier lot pour assurer la desserte du terrain situé à l'arrière des lots. Saisi du litige, le juge administratif considère que « *le certificat d'urbanisme n'a pas pour objet d'indiquer les limitations imposées par le droit privé au droit de propriété applicables à un terrain* ». Il précise que « *l'administration, dans l'exercice de la police de l'urbanisme, et alors que les autorisations d'urbanisme sont délivrées sous réserve du droit des tiers, ne saurait instituer elle-même de telles limitations* ». Le juge annule partiellement le certificat d'urbanisme en censurant l'article qui prescrivait cette servitude de passage.
>
> Source : Cour administrative d'appel de Bordeaux, 12 mars 2020, Commune de Taïx, n° 18BX01432.

B. Le contentieux de la responsabilité

225. L'illégalité d'un certificat d'urbanisme peut engager la responsabilité de l'administration dans les conditions du droit commun (Conseil d'État, 18 février 2019, Commune de L'Houmeau, n° 414233). Aussi lui incombe-t-il de fournir des informations exactes lorsqu'elle délivre ou refuse un certificat d'urbanisme dans la mesure où toute erreur, oubli ou imprécision présenterait des conséquences dommageables pour le pétitionnaire. De fait, le juge n'hésite pas à se montrer sévère lorsque des projets d'aménagement ne peuvent voir le jour consécutivement à une faute commise par l'administration ; on observe une augmentation du montant des indemnités allouées par le juge, notamment après l'annulation d'un certificat opérationnel positif.

Avant de condamner, le juge s'assure que le comportement de l'administration est effectivement fautif et que le préjudice invoqué est bien direct et certain (Conseil d'État, 3 mai 2002, Commune de Pessines, n° 224282 ; Cour administrative d'appel de Bordeaux, 23 juin 2011, Commune de Saint-Clément-des-Baleines, n° 10 BX01991). Il fixe alors le montant du préjudice subi par les pétitionnaires résultant de la baisse de la valeur vénale de leur terrain, des frais d'études ou d'expertises inutilement engagés, voire le préjudice moral en cas de rejet abusif des demandes de certificat Tribunal administratif d'Amiens, 12 mars 2013, n 1101163).

> ***Exemple***
>
> Après avoir obtenu un certificat d'urbanisme positif, un couple décide d'acquérir une parcelle de 1 314 mètres carrés au prix de 69 000 euros pour y construire une maison au sein d'une vaste zone à dominante agricole ou naturelle comportant une vingtaine de constructions. Or le plan local d'urbanisme de la commune mentionnait que ces parcelles étaient classées en zone UC et, par conséquent, inconstructibles. Saisi du litige, le juge administratif considère qu'« *il existe ainsi un lien de causalité direct entre les renseignements d'urbanisme erronés figurant dans ce certificat d'urbanisme, auquel* [les pétitionnaires] *ont pu se fier sans commettre d'imprudence dès lors qu'ils n'étaient pas des professionnels de l'immobilier, et le dommage subi par eux tiré de ce qu'ils ont acheté des terrains en les croyant, à tort, constructibles* ». Considérant que ces illégalités constituent des fautes de nature à engager la responsabilité de la commune et compte tenu des frais engagés par les pétitionnaires (frais d'em-

> prunt, droits de mutation, étude d'assainissement...), pour un projet qui n'aura finalement jamais vu le jou , le juge condamne la commune à leur verser la somme de 109 672,79 euros.
>
> Source : Cour administrative d'appel de Nantes, 24 novembre 2020, Commune de Cléder, n° 19NT02608

4.2 Les autorisations individuelles

Trois d'entre elles seront, comme cela a été indiqué (voir *supra* 210), étudiées ici.

4.2.1 Le permis de démolir

226. De même que pour constr uire il faut une autorisation, il faut aussi, dans cer tains cas, l'accord de l'administration pour démolir une construction. Le permis de démolir a été introduit en France par la loi du 2 mai 1930 sur les monuments naturels et les sites. Le régime du permis de démolir (art. L.421-3) est calqué sur celui du permis de construire, qu'il s'agisse de la demande, de l'instruction, de la réponse à la demande, des effets de la demande, des ègles de retrait et de contentieux : nous renvoyons donc le lecteur au chapitre précédent, et nous insisterons uniquement sur les diffé ences marquantes entre le permis de démolir et le permis de construire.

A. Les immeubles concernés

Le permis de démolir est exigé obligatoir ement pour certains immeubles et cette obligation peut être étendue par la commune.

■ **La protection obligatoire de certains immeubles**

227. Cette protection est instituée en raison de la situation de l'immeuble (art. R.421-28) :

- dans le périmètre d'un site patrimonial remarquable classé ;
- aux abords des monuments historiques ;
- dans le périmètre d'une opération de restauration immobilière ;
- dans un site inscrit ou un site classé ou en instance de classement en application du Code de l'environnement.

Il en va de même pour :

- les constructions identifiées comme de ant être protégées en étant situées à l'intérieur d'un périmètre délimité par un plan local d'urbanisme ou un document d'urbanisme en tenant lieu ;
- les constructions situées sur un territoire non couvert par un plan local d'urbanisme ou un document d'urbanisme en tenant lieu, identifiées comme p ésentant un intérêt patrimonial, paysager ou écologique par une délibération du conseil municipal prise après enquête publique.

Tel peut être ainsi le cas lorsque sont identifiés localement des qua tiers, îlots, immeubles bâtis ou non bâtis, espaces publics, monuments, sites et secteurs à pr otéger, à conserver, à mettre en valeur ou à requalifier pour des motifs d'ordre culturel, historique ou architectural (art. L.151-19). Le permis de démolir ne peut en principe êtr e institué dans une z one ne comportant pas d'éléments bâtis appelant une mise en valeur ou une protection particulières (Cour administrative d'appel de Lyon, 6 mai 2008, Demangeot et autres, Rec. T. p. 960).

■ L'extension possible par la commune

Chaque commune est libre d'aller plus loin dans le contrôle des démolitions envisagées sur son territoire : le conseil municipal peut ainsi décider d'instituer, sur une partie ou la totalité du territoire de la commune, un permis de démolir qui sera exigé pour « *les travaux ayant pour objet de démolir ou rendre inutilisable tout ou partie d'une construction* » (art. R.421-27). À Paris, Bordeaux, Nantes, le permis de démolir a été institué sur la totalité du territoire ; à Nice, il a été institué sur la plus grande partie de la ville, englobant le bord de mer et la zone centrale.

Dans tous les cas, le permis de démolir constitue une autorisation préalable à l'opération : les travaux de démolition doivent être précédés (art. L.421-3) de la délivrance de cette décision. En pratique, lorsqu'un permis de construire autorise un projet impliquant la démolition totale ou partielle d'un bâtiment soumis au régime du permis de démolir, deux hypothèses peuvent se présenter :

- soit la demande de permis de construire est accompagnée de la justification du dépôt d'une demande de permis de démolir ;
- soit la demande de permis porte à la fois sur la construction et la démolition.

Attention cependant : un permis de construire ne peut valoir permis de démolir si le dossier de demande ne mentionne pas clairement le projet de démolition envisagé. À titre d'exemple, la simple présentation sur un plan de situation et un plan de masse d'une construction dont l'emprise coïncide avec la future voirie du projet envisagé ne vaut pas permis de démolir la construction concernée (Conseil d'État, 24 avril 2019, Commune de Colombier-Saugnieu, n° 420965).

B. L'objet de la demande

La demande de permis est relativement simple à effectuer (art. R.451-1 et R.451-2). Elle est établie sur le formulaire Cerfa 13405*07. *Il est conseillé au lecteur de consulter ce formulaire sur le site www.formulaires.service-public.fr.* Elle doit préciser, outre l'identité des demandeurs, la date de construction du bâtiment à démolir et, lorsqu'est prévue une démolition partielle, les constructions qui subsisteront sur le terrain ; elle doit être accompagnée d'un dossier assorti de photographies et d'autres documents (notice explicative, description des moyens mis en œuvre pour éviter toute atteinte aux parties conservées) lorsque le bâtiment est concerné par la législation sur les monuments historiques (art. R.451-3 et R.451-4) ou lorsqu'il est situé dans un cœur de parc national (art. R.451-5). À noter l'obligation de réaliser un dossier d'évaluation environnementale lorsque la démolition de la construction peut avoir des incidences sur un site « Natura 2000 » (art. R.451-6).

La demande de permis de démolir est établie en quatre exemplaires (art. R.423-2, b).

■ La démolition d'une construction

L'objet de l'autorisation demandée est de démolir tout ou partie d'une construction existante ou de la « *rendre inutilisable* » (art. R.421-27 et R.421-28). Le législateur impose au demandeur du permis de porter une attention particulière aux plaques commémoratives (par exemple, les plaques où figure la liste des noms des morts de la guerre de 1914-1918) ; si une telle plaque existe sur la façade de l'immeuble qui va être démoli, elle doit être préservée et réinstallée à l'issue des travaux en un lieu « *visible de la chaussée* » (art. L.451-3).

■ Les exceptions

228. Certaines démolitions sont dispensées de permis de démolir (art. R.421-29) lorsqu'elles concernent :

- des constructions soumises à des règles de protection du secret de la défense nationale ;
- des bâtiments menaçant ruine ou des immeubles insalubres ;
- des constructions dont la démolition a été pr escrite par une décision de justice dev enue définiti e ;
- des bâtiments frappés de servitude de reculement en exécution de plans d'alignement ;
- des lignes électriques ou des canalisations ;
- des constructions réalisées dans le cadr e d'une opération qualifiée 'opération sensible intéressant la défense nationale ;
- une opération qualifiée 'opération sensible intéressant la sécurité nationale.

C. La décision

■ L'autorité compétente

229. C'est l'autorité compétente pour délivrer le permis de construire (art. L.422-1).

■ L'instruction

Le délai est de deux mois (art. R.423-23, b), l'absence de réponse dans le délai valant permis tacite (L.424-2).

Comme pour le permis de construire, le service instructeur transmet le dossier pour consultation à diffé entes autorités. L'instruction peut avoir lieu dans le cadr e d'une demande de permis de construire ou d'aménager (voir *supra* 227 ; art. L.451-1 et L.441-1). Elle ne peut aboutir à un refus « *lorsque la démolition est le seul moyen de mettre fin à la ruine de l'immeuble* » (art. L.451-2).

■ Les cas de refus

Le permis de démolir « *peut être refusé ou n'être accordé que sous réserve de l'observation de prescriptions spéciales si les travaux envisagés sont de nature à compromettre la protection ou la mise en valeur du patrimoine bâti ou non bâti, du patrimoine archéologique, des quartiers, des monuments et des sites* » (L.421-6, alinéa 2). En pratique, le juge administratif apprécie au cas par cas si le projet de démolition est ou non de nature à porter atteinte au patrimoine pour valider ou non l'autorisation de démolition accordée.

Exemples

1. Examinant un recours contre le permis de démolir le r efuge de l'Aigle, dans le massif des É crins, la Cour administrative d'appel a mentionné la place particulière du refuge de l'Aigle dans le site protégé de la Meije ; elle a relevé notamment que le permis de démolir av ait prescrit que le bâti existant serait réimplanté à proximité de sa localisation actuelle, de manière à préserver le témoignage de l'histoire de la Meije ; la cour a donc rejeté la demande d'annulation du permis de démolir. Saisi d'un pourvoi en cassation, le Conseil d'État juge que la cour n'a pas commis d'erreur de droit.

Source : Conseil d'État, 25 mars 2013, Association Les Amis du refuge de l'Aigle, n° 352588

2. Une association de riverains demande l'annulation d'un permis de construire valant permis de démolir, délivré à un promoteur immobilier, au motif que le projet envisagé se situait dans le champ de visibilité d'édifices inscrits au titr e des monuments historiques et que l 'avis de l'architecte des bâtiments de F rance (ABF) n'avait pas été r ecueilli. Relevant que l'ABF avait bien émis un avis fav orable et que le pr ojet de démolition concernait un immeuble non inscrit intégr é « *dans un corpus très large de demeures de même qualité* », le juge administratif confirme la alidité du permis de constr uire valant permis de démolir délivr é au pr omoteur immobilier.

Source : Cour administrativ e d'appel de L yon, 29 décembre 2015, Association de sauv egarde de la r ue Lamartine, n° 14LY02149

3. Suite à la tempête X ynthia, un arr êté de la pr éfète de Char ente-Maritime autorise la démolition d 'une maison d'habitation et de deux annexes situées dans un site classé sur l'île d'Oléron en invoquant leur exposition aux risques de submersion marine. Une association locale de défense du patrimoine demande l'annulation de cette autorisation de démolition. Saisi du litige, le juge administratif relève que *« si un usage d'habitation reste dangereux, il n'est pas exclu qu'un autre usage puisse être trouvé, comme le reconnaissait au demeurant la préfète devant le tribunal »*. Ajoutant que *« cette maison semble en bon état et son intérêt architectural, notamment par la qualité du fronton et des ailerons de chaque lucarne qui portent un décor sculpté, permet d'en privilégier la conservation »*, la juridiction annule l'arrêté de démolir en tant qu'il autorise la démolition de la maison mais valide la démolition des deux annexes *« qui ne présentent aucun intérêt architectural »*.

Source : Cour administrative d'appel de Bordeaux, 8 février 2018, Association Le Clapotis, n° 16BX00971

■ Le permis tacite

À l'expiration du délai d'instruction annoncé, le demandeur, s'il n'a pas eu de réponse, est titulaire d'un permis de démolir tacite (art. R.424-1, b). Toutefois, il est, au contraire, en présence d'un permis rejeté si celui-ci a été demandé au titre d'une législation nationale de protection de l'immeuble (art. R.424-2).

Le défaut de réponse de l'administration vaut ainsi décision de rejet dans dix cas précis :

- lorsque les travaux sont soumis à l'autorisation du ministre de la Défense ou à une autorisation au titre des sites classés ou en instance de classement ou des réserves naturelles ;
- lorsque le projet fait l'objet d'une évocation par le ministre chargé des sites ou par le ministre chargé de la protection des réserves naturelles ;
- lorsque le projet porte sur un immeuble inscrit au titre des monuments historiques ;
- lorsque le projet est soumis à enquête publique ;
- lorsqu'il y a lieu de consulter l'Assemblée de Corse ;
- lorsque le projet est situé dans un espace ayant vocation à être classé dans le cœur d'un futur parc national ;
- lorsque la délivrance du permis est subordonnée à une autorisation de création, d'extension ou de réouverture au public d'établissements de spectacles cinématographiques et que la demande a fait l'objet d'un refus de la commission départementale compétente ;
- lorsque le projet relève d'une autorisation d'exploitation commerciale ou a été soumis pour avis à la commission départementale d'aménagement commercial et que cette commission ou, le cas échéant, la Commission nationale d'aménagement commercial a rendu un avis défavorable ;
- lorsque le projet porte sur une démolition soumise à permis en site inscrit ;
- lorsque la délivrance du permis est subordonnée à l'obtention d'une dérogation autorisant une extension verticale et que cette dérogation a été refusée.

D. Les effets du permis

230. Le permis explicite est exécutoire quinze jours après sa notification et sa transmission au préfet (art. R.452-1 a) ; le permis tacite, quinze jours après la date où il est acquis (art. R.452-1). Il doit être affiché en mairie et sur le terrain (art. R.424-15). Sa durée de validité est identique à celle du permis de construire (art. R.424-17). Autrement dit, les travaux de démolition doivent être entrepris dans un délai de trois ans suivant sa notification ou la date à laquelle la décision tacite est intervenue. Comme les permis de construire, les permis de démolir peuvent être prorogés à raison de deux fois pour une durée d'un an (art. R.424-21).

Enfin, il n'existe pas de taxe générée par le permis de démolir.

E. Le contentieux

Les règles applicables au contentieux du permis de démolir sont celles du permis de construire ; en particulier l'article R.600-1, qui fait obligation au requérant de notifier, dans les quinze jours, copie de son recours au titulaire du permis et à l'autorité l'ayant délivré (Conseil d'État, 24 septembre 1999, Association de défense du lotissement de Crouzes, n° 169254, Rec. T. p. 1081). Enfin, la violation des règles du permis de démolir constitue un délit puni par le tribunal correctionnel (art. L.480-4, voir *supra* 206).

4.2.2 L'autorisation d'exploitation commerciale

231. Au milieu des années 1960, les villes et leurs périphéries virent surgir de très grandes surfaces commerciales proposant aux consommateurs des denrées alimentaires et divers autres produits à des prix plus bas que ceux pratiqués par le commerce classique. Craignant l'écrasement de la petite entreprise, la France – après les Pays-Bas, l'Italie et le Royaume-Uni – se dota d'une législation : la loi du 27 décembre 1973 d'orientation du commerce et de l'artisanat, dite « loi Royer », imposa aux entreprises voulant créer une grande surface d'obtenir, préalablement au permis de construire, une autorisation d'urbanisme commercial. Cette autorisation était accordée, aux termes de l'article 28 de la loi, « *compte tenu de l'état des structures du commerce et de l'artisanat* [...] *et de l'équilibre souhaitable entre les différentes formes de commerce* ». Le régime de cette autorisation fut par la suite incorporé au Code de commerce avant d'être modifié à de nombreuses reprises. Mais le droit européen de la concurrence est venu contrarier les objectifs initiaux de cette politique : la directive du Parlement européen et du Conseil n° 2006/123/CE du 12 décembre 2006 relative aux services dans le marché intérieur a, par son article 14 § 5, interdit de subordonner l'accès à une activité de services « *à la preuve de l'existence d'un besoin économique ou d'une demande du marché* ».

La loi n° 2008-776 du 4 août 2008 de modernisation de l'économie a réformé la procédure d'autorisation pour tenir compte de la directive européenne : ce n'est plus l'atteinte à la concurrence, mais les atteintes à l'aménagement du territoire et au développement durable qui sont appréciées pour décider si une exploitation commerciale sera autorisée. Depuis, plusieurs textes ont encore profondément modifié l'urbanisme commercial, notamment la loi du 18 juin 2014 relative à l'artisanat, au commerce et aux très petites entreprises, dite loi « Pinel », la loi « ELAN » du 23 novembre 2018, et plus récemment la loi « Climat et résilience » du 22 août 2021.

De leur côté, les intercommunalités sont encouragées à intégrer dans leur schéma de cohérence territoriale (SCoT) un « *document d'aménagement artisanal, commercial et logistique* ». Ce document, qui fait partie du document d'orientation et d'objectifs (DOO) du SCoT (voir *supra* 54), définit « *les conditions d'implantation des équipements commerciaux qui, en raison de leur importance, sont susceptibles d'avoir un impact significatif sur l'aménagement du territoire, le commerce de centre-ville et le développement durable* » (art. L.141-6).

Enfin, les communes qui veulent éviter la disparition des petits commerces ont la possibilité d'acquérir, par droit de préemption (voir *infra* 244), des fonds artisanaux, des fonds de commerce ou des baux commerciaux, voire des terrains destinés à accueillir des petits commerces. Afin de mener une telle politique, le conseil municipal doit « *par délibération motivée, délimiter un périmètre de sauvegarde du commerce et de l'artisanat de proximité* » (art. L.214-1) ; le droit de préemption ne peut être justifié par des motifs de sécurité publique (Conseil d'État, 26 avril 2013, Commune de Rosny-sous-Bois, n° 362949). Quant aux biens acquis par préemption, ils doivent être, dans les deux ans, rétrocédés « *à une entreprise immatriculée au registre du commerce et des sociétés ou au répertoire des métiers, en vue d'une exploitation destinée à préserver la diversité et à promouvoir le développement de l'activité commerciale et artisanale dans le périmètre concerné* » (art. L.214-2).

Aujourd'hui, l'urbanisme commercial se situe en réalité à la croisée de plusieurs préoccupations d'ordre urbanistique et d'ordre économique, mais également, de plus en plus nettement, d'ordre environnemental.

A. Les projets soumis à autorisation d'exploitation commerciale

232. Les diffé entes catégories en sont fi ées à l'article L.752-1 du Code de commerce :

- **La création d'un magasin de commerce de détail d'une surface de vente supérieure à 1 000 m², résultant soit d'une construction nouvelle soit de la transformation d'un bâtiment** (art. L.752-1 1° du Code de commerce).
- **L'extension de la surface de vente d'un magasin de détail ayant déjà atteint le seuil des 1 000 m²** (art. L.752-1 2° du Code de commerce). En ce sens, constitue une extension « *l'utilisation supplémentaire de tout espace couvert ou non, fixe ou mobile* » (hors vente au déballage).

233. L'autorisation d'exploitation commerciale n'est nécessaire que pour la création de surfaces de vente supérieures à 1 000 m², ainsi que pour l'extension de surfaces déjà supérieures à 1 000 m² ou devant dépasser ce seuil par la réalisation du projet ; elle n'est cependant pas exigée pour les pharmacies, les commerces de véhicules automobiles et de motocycles ni pour les installations de distribution de carburant (art. R.752-1 al 1 du Code de commerce). En outre, pour déterminer la surface de vente des établissements exploités par des pépiniéristes ou des horticulteurs, seules sont prises en compte les surfaces destinées à la vente de produits ne provenant pas de l'exploitation (art. R.752-1 al 2 du Code de commerce). La jurisprudence a précisé que les surfaces des réserves ne devaient pas être incluses dans les surfaces de vente (Conseil d'État, Section, 17 décembre 1982, Société Angélica-Optique Centraix et autres, n° 35554, Rec. p. 419), à l'inverse des surfaces de vente extérieures (Conseil d'État, 22 juin 1983, Comité interprofessionnel de défense des travailleurs indépendants du Nord-Pas-de-Calais, n° 38258, Rec. p. 634) et des surfaces consacrées à des activités de production ou de services à caractère artisanal (Conseil d'État, 30 septembre 1987, SA SCAEX Inter-région parisienne, n° 76268, Rec. p. 298).

- **Le changement de secteur d'activité d'un commerce d'une surface de vente supérieure à 2 000 m²** (art. L.752-1 3° du Code de commerce). Ce seuil est abaissé à 1 000 m² pour les magasins alimentaires.
- **La création d'un ensemble commercial dont la surface totale est supérieure à 1 000 m²** (art. L.752-1 4° du Code de commerce). La notion d'ensemble commercial n'a pour critère ni l'unité de bâtiment (les magasins peuvent donc être situés dans des bâtiments distincts), ni l'unité de propriétaire (les magasins peuvent appartenir à des propriétaires distincts des exploitants). Elle est fondée sur deux critères cumulatifs. Le premier est l'**unité de site** : les magasins doivent être « *réunis sur un même site* » (art. L.752-3 du Code de commerce) ; le second est l'un des quatre critères alternatifs suivants :
  - même opération d'aménagement foncier **:** l'opération est réalisée, en une ou plusieurs tranches, dans le cadre d'une opération d'aménagement (zone d'aménagement concerté hors des centres urbains, restauration immobilière, lotissement) ;

– accès des divers établissements à une même clientèle : ainsi des aménagements offrant à la clientèle un accès piétonnier ou routier commun ou des parkings communs entraînent la qualification 'ensemble commercial ;
– gestion commune d'exploitation : cette gestion commune ne peut concerner que certains éléments de l'exploitation : il peut s'agir, par exemple, de services collectifs (gardiennage, nettoyage, comptabilité…) ou de pratiques et de publicités commerciales communes (signalisation commune, quinzaine à prix réduits…). Voir Conseil d'État, 18 mars 1994, SA Vinyce Intermarché, n° 137321, Rec. p. 810) ;
– structure juridique commune : la structure juridique, pour être qualifiée de commune, doit soit avoir un dirigeant de droit ou de fait commun, soit être contrôlée directement ou indirectement par au moins un associé exerçant sur elle une influence

- **L'extension de la surface de vente d'un ensemble commercial ayant déjà atteint le seuil des 1 000 m² ou devant le dépasser par la réalisation du projet** (art. L.752-1 5° du Code de commerce).
- **La réouverture au public, sur le même emplacement, d'un magasin de commerce de détail d'une surface de vente supérieure à 2 500 m²** (art. L.752-1 6° du Code de commerce). La réouverture est soumise à autorisation uniquement lorsque les locaux ont cessé d'être exploités pendant trois ans.
- **La création ou l'extension d'un point permanent de retrait par la clientèle d'achats au détail commandés par voie télématique** (art. L.752-1 6° du Code de commerce). Un tel point de retrait doit alors être « organisé pour l'accès en automobile ».

B. L'autorisation d'exploitation commerciale

■ La demande

234. La demande d'autorisation d'exploitation commerciale est présentée soit par le propriétaire du terrain ou son mandataire, soit par une personne ayant qualité pour bénéficier de l'expropriation pour cause d'utilité publique (art. R.752-4 du Code de commerce). Elle doit faire apparaître la zone de chalandise et la surface du projet et comporter plusieurs pièces exigées par les articles R.752-7 à R.752-12 du Code de commerce, et notamment l'étude destinée à permettre d'apprécier les effets p évisibles du projet. Cette étude, qui doit être réalisée par un organisme agréé indépendant, évalue « *les effets du projet sur l'animation et le développement économique du centre-ville de la commune d'implantation, des communes limitrophes et de l'établissement public de coopération intercommunale à fiscalité propre dont la commune d'implantation est membre, ainsi que sur l'emploi* » (art. L.752-6 III du Code de commerce). Elle s'appuie notamment sur l'évolution démographique, le taux de vacance commerciale et l'off e de mètres carrés commerciaux déjà existants dans la zone de chalandise pertinente.

Le dossier de demande comporte en pratique six volets faisant apparaître (art. R.752-6 du Code de commerce) :

- les informations relatives au projet (surface de vente, éventuelles modifications envisagées…) ;
- des cartes ou plans (plan de masse, plan de situation, plan de desser te par les transports…) ;
- les effets du p ojet en matière d'aménagement du territoire (compacité des bâtiments et aires de stationnement, évaluation des flux journaliers de circulation, analyse prévisionnelle des flux de déplacement…) ;

- les effets du projet en matière de développement durable (mesures destinées à réduire la consommation énergétique des bâtiments, à diminuer les gaz à effet de ser e, à limiter l'imperméabilisation des sols, à limiter les pollutions ainsi que les nuisances visuelles, olfactives et sonores générées par le projet…) ;
- les effets du p ojet en matière de protection des consommateurs (distance par rapport aux principales zones d'habitation, mesures valorisant les filiè es de production locale…) ;
- les effets du p ojet en matière sociale (partenariats avec les commerces de centre-ville et les associations locales, accords avec les services locaux de l'État en charge de l'emploi…).

■ **L'instruction**

La procédure diffè e selon que le projet nécessite ou non un permis de construire.

1°) Lorsque le projet nécessite un permis de construire, la mairie est le guichet unique. Mise en place par la loi n° 2014-626 du 18 juin 2014, cette procédure de *« guichet unique »* permet au porteur de projet de déposer un seul dossier, portant à la fois sur la demande de permis de construire et sur la demande d'autorisation d'exploitation commerciale. C'est ainsi l'autorité compétente en matière de permis de construire (le plus souvent, le maire de la commune d'implantation) qui se charge de saisir la Commission départementale d'aménagement commercial (CDAC) pour avis (art. R.752-9 du Code de commerce) :

- en cas d'avis défavorable de la CDAC au projet, le maire ne peut délivrer le permis de construire ;
- en cas d'avis favorable de la CDAC, le maire peut délivrer un permis de construire selon les règles habituelles et donc notamment si le projet est conforme aux règles d'urbanisme. La délivrance du permis vaut alors autorisation d'exploitation commerciale.

2°) Lorsque le projet ne nécessite pas de permis de construire, le porteur du projet saisit directement la CDAC (art. L.754-15 du Code de commerce). Tel peut être le cas si le projet vise à créer un magasin d'une surface de vente supérieure à 1 000 m² résultant de la transformation d'un immeuble existant, s'il s'agit d'un changement de secteur d'activité, en cas de réouverture au public d'un magasin ayant cessé d'être exploité pendant trois ans ou encore s'il s'agit de l'extension de la surface de vente d'un magasin sans agrandissement du bâtiment. La demande, accompagnée du dossier, doit être adressée au secrétariat de la commission départementale en deux exemplaires, dont un sur support dématérialisé (art. R.752-11 du Code de commerce). Si le dossier est complet, le secrétariat de la commission fait connaître au demandeur la date et le numéro d'enregistrement de sa demande et la date avant laquelle la décision doit lui être notifiée. Le demandeur est, en out e, informé que, si aucune décision ne lui a été notifiée avant cette date, l'autorisation sera réputée accordée (art. R.752-12 du Code de commerce).

■ **La décision**

235. La décision est prise par la commission départementale d'aménagement commercial (CDAC), présidée par le préfet du département (ou son représentant).

Dans les départements autres que Paris, la CDAC est composée de quatorze membres (art. L.751-2 du Code de commerce) :

- sept élus : le maire de la commune d'implantation ou son représentant ; le président de l'EPCI dont est membre la commune d'implantation ; le président du syndicat mixte ou de l'EPCI chargé du SCoT dans le périmètre duquel est située la commune, ou le maire de la commune la plus peuplée de l'arrondissement ou, à défaut, un membre du conseil départemental ; le président du conseil départemental ; le président du conseil régional ;

un représentant de l'association départementale des maires ; un membre représentant les intercommunalités du département ;

- quatre personnalités qualifiées : deux en matièr e de consommation et de pr otection des consommateurs et deux en matièr e de dév eloppement durable et d 'aménagement du territoire ;
- trois personnalités qualifiées epréséntant le tissu économique : une désignée par la chambre de commerce et d'industrie, une désignée par la chambre de métiers et de l'artisanat et une désignée par la chambre d'agriculture.

Situations particulières

À Paris, la CDAC est composée de cinq élus (le maire de Paris ou son représentant, le maire de l'arrondissement du lieu d'implantation, un conseiller d'arrondissement désigné par le conseil de Paris, un adjoint au maire de Paris, un conseiller régional désigné par le conseil régional), de trois personnalités qualifiées en matière de consommation, de développement durable et d'aménagement du territoire, et de deux personnalités qualifiées représentant le tissu économique : l'une désignée par la chambre de commerce et d'industrie et l'autre désignée par la chambre de métiers et de l'artisanat (art. L.751-2 III). Pour la Corse, la composition de la CDAC est fixée par l'article L.751-2 IV du Code de commerce.

La CDAC autorise les projets par un vote à la majorité absolue de ses membr es – donc huit voix –, le préfet ne prenant pas part au vote (art. 752-14 du Code de commerce). Elle dispose d'un délai de deux mois à compter de sa saisine pour se pononcer (art. L.752-14 du Code de commerce). Passé ce délai, la demande est éputée favorable. Dans les dix jours, la décision est notifiée au mai e et au pétitionnaire.

C. Les conséquences

■ Exécution matérielle

236. L'autorisation donnée par la CDAC est accordée par mètre carré de surface de vente (art. L.752-15 du Code de commerce).

La loi impose au bénéficiai e de l'autorisation de faire établir un cer tificat à ses frais par un organisme habilité, attestant du respect de l'autorisation d'exploitation commerciale délivrée (art. L.752-23). Ce document doit êtr e communiqué, un mois av ant la date d'ouverture au public de l'exploitation commerciale, au préfet du département, au maire ainsi qu'au président de l'EPCI dont la commune d 'implantation est membr e. En l'absence de transmission du certificat dans le délai p escrit, l'exploitation des surfaces concernées est réputée illicite.

Le préfet dispose d'un délai de deux mois, à compter de la date de r éception du cer tificat, pour contester la conformité de l'équipement commercial réalisé à l'autorisation d'exploitation commerciale délivrée (art. R.752-44-15 du Code de commerce).

Enfin, un régime de sanctions est prévu pour les ouvertures qui se feraient sans autorisation ou en ne respectant pas les conditions de l'autorisation délivrée (arrêté préfectoral de fermeture, astreinte journalière de 150 euros par m^2 exploité illicitement, amende de 15 000 euros…).

■ Contestation éventuelle

Recours à la CNAC

237. La décision de la CDA C d'autoriser ou de r efuser un pr ojet peut fair e l'objet d'un recours motivé devant la Commission nationale d'aménagement commercial (CNAC), dans un délai d'un mois. Ce délai court à compter de la publication de la décision, *« sans qu'il soit nécessaire que cette décision mentionne les voies et les délais de recours comme cela est imposé en cas de notification d'une décision administrative »* (Cour administrative d'appel de Marseille, 1er octobre 2018, SARL Vak 65 Perpignan Vauban et Jusaveti, n° 16MA03806).

Ce recours peut être formé par (art. L.752-17 du Code de commerce) :

- le demandeur ;
- le préfet du département ;
- tout membre de la CDAC ;
- tout professionnel dont l'activité, exercée dans les limites de la zone de chalandise définie pour chaque projet, est susceptible d'être affectée par le p ojet ;
- toute association les représentant.

La saisine de la CNAC constitue un recours administratif préalable obligatoire à toute procédure contentieuse (art. L.752-17 du Code de commerce). En pratique, la CNAC émet alors un avis sur la conformité ou non du projet. En l'absence d'avis de la CNAC dans un délai de quatre mois, l'avis de la CDA C est r éputé confirmé (a t. L.752-17 I al 2 du Code de commerce).

La CNAC comprend 12 membres (art. L.751-6 du Code de commer ce ; décret du 29 juin 2021 portant nomination à la Commission nationale d'aménagement commercial) :

- un membre du Conseil d'État, désigné par le vice-président du Conseil d'État ;
- un membre de la Cour des comptes, désigné par le premier président de la Cour des comptes ;
- un membre du ser vice de l'Inspection générale des finances, désigné par le chef de ce service ;
- un membre du service de l'Inspection générale de l'environnement et du développement durable ;
- quatre personnalités désignées pour leur compétence en matièr e de distribution, de consommation, d'urbanisme, de développement durable, d'aménagement du territoire ou d'emploi à raison d'une par le président de l'Assemblée nationale, une par le président du Sénat, une par le ministr e chargé du commer ce et une par le ministr e chargé de l'urbanisme ;
- quatre représentants des élus locaux : un représentant les communes, un r eprésentant les établissements publics de coopération intercommunale à fiscalité p opre, un représentant les départements, un représentant les régions.

Chaque recours exercé auprès de la CNAC est accompagné de la justification de la qualité et de l'intérêt pour agir de chaque requérant (art. L.752-17 et R.752-31 du Code de commerce). Par ailleurs, s'il est distinct du demandeur de l'autorisation d'exploitation commerciale, le requérant doit communiquer à ce dernier son r ecours dans un délai de cinq jours. À défaut du respect de cette formalité, le r ecours sera déclaré irrecevable (art. R.752-32 du Code de commerce).

Le maire de la commune d'implantation membre de la CDAC dont la décision ou l'avis fait l'objet du recours peut être entendu à sa demande par la commission nationale (ar. L.752-19 du Code de commerce).

La décision prise par la commission nationale se substitue à celle de la CDAC (Conseil d'État, 10 juin 1983, Delahaye et Groult, Rec. p. 237). Elle est notifiée dans le délai 'un mois au requérant, au demandeur s'il est différent du requérant, au préfet, ainsi qu'à l'autorité compétente en matière de permis de construire si le projet nécessite un tel permis (art. R.752-39 du Code de commerce). En cas d'avis ou de décision favorable, le préfet du département de la commune d'implantation fait publier dans le même délai, aux frais du demandeur, un extrait de cette décision ou de cet avis dans deux journaux régionaux ou locaux diffusés dans le département (Cour administrative d'appel de Douai, 13 avril 2021, n° 19DA00896). Enfin, les décisions et les avis de la CNAC sont rendus publics par voie électronique.

En 2019, la CNAC a rendu 246 avis et décisions, dont près de 55 % correspondaient à des avis favorables ou des autorisations.

Recours contentieux

238. Alors que seul un recours devant la CNAC est possible contre une décision d'une CDAC, un recours contentieux contre la décision de la CNAC est possible. Il est porté directement devant la cour administrative d'appel dans le ressort de laquelle a son siège la CDAC qui a pris la décision initiale (art. R.311-3 du Code de justice administrative ; voir *supra* 124). La cour se prononce en premier et dernier ressort, le Conseil d'État ne pouvant être saisi ensuite que par un pourvoi en cassation.

La saisine de la CNAC constituant un préalable à un recours contentieux devant la juridiction administrative, deux situations peuvent donc se présenter :

- s'il n'y a pas eu de recours préalable à la CNAC, le recours contentieux contre une décision de la CDAC est impossible ;
- s'il y a eu recours à la CNAC et si celle-ci a confirmé la décision de la commission départementale, seules les personnes ayant elles-mêmes saisi la CNAC peuvent contester la décision de la CNAC (Conseil d'État, Section, 28 juin 2013, SAS Coutis, n° 355812).

Le Conseil d'État a eu l'occasion d'apporter d'importantes précisions sur ce dernier point.

En premier lieu, « *pour tout projet simultanément soumis à autorisation d'exploitation commerciale et à permis de construire, toute contestation touchant à la régularité ou au bien-fondé d'une autorisation d'exploitation commerciale* » ne peut désormais être soulevée « *que dans le cadre du recours introduit, le cas échéant, contre le permis de construire finalement délivré, en tant qu'il vaut autorisation d'exploitation commerciale* » (Conseil d'État, avis du 15 avril 2019, Société Difradis, n° 425854). Le Conseil d'État en déduit que tout acte pris par la CNAC sur un recours introduit devant elle contre un avis favorable délivré par une CDAC, qu'il soit exprès ou tacite, « *revêt le caractère d'un acte préparatoire, insusceptible de faire l'objet d'un recours pour excès de pouvoir* ». La régularité et le bien-fondé d'un tel acte de la CNAC sont, en revanche, susceptibles d'être critiqués au soutien d'un recours contre le permis de construire ultérieurement délivré, en tant qu'il vaut autorisation d'exploitation commerciale.

En deuxième lieu, le Conseil d'État tient compte des dispositions de l'article L.425-4 du Code de l'urbanisme, telles qu'elles ont été modifiées par la loi n° 2015-990 du 6 août 2015. Ainsi, pour le Conseil d'État, « *l'avis de la Commission nationale d'aménagement commercial a désormais le caractère d'un acte préparatoire à la décision prise par l'autorité administrative sur la demande de permis de construire valant autorisation d'exploitation commerciale, seule décision susceptible de recours contentieux* » (Conseil d'État, 25 mars 2020, *Société Le Parc du Béarn*, n° 409675). Autrement dit, le recours contentieux doit être exclusivement dirigé soit contre le permis de construire ayant autorisé la construction commerciale, soit contre son refus.

En troisième et dernier lieu, le Conseil d'État a confirmé qu'une commune ne saurait former un recours en excès de pouvoir contre l'avis d'une CDAC ou de la CNAC compétente dans la délivrance d'une autorisation d'exploitation commerciale sur le territoire de cette même commune, compte tenu « *du caractère d'acte préparatoire de l'avis, non susceptible de caractériser une décision attaquable* » (Conseil d'État, 24 janvier 2022, Société Année Distribution et autres, n° 440164). En revanche, la commune peut former un recours pour excès de pouvoir si sa qualité à agir est fondée, contre l'autorisation d'exploitation commerciale résultant de la délivrance du permis de construire le projet de local commercial.

D. Les demandes d'avis à la CDAC sur des projets moins importants

Dans les communes de moins de 20 000 habitants, ainsi que dans toutes les communes, « *pour les projets qui engendrent une artificialisation des sols* », le maire (ou le président de l'EPCI) peut, lorsqu'il est saisi d'une demande de permis de construire un équipement commercial dont la surface est comprise entre 300 et 1 000 mètres carrés, proposer au conseil municipal (ou au conseil communautaire) de saisir la CDAC afin qu'elle statue sur la conformité du projet (art. L.752-4 du Code de commerce).

4.2.3 Les agréments en Île-de-France

239. La politique d'aménagement du territoire a longtemps eu pour objet de rechercher un meilleur équilibre entre la région Île-de-France et les autres régions. L'État a voulu qu'un schéma directeur de la région Île-de-France (voir *supra* 22 et 23) fixe les grandes orientations de son aménagement ; de plus, un agrément de l'État est, depuis 1959, nécessaire pour l'implantation de certains locaux dans la région-capitale.

A. Le champ d'application

L'agrément de l'administration pour réaliser des opérations immobilières en région Île-de-France est exigé pour un certain nombre de réalisations.

■ **Les opérations assujetties**

L'article R.510-1 du Code de l'urbanisme en donne la liste : construction, reconstruction, réhabilitation ou extension de locaux à usage industriel, commercial, professionnel, administratif, technique, scientifique ou d'enseignement. La demande d'agrément est présentée par la personne voulant réaliser l'opération : personne physique ou morale de droit privé, ou de droit public lorsque son champ d'action relève en majeure partie du secteur concurrentiel.

■ **Les opérations dispensées**

240. Le Code de l'urbanisme dispense un certain nombre d'opérations de demande d'agrément. Tel est notamment le cas pour :

- les opérations entreprises par les collectivités locales sur leur territoire pour les besoins de leurs propres services publics (art. R.510-4) ;
- les opérations portant sur des locaux à usage de magasin de vente ou d'équipement hospitalier ou de salle de spectacles cinématographiques (art. R.510-6, 2) ;
- les opérations de reconstruction ou de réhabilitation de bureaux sans extension de surface (art. R.510-6, 3) ;
- les installations à usage industriel sans utilisateur déterminé ou à usage d'entrepôt de surface de plancher inférieure à 5 000 m^2 (art. R.510-6, 4) ;
- les opérations portant sur des locaux affectés aux internats des lycées ou aux résidences universitaires (art. R.510-6, 6).

B. L'éventuelle signature d'une convention d'équilibre

La collectivité territoriale peut ne pas laisser l'État décider seul de l'implantation des entreprises sur son territoire ; elle a la possibilité de négocier av ec lui une convention d'équilibre (art. L.510-1 II). Cette convention, signée entre le représentant de la commune ou de l'intercommunalité et le pr éfet, prévoit, pour une dur ée de tr ois à cinq ans (ar t. R.510-5), les mesures nécessaires pour assurer l'équilibre entre les constructions destinées à l'habitation et celles destinées aux activités industrielles et commerciales économiques (art. L.510-1, I) ; elle doit respecter le schéma directeur de la région Île-de-France (SDRIF). Ces conventions sont tenues à la disposition du public dans les mairies et les sous-pr éfectures concernées (ar t. R.510-15).

C. La décision

241. Depuis son institution, la procédure d'agrément a globalement favorisé l'implantation d'entreprises en Seine-Saint-Denis (notamment dans les villes de Saint-Denis et de Montreuil).

■ Instruction

Le dossier est instruit par la Direction régionale et interdépartementale de l'équipement et de l'environnement, de l'aménagement et des transpor ts (DRIEAT) de la pr éfecture d'Île-de-France, créée par le décret du 10 mars 2021 par la fusion des directions régionales et interdépartementales de l'Équipement et de l'Aménagement (DRIEA) et de l'Environnement et de l'Énergie (DRIEE). Cette instruction s'effectue en liaison avec l'Agence nationale de la cohésion des territoir es (ANCT), elle-même r ésultant de la fusion du Commissariat général à l'égalité des territoires, de l'Établissement public national d'aménagement et de restructuration des espaces commerciaux et artisanaux (Epareca) et de l'Agence du numérique.

L'instruction doit prendre en compte les orientations définies par la politique 'aménagement et de développement du territoire national, par le SDRIF et par la politique de la ville « *relatives notamment au développement du logement social et de la mixité sociale* » (art. L.510-1-I, al 2). Le délai d'instruction est de trois mois ; passé ce délai, l'agrément est tacite (art. R.510-2).

■ Décision

L'agrément est accordé par le préfet du département lorsque l'opération doit se réaliser dans une commune ayant conclu une convention d'équilibre avec l'État (art. R.510-2 1°) ; par le préfet de la région Île-de-France dans les autres cas (art. R.510-2 2°). Si l'agrément est refusé, ce refus doit être motivé. S'il est accordé, l'arrêté fi e la surface de construction autorisée et précise le délai de v alidité au-delà duquel l 'agrément est caduc (Conseil d 'État, 25 juillet 1975, Société d'études Louveciennes-Princesse, n° 92317, Rec. p. 480). Il peut toutefois être prolongé.

■ Taxe

242. Une taxe s'applique à la construction, la reconstruction ou l'agrandissement des locaux à usage de bureaux, des locaux commerciaux et des locaux de stockage (art. L.520-1). Elle est due par le pr opriétaire des locaux ou le titulair e d'un droit réel portant sur ces locaux (ar t. L.520-5). Son fait générateur est la date de délivrance, expresse ou tacite, de l'autorisation de construire ou d'aménager ou, à défaut, celle du début des travaux ou du changement d'usage des locaux (art. L.520-4).

Le Code de l'urbanisme en détermine les tarifs qui dépendent des circonscriptions (art. L.520-8 I) :

- première circonscription : Paris et département des Hauts-de-Seine ;
- deuxième circonscription : communes de la métropole du Grand Paris, autres que les communes de la première circonscription ;
- troisième circonscription : communes de l'unité urbaine de Paris, autres que les communes des première et deuxième circonscriptions ;
- quatrième circonscription : communes de la région d'Ile-de-France autres que les communes des première, deuxième et troisième circonscriptions.

On applique ensuite un tarif au mètre carré, qui varie selon qu'il s'agit de locaux à usage de bureaux ou des locaux commerciaux (art. L.520-8 II). Ces tarifs, fixés au mètre carré, sont appliqués comme suit :

Locaux à usage de bureau			
1re circonscription	2e circonscription	3e circonscription	4e circonscription
400 euros	90 euros	50 euros	0

Locaux commerciaux			
1re circonscription	2e circonscription	3e circonscription	4e circonscription
129 euros	80 euros	32 euros	0

Ces tarifs sont actualisés par arrêté du ministre chargé de l'urbanisme au 1er janvier de chaque année.

D. Le contrôle

■ Contentieux

243. Le juge administratif peut être saisi d'un recours contre une décision d'octroi ou de refus d'agrément ; il exerce alors un contrôle minimal sur ce type de décision (Conseil d'État, 7 janvier 1987, SCI Étoile-Neuilly, n° 53008, Rec. T. p. 1027).

■ Sanctions

Sans agrément, le permis de construire ne peut pas être délivré, les fonds publics ne peuvent pas être engagés (art. R.510-8). Le propriétaire construisant sans l'agrément commettrait un délit (art. L.510-1, VI), et le juge (art. L.510-2) pourrait prononcer l'évacuation des locaux, voire leur démolition.

4.3 Le droit de préemption urbain

244. En latin, le mot *emptio* signifie « achat » : préempter, c'est acheter avant. Outil foncier stratégique de l'aménagement, le droit de préemption urbain (DPU) permet à une personne publique de se substituer à un acquéreur pour devenir propriétaire d'un immeuble.

Cet outil existe notamment en droit rural, où les sociétés d'aménagement foncier et d'établissement rural (SAFER), peuvent « *acquérir, dans le but de les rétrocéder, des biens ruraux, des terres, des exploitations agricoles ou forestières* » qui sont mis en vente (art. L.141-1, II, 1° du Code rural et de la pêche maritime). Ce dispositif de rétrocession vise à favoriser le maintien des agriculteurs et l'installation des jeunes agriculteurs. Les SAFER peuvent ainsi recourir au droit de préemption régi par les articles L.143-1 à L.143-15 du Code rural et de la pêche maritime. Ce droit peut être exercé notamment pour sauvegarder le caractère familial d'une exploitation, mettre en valeur les paysages, protéger la forêt ou encore lutter contre la spéculation foncière. En 2020, les SAFER ont réalisé 1 240 préemptions, soit 0,4 % des projets de vente qui leur ont été notifiés ; un peu plus du tiers de ces préemptions ont été réalisées à la demande de collectivités. Les associations de jardins ouvriers ou des organismes groupant les exploitants de jardins familiaux peuvent également demander aux SAFER d'exercer un droit de préemption pour créer ou aménager de tels jardins (art. L.562-1 du Code rural et de la pêche maritime).

En droit de l'urbanisme, les diffé ents droits de préemption (DPU, préemption pour les fonds artisanaux, pour les espaces sensibles, pour la péservation des ressources en eau…) font l'objet des articles L.210-1 à L.219-13 du Code de l'urbanisme.

D'une manière générale, ces droits de préemption visent la réalisation, obligatoirement « *dans l'intérêt général* » (L.210-1), d'actions prévues par la loi. Ils peuvent être mis en œuvre dans diffé entes situations :

- dans les zones d'aménagement diffé é (ZAD : voir *infra* 286 à 288) ;
- dans les périmètres de sauvegarde du commerce et de l'artisanat de proximité (art. L.214-1), la commune peut acquérir, afin de les étrocéder dans un délai d'un an, des fonds de commerce, des fonds artisanaux et des baux commerciaux (voir *supra* 231) ;
- dans les espaces naturels sensibles, qui peuvent être institués par le conseil départemental (art. L.113-8), dans les conditions définies aux articles L.215-1 à L.215-24. Ce droit a pour objet de mettre en œuvre effecti ement, d'une part, une politique de protection, de gestion des espaces naturels sensibles, boisés ou non, et, d'autre part, leur ouverture au public (Conseil d'État, 22 février 2002, Association des riverains pour la gestion et la sauvegarde du bassin hydrographique du Trieux, n° 208769, Rec. p. 61 ; Conseil d'État, 7 juin 2006, Département du Var, n° 277562, Rec. p. 287). Une telle possibilité est également ouverte au Conservatoire de l'espace littoral et des rivages lacustres lorsqu'il est territorialement compétent (art. L.215-2) ;
- dans les jardins familiaux (art. L.216-1) ;
- pour la préservation des ressources naturelles en eau destinées à la consommation humaine (art. L.218-1 à L.218-14) ;
- pour l'adaptation des territoires au recul du trait de côte (art. L.219-1 à L.219-13).

Le principal droit de préemption, le droit de préemption urbain (art L.211-1), off e à la commune la possibilité d'acquérir un immeuble mis en vente et utile à la réalisation de ses projets. La loi, complétée par une abondante jurispr udence, établit le régime juridique du DPU ; ce régime reprend des dispositions communes à plusieurs droits de préemption (art. L.210-1 à L.210-2, L.213-1 à L.213-18) et comporte des dispositions propres au DPU (art. L.211-1 à L.211-7).

4.3.1 L'institution du droit de préemption urbain

245. Instituer un DPU traduit la volonté politique d'une municipalité de se doter d'un outil de gestion de son tissu urbain qui lui apporte aussi des informations sur l'évolution des prix du foncier dans la commune.

A. Autorité

■ Le créateur du DPU

Le droit de préemption urbain est institué par délibération du conseil municipal (art L.211-1) ou par délibération de l'organe délibérant de l'EPCI y ayant vocation si la commune lui a délégué ses compétences en ce domaine (art. L.211-2). Cette compétence intercommunale est de plein droit pour les EPCI à fiscalité p opre, les établissements publics territoriaux du Grand Paris ainsi que pour la métropole de Lyon (art. L.211-2 al 2).

La délibération instituant le dr oit de pr éemption doit êtr e affichée pendant un mois e mairie ; mention en est insér ée dans deux journaux diffusés dans le dépa tement (art. R. 211-2). Copie en est également adr essée au dir ecteur départemental ou, le cas échéant, régional des finances publiques, à la chamb e départementale des notaires, aux barreaux des tribunaux judiciaires du ressort du territoire concerné, ainsi qu'au greffe des mêmes tribunaux (art. R.211-3).

■ Le titulaire du DPU

246. La délibération instituant le dr oit de pr éemption urbain doit désigner la personne chargée de le mettr e en œuvre. C'est en principe le conseil municipal dir ectement. Mais le conseil municipal peut décider de déléguer le dr oit d'exercer la pr éemption à l'État, à une autre collectivité locale, à l'établissement public de coopération inter communale, ou à un autre établissement public (art. L.213-3 et R.213-1), par exemple à un OPAC (office publi d'aménagement et de construction). De même, il peut déléguer l'exercice du DPU à un concessionnaire d'aménagement, à une société publique locale d'aménagement (L.327-1) ou à un établissement public foncier local (art. L.324-1, alinéa 4). Ce droit peut être également délégué à une société d'économie mixte de constr uction et de gestion de logements sociaux agréée, à un organisme d'habitations à loyer modéré, à un organisme de foncier solidaire ou encore à un organisme exerçant des activités de maîtrise d'ouvrage agréé. Plus récemment, la loi n° 2022-217 du 21 février 2022, dite loi « 3DS », a ouvert la possibilité de délégation du DPU à une personne y ayant v ocation à laquelle a été confiée *« la réalisation d'actions ou d'opérations ayant pour objet de favoriser la diversité, le maintien ou le développement d'activités artisanales et commerciales de proximité dans des espaces urbains »* (art. L.211-2-3).

En Guadeloupe et en Martinique, le titulaire du droit de préemption peut également déléguer son droit aux agences pour la mise en v aleur des espaces urbains de la z one dite des cinquante pas géométriques (art. L.211-1-1).

Enfin, le conseil municipal peut déléguer au maire l'exercice du droit de préemption (art. L.2122-22, 15° du Code général des collectivités territoriales), ce qui est la pratique dans la plupart des communes ayant institué le DPU

B. Périmètre

247. Le conseil municipal ne peut cr éer un DPU qu'à l'intérieur de certains périmètres du territoire de la commune et à la condition que ceux-ci ne soient pas déjà inclus dans une zone d'aménagement diffé é (art. L.211-1 ; Conseil d'État, 22 février 1995, Commune de Bessoncourt, n° 125025, Rec. T. p. 1082).

En pratique, le DPU peut ainsi être institué :

- sur tout ou partie des zones urbaines et des zones d'urbanisation future qui ont été délimitées par le PLU (voir *supra* 82) ;

- dans les périmètres de protection rapprochée de prélèvement d'eau potable (art. L.1321-2 du Code de la santé publique) ;
- dans les zones et secteurs définis par un plan de pévention des risques technologiques (art. L.515-16 du Code de l'environnement) ;
- dans les zones soumises à des servitudes d'utilité publique de rétention des eaux ou de mobilité des cours d'eau (art. L.211-2 du Code de l'environnement) ;
- sur tout ou partie des espaces urbains et des secteurs occupés par une urbanisation diffuse (art. L.5112-1 et L.5112-2 du Code général de la propriété des personnes publiques) ;
- sur tout ou partie de leur territoire couvert par un plan de sauvegarde et de mise en valeur (PSMV) approuvé (art. L.313-1 du Code de l'urbanisme, voir *infra* 326) ;
- dans une commune dotée d'une carte communale approuvée, dans un ou plusieurs périmètres définis par cette carte en vue de la réalisation d'un équipement (art. L.211-1 al. 2).

Le périmètre d'exercice du DPU institué par la délibération du conseil municipal doit être reporté graphiquement en annexe du PLU (art. R.151-52 7°). Toute personne désireuse d'acquérir un bien immobilier peut ainsi consulter le plan d'urbanisme applicable pour savoir si l'immeuble, en cas de vente, est susceptible ou non d'être préempté. Elle peut aussi demander au maire un certificat d'urbanisme, document qui va lui fournir cette indication (art. L.410-1, voir *supra* 213).

C. Objet

■ Champ d'application

Sur le territoire où a été institué un DPU, les situations juridiques pouvant justifier la mise en œuvre du droit de préemption sont (art. L.213-1) :

- l'aliénation à titre onéreux d'immeubles ou de parties d'immeuble (art. L.213-1 1° : vente de gré à gré, apport en société, vente avec constitution de rente viagère, vente d'immeuble à construire lorsque l'immeuble existe déjà, contrat de location-accession) ;
- les cessions de droits indivis portant sur un immeuble, ou une partie d'immeuble, bâti ou non bâti, sauf lorsqu'elles sont consenties à l'un des coïndivisaires (art. L.212-1 2°) ;
- les cessions de la majorité des parts d'une société civile immobilière ou les cessions conduisant un acquéreur à détenir la majorité des parts de la SCI (art. L.213-1 3°) ;
- les immeubles construits ou acquis par des organismes d'habitations à loyer modéré faisant l'objet d'un contrat de location-accession à la propriété immobilière (art. L.213-1 4°).

■ Exclusion : les immeubles impossibles à préempter

248. Les donations d'immeubles entre vifs ne peuvent être soumis à droit de préemption lorsque la donation est effectuée entre ascendants et descendants, entre collatéraux jusqu'au sixième degré, entre époux ou partenaires d'un pacte civil de solidarité (PACS), ou encore entre une personne et les descendants de son conjoint ou de son partenaire de PACS, ou entre ces descendants (art. L.213-1-1).

Les aliénations d'autres catégories de biens ne peuvent pas non plus faire l'objet de droit de préemption :

- les immeubles construits par les sociétés coopératives d'HLM de location-attribution ainsi que les immeubles ayant fait l'objet d'une décision d'agrément du représentant de l'État dans le département en vue de la construction ou de l'acquisition de logements neufs (art. L.213-1 4° a) ;

- les immeubles qui font l'objet d'un contrat de vente d'immeuble à construire, sauf lorsque ces dispositions sont appliquées à des bâtiments existants (art. L.213-1 4° b) ;
- les parts ou actions de sociétés d'attribution qui font l'objet d'une cession avant l'achèvement de l'immeuble ou pendant une période de dix ans à compter de son achèvement (art. L.213-1 4° c) ;
- les immeubles cédés au locataire en exécution de la promesse de vente insérée dans un contrat de crédit-bail immobilier (art. L.213-1 4° d) ;
- les immeubles qui font l'objet d'une mise en demeure d'acquérir dans le cadre d'une expropriation pour cause d'utilité publique (art. L.213-1 4° e) ;
- l'aliénation par l'État, ses établissements publics ou des sociétés dont il détient la majorité du capital de terrains, bâtis ou non bâtis, en vue de la réalisation des logements situés dans les périmètres d'une opération d'intérêt national (art. L.213-1 4° g) ;
- les transferts en pleine propriété des immeubles appartenant à l'État ou à ses établissements publics (art. L.213-1 4° h) ;
- les biens acquis par un établissement public foncier de l'État ou par un établissement public foncier local lorsqu'il agit à la demande expresse de la collectivité titulaire du droit de préemption urbain (art. L.213-1 4° i) ;
- les cessions entre la société nationale SNCF, la société SNCF Réseau, la société SNCF Voyageurs ainsi que la société en charge des activités relatives à la fourniture des services de transport ferroviaire de marchandises, lorsque les biens concernés sont nécessaires à leurs missions de service public (art. L.213-1 4° j) ;
- les cessions à la Société du Grand Paris de biens nécessaires à la réalisation et à l'exploitation des projets d'infrastructures déclarés d'utilité publique qui mettent en œuvre le schéma d'ensemble du réseau de transport public du Grand Paris (art. L.213-1 4° k).

■ **Extension : le droit de préemption urbain « renforcé »**

249. La délibération du conseil municipal instituant un droit de préemption urbain ne permet pas en principe à la commune d'exercer à l'avenir le droit de préemption pour trois catégories de ventes :

- l'aliénation d'un ou de plusieurs lots constitués soit par un seul local à usage d'habitation, à usage professionnel ou à usage professionnel et d'habitation, soit par un tel local et ses locaux accessoires, soit par un ou plusieurs locaux accessoires d'un tel local, compris dans un bâtiment soumis au régime de la copropriété, soit à la suite du partage total ou partiel d'une société d'attribution, soit depuis dix années au moins dans les cas où la mise en copropriété ne résulte pas d'un tel partage (art. L.211-4 a) ;
- la cession de parts ou d'actions de sociétés d'attribution ou de sociétés coopératives de construction (art. L.211-4 b) ;
- l'aliénation d'un immeuble bâti, pendant une période de quatre ans après son achèvement (art. L.211-4 c).

Le conseil municipal peut cependant vouloir mener une politique plus marquée d'intervention foncière en instituant sur la commune un « DPU renforcé » dans l'une ou plusieurs de ces trois situations. Dès lors, par une délibération motivée, il décide expressément que telles ou telles de ces opérations seront soumises au droit de préemption urbain *« sur la totalité ou certaines parties du territoire soumis à ce droit »* (art. L.211-4).

D. But

La délibération du conseil municipal créant le DPU doit être écrite avec précision ; elle ne peut se réduire à des affirmation trop générales. Saisi d'un éventuel litige, le juge en contrôlera strictement le contenu (voir *infra* 253).

Le DPU ne peut être institué que dans l'intérêt général et pour permettre des actions ou des opérations d'aménagement, telles que (art. L.210-1, al. 1 et L.300-1) :

- la mise en œuvre d'un projet urbain ;
- la mise en œuvre d'une politique locale de l'habitat ;
- le maintien, l'extension ou l'accueil d'activités économiques ;
- le développement des loisirs et du tourisme ;
- la réalisation d'équipements collectifs (école, hôpital, caserne de pompiers...) ou de locaux de recherche ou d'enseignement supérieur ;
- la lutte contre l'insalubrité ;
- le renouvellement urbain ;
- la sauvegarde ou la mise en valeur du patrimoine bâti ou non ;
- la constitution de réserves foncières en vue d'une opération précise.

Pour le Conseil constitutionnel, c 'est dans la r éalisation à des fins 'intérêt général de ces actions et opérations d'aménagement que « *le pouvoir de préemption des collectivités publiques, qui touche aux conditions d'exercice du droit de propriété, trouve sa justification* » (décision n° 2000-436 DC du 7 décembre 2000). Pour sa part, le Conseil d'État estime que l'exercice du DPU ne porte pas au droit de propriété ou à la liberté contractuelle une atteinte contraire à la Constitution (Conseil d'État, 12 septembre 2011, Dion, n° 347444, Rec. T. p. 1192). Par ailleurs, aucune disposition législative ou réglementaire ne conditionne l'exercice du droit de préemption à la prise en compte du patrimoine de la commune qui pourrait pouvoir à la fin poursuivie par le projet. Autrement dit, « *la commune peut en principe préempter un bien alors qu'elle possède à proximité un bien susceptible de correspondre au projet motivant la décision de préemption* » (Rép. Min. à la QE n° 25692 de Jean-Louis Masson, n° 25692, *JO Sénat (Q)* du 19 mai 2022).

250. Le droit de préemption urbain ne peut pas être institué pour des actions de sauvegarde, de mise en valeur des espaces naturels, de préservation de la qualité de la ressource ou d'adaptation des territoires au recul du trait de côte (ar t. L.210-1). Il faut, en effet, dans ce cas recourir aux droits de préemption spécifiques p évus pour ces espaces. Le DPU doit égale - ment être distingué du « *droit de priorité* » (art. L.240-1 à L.240-3) permettant aux communes et intercommunalités qui ont institué le DPU le droit d'acquérir en priorité les immeubles vendus par l'État ou les entreprises publiques.

4.3.2 L'exercice du droit de préemption urbain

A. L'attitude du propriétaire

■ La recherche de l'information

251. Le propriétaire d'un immeuble n'a pas toujours connaissance de l'existence d'un droit de préemption urbain dont l 'exercice peut conduir e, le jour où il souhaitera céder son immeuble, à le v endre non pas à l 'acquéreur qu'il aura choisi, mais à la commune (ou au titulaire ou au délégataire du DPU). C'est pourquoi tout propriétaire a intérêt à demander au maire de la commune un cer tificat d'urbanisme (voir *supra* 211) qui lui indiquera si son immeuble est situé en secteur de préemption.

■ Le droit de délaissement

Lorsque le propriétaire a connaissance du fait que son immeuble est situé dans le périmètre du DPU, il a la possibilité dexercer un droit de délaissement (art. L.211-5). Il doit alors écrire au titulaire du DPU pour lui proposer d'acquérir son immeuble en indiquant le prix qu'il en demande. Le titulaire – ou le délégatair e – du DPU dispose d 'un délai de deux mois pour répondre. Dans ce cadre, trois hypothèses peuvent se présenter :

- soit il achète au prix proposé ; l'acte d'acquisition peut être passé par acte administratif ou par acte notarié (art. L.1212-1 du Code général de la propriété des personnes publiques) ; le prix doit être réglé dans les six mois ; le propriétaire est tenu d'informer les locataires, les preneurs ou les occupants de bonne foi du bien et de les faire connaître à ce titulaire (art. L.213-9) ;
- soit il veut acheter, mais non au prix proposé ; c'est alors le juge de l'expropriation qui va fi er le prix ; en cas de désaccord sur le prix et si le juge de l'expropriation n'est pas saisi, le titulaire du DPU est réputé avoir renoncé à l'acquisition du bien (art. R.211-7 al. 6) ;
- soit il n'achète pas. La décision du maire de ne pas acheter présente un grand intérêt, car le propriétaire pourra ultérieurement vendre son immeuble à l 'acquéreur de son choix (mais devra établir une DIA), à condition que la transaction soit réalisée au prix qu'il avait indiqué à l'administration. Celle-ci ne pourra plus intervenir pour acheter l'immeuble.

Si le propriétaire n'a pas réalisé la vente de son bien dans un délai de trois ans à compter de la renonciation au DPU, alors il devra déposer une nouv elle déclaration préalable s'il souhaite vendre (art. L.213-8 al 2).

Si le propriétaire vend l'immeuble dans les cinq ans qui suivent une décision juridictionnelle définiti e, il doit le faire au prix fi é par le juge corrigé de la variation du coût de l'indice de la construction publié par l'INSEE (art. L.213-8 al 3). Il faut souligner la grande diffé ence avec l'expropriation : par une expropriation, l'immeuble sera acquis par la force si l'administration en a besoin ; avec le régime de la préemption, l'administration peut envisager d'acheter le bien le jour où le propriétaire vendra, mais n'est pas sûre de l'acquérir.

La seule obligation du propriétaire consiste à établir une DIA s'il veut vendre le bien.

B. La déclaration d'intention d'aliéner

252. La déclaration d'intention d'aliéner (DIA) est, pour le propriétaire qui veut vendre son immeuble à un acquéreur, une déclaration préalable obligatoire dès lors que l'immeuble est situé dans une z one soumise au dr oit de pr éemption et n'entre pas dans la catégorie des immeubles exclus (art. L.213-2). Si la vente s'effectuait sans DIA, l'administration aurait la possibilité de demander au tribunal judiciair e du lieu de l 'immeuble, dans les cinq ans, la nullité de cette vente (art. L.213-2 al 8).

Le propriétaire qui souhaite vendre son immeuble remplit un formulaire administratif (Cerfa 10072*02). *Il est conseillé au lecteur de consulter ce formulaire sur le site www.formulaires.service-public.fr*. Le propriétaire précise son identité, mais aussi la situation du bien, ses coordonnées, sa désignation, son usage, son occupation, les modalités de la cession et le prix. L'indication du nom de l'acquéreur intéressé est facultative. La DIA peut être dématérialisée. Le formulaire de DIA est déposé, en quatre exemplaires (art. R.213-5 al 2), à la mairie où est situé le bien (ou env oyé par lettre recommandée avec accusé de r éception), ou adressée par voie électronique en un seul exemplaire (art. R.213-5 al. 3).

Le maire transmet un exemplaire du formulaire de DIA (art. R.213-6) :

- à Paris, Lyon, Marseille, au maire d'arrondissement ;
- au directeur des services fiscaux (il a lui demander d'évaluer le bien) ;
- au titulaire du droit de préemption, si ce n'est pas la commune ;
- au délégataire du droit de préemption, si ce n'est pas la commune.

Si la DIA est incomplète, le maire demande au vendeur de la compléter ; à défaut, il la déclare irrecevable.

C. La décision du titulaire du droit de préemption

253. Le titulaire du droit de préemption – ou son délégataire – dispose d'un délai de deux mois pour prendre sa décision. Le délai part du moment où il a reçu la DIA : dépôt en mairie, réception postale ou accusé de réception par voie électronique (art. L.213-2 et R.213-5).

L'avis de France Domaine doit être requis par l'autorité préemptrice dès lors que la valeur du bien immobilier dépasse 180 000 euros, montant fi é par arrêté ministériel du 5 décembre 2016. En dessous de ce montant, la saisine de France Domaine demeure facultative (Cour administrative d'appel de Nancy, 28 avril 2016, SARL CNF, n° 15NC02343). En revanche, lorsqu'un tel avis est requis, le défaut de saisine du service des Domaines est susceptible d'entraîner l'illégalité de la décision de préemption (Cour administrative d'appel de Versailles, 20 octobre 2016, SARL JL Immobilier, n° 14VE02747). En pratique, l'avis est rendu dans le mois (art. R.213-21).

Le propriétaire a le droit de « *savoir de façon certaine, au terme du délai de deux mois imparti au titulaire du droit de préemption pour en faire éventuellement usage* » s'il peut ou non vendre à l'acquéreur prévu (Conseil d'État, 15 mai 2002, Ville de Paris c/ Association cultuelle des témoins de Jéhovah de Paris, n° 230015, Rec. p. 173 ; 5 décembre 2014, SCI les Rosiers, n° 359769) ; le délai de deux mois ne peut être prorogé par la demande de précisions complémentaires que si la déclaration initiale était incomplète ou entachée dune erreur substantielle portant sur la consistance du bien objet de la vente, son prix ou les conditions de son aliénation (Conseil d'État, 24 juillet 2009, Société Finadev, n° 316158, Rec. T. p. 986).

Avant le terme du délai, le maire a le choix entre trois réponses (R.213-8).

■ **1re réponse possible : le maire ou le délégataire du DPU renonce à préempter.**

Soit il notifie expressément sa position au propriétaire (par lettre), soit il ne répond pas : la renonciation est tacite au bout de deux mois (art. L.213-2 et R.213-7). En conséquence, le vendeur peut alors vendre le bien à l'acquéreur au prix indiqué. La renonciation par une commune d'exercer son droit de préemption pour l'acquisition d'un terrain vaut pour trois ans. La décision de renoncer à l'exercice du DPU constitue un acte administratif qui peut être contesté devant le juge administratif (Cour administrative d'appel de Paris, 17 février 2000, Commune de Gennevilliers, n° 97PA02115).

Si le propriétaire renonce à vendre l'immeuble immédiatement, il pourra le vendre sans formalité pendant trois ans. Passé ce délai, il devra déposer une nouvelle DIA lorsqu'il reprendra un projet de vente de cet immeuble, et le maire pourra faire usage de son droit de préemption (Conseil d'État, 5 juillet 2013, Commune de Fréjus, n° 349664).

■ **2e réponse possible : le maire ou le délégataire du DPU préempte au prix fixé dans la DIA.**

Cette décision n'est possible que s'il s'agit d'une vente sans contrepartie en nature (art. R.213-8). En revanche, s'il s'agit d'une vente de gré à gré avec contrepartie ou d'un échange ou d'une adjudication, la préemption au prix fi é n'est pas possible, car le vendeur pourrait être lésé (art. R.213-9). La décision de préempter peut être partielle : dans le cas d'un immeuble situé partiellement dans un périmètre de préemption, l'administration peut demander à préempter la fraction de l 'unité foncière comprise dans ce périmètr e, mais cette décision donne au propriétaire la faculté d'« *exiger que le titulaire du droit de préemption se porte acquéreur de l'ensemble de l'unité foncière* » (art. L.213-2-1).

La décision de préempter doit être motivée. À cet égard, le maire doit être mesure de pouvoir montrer :

- d'une part, que cette décision est prise dans un but d'aménagement (voir *supra* 249) correspondant à l'objet de la délibération qui avait institué le droit de préemption urbain ;
- d'autre part, que l'achat de l'immeuble est précisément nécessaire à la réalité d'un projet existant à la date de la préemption.

La jurisprudence exige ainsi que la décision de préempter fasse apparaître la « nature » du projet poursuivi (Conseil d'État, 7 mars 2008, Commune de Meung-sur-Loire, n° 288371, Rec. p. 97). Cette obligation a été clair ement rappelée par le Conseil d 'État : « *pour exercer légalement ce droit, les collectivités titulaires du droit de préemption urbain doivent, d'une part, justifier, à la date à laquelle elles l'exercent, de la réalité d'un projet d'action ou d'opération d'aménagement* (...), *alors même que les caractéristiques précises de ce projet n'auraient pas été définies à cette date, et, d'autre part, faire apparaître la nature de ce projet dans la décision de préemption* » (Conseil d'État, 15 juillet 2020, Commune d'Échirolles, n° 432325).

Ainsi, se borner à indiquer dans la décision de préempter que la parcelle convoitée se situe dans un secteur qui « *connaît une pression foncière forte, du fait du développement des transports en commun et de l'existence de friches liées à une activité industrielle déclinante* » sans préciser clairement « *la nature de l'opération ou de l'action d'aménagement poursuivie* » constitue une motivation insuffisante justifian 'annulation de la préemption (Cour administrative d'appel de Lyon, 18 mai 2021, SCI Vikhar, n° 19LY03468). Il en va de même si la décision de préempter se fonde uniquement sur la volonté de « *développer une opération mixte de logements et d'activités valorisant l'intérêt patrimonial de ce bien et répondant aux objectifs de la ville en matière de mixité de l'habitat* », sans faire état dans la délibération d 'un quelconque « *projet d'action ou d'aménagement, même encore imprécis* » (Cour administrative d'appel de Versailles, 14 mars 2019, Société Axibat, n° 17VE01637).

Ont, en revanche, été considérés comme des projets justifiant 'exercice du droit de préemption urbain :

- l'acquisition d'un immeuble pour des fins 'équipement culturel en vue d'y installer une bibliothèque municipale (Conseil d 'État, 10 juin 1991, Commune de S ainte-Marie, n° 100155, Rec. T. p. 1254) ;
- un projet d'extension d'une importante entreprise présente sur la commune (Conseil d'État, 6 février 2006, Commune de Lamotte-Beuvron, n° 266821, Rec. p. 61) ;
- l'installation, dans le cadre d'un village d'entreprises, des ateliers relais et des entreprises en création (Conseil d'État, 6 juin 2012, Société RD Machines-Outils, n° 342328, Rec. p. 241) ;

- le développement d'un programme immobilier comportant des logements, des commerces et des parkings (Cour administrative d'appel de Nantes, 27 avril 2021, Commune de Dreux, n° 20NT00893).

De même, motiver l'exercice du DPU en se référant au programme local de l'habitat est suffisant si la délibération approuvant le PLH « *permet d'identifier la nature de l'action ou de l'opération d'aménagement poursuivie, eu égard notamment aux caractéristiques du bien préempté et au secteur géographique dans lequel il se situe* » (Conseil d'État, 20 novembre 2009, Commune de Noisy-le-Grand, n° 316961, Rec. T. p. 986).

La décision de préempter doit être notifiée au p opriétaire (art. R.213-25) et obligatoirement transmise au préfet pour être exécutoire ; à défaut, la décision serait illégale (Cass. civ . 3e, 8 juin 2006, Doublet c/ Établissement public de la Basse-Seine). En effet, la éception de la décision par le propriétaire intéressé et le préfet dans le délai de deux mois, à la suite respectivement de sa notification et de sa transmission, constitue une condition de la légalité de la décision de préemption (Cour administrative d'appel de Douai, 10 décembre 2019, n° 18DA00847).

Dès que le vendeur a reçu la notification de la décision, il y a vente. En fait, la DIA constitue juridiquement une off e et la notification une acceptation. Ainsi, la ente est « *parfaite* » au sens de l'article 1583 du Code civil : « *La propriété est acquise de droit à l'acheteur [...] dès qu'on est convenu de la chose et du prix, quoique la chose n'ait pas encore été livrée ni le prix payé.* » La cession est ensuite constatée par un acte authentique dr essé dans les trois mois (art. R.213-12). Le prix doit être payé dans les quatre mois (art. L.231-14), et le titulaire du DPU ne peut s'y soustraire en renonçant alors à l'acquisition (Cass. civ. 3e, 2 juin 1999, Cazaux c/ commune d'Alfortville, *Bull. civ. III*, n° 129).

Dans le cadre d'un contentieux, le propriétaire d'un bien ayant fait l'objet d'une décision de préemption a, bien entendu, intérêt pour agir s'il demande l'annulation de la décision (Conseil d'État, 21 mai 2008, Commune de Houilles, n° 296156). La décision de préemption peut également être contestée devant le juge administratif par l'acquéreur évincé (Conseil d'État, 15 mai 2002, Ville de Paris c/ Association cultuelle des témoins de Jéhovah de Paris, n° 230015, Rec. p. 173), mais non par un voisin (Conseil d'État, 22 février 1995, Commune de La Ciotat, n° 136900 et 136901, Rec. T. p. 1082). Le recours formé contre la décision de préempter n'a pas à être notifié au mai e par le requérant, car cette décision n'entre pas dans les décisions relatives à l'utilisation du sol soumises à l'article R.600-1 (Tribunal administratif de Lille, 27 mars 1997, Société Briqueteries du littoral, Rec. T. p. 1134). La demande d'annulation de la décision de préemption formée auprès du tribunal administratif peut être suivie d'une requête en suspension présentée au juge des référés qui, sauf circonstances particulières, admet l'urgence (Conseil d'État, 13 novembre 2002, M. Hourdin, Rec. p. 396 ; 23 juin 2006, Société Actilor, Rec. p. 304).

254. La décision de pr éempter, si elle est annulée, peut engager la r esponsabilité de la commune non seulement à l'égard du vendeur qui n'a pu donner suite à la promesse de vente qu'il avait contractée (Conseil d'État, 15 mai 2006, Commune de F ayet, n° 266495, Rec. p. 250), mais aussi à l'égard de l'acquéreur évincé s'il justifie 'un préjudice direct et certain (Conseil d'État, 17 décembre 2007, Commune de Montreuil, n° 304626, Rec. T. p. 1121).

■ 3e réponse possible : le maire ou le délégataire du DPU propose d'acquérir l'immeuble à un prix inférieur à celui proposé par le propriétaire.

L'administration notifie son offre au vendeur. Le propriétaire dispose alors de deux mois pour prendre une décision et il a trois options (art. R.213-10) :

- soit il renonce finalement à endre (explicitement, ou par son silence pendant deux mois) ;
- soit il accepte le prix proposé par le maire : la vente est parfaite, et aucune des parties ne peut y renoncer ;
- soit il maintient son prix initial : il faut alors que le juge de l'expropriation « tranche ».

Enfin, il faut signaler que le maire qui renonce à préempter ou décide de préempter pour des raisons personnelles commet un délit de prise illégale d'intérêts puni par le juge pénal (Cass. crim., 27 février 2013, n° 12-80.632).

D. L'intervention du juge de l'expropriation

255. Dans les quinze jours qui suivent la réponse du vendeur maintenant son prix initial (art. R.213-11), le maire qui veut continuer la procédure de préemption mais à un prix inférieur doit saisir le juge de l'expropriation (Cass. civ. 3e, 12 juillet 2000, Consorts de Saint-Pern, n° 98-22866). Il doit consigner dans les trois mois une somme représentant 15 % de la valeur du bien estimée par les services fiscaux (a t. L.213-4-1) : cette obligation vise à empêcher la commune d'utiliser les voies judiciaires pour faire traîner la transaction, puis annoncer ultérieurement qu'elle n'a pas les moyens d'acquérir. Ces fonds sont libérés naturellement soit quand il y a acquisition du bien, soit quand il y a r enonciation à la préemption (art. L.213-4-2).

Le juge de l'expropriation n'a pas compétence pour contrôler les motifs de la décision de préemption (Cass. civ. 3e, 16 octobre 1991, *Bull. civ. III*, n° 243).

À défaut d'obtenir un accord amiable entre le propriétaire et le maire, le juge de l'expropriation fi e le prix (art. L.213-4) ; ce prix est exclusif de toute indemnité de réemploi (Cass. civ. 3e, 14 février 1996, *Bull. civ. III*, n° 45). Lorsque la décision du juge devient définiti e (soit parce qu'il y a eu appel et que la cour d'appel a fi é le prix, soit parce qu'il n'y a pas eu appel), s'ouvre alors un nouveau délai de deux mois (art. L.213-7).

Le silence des parties pendant ces deux mois signifie que les deux parties acceptent le jugement : le transfert de propriété s'effectue au prix fi é par le juge. Toutefois, dans la période de silence, l'administration peut renoncer à préempter si elle estime le prix retenu par le juge trop haut. De même, le propriétaire peut renoncer à vendre parce qu'il estime le prix fi é par le juge trop bas.

Schéma récapitulatif

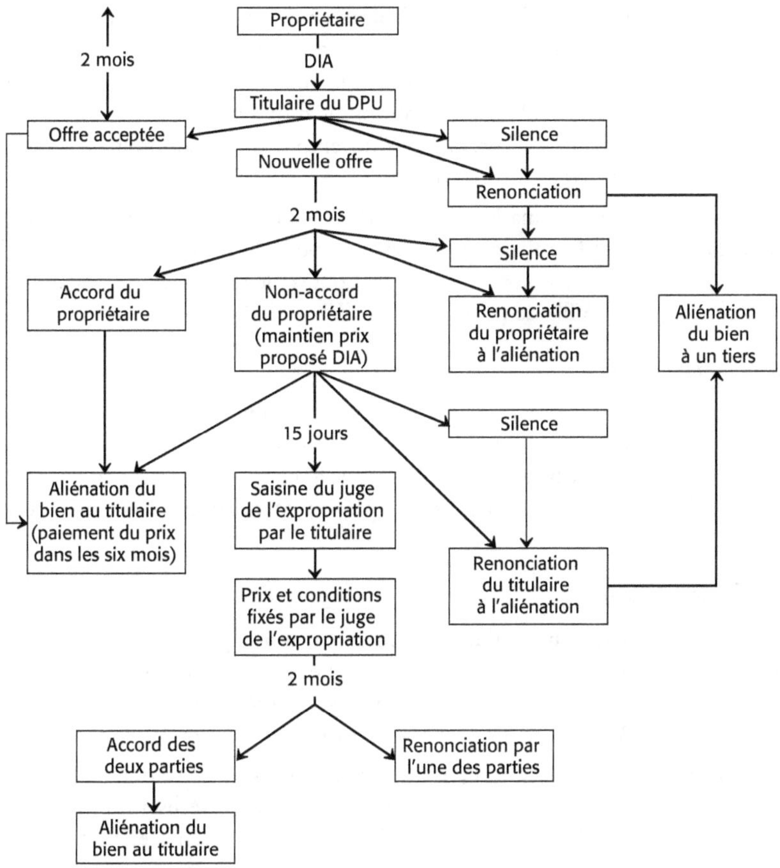

4.3.3 Le régime du bien préempté

A. Le paiement du prix

256. Le prix annoncé dans la DIA ou fi é par le juge doit être réglé dans les six mois. Tant que le prix n'a pas été intégralement payé, le vendeur conserve la jouissance de son bien (art. L.213-15), bien que la commune en soit juridiquement propriétaire en application de l'article 1583 du Code civil (Cour d'appel Paris, 23 novembre 2000, Ville de Paris c/ Chevrier).

Si l'administration ne règle pas le prix, deux procédures peuvent être déclenchées par le vendeur :

- la procédure de droit commun du privilège du vendeur (art. 2103, 1° du Code civil). Celui-ci doit donc être payé en priorité et peut demander des intéêts moratoires devant le juge judiciaire ;
- la procédure spécifique à la p éemption. Si, dans les quatre mois, le vendeur n'est pas payé, il peut exiger la rétrocession de son bien (Cass. civ. 3ᵉ, 8 décembre 1999, Commune de Signy-le-Petit, *Bull. civ. III*, n° 239) et peut alors décider de le vendre « *librement* » (art. L.213-14 ; Conseil d'État, 29 juin 2020, SCI Les Eaux douces, n° 435502).

Une commune ne peut se prévaloir d'une réticence dolosive ni de l'existence d'un vice caché pour refuser de payer un immeuble au motif, par exemple, qu'elle a découvert que le terrain était pollué alors que l'acquéreur initial avait été informé de cette pollution par un rapport annexé à l'acte sous seing privé de vente, qu'aucune obligation n'imposait au vendeur d'annexer ce « compromis » à la DIA et que la commune disposait de services spécialisés et de l'assistance des services de l'État (Cass. civ. 3e, 7 novembre 2012, Commune d'Amiens c/ SCI 227 rue d'Abbeville, *Bull. civ. III*, n° 165).

Enfin, la procédure existant en matière d'expropriation (art. L.323-4 du Code de l'expropriation) – qui consiste, si l'indemnité n'est pas payée au bout d'un an, à saisir le juge de l'expropriation afin q 'il fi e un nouveau prix – n'est pas applicable en matière de préemption (Cass. civ. 3e, 24 octobre 1990, Ville de Paris, *Bull. civ. III*, n° 209).

B. L'information du public

257. Dans chaque commune est ouvert un registre sur lequel doivent être inscrits tous les biens préemptés. Ce registre, qui indique l'utilisation effecti e de ces biens (art. L.213-13), peut être consulté par le public en mairie. De plus, le maire doit rendre compte au conseil municipal, si celui-ci lui a donné délégation de préempter, des décisions de préemption qu'il a prises.

C. La rétrocession du bien

Lorsque le bien a été pay é, mais n'est finalement pas utilisé pour le motif pour lequel la commune l'avait préempté, l'ancien propriétaire, s'il estime subir un préjudice, a le droit de saisir le tribunal judiciaire d'une action en dommages-intérêts contre le titulaire du droit de préemption (art. L.213-12) pendant cinq ans à partir de la mention sur le registre.

Ainsi, lorsque, dans les cinq ans qui suivent l'acquisition, l'administration décide de changer l'utilisation initialement prévue du bien (terrain préempté pour réaliser un cimetière et fin - lement dédié à un programme d'habitations : Cass. civ. 3e, 15 décembre 1999, commune des Lilas, *Bull. civ. III*, n° 239) ou de l'aliéner, elle doit en informer l'ancien propriétaire (ou ses ayants droit). Elle doit même, si l'ancien propriétaire a changé de domicile, essayer de le retrouver et lui proposer de recouvrer son bien pour lequel elle fait une offe de prix. L'ancien propriétaire peut alors décider, dans les deux mois, soit d'acheter, soit de refuser, soit de discuter le prix et de saisir le juge : dans ce cas, recommence en fait la même procédure (art. R.213-16). Si l'administration « oublie » d'informer l'ancien propriétaire, elle peut être condamnée à lui payer une somme représentant la diffé ence entre le prix de revente du terrain et le prix payé lors de la préemption (Cass. civ. 3e, 15 décembre 1999, Commune des Lilas c/ Milosavljevic, *Bull. civ. III*, n° 249).

En tous cas, si l'ancien propriétaire renonce à acheter, l'administration doit alors se tourner vers l'acquéreur évincé, celui auquel l'ancien propriétaire avait eu l'intention de vendre (si son nom était mentionné dans la DIA). L'ex-acquéreur évincé à son tour accepte, refuse ou peut saisir le juge (art. R.213-19).

258. L'administration est également invitée à faire preuve de prudence en cas de recours formé devant le juge administratif contre la décision de préempter : si celle-ci vient à être annulée, il faut considérer que le titulaire du DPU n'a jamais pu décider de préempter. Il revient en principe à la collectivité de se séparer du bien. Deux situations peuvent alors se présenter :

- **le transfert de propriété a déjà eu lieu :** le titulaire du DPU doit s'abstenir de revendre le bien à un tiers ; il devra proposer à l'acquéreur évincé et, s'il n'est plus intéressé, au propriétaire initial d'acquérir le bien « *à un prix visant à rétablir autant que possible, et sans enrichissement sans cause de l'une quelconque des parties, les conditions de la transaction* à *laquelle l'exercice du droit de préemption a fait obstacle* » (Conseil d'État, 26 février 2003, Association des contribuables de Clair efontaine-en-Yvelines, n° 231558, Rec. p. 59 ; 29 décembre 2004, SCI D esjardins KB, n° 259855, Rec. T. p. 839) ; un locatair e de l'immeuble préempté ne peut demander à bénéficier de ce d oit (Conseil d'État, 28 avril 2004, Union européenne pour la création des mosquées, n° 249430, Rec. T. p. 828) ; le bien peut d'ailleurs être rétrocédé à l'acquéreur évincé même si son nom ne figu e pas dans la DIA (Conseil d'État, 28 septembre 2020, Commune de Montagny-lès-Beaune, n° 432063). Cependant, l'intérêt général peut justifier que la personne publique conse ve la propriété du bien qu'elle a acquis au terme d'une procédure irrégulière : « *Il appartient au juge administratif, saisi, sur le fondement des articles L.911-1 et suivants du Code de justice administrative, de conclusions tendant à ce qu'il enjoigne au titulaire du droit de préemption de proposer l'acquisition d'un bien illégalement préempté à son ancien propriétaire puis, le cas échéant, à l'acquéreur évincé, de vérifier si, au regard de l'ensemble des intérêts en présence, la cession du bien ne porterait pas une atteinte excessive à l'intérêt général* » (Conseil d'État, 28 septembre 2020, Commune de Montagny-lès-Beaune, n° 432063).

À titre d'exemple, la revente d'un bien à une société r equérante, « *qui remettrait en cause la vocation sociale des logements créés, porterait à l'intérêt général une atteinte excessive qui ne serait pas justifiée par l'intérêt qui s'attache à la disparition des effets de la décision annulée* » (Conseil d'État, 28 septembre 2020, Ville de Paris, n° 436978). De même, dans le cas de l'annulation d'une décision de pr éemption au titr e des espaces natur els sensibles, le juge administratif considère qu'il convient d'assurer « *une conciliation équilibrée entre la recherche de l'effectivité du recours pour excès de pouvoir et l'objectif d'intérêt général de préservation des espaces naturels sensibles poursuivi par les dispositions critiquées* » (Conseil d 'État, 28 septembre 2020, Département de la Loire-Atlantique n° 430951).

Exemple

Chiffrage de la proposition faite à l'acquéreur évincé

« Considérant que le prix auquel la collectivité est tenue, le cas échéant, de proposer la cession du bien à l'acquéreur évincé doit, sur la base du prix mentionné dans la déclaration d'intention d'aliéner adressée au titulaire du droit de préemption, d'une part, et s'il y a lieu, être majoré du coût des travaux indispensables à la conservation du bien que la collectivité publique a supportés et de la variation de la valeur vénale du bien consécutive aux travaux utiles d'amélioration ou de démolition réalisés par la collectivité publique à la suite de la préemption litigieuse et, d'autre part, en cas de dégradation du bien, être diminué des dépenses que l'acquéreur devrait exposer pour remettre le bien dans l'état dans lequel il se trouvait initialement ; qu'en revanche, il n'y a pas lieu de tenir compte, dans la fixation de ce prix, des facteurs étrangers à la consistance et à l'état du bien qui ont modifié sa valeur vénale, notamment la modification des règles d'urbanisme qui lui sont applicables et les évolutions du marché immobilier postérieures à la décision de préemption ;

Considérant qu'en application des principes susmentionnés et en l'absence de toute atteinte excessive à l'intérêt général, de toute cession dudit bien par la commune à un tiers et de toute transaction intervenue entre les parties, il y a lieu d'enjoindre à la commune de Dormans de proposer à M. Taillet d'acquérir le bien illégalement préempté et dont elle est encore propriétaire, à un prix de 99 091,66 euros, augmenté des frais de négociation et de non-adjudication à hauteur de 15 289,45 euros, duquel doit être soustrait un montant de 95 134,43 euros correspondant aux frais de remise en état des dégradations causées à ce bien dont la commune ne conteste ni le principe ni le montant, soit un prix fixé à 19 246,68 euros (...). »

Source : Cour administrative d'appel de Nancy, 10 juin 2013, Taillet, n° 12NC01491 ;

- **le transfert de propriété n'a pas eu lieu :** le titulaire du DPU ne peut exercer à nouveau le DPU sur le même bien pendant l 'année qui suit la décision juridictionnelle dev enue définiti e (art. L.213-8 al 5) : le propriétaire peut donc vendre le bien au prix qu'il souhaite.

D'une manière générale, l'illégalité d'une décision de préemption est susceptible d'engager la responsabilité de la collectivité titulaire du droit de préemption (Cour administrative d'appel de Nantes, 27 juillet 2016, Commune de Dreux, n° 15NT01545). En outre, la responsabilité sans faute de la commune peut êtr e retenue du fait des décisions légales de pr éemption puis de renonciation à l'exercice de ce droit (Conseil d'État, 13 juin 2022, Société Immotour, n° 437160).

PARTIE 3

L'urbanisme opérationnel

259. L'urbanisme opérationnel traduit le souhait d'une collectivité publique d'engager une véritable démarche de réflexion et d'anticipation visant à mettre en œuvre une politique volontariste dans le développement de son territoire. Au lieu de procéder au *« coup par coup »* – par exemple, en contrôlant l'implantation d'un immeuble à l'occasion de l'instruction d'une demande de permis de construire, ou en préemptant un immeuble –, la collectivité choisit une approche globale qui prépare le moyen ou le long terme. Dans ce cadre, les actions et les opérations d'aménagement envisagées doivent pleinement intégrer des objectifs de développement durable, accrus par la loi « Climat et résilience » du 22 août 2021.

L'urbanisme opérationnel a un objet précis, suit une méthode, mobilise des spécialistes et des moyens.

Les différents objets de l'urbanisme opérationnel sont précisés à l'article L.300-1 du Code de l'urbanisme. Ainsi, les actions et les opérations d'aménagement ont pour objet :

- de mettre en œuvre un projet urbain ou une politique locale de l'habitat ;
- d'organiser la mutation, le maintien, l'extension ou l'accueil des activités économiques ;
- de favoriser le développement des loisirs et du tourisme ;
- de réaliser des équipements collectifs ou des locaux de recherche ou d'enseignement supérieur ;
- de lutter contre l'insalubrité et l'habitat indigne ou dangereux ;
- de permettre le renouvellement urbain ;
- de sauvegarder ou de mettre en valeur le patrimoine bâti ou non bâti et les espaces naturels, notamment en recherchant l'optimisation de l'utilisation des espaces urbanisés et à urbaniser.

En pratique, nombre de ces projets sont soumis à une évaluation environnementale (art. L.122-1 du Code de l'environnement). Cette évaluation comporte, pour certains projets, une *« étude de faisabilité sur le potentiel de développement en énergies renouvelables de la zone, en particulier sur l'opportunité de la création ou du raccordement à un réseau de chaleur ou de froid ayant recours aux énergies renouvelables et de récupération »* ou encore des études d'*« optimisation de la densité des constructions dans la zone concernée, en tenant compte de la qualité urbaine ainsi que de la préservation et de la restauration de la biodiversité et de la nature en ville »* (art. L.300-1-1).

Ensuite, l'urbanisme opérationnel obéit à **une méthode.** Celle-ci est guidée par le souci de concertation et de par ticipation. Doivent ainsi faire l'objet d'une concertation « *associant, pendant toute la durée de l'élaboration du projet, les habitants, les associations locales et les autres personnes concernées* », tous les « *projets et opérations d'aménagement ou de construction ayant pour effet de modifier de façon substantielle le cadre de vie, notamment ceux susceptibles d'affecter l'environnement* » (art. L.103-2). Pour les autres projets, la concertation, bien que non obligatoire, reste préconisée (art. L.300-2). À l'issue des opérations de concer tation, la collectivité publique doit établir « *le bilan de la concertation* », lequel doit être transmis au maître d'ouvrage. Il reviendra ensuite à ce dernier d'expliquer « *comment il a pris en compte les observations et propositions ressortant du bilan* » (art. R.300-1 al 3).

En toute logique, et afin de lui conférer un effet utile, la concertation doit être organisée « *avant que le projet ne soit arrêté dans sa nature et ses options essentielles et que ne soient pris les actes conduisant à la réalisation effective de l'opération, au nombre desquels figurent notamment les marchés de maîtrise d'œuvre des travaux, les déclarations d'utilité publique et les décisions arrêtant le dossier définitif du projet* » (Conseil d'État, Section, *Association Aquitaine Alternatives*, 6 mai 1996, Rec. p. 144). La concertation vise ainsi, pour reprendre les termes du Cerema, à « *associer à le plus tôt possible les habitants, les associations locales, ainsi que les autres personnes concernées, à l'élaboration de certains projets d'aménagement et de construction et de documents d'urbanisme* ».

Certaines opérations donnent lieu à concertation obligatoire (art. L.103-2). Il en va ainsi :

- de l'élaboration et de la révision du SCoT et du PLU, mais également de leur modification et de leur mise en compatibilité lorsqu 'elles sont soumises à év aluation environnementale ;
- de l'élaboration et de la r évision de la car te communale, soumises à év aluation environnementale ;
- de la création d'une zone d'aménagement concerté (ZAC) ;
- des projets et opérations d'aménagement ou de construction ayant pour effet de modifie de façon substantielle le cadre de vie, notamment ceux susceptibles d'affecter l'environnement ou l'activité économique, dont la liste est arrêtée par décret en Conseil d'État ;
- des projets de renouvellement urbain.

La liste des opérations d'aménagement soumises à concertation obligatoire est fi ée par l'article R.103-1 du Code de l'urbanisme. Sont ainsi visées :

- les opération ayant pour objet, dans une commune non dotée d 'un PLU ou d'un document d'urbanisme en tenant lieu, la création de plus de 5 000 mètres carrés de surface de plancher ou la restauration d'un ensemble de bâtiments ayant au moins cette surface ;
- la réalisation d'un investissement routier dans une partie urbanisée d'une commune d'un montant supérieur à 1 900 000 euros, et conduisant à la création de nouveaux ouvrages ou à la modification 'assiette d'ouvrages existants ;
- la transformation d'une voie existante en aire piétonne d'une superficie supérieu e à 3 000 mètres carrés ou suppression d'une aire piétonne d'une même superficie ;
- la création d'une gare ferroviaire ou routière de voyageurs, de marchandises ou de transit ou l'extension de son emprise, lorsque le montant des travaux dépasse 1 900 000 euros ;
- les travaux de modification de gabarit, de détournement ou de cou erture de cours d'eau dans une par tie urbanisée d 'une commune, lorsque le montant des trav aux dépasse 1 900 000 euros ;

- les travaux de construction ou d'extension d'infrastructures portuaires des ports fluviaux ou du secteur fluvial 'un grand port fluvio-maritime situées dans une pa tie urbanisée d'une commune, lorsque le montant de ces travaux dépasse 1 900 000 euros, ainsi que la création d'un port fluvial de plaisance 'une capacité d'accueil supérieure à 150 places ou l'extension d'un port de plaisance portant sur au moins 150 places ;
- dans une partie urbanisée d'une commune, la création d'un port maritime de commerce, de pêche ou de plaisance, travaux d'extension de la surface des plans d'eau abrités des ports maritimes de commerce ou de pêche d'un montant supérieur à 1 900 000 euros, ainsi que travaux ayant pour effet 'accroître de plus de 10 % la surface du plan d'eau abrité des ports maritimes de plaisance ;
- les ouvrages et travaux sur une emprise de plus de 2 000 mètres carrés réalisés sur une partie de rivage, de lais ou relais de la mer située en dehors des ports et au droit d'une partie urbanisée d'une commune.

L'intégration de la concertation avec le public dans les opérations d'aménagement résulte en grande partie des recommandations du droit international et des exigences du droit communautaire. Ainsi, la convention d'Aarhus du 25 juin 1998 sur l'accès à l'information et la participation du public en matière d'environnement, signée par trente-neuf États et entrée en vigueur en France le 6 octobre 2002, a engagé ces États à garantir les droits des citoyens en matière « *d'accès à l'information sur l'environnement, de participation du public au processus décisionnel et d'accès à la justice en matière d'environnement* » (article 1er de la Convention). Les décisions administratives doivent être compatibles avec ces stipulations (Conseil d 'État, Assemblée, 12 avril 2013, Association Coordination interrégionale stop THT et autres, à paraître n° 342409). Surtout, aux termes de l'article 7 de la Charte de l'environnement de 2004, incorporée à notre Constitution par la loi constitutionnelle du 1er mars 2005, « *toute personne a le droit, dans les conditions et les limites définies par la loi, d'accéder aux informations relatives à l'environnement détenues par les autorités publiques et de participer à l'élaboration des décisions publiques ayant une incidence sur l'environnement* ».

Enfin, en dehors des situations prévues par le Code de l 'urbanisme rendant obligatoire la concertation, notons que le Code général des collectivités territoriales (CGCT) prévoit deux autres outils de nature à faire pleinement participer la population aux décisions locales : la consultation locale (art. L.1112-15 du CGCT) et le référendum local (art. LO.1112-1 du CGCT). Non seulement ces deux outils peuvent être utilisés par les communes (voire par les intercommunalités, s'agissant de la consultation ; art. L.5211-49 du CGCT), mais en outre ils peuvent concerner des projets d'aménagement dès lors qu'ils portent sur une affai e relevant de la compétence de la collectivité. O nt ainsi pu êtr e été valablement organisées des consultations portant sur l'implantation d'un commerce (à Grignan dans la Drôme), le choix architectural d'un château d 'eau (à Saint-Lys en Haute-Garonne), l'exploitation d'une gravière (à Fraimbois en Meurthe-et-Moselle), l'implantation d'éoliennes (à Domptail-en-l'Air et Haussonville en Meurthe-et-Moselle) ou encore un projet d'assainissement (à Clos-Fontaine en Seine-et-Marne). Désireux d'encourager ce processus, le législateur, par l'article 14 de la loi « 3DS » du 21 février 2022 (art. L.1112-6 du CGCT), a élargi la possibilité de demander l'organisation d'une consultation locale à l 'initiative d'un dixième des électeurs d'une commune (contre un cinquième auparavant).

260. L'urbanisme opérationnel mobilise **des spécialistes**, les aménageurs, que l 'on peut regrouper en plusieurs catégories :

- les collectivités territoriales elles-mêmes (régions, départements et communes) : il faut souligner à cet égard le rôle croissant des régions, qui ont pour mission de « *contribuer au développement économique, social et culturel* » (art. L.4211-1 du Code général des collectivités territoriales), en particulier au travers de « *la réalisation d'équipements collectifs présentant un intérêt régional direct* », et de leurs organismes d 'études (Institut Paris Région, anciennement IAURIF, en région Île-de-France, par exemple) ;
- les établissements publics de coopération intercommunale (EPCI) à fiscalité propre (communautés de communes, communautés d 'agglomération, communautés urbaines, métropoles), en par ticulier depuis la loi NO TRe du 7 août 2015 et la loi EL AN du 23 novembre 2018 (avec les contrats de projet partenarial d'aménagement) ;
- les associations foncières urbaines (AFU), associations syndicales de pr opriétaires créées notamment (art. L.322-2) pour le remembrement de parcelles, la construction, l'entretien et la gestion d'ouvrages d'intérêt collectif (voirie, aires de stationnement, espaces verts...), la mise en valeur des sites patrimoniaux remarquables ;
- les sociétés d'économie mixte locales : créées par le décr et-loi Poincaré du 5 novembre 1926, aujourd'hui régies par le Code général des collectivités territoriales (art. L.1521-1 à L.1525-3 du CGCT), ce sont des sociétés anonymes dont le capital social – détenu par les collectivités locales à hauteur de 50 à 85 % – est supérieur ou égal à 150 000 euros pour celles d'entre elles qui ont pour objet l'aménagement (art. L.1522-3 du CGCT) ;
- les sociétés publiques locales d'aménagement : l'article 3 de la loi n° 2010-559 du 28 mai 2010 pour le développement des sociétés publiques locales permet aux collectivités territoriales de créer des SPLA pour « *réaliser des opérations d'aménagement* » et des « *opérations de construction* ». Leur particularité résulte de ce que la totalité de leur capital est détenue par les collectivités et leurs groupements (art. L.1531-1 du CGCT) ;
- les établissements publics d'aménagement (EPA), créés par décret en Conseil d'État afin de « *favoriser l'aménagement et le développement durable de territoires présentant un caractère d'intérêt national* » (art. L.321-14), et les établissements publics fonciers et d'aménagement (EFPA). On en dénombre aujourd'hui quatorze (onze EPA et trois EFPA), ayant en charge la réalisation des villes nouv elles (Marne-la-Vallée, Sénart, L'Isle-d'Abeau...) ou de programmes complexes (Village des A thlètes à S aint-Denis, ZAC Garonne-Eiffel à Bordeaux, ZAC du quar tier de l'École polytechnique à S aclay...). Les EPA conduisent ainsi aujourd'hui 244 opérations d 'aménagement visant à r enforcer le dév eloppement économique et résidentiel des territoir es « *dans un objectif d'équilibre emploi/logement et d'aménagement durable de la ville* », selon la Direction de l'habitat, de l'urbanisme et des paysages (DHUP) du ministère chargé du logement.

L'urbanisme opérationnel nécessite évidemment la mobilisation de **moyens financiers** :

- le ministère chargé du logement dispose de crédits d'intervention. La loi de finances pour 2022 a ainsi prévu, au titre du programme 135 « Urbanisme, territoires et amélioration de l'habitat », une enveloppe de plus de 531 millions d'euros en autorisations d'engagement et en crédits de paiement, dont 246 millions d'euros pour l'urbanisme et l'aménagement, 17,5 millions d 'euros pour la construction locative et l 'amélioration du parc, et 15,5 millions d'euros pour la lutte contr e l'habitat indigne. Dans le cadr e du plan de relance post-Covid, un fonds a été mis en place pour financer les opérations de ecyclage des friches urbaines et industrielles dans le cadr e de projets d'aménagement urbain, de revitalisation des centr es-villes et de r elocalisation des activités. I nitialement doté de 300 millions d'euros, il a été abondé de 350 millions supplémentaires ;

- s'agissant, en particulier, des villes moyennes, le gouvernement a impulsé le programme « Action Cœur de ville » (ACV). Doté d'un budget de 5 milliards d'euros sur cinq ans (2018-2022), ce programme vise notamment à finance , dans 222 villes, des opérations de réhabilitation et de restructuration de l'habitat ancien et de constructions neuves. Il devrait être prolongé jusqu'à la fin du mandat des conseils municipaux, en 2026 ;
- les collectivités peuvent exiger une participation financiè e des constructeurs (art. L.332-6) ; elles ont l'obligation d'inscrire sur un registre, tenu à la disposition du public, toutes les contributions.

Enfin, et surtout, l'urbanisme opérationnel ne saurait s'abstraire de la politique d'urbanisme définie au niveau intercommunal : les opérations foncières et les opérations d'aménagement doivent être compatibles avec le document d'orientation et d'objectifs des schémas de cohérence territoriale (art. L.142-1). En outre, l'incitation à l'élaboration de plans locaux d'urbanisme intercommunaux (PLUi) depuis la loi « SRU » du 13 décembre 2000 (voir *supra* 50) et le transfert progressif de compétences stratégiques au profit de l'échelon intercommunal (aménagement de l'espace, logement, développement économique…) incitent désormais ce dernier à jouer pleinement sa partition en matière d'aménagement urbain et d'urbanisme opérationnel.

Nous étudierons, dans la troisième et dernière partie de cet ouvrage, les procédures d'acquisition foncière (chapitre 5) et les opérations d'aménagement (chapitre 6).

CHAPITRE 5

Les procédures d'acquisition foncière

261. L'acquisition foncière suppose un objectif, des moyens et de la volonté.

En premier lieu, l'objectif est l'aménagement, au sens de l'article L.300-1 (voir *supra* 259). Mais les perspectives de cet aménagement peuvent être assez générales : les réserves foncières permettent ainsi notamment de geler des terrains « *en vue de permettre la réalisation d'une action ou d'une opération d'aménagement* » (art. L.221-1) qui peut être assez éloignée dans le temps.

En deuxième lieu, les moyens sont financiers. Vouloir acquérir des terrains suppose, en effet, d'être en capacité de les acheter avant de pouvoir éventuellement les revendre. L'État peut à cet effet c éer des établissements publics fonciers qui « *peuvent agir par voie d'expropriation et exercer les droits de préemption et de priorité définis dans le Code de l'urbanisme* » (art. L.321-4 al 1). En région Île-de-France, un établissement public de l'État spécifique baptisé « Grand Paris Aménagement » (art. L.321-9) est en charge des actions et des opérations d'aménagement réalisées pour son compte, ou pour celui de l'État, de collectivités territoriales, d'établissements publics ou de personnes publiques ou privées y ayant vocation (art. L.321-29 I 2°). Dans le cadre de ses missions, cet établissement public peut, plus précisément, « *agir par voie d'expropriation et exercer les droits de préemption et de priorité* » (art. L.321-31). Les établissements publics fonciers locaux (v oir *supra* 260) sont également compétents pour r éaliser « *toute acquisition foncière ou immobilière en vue de la constitution de réserves foncières* » (art. L.324-1). De même, les sociétés publiques locales d'aménagement peuvent « *procéder à toute acquisition et cession d'immeubles* » en vue de la réalisation d'opérations d'aménagement (art L.327-1).

En troisième et dernier lieu, la politique d'acquisition foncière suppose une volonté. Certes, l'accord amiable avec les propriétaires apparaît comme la meilleure solution. Mais les collectivités publiques disposent principalement de deux procédures pour mettre en œuvre cette politique : d'une part, l'expropriation pour cause d'utilité publique (5.1) et, d'autre part, la préemption (5.2) utilisée dans le cadre des zones d'aménagement diffé é. Ces deux procédures se conjuguent dans la politique de protection des espaces agricoles et naturels périurbains (5.3).

5.1 L'expropriation

262. Étymologiquement (du latin *ex proprius*), « exproprier » signifie « enlever la propriété ». Aux termes de l'article 17 de la Déclaration des droits de l'homme de 1789, « *la propriété* étant *un droit inviolable et sacré, nul ne peut en être privé, si ce n'est lorsque la nécessité publique, légalement constatée, l'exige évidemment et sous la condition d'une juste et préalable indemnité* ».

Deux siècles après cette déclaration, le Conseil constitutionnel, par sa décision n° 89-256, du 25 juillet 1989, a énoncé quatre conditions pour qu'un régime législatif d'expropriation soit conforme à la Constitution :

- l'utilité publique doit être réelle ;
- le versement d'une indemnité au propriétaire doit être effectué a ant la prise de possession par la puissance publique ;
- l'indemnité doit être juste, c'est-à-dire couvrir l'intégralité du préjudice direct, matériel et certain ;
- l'exproprié doit pouvoir recourir à un juge s'il est en désaccord sur le montant de l'indemnité proposée.

C'est en rappelant ces exigences que le Conseil constitutionnel a déclaré les anciennes dispositions des articles L.15-1 et L.15-2 du Code de l'expropriation pour cause d'utilité publique contraires à la Constitution (décision n° 2012-226 QPC, 6 avril 2012) et contraint le législateur à les récrire. Le Code de l'expropriation, qui a ainsi consécutivement fait l'objet d'une nouvelle codification au 1er janvier 2015, a fait l'objet d'autres modifications substantielles depuis.

Aujourd'hui, le Code de l'expropriation pour cause d'utilité publique pose un principe clair en son article L.1 : « *L'expropriation, en tout ou partie, d'immeubles ou de droits réels immobiliers ne peut être prononcée qu'à la condition qu'elle réponde à une utilité publique préalablement et formellement constatée à la suite d'une enquête et qu'il ait été procédé, contradictoirement, à la détermination des parcelles à exproprier ainsi qu'à la recherche des propriétaires, des titulaires de droits réels et des autres personnes intéressées* ». Et il ajoute que l'expropriation « *donne lieu à une juste et préalable indemnité* » (art. L.1, al. 2 du Code de l'expropriation).

5.1.1 Les conditions de l'expropriation

A. L'autorité compétente

L'État seul a le pouvoir de décider d'autoriser l'expropriation, le Code de l'expropriation prévoyant à cet égard que « *l'utilité publique est déclarée par l'autorité compétente de l'État* » (art. L.121-1 du Code de l'expropriation).

En Outre-Mer, ces dispositions s'appliquent à la Guadeloupe, à la Guyane, à la Martinique ainsi qu'à La Réunion. Elles s'appliquent avec de légères adaptations au Département de Mayotte (art. L.611-1 du Code de l'expropriation), à Saint-Barthélemy (art. L.621-1 du Code de l'expropriation) et à Saint-Martin (art. L.631-1 du Code de l'expropriation). Certaines dispositions du Code de l'expropriation s'appliquent à Saint-Pierre-et-Miquelon (art. L.641-1 à L.641-6 du Code de l'expropriation).

B. Les types de biens concernés

263. Par définition, 'expropriation concerne un immeuble ou un dr oit réel immobilier. En pratique, l'Etat peut ainsi exproprier un terrain (nu ou bâti) ou un immeuble par destination. À noter que l'expropriation d'un lot de copropriété doit également porter sur la quote-part des parties communes (Cass. civ. 3e, 31 janvier 2007, Société Maia c/ Ville de Paris, *Bull. civ. III*, n° 14 ; Cass. civ. 3e, 10 juillet 2021, Syndicat des copropriétaires, n° 10-28.753). On peut également exproprier un sous-sol, que l'on appelle juridiquement « tréfond » (Cass. civ. 3e, 16 janvier 1970, *Bull. civ. III*, n° 43 ; Cass. civ. 3e , 6 décembre 2018, n° 17-24.312 à propos de tréfonds expropriés dans le cadr e d'un projet de ligne de métr o), mais également la propriété du sur-sol (par exemple, pour construire un viaduc ou un pont : Tribunal administratif de Bordeaux, 4 mai 2016, Association Trans'CUB, n° 1402012 ; Conseil d'État, 28 juin 2021, Département des Alpes-Maritimes, Ministre de la Cohésion des territoies et Commune de Grasse, n° 434150, 434327 et 434409). On peut encore exproprier un simple droit réel immobilier (par exemple, un usufruit, une servitude, un droit d'emphytéose, ou la propriété d'un droit d'eau : Cass. civ. 3e, 10 juin 1981, M. Bernèze, *Bull. civ. III*, n° 116 ; Conseil d'État, 29 juillet 1994, Commune d'Auris-en-Oisans et autres, n° 111650, Rec. T. p. 983, Conseil d'État, 30 décembre 2020, Commune de Louvie-Juzon, n° 426098).

S'agissant des collectivités publiques, les immeubles appartenant à leur domaine privé peuvent être expropriés *« de la même façon que s'ils appartenaient à un particulier »* (Conseil d'État, 8 août 1990, Ministre de l'Urbanisme, du Logement et des Transports, n° 66644). Il en va, en revanche, diffé emment s'agissant des immeubles appar tenant au domaine public. E n effet, ces derniers ne peuvent faire l'objet d'une expropriation dans la mesure où le domaine public est, par nature, inaliénable (Conseil d'État, 20 février 1981, Association pour la protection du site du Vieux Pornichet, n° 06152, Rec. p. 94). Dans une telle situation, il est donc nécessaire de procéder au déclassement d'un tel immeuble préalablement à toute procédure d'expropriation (Conseil d'État, 9 novembre 1979, Ministre de l'Agriculture et Société d'aménagement de la Côte de Monts, n° 04428 et 04548, Rec. p. 406). Cette procédure de déclassement fait l'objet des articles L.2141-1 et suivants du Code général de la propriété des personnes publiques.

Enfin, s'il s'agit d'un *« immeuble sans maître »* au sens de l'article 539 du Code civil, il n'est pas utile d'avoir recours à l'expropriation. En ce cas en effet, le mai e, après avoir effectué certaines formalités de publicité, peut demander au conseil municipal d 'incorporer le bien immobilier au domaine communal (ar t. L.1123-3 du Code général de la pr opriété des personnes publiques). Cette procédure est à distinguer du régime applicable aux biens « en état d'abandon manifeste » prévue par les ar ticles L.2243-1 et suivants du Code général des collectivités territoriales (CGCT). En application de ces ar ticles, le maire peut engager une procédure de déclaration de parcelle en état d'abandon manifeste lorsque, dans sa commune, des immeubles, parties d'immeubles, voies privées assorties d'une servitude de passage public, installations et terrains sans occupant à titre habituel ne sont manifestement plus entretenus (voir *infra* 266).

C. Le bénéficiaire

Le bénéficiai e d'une expropriation peut être :

- l'État ;
- une collectivité territoriale : une région, un département ou une commune (Cour administrative d'appel de Lyon, 26 novembre 1996, Bouchet, n° 94LY01377, Rec. T. p. 949) ;

- un établissement public de coopération inter communale (Conseil d'État, 21 mai 2014, Communauté d'agglomération de Montpellier, n° 354804) ;
- une caisse primaire ou régionale de la Sécurité sociale (Conseil d'État, 17 janvier 1973, Ancelle, n° 74821, Rec. p. 38) ;
- un concessionnaire de travaux publics, de mines ou de transport d'énergie ; à cet égard, la loi n° 2018-727 du 10 août 2018 pour un État au service d'une société de confiance a notamment prévu une extension du régime de l'article L.522-1 du Code de l'expropriation aux *« ouvrages des réseaux publics d'électricité »* ;
- un établissement public (par exemple, le Conservatoire de l'espace littoral et des rivages lacustres ; art. R.322-4 du Code de l'environnement) ;
- un établissement public foncier local, après avis favorable de la commune (art L.324-1, alinéa 4 ; voir Conseil d'État, 27 janvier 2021, Établissement public foncier de la Vendée et Commune du Poiré-sur-Vie, n° 437237) ;
- un établissement public d'aménagement (notamment dans les villes nouvelles) ou une société d'économie mixte locale chargée d'aménagement (voir *supra* 260).

D. L'utilité publique

264. La justification de 'expropriation réside dans l'utilité publique du projet, que le Conseil d'État a ainsi caractérisée : « *Une opération ne peut* être *déclarée d'utilité publique que si les atteintes à la propriété privée, le coût financier et éventuellement les inconvénients d'ordre social qu'elle comporte ne sont pas excessifs eu égard à l'intérêt qu'elle présente* » (Conseil d'État, Assemblée, Ville Nouvelle Est, 28 mai 1971, n° 78825, Rec. p. 409).

L'autorité administrative doit donc, pour savoir si un projet présente une utilité publique, dresser un bilan « coûts/avantages » de l'opération projetée (théorie de la balance), puisque le juge, s'il est saisi, le fera. La démarche à suivre dans ce cadre a été clairement rappelée à l'occasion du contentieux relatif au projet d'aéroport Notre-Dame-des-Landes : *« Il appartient au juge administratif, lorsqu'est contestée devant lui l'utilité publique d'une telle opération, de vérifier successivement que celle-ci répond à une finalité d'intérêt général, que l'expropriant n'est pas en mesure de la réaliser dans des conditions équivalentes sans recourir à l'expropriation, notamment en utilisant des biens se trouvant dans son patrimoine et, enfin, que les atteintes à la propriété privée, le coût financier et, le cas échéant, les inconvénients d'ordre social ou économique que comporte l'opération ne sont pas excessifs eu égard à l'intérêt qu'elle présente »* (Conseil d'État, 17 octobre 2013, Collectif des élus qui doutent de la pertinence de l'aéroport de Notre-Dame-des-Landes, n° 358633).

En pratique, lorsqu'il est saisi d'une contestation portant sur l'utilité publique d'une opération, le juge administratif va se poser trois questions.

1. Est-ce que l'opération envisagée est réellement justifiée ?

À titre d'exemple, le projet de barrage de la Trézence, envisagé par le département de Charente-Maritime, était-il de nature à véritablement favoriser la production d'huîtres de Marennes-Oléron ? En raison notamment des incertitudes de l'incidence du barrage sur la ponte des larves d'huîtres, de la mauvaise qualité des eaux et des bénéfices très limités du projet pour l'ostréiculture, *« les inconvénients du projet l'emportent sur ses avantages dans des conditions de nature à lui faire perdre son caractère d'utilité publique »* (Conseil d'État, 22 octobre 2003, Association SOS rivières et environnement, n° 231953, Rec. T. p. 816).

2. Est-ce qu'on aurait pu éviter les expropriations envisagées ?

À titre d'exemple, pour justifier 'utilité publique de l'expropriation de l'immeuble d'une ancienne poste appartenant à des particuliers afin 'y établir un ensemble de services publics municipaux, le Conseil d'État a estimé qu'*« il n'était pas établi que d'autres locaux situés à proximité immédiate de la mairie auraient pu remplir la même fonction »*. Il valide donc le caractère d'utilité publique du projet de la municipalité (Conseil d'État, 3 juillet 1998, Commune d'Uzès, n° 172736, Rec. p. 298).

3. Est-ce que les inconvénients de l'opération souhaitée ne sont pas excessifs eu égard à l'intérêt qu'elle présente ?

265. Cette question en appelle d'autres plus précises :

- Est-ce que le coût financier de 'opération n'est pas trop élevé (Conseil d'État, 26 octobre 1973, Grassin, n° 83261, Rec. p. 598 : annulation d'une DUP pour la construction d'un aérodrome financée par le budget 'une commune de 1 100 habitants ; 9 juillet 2018, Commune de Villiers-le-Bâcle et association France nature environnement Île-de-France, n° 410917 : validation de la DUP relative à la création d'un métro automatique par la société du Grand Paris) ?
- Est-ce que l'atteinte portée à la propriété (Conseil d'État, 25 novembre 1988, époux Perez, Rec. p. 428 ; 2 octobre 2006, SCI Les Fournels, n° 281506, Rec. T. p. 906) ou au site (Conseil d'État, 15 mars 1999, Canonne, n° 162036, Rec. T. p. 833) n'est pas disproportionnée ?
- Enfin, est-ce que les mesures prises par l'administration satisfont aux principes *« de précaution »* et *« d'action préventive »* mentionnés à l'article L.110-1 du Code de l'environnement (Conseil d'État, 28 juillet 1999, Association intercommunale Morbihan sous très haute tension, n° 184268, Rec. T. p. 833 ; 12 avril 2013, Association coordination interrégionale Stop THT, n° 342409) ?

Ainsi, le Conseil d'État a dénié un caractère d'utilité publique au prolongement de l'autoroute A 40 d'Annemasse à Thonon-les- ains : constatant qu'il existait déjà dans ce secteur deux routes à deux fois deux voies, estimant excessif le coût annoncé (80 millions de francs par kilomètre), il a annulé le décret de DUP (28 mars 1997, Association contre le projet d'autoroute transchablaisienne, n° 170856, Rec. p. 121). De même, il a annulé la DUP pour la réalisation d'un projet de barrage au coût élevé et portant atteinte à l'environnement (22 octobre 2003, Association SOS rivières et environnement, n° 231953, Rec. p. 417).

En revanche, le Conseil d'État a admis l'utilité publique du projet de TGV Nord (3 décembre 1990, Ville d'Amiens et autres, n° 111677, Rec. p. 344), de celui de l'extension de l'aérodrome de Roissy (23 mars 1998, Commune de Gonesse, n° 187801, Rec. T. p. 965), de celui d'un tronçon autoroutier constituant *« le dernier élément de l'axe de grande capacité reliant le nord de l'Europe à la frontière espagnole »* (28 mars 1997, Fédération des comités de défense contre le tracé de l'autoroute A 28, n° 165318, Rec. p. 123) ou encore celui de la création d'un pôle d'établissements de santé privés (24 octobre 2005, Société du Tertre rouge, n° 272657, Rec. T. p. 922).

Exemples

1. Utilité publique de la construction d'un groupe scolaire

Le préfet de l'Eure déclare d'utilité publique, au profit de la commune de Vexin-sur-Epte, un projet de création d'un groupe scolaire maternelle et primaire. Il déclare également cessibles en vue de l'expropriation pour cause d'utilité publique, au profit de la même commune, deux parcelles appartenant à des habitants. Ceux-ci contestent l'utilité publique du projet.

Saisi du litige, le juge administratif relève, pour valider la déclaration d'utilité publique du projet :

« En premier lieu, l'intérêt général que revêt la construction projetée d'un groupe scolaire comptant 16 classes afin d'accueillir 350 élèves qui jusqu'alors étaient accueillis dans 6 écoles n'est pas contesté, ce regroupement permettant une mutualisation des activités pédagogiques.

« En deuxième lieu, la localisation du projet s'inscrit dans une stratégie globale de développement de la commune, afin de renforcer le cœur du village de la commune déléguée de Tourny, qui consiste également en la réhabilitation du restaurant et du gîte, la construction d'un pôle médical, la mise en valeur d'une halle et la réalisation d'un pôle multi-services.

« En troisième lieu, si les requérants soutiennent que la création du groupe scolaire prévu à Tourny pouvait trouver à s'implanter sur la parcelle ZI n° 222 d'une superficie de 20 663 m² située à Écos, ils n'établissent pas que l'implantation qu'ils proposent permettait de réaliser l'opération dans des conditions équivalentes, notamment en termes de transports scolaires pour les communes déléguées les plus excentrées, sans recourir à l'expropriation.

« Enfin, s'agissant du coût financier de l'opération, il n'y a pas lieu, comme il a été dit, de tenir compte du coût des projets de création du groupe scolaire d'Écos et du gymnase de Tourny. Par ailleurs, le commissaire enquêteur a relevé dans son rapport, s'agissant du seul projet de construction du groupe scolaire de Tourny, que son coût financier de 5 millions d'euros était "maîtrisé, limité et acceptable". Les requérants n'apportent aucun élément de nature à démontrer le caractère erroné de cette appréciation. »

Source : Cour administrative d'appel de Douai, 2 mars 2021, Commune de Vexin-sur-Epte, n° 19DA00512).

2. Utilité publique du projet d'aéroport Notre-Dame-des-Landes

À propos du projet d'aéroport Notre-Dame des Landes, le Conseil d'État a considéré que le bilan coût/avantage était positif :

« Ni le coût économique du projet (…) ni les atteintes portées à l'environnement, ni les difficultés d'accès à l'aéroport par la route des usagers venant du sud de la Loire, dont il ressort des pièces du dossier qu'elles seront limitées et compensées par le renforcement des dessertes collectives, ne sont, eu égard à l'importance de l'opération et compte tenu notamment des mesures prises afin de réduire les nuisances qui, contrairement à ce qui est soutenu, ne sont pas insuffisantes, y compris s'agissant des mesures relatives aux nuisances environnementales, de nature à retirer au projet son caractère d'utilité publique. »

Source : Conseil d'État, 31 juillet 2009, ACIPA, n° 314955.

Lorsque l'utilité publique est démontrée, une opération d'aménagement peut parfaitement justifier une expropriation. Le Code de l'expropriation en son article L.411-1 prévoit expressément les expropriations, notamment :

- en vue de la construction d'ensembles immobiliers à usage d'habitation avec leurs installations annexes ou en vue de la création de lotissements destinés à l'habitation ou à l'industrie ;
- en vue de l'aménagement de zones affectées à 'habitation ou à des activités (exemple, pour l'aménagement d'un site touristique : Conseil d'État, 3 novembre 1997, Comité intercommunal de défense du site du Pont-du-Gard, n° 160438, Rec. p. 387) ;
- en vue de la réalisation d'une zone d'aménagement concerté ;
- en vue d'opérations de résorption de l'habitat insalubre : l'article 14 de la loi n° 70-612 du 10 juillet 1970 modifiée fi e, en effet, une procédure pour l'expropriation d'immeubles ayant fait l'objet d'une interdiction d'habiter ou d'une déclaration d'insalubrité (Conseil d'État, 25 mai 2005, Société Résimmo, n° 275864, Rec. p. 210) ;
- en vue d'éviter la pollution des eaux provenant d'un établissement industriel ou agricole ou d'aménager des installations de traitement des déchets ;
- en vue de la constitution de réserves foncières destinées à permettre une action ou une opération d'aménagement (art. L.221-1) ; encore faut-il que l'affectation du bien exproprié n'intervienne pas trop tardivement après l'opération d'expropriation (Cour européenne des droits de l'homme, 2 juillet 2002, Motais de Narbonne c/ France, n° 4816199) ;

- en vue de l'aménagement et de l'exploitation d'installations d'élimination ou de traitement des déchets ;
- en vue de la réalisation d'une opération de restauration immobilière (L.313-4-1) ;
- en vue de la création, de l'extension, de la transformation ou de la reconversion des espaces commerciaux et artisanaux dans les quartiers prioritaires de la politique de la ville.

Lorsqu'un projet déclaré d'utilité publique fait l'objet de modifications substantielles durant la période prévue pour procéder aux expropriations nécessaires, sans toutefois qu'elles conduisent à faire regarder celui-ci comme constituant un projet nouveau, il incombe à l'autorité compétente de porter une nouvelle appréciation sur son utilité publique au regard de ces changements et de modifier en conséquence la DUP initiale (Conseil d'État, 22 octobre 2018, Commune de Mitry-Mory et association « Non au CDG Express », n° 411086 et 411154).

266. Par ailleurs, le Code général des collectivités territoriales prévoit une procédure spécifique de *« déclaration en état d'abandon manifeste »* qui concerne les immeubles, parties d'immeubles, voies privées assorties d'une servitude de passage public et installations, dès lors que ces biens sont « *sans occupant à titre habituel* » et qu'ils « *ne sont manifestement plus entretenus* » (art. L.2243-1 du Code général des collectivités territoriales). Cette procédure, qui vise à inciter le propriétaire à effectuer une remise en état de sa propriété, permet à la commune d'obtenir l'expropriation de l'immeuble à son profit à défaut de réaction de la part du propriétaire. Dans ce cadre, après recherche du propriétaire et constat par procès-verbal (art. L.2243-2 du CGCT), le maire constitue un dossier présentant un projet simplifié d'acquisition publique, ainsi que l'évaluation sommaire de son coût. Le dossier est mis à la disposition du public, pendant une durée minimale d'un mois, appelé à formuler ses observations dans des conditions précisées par la délibération du conseil municipal. L'utilité publique est ensuite prononcée par arrêté préfectoral (art. L.2243-4 al. 4 du CGCT). La loi « 3DS » du 21 février 2022 a encouragé ce dispositif : elle a étendu la possibilité, pour les communes, de conduire cette procédure en faveur d'un établissement public de coopération intercommunale (art. L.2243-3 du CGCT). En outre, les motifs susceptibles de justifier une procédure d'expropriation dans ce cadre ont été élargis, celle-ci pouvant être désormais menée en vue de constituer des réserves foncières, et non plus simplement « *en vue soit de la construction ou de la réhabilitation aux fins d'habitat, soit de tout objet d'intérêt collectif relevant d'une opération de restauration, de rénovation ou d'aménagement* » (art. L.2243-3 du CGCT).

> **Exemple**
>
> « *La délibération attaquée, intitulée "procédure définitive d'abandon de parcelle", précisait que "cet immeuble, après acquisition par la commune et l'exécution des travaux d'aménagement nécessaires, pourrait être affecté aux besoins d'activités portuaires telles que l'installation d'un chantier naval et qu'en conséquence, l'immeuble concerné est déclaré en état d'abandon manifeste et que le maire est autorisé à poursuivre la procédure d'expropriation" (...) "la délibération attaquée précise que la procédure d'abandon manifeste a été engagée en vue de l'utilisation de l'emplacement du bien abandonné dans le cadre d'activités portuaires, telle que l'installation d'un chantier naval. Un tel projet, en lien avec l'activité économique de la commune, correspond à un intérêt collectif relevant d'une opération de restauration, de rénovation ou d'aménagement, visée par l'article L.2243-3 du Code général des collectivités territoriales.* »
>
> Source : Cour administrative d'appel de Douai, 28 mars 2019.

Le droit français va toutefois moins loin que le droit des trois régions de la Belgique, qui autorise toute expropriation d'immeubles, pour cause d'utilité publique, dès lors qu'elle permet de réaliser les prescriptions fixées par les plans d'aménagement régionaux ou les plans d'urbanisme communaux.

5.1.2 La procédure d'expropriation

Le Code de l'expropriation distingue deux phases : la phase administrative, placée sous le contrôle du juge administratif et la phase judiciaire, placée sous le contrôle du juge judiciaire.

A. La phase administrative

■ 1re étape : l'initiative

Un ministre, ou le conseil d'administration d'un établissement public d'aménagement, ou un conseil municipal, ou un conseil départemental ou régional... prend l'initiative de demander la mise en œuvre d'une procédure d'expropriation. Un EPCI peut, depuis la loi « ALUR » du 24 mars 2014, se substituer au maire, à sa demande ou si lui-même n'a pas engagé cette procédure, afin d'engager cette procédure.

Dès lors, l'initiateur doit en informer très largement le public. Pour les projets d'aménagement ou d'équipement d'intérêt national qui « *présentent de forts enjeux socio-économiques ou ont des impacts significatifs sur l'environnement ou l'aménagement du territoire* » (art. L.121-1 du Code de l'environnement), la Commission nationale du débat public (CNDP), autorité administrative indépendante, est saisie. La CNDP décide d'organiser ou non préalablement un débat public et, si ce débat a lieu, en transmet le bilan à la commission d'enquête.

■ 2e étape (éventuelle) : l'étude d'impact

267. Prévue par l'article L.122-1 du Code de l'environnement, l'étude d'impact consiste en un « *rapport d'évaluation des incidences sur l'environnement* ». Le contenu de cette étude est « *proportionné à la sensibilité environnementale de la zone susceptible d'être affectée par le projet, à l'importance et la nature des travaux, installations, ouvrages, ou autres interventions dans le milieu naturel ou le paysage projetés et à leurs incidences prévisibles sur l'environnement ou la santé humaine* » (art. R.122-5 du Code de l'environnement). Elle est exigée pour tous les travaux qui, par leur nature, leurs dimensions ou leur localisation sont susceptibles d'avoir des incidences notables sur l'environnement ou la santé humaine.

Un tableau, annexé à l'article R.122-2 du Code de l'environnement, dresse une liste des différentes catégories de projets qui, selon les cas, sont soumis à évaluation environnementale obligatoire (parcs éoliens soumis à autorisation, voies ferroviaires pour le trafic à grande distance, tramways et métros, installations d'épuration de grande importance, opérations d'aménagement sur plus de 10 hectares...) ou soumis à un examen au cas par cas (opérations d'aménagement dont le terrain d'assiette est compris entre 5 et 10 hectares, aires de stationnement de plus de 50 places, création de crématoriums...).

L'étude prend la forme d'un dossier (art. R.122-5 du Code de l'environnement) comportant plusieurs pièces, notamment :

- une description du projet (localisation, caractéristiques physiques, phases opérationnelles...) ;
- une description des aspects pertinents de l'état initial de l'environnement, et de leur évolution en cas de mise en œuvre du projet ;
- une description des incidences notables que le projet est susceptible d'avoir sur l'environnement (sur l'utilisation des ressources naturelles, l'émission de polluants, du bruit, de la vibration, de la lumière, la chaleur et la radiation, de la création de nuisances et de l'élimination et la valorisation des déchets, des risques pour la santé humaine, pour le patrimoine culturel ou pour l'environnement...) ;

- les mesures prévues pour éviter les effets négatifs notables du projet sur l'environnement ou la santé humaine, réduire les effets n'ayant pu être évités et compenser, lorsque cela est possible, les effets négatifs notables du projet sur l'environnement ou la santé humaine qui n'ont pu être ni évités ni suffisamment réduits (dénommées mesures « ERC » [Éviter, Réduire, Compenser]) ;
- les méthodes utilisées pour cette étude ;
- un résumé non technique de l'étude afin de faciliter l'information du public.

Lorsque le projet vise à réaliser des infrastructures de transport, le dossier d'étude d'impact est plus fourni : il doit aussi comprendre une analyse des conséquences prévisibles du projet sur le développement éventuel de l'urbanisation, une analyse des enjeux écologiques et des risques potentiels liés aux aménagements fonciers, agricoles et forestiers portant notamment sur la consommation des espaces agricoles, naturels ou forestiers induits, une analyse des coûts collectifs des pollutions et nuisances et des avantages induits pour la collectivité ainsi qu'une évaluation des consommations énergétiques résultant de l'exploitation du projet, notamment du fait des déplacements qu'elle entraîne ou permet d'éviter (art. R.122-5 III du Code de l'environnement).

Les inexactitudes, omissions ou insuffisances de l'étude d'impact ne sont susceptibles de vicier la procédure – et donc d'entraîner l'illégalité de la décision prise au vu de cette étude – que si elles ont pu avoir pour effet de nuire à l'information complète de la population ou si elles ont été de nature à exercer une influence sur la décision de l'autorité administrative de prononcer l'utilité publique (Conseil d'État, 14 octobre 2011, Société Ocréal, n° 323257, Rec. T. p. 966 ; 13 février 2019, Société Ferme éolienne de Plo d'Amourès, n° 416055). À titre d'exemple, une étude d'impact portant sur un projet de centrale de biomasse a été jugée insuffisante au motif qu'elle ne comportait pas l'analyse des *« effets indirects et permanents »* de cette installation classée pour la protection de l'environnement (ICPE) sur les zones de prélèvement en bois (Cour administrative d'appel de Marseille, 1er juin 2018, Association France Nature Environnement des Bouches-du-Rhône, n° 17MA03493).

■ 3e étape : l'enquête préalable

268. L'enquête préalable a été instituée par une loi de 1810. Cette enquête vise à démontrer l'utilité publique de l'opération. La personne initiatrice de l'expropriation constitue un dossier dans lequel elle rassemble des pièces dont le nombre varie selon l'objet de l'expropriation (art. R.112-4 à R.112-7 du Code de l'expropriation).

Dans le dossier figurent :

- une notice explicative, qui indique l'objet de l'opération et les raisons pour lesquelles, notamment du point de vue de l'insertion dans l'environnement, parmi les partis envisagés, le projet soumis à l'enquête a été retenu (art. R.112-6 du Code de l'expropriation). Cette notice doit être soigneusement rédigée : l'administration y indique les raisons pour lesquelles le projet soumis à l'enquête est envisagé. La notice doit décrire le projet avec *« suffisamment de clarté »* (Conseil d'État, Assemblée, 28 mars 1997, Fédération des comités de défense contre le tracé est de l'autoroute A 28, n° 165318, Rec. p. 123) ;
- un plan de situation ;
- le plan général des travaux ;
- les caractéristiques principales des ouvrages les plus importants ;
- une estimation sommaire des dépenses, non sous-évaluée, comprenant le coût de toutes les acquisitions foncières nécessaires à l'opération et celui des travaux projetés (Conseil d'État,

3 novembre 2004, Ministre de l'Équipement, Rec. T. p. 729 ; 19 octobre 2012, Commune de Levallois-Perret, n° 343070) ;

- les résultats de l'étude d'impact, si celle-ci était nécessaire ;
- l'avis du ministre de la Culture s'il était requis en cas d'opération intéressant des monuments historiques, art. R.122-1 du Code de l'expropriation).

Le dossier comporte aussi, selon les projets, d'autres pièces : par exemple, pour les grands projets d'infrastructures de transport, une évaluation socio-économique.

269. Le dossier est transmis au préfet qui, après avoir vérifié que le dossier est complet, demande au président du tribunal administratif de désigner un commissaire enquêteur. Puis, le préfet prend un arrêté d'ouverture de l'enquête (art. R.112-12 du Code de l'expropriation).

Cet arrêté :

- indique le nom du commissaire enquêteur, ou, dans le cas où l'opération est plus complexe, des membres de la commission d'enquête et de son président ;
- précise l'objet de l'enquête ;
- fixe la date du début de l'enquête ;
- fixe la durée de l'enquête (minimum : 15 jours) ;
- fixe les heures et les lieux où le public pourra consulter le dossier et formuler ses observations sur un registre ouvert à cet effet ; s'il s'agit d'une opération intéressant une seule commune, ce lieu est la mairie ;
- indique, s'il en existe un, l'adresse du site internet sur lequel les informations relatives à l'enquête pourront être consultées.

Ensuite, le préfet fait connaître au public cet arrêté en publiant, au moins huit jours avant le début de l'enquête, un avis dans deux journaux régionaux et dans toutes les mairies concernées (art. R.112-14 et R.112-15 du Code de l'expropriation). L'expropriant a intérêt à conserver des preuves de cette publicité.

Durant l'enquête, le public vient consulter le dossier et fait part de ses observations sur l'utilité publique de l'opération au commissaire enquêteur ; il peut également les consigner par écrit sur un registre non mobile (art. R.112-17 du Code de l'expropriation). Les habitants désireux de soutenir ou, au contraire, de s'opposer à une telle opération ont intérêt à le faire savoir dès ce moment.

270. À la fin de l'enquête, le commissaire enquêteur rédige des conclusions motivées, en précisant si elles sont favorables ou non à l'opération (art. R.112-19 du Code de l'expropriation). Le commissaire enquêteur dispose d'un délai d'un mois pour rédiger ses conclusions ; il doit analyser les observations émises, mais n'est pas tenu de répondre à chacune d'elles (Conseil d'État, Assemblée, 13 novembre 1998, Association de défense des riverains du projet de l'autoroute A 20, n° 160260, Rec. p. 402). Le rapport du commissaire enquêteur doit être objectif : il ne peut pas, par exemple, donner un avis favorable alors que la majorité du public a exprimé un avis négatif (Conseil d'État, 20 mars 1985, Commune de Morigny-Champigny, n° 47682, Rec. T. p. 807). Les conclusions de l'enquête sont adressées au préfet qui en transmet copie aux maires des communes concernées par le projet et à toute personne qui lui en a fait la demande (art. R.112-24 du Code de l'expropriation).

■ **4e étape (éventuelle) : des consultations**

271. Lorsque le projet d'expropriation est souhaité par l'État ou l'un de ses établissements publics, la direction des finances publiques est consultée pour évaluer les biens. Lorsque le projet concerne l'expropriation de monuments historiques ou des immeubles proposés pour le classement, il faut consulter le ministre de la Culture (art. R.122-2 du Code de l'expropriation) ; lorsqu'il concerne un site classé, le ministre chargé de l'écologie ; lorsqu'il concerne des parcelles soumises au régime des vignes d'appellation contrôlée, le ministre de l'Agriculture (Conseil d'État, 7 mars 1975, Association des amis de l'Abbaye de Fontevrault, n° 89011 et 89128, Rec. p. 179 ; art. R.122-3 du Code de l'expropriation).

■ **5e étape (éventuelle) : la déclaration de projet**

272. Si l'expropriation a été initiée par une collectivité territoriale ou l'un de ses établissements publics et a nécessité une étude d'impact, le préfet demande, au terme de l'enquête publique, à la collectivité ou à l'établissement intéressé de se prononcer, dans les six mois suivant la clôture de l'enquête, sur l'intérêt général du projet par une « *déclaration de projet* » (art. L.122-1 du Code de l'expropriation) qui est adoptée par l'organe délibérant. Cette déclaration de projet « *mentionne l'objet de l'opération tel qu'il figure dans le dossier soumis à l'enquête et comporte les motifs et considérations qui justifient son caractère d'intérêt général. La déclaration de projet prend en considération l'étude d'impact, les avis de l'autorité environnementale et des collectivités territoriales et de leurs groupements (…) et le résultat de la consultation du public* » (art. L.126-1 du Code de l'environnement). Cette déclaration de projet est affiché dans chacune des communes concernées par le projet (art. R.126-2 du Code de l'expropriation).

La déclaration de projet n'est pas requise pour les expropriations poursuivies au profit de l'État ou de ses établissements publics : la DUP suffit (Conseil d'État, 27 juin 2005, Goislard de Monsabert, n° 262028, Rec. T. p. 922).

■ **6e étape : la déclaration d'utilité publique (DUP)**

273. La déclaration d'utilité publique est un acte juridique unilatéral par lequel l'État atteste du bien-fondé de l'opération envisagée par l'expropriant. Elle n'est pas automatique (Conseil d'État, 20 mars 1991, Commune du Port, n° 98963, Rec. p. 95) ; le refus de déclarer l'utilité publique doit intervenir au plus tard un an après la clôture de l'enquête publique et être motivé (art. L.121-2 et L.121-3 du Code de l'expropriation).

L'autorité compétente pour signer la DUP est une autorité de l'État.

Le Premier ministre prononce par décret en Conseil d'État (c'est-à-dire après avis de la section des travaux publics de celui-ci) les DUP des plus grandes opérations (art. R.121-2 du Code de l'expropriation) :

- les travaux de création d'autoroutes et de routes express ;
- les travaux de création de grands aérodromes, de canaux (de longueur supérieure à 5 kilomètres), de voies de chemin de fer (de longueur supérieure à 20 kilomètres) ;
- les travaux de construction de centrales électriques d'une puissance égale ou supérieure à 100 mégawatts ou nucléaires ;
- les travaux d'adduction des eaux d'un bassin fluvial

Les DUP concernant des opérations intéressant la défense ou la sécurité nationale font l'objet d'une demande d'avis conforme auprès d'une commission spécifique (art. R.122-4 et suivants du Code de l'expropriation).

Le ministre prononce par arrêté la DUP d'une opération ayant pour but d'installer une administration centrale.

Pour toutes les autr es opérations, en r éalité la quasi-totalité d 'entre elles, c'est le pr éfet de département qui prononce par arrêté la déclaration d'utilité publique (art. R.121-1 du Code de l'expropriation). Lorsque l'opération concerne deux ou plusieurs dépar tements, la DUP est prononcée par arrêté conjoint des préfets concernés.

L'autorité compétente doit signer le décr et ou l'arrêté au plus tard un an apr ès la clôture de l'enquête préalable. Au-delà, elle commettrait une illégalité en prononçant l'utilité publique.

Toutefois, ce délai est porté à dix-huit mois lorsque la DUP doit êtr prononcée par décret en Conseil d'État (art. L.121-2 du Code de l'expropriation).

Le contenu de la DUP

Un document accompagnant l'acte de DUP doit préciser à l'intention du public les motifs et considérations justifiant le caractère d'utilité publique de l'expropriation (art. L.122-1 al. 5).

La DUP peut comporter, par rapport au projet présenté à l'enquête, et pour tenir compte des conclusions de celle-ci, quelques modifications limitées n'affectant pas l'économie générale du projet (Conseil d'État, 21 avril 1997, Jubert et autr es, Rec. p. 137). La DUP peut ne concerner qu'une partie des travaux présentés à l'enquête, si ceux-ci peuvent être dissociés des autres travaux initialement projetés (Conseil d'État, Section, 17 juin 1998, époux Bracqbien, Rec. p. 235).

La décision prononçant la DUP doit êtr e compatible avec les prescriptions du SCoT et des autres documents locaux d'urbanisme. À défaut, la DUP serait entachée d'illégalité (Cour administrative d'appel de N antes, 23 avril 1997, Commune de Cesson-S évigné, Rec. T. p. 873). Si la DUP n'est pas compatible avec les prescriptions d'un PLU ou PLUi, du SDRIF, d'un plan d'aménagement de zone applicable dans une ZAC ou encore avec les dispositions à caractère réglementaire régissant un lotissement, il convient de mettre en œuvre une procédure de mise en compatibilité (art. L.122-5 du Code de l'expropriation).

Comme l'a jugé le Conseil d'État (27 juillet 2015, Département du Gard, n° 370454), l'opération qui fait l'objet d'une DUP ne peut être regardée comme compatible avec un PLU si :

- elle apparaît de nature à compromettre le parti d'aménagement retenu par l'EPCI compétent ou la commune dans son plan ;
- elle méconnait les dispositions du règlement de la zone du plan dans laquelle sa réalisation est prévue.

La mise en œuvre de la procédure de mise en compatibilité du PLU avec une DUP appartient au préfet (ou au ministre lorsque la DUP ne relève pas de la compétence du préfet) qui, sur la base du dossier pr éalable à l'enquête publique adr essé par l'expropriant, apprécie si l'opération est compatible avec les dispositions du PLU. En cas d'incompatibilité, le préfet propose les mesures et les modifications q 'il estime à même d'assurer la mise en compatibilité du document.

Dans tous ces cas, l'acte déclarant le projet d'utilité publique doit énoncer que les documents d'urbanisme sont modifiés afin 'assurer la compatibilité.

Enfin, lorsque la réalisation d'un projet soumis à évaluation environnementale et subordonné à DUP implique la mise en compatibilité d'un document d'urbanisme, l'évaluation environnementale, lorsqu'elle est requise, de la mise en compatibilité de ce document d 'urbanisme ou de la modification de ce plan ou pogramme et l'étude d'impact du projet peuvent donner lieu à une procédure commune (art. L.122-14 et R.122-27 du Code de l'environnement).

La durée de validité de la DUP

274. Les expropriations prévues à la DUP doivent être effectuées dans un certain délai (art. L.121-4 du Code de l'expropriation). Celui-ci dépend de la forme de la DUP :

- soit la DUP est prononcée par décret en Conseil d'État : la durée est précisée dans le décret, elle peut être prorogée par un autre décret en Conseil d'État ;
- soit la DUP est prononcée par arrêté ministériel ou préfectoral :
- la durée y est fixée sans en principe dépasser cinq ans (dix ans si l'opération est prévue dans le PLU),
- lorsque l'arrêté prévoit une durée inférieure à cinq ans, la DUP peut être prorogée une fois pour une durée équivalente, sans nouvelle enquête (art. L.121-5 du Code de l'expropriation ; Conseil d'État, 14 avril 1999, Association de défense des propriétaires et exploitants agricoles du technopôle de Château-Gombert, n° 193497, Rec. T. p. 835),
- au-delà, la DUP ne peut être prorogée que par décret en Conseil d'État.

Les conséquences de la DUP

Les conséquences d'une DUP sont différentes pour les personnes concernées.

Pour la personne expropriante, une fois la DUP prononcée, trois possibilités sont à envisager :

- soit elle abandonne son projet d'expropriation : si cette décision crée un préjudice, sa responsabilité sans faute peut alors être engagée (Conseil d'État, EDF c/ Farsat, 23 décembre 1970, n° 73453, Rec. p. 790) ;
- soit elle parvient à un accord avec la personne qu'elle voulait exproprier (art. L.222-2, al. 2 du Code de l'expropriation). La cession amiable prend la forme d'un contrat de droit privé qui peut, le cas échéant, faire l'objet d'une rescision pour lésion par jugement du tribunal judiciaire (Cass. civ. 3e, 23 octobre 1971, Commune de Saint-Raphaël c/ Musso, *Bull. civ. III*, n° 513 ; 23 septembre 2020, Établissement public Bordeaux Métropole, n° 19-18.031) ;
- soit elle continue la procédure d'expropriation (voir *infra* 276).

Pour les personnes visées par l'expropriation

L'article L.241-1 du Code de l'expropriation offre aux propriétaires un droit de délaissement. Ainsi, lorsqu'un délai d'un an s'est écoulé à compter de la publication de la DUP, les propriétaires des biens à acquérir compris dans cette opération peuvent « *mettre en demeure l'expropriant au bénéfice duquel la déclaration d'utilité publique est intervenue de procéder à l'acquisition de leur bien dans un délai de deux ans à compter du jour de la demande* ». Copie de la demande doit être adressée au préfet (art. R.241-1 du Code de l'expropriation). Si, au bout de deux ans, l'administration n'a pas répondu, le propriétaire peut saisir le juge de l'expropriation, qui va prononcer le transfert de propriété et fixer l'indemnité. L'administration peut toutefois demander un délai de réflexion supplémentaire d'une année.

Le contentieux de la DUP

275. La DUP constitue un acte administratif non réglementaire, susceptible de recours contentieux. Le requérant qui conteste une DUP, prononcée par arrêté préfectoral ou ministériel, doit saisir le tribunal administratif du lieu où est prévue l'opération ; si la DUP a été prononcée par décret, il doit saisir directement le Conseil d'État.

La requête est formée dans un délai de deux mois à compter de la réalisation des formalités de publicité (affichage, publication) ; elle n'a pas à être notifiée à l'auteur et au bénéficiaire de la DUP (Conseil d'État, 11 décembre 1996, Association de défense de lenvironnement orangeois, n° 173212, Rec. p. 485).

La requête doit être appuyée par un moyen :

- **incompétence** (par exemple, DUP signée par le préfet au lieu du Premier ministre) ;
- **irrégularité de la procédure** (par exemple, non-respect des règles de publicité ou d'organisation de l'enquête, ou oubli de l'étude d'impact ou dossier d'enquête incomplet). Toutefois, la méconnaissance des dispositions sur l'enquête publique n'est de nature à vicier la procédure et donc à entraîner l'illégalité de la déclaration d'utilité publique « *que si elle a pu avoir pour effet de nuire à l'information de l'ensemble des personnes intéressées par l'opération ou si elle a été de nature à exercer une influence sur les résultats de l'enquête et, par suite, sur la décision de l'autorité administrative* » (Conseil d'État, 3 juin 2013, Commune de Noisy-le-Grand, n° 345174) ;
- **violation de la loi** (absence d'utilité publique, voir Conseil d'État, 11 décembre 2019, Commune de Vernouillet, n° 419760 ; illégalité – sauf pour vice de forme – de la déclaration de projet, ou incompatibilité de la DUP avec le SCoT) : face à un requérant soutenant qu'un autre projet aurait été meilleur, le juge accepte de procéder à une telle comparaison (Conseil d'État, 28 mars 2011, Collectif contre les nuisances du TGV de Chasseneuil-du-Poitou, n° 330256, Rec. p. 967 ; 11 mai 2016, Commune de Levallois-Perret, n° 37516) ; il n'accepte pas, en revanche, que soit contestée, à l'occasion d'un recours contre une opération déclarée d'utilité publique, la légalité du document d'urbanisme (SCoT, PLU) qui avait prévu cette opération (Conseil d'État, 25 février 2005, Association Préservons l'avenir à Ours-Mons-Thaulac, n° 248060, Rec. p. 83 ; Cour administrative d'appel de Nancy, 27 décembre 2019, Commune de Besançon, n° 18NC03397) ou la légalité d'une convention d'aménagement de la ZAC pour la réalisation de laquelle est décidée cette expropriation (Conseil d'État, 11 juillet 2011, Société d'équipement du département de Maine-et-Loire, n° 320735, Rec. p. 346 ; voir *a contrario* Conseil d'État, 23 mars 2013, Société d'aménagement de Lot-et-Garonne, n° 351101) ;
- **détournement de pouvoir** : voir Conseil d'État, 20 juillet 1971, Ville de Sochaux, n° 80804, Rec. p. 561 : dans cette affaire, une DUP avait été prononcée pour réaliser une déviation routière entre Sochaux et Montbéliard. Le requérant invoquait un détournement de pouvoir en faveur des usines Peugeot, installées à Sochaux, mais le juge a refusé d'admettre ce moyen. Voir, en sens contraire, Cour administrative d'appel de Lyon, 13 mars 2020, Commune de Lozanne, n° 18LY03106, au sujet de l'agrandissement d'un rond-point et la création de places de stationnement.

Le jugement des DUP peut être assez long et la saisine du juge n'arrête pas le projet. C'est pourquoi le requérant peut demander, d'une part, au juge d'annuler la DUP et, d'autre part, par une requête séparée, demander au juge des référés d'en suspendre l'exécution. Il doit lui-même justifier 'urgence de cette suspension et faire état d'un moyen propre à créer un doute sérieux sur la légalité de la DUP (Cour administrative d'appel de Marseille, 9 novembre 2009, Commune de Potelières, n° 07MA02178).

L'octroi de la suspension est une faculté pour le juge. Cependant, dans deux hypothèses, la loi incite le juge à suspendre :

- lorsque l'étude d'impact était nécessaire et qu'elle n'a pas eu lieu (voir *supra* 267) ;
- lorsque les conclusions du commissaire enquêteur ont été défavorables (art. L.123-12 du Code de l'environnement, voir Conseil d'État, 13 mars 1989, Commune de Roussillon, n° 92144, Rec. T. p. 851 ; 21 novembre 2011, Communauté de communes de Lamballe,

n° 345466 ; Tribunal administratif de Clermont-Ferrand, 24 janvier 2019, Commune de Montbeugny, n° 1900007).

■ 7e étape : l'enquête parcellaire

276. L'expropriation est permise par la DUP . Il reste alors à déterminer les immeubles à exproprier et, plus précisément, les propriétaires et les titulaires de droits réels concernés par l'expropriation (art. L.131-1 du Code de l 'expropriation). C'est l 'objet de l 'enquête parcellaire.

La personne bénéficiai e de la DUP adresse au préfet un dossier qui comprend (art. R.131-3 du Code de l'expropriation) :

- un plan parcellaire régulier des terrains et bâtiments ;
- une liste exhaustive des propriétaires concernés : pour la dresser, elle peut se faire aider par le service du cadastre ou les service départementaux ou régionaux des finances publiques au vu du fichier immobilier ou « *par tous autres moyens* ».

Le préfet désigne un commissaire enquêteur et ouvre cette enquête par arrêté (art. R.131-1 du Code de l'expropriation). Cette enquête peut être conduite concomitamment à l'enquête publique préalable à la déclaration d'utilité publique.

En pratique, les propriétaires doivent être recherchés et informés de cette enquête par tous moyens (art. R.131-5 du Code de l'expropriation : lettre recommandée, affichages, journau locaux) qui se déroule dans chacune des communes où un propriétaire est concerné par l'expropriation. La notification peut être adressée à un propriétaire à son dernier domicile connu, et si ce dernier conteste, c 'est à lui qu'il reviendra de démontrer que l'autorité expropriante avait connaissance d 'une autre adresse, faute de quoi la notification susvisée à 'adresse mentionnée dans l'état parcellaire sera jugée v alable (Cass. civ. 3e, 13 juin 2019, Conseil départemental du Gard, n° 17-27.868). Le dossier est déposé à la mairie de sorte que les propriétaires aient le temps de v enir présenter leurs obser vations par écrit (Cass. civ . 3e, 1er avril 1987, Van Dael c/ communauté urbaine de D unkerque, *Bull. civ. III*, n° 76). L'enquête a une durée d'au moins quinze jours. À l'issue de celle-ci, le commissaire enquêteur donne son avis sur l'emprise de l'opération projetée et le transmet au préfet (art. R.131-10 du Code de l'expropriation).

Lorsque, dans une commune, tous les propriétaires sont connus dès le début de la procédure, le préfet peut dispenser l'expropriant du dépôt du dossier à la mairie et de la publicité collective. Dans ce cas, un extrait du plan par cellaire est joint à la notification et les personnes intéressées sont invitées à fair e connaître directement leurs obser vations au commissair e enquêteur (art. R.131-12 du Code de l'expropriation).

■ 8e étape : l'arrêté de cessibilité

277. Le préfet déclare cessibles, par arrêté, les propriétés ou droits réels immobiliers dont la cession est nécessaire (art. R.132-1 du Code de l'expropriation). De même que la déclaration d'utilité publique n'était pas automatique, l'arrêté de cessibilité n'est pas automatique. L'arrêté de cessibilité décrit toutes les par celles concernées (Cour administrativ e d'appel de Nancy, 7 décembre 2006, Ministre de l'Équipement, Rec. T. p. 908). Il précise également l'identité des propriétaires et éventuellement des usufruitiers.

L'arrêté est notifié à chacun des p opriétaires concernés. Cette formalité ouvr e un délai de deux mois permettant à toute personne ayant intér êt pour agir (ex emple : propriétaire ou locataire) d'attaquer l'arrêté devant le juge administratif.

Devant le tribunal, le requérant peut invoquer :

- l'incompétence de l'auteur de l'arrêté ;
- le défaut de procédure : par exemple, absence ou mauvaise organisation de l'enquête parcellaire ;
- le détournement de pouvoir ;
- la violation de la loi, c'est-à-dire de toutes les règles du droit. Le juge estime de plus que l'arrêté de cessibilité doit être la conséquence nécessaire et directe de la DUP (Conseil d'État, 26 juillet 2006, Ministre des Transports c/ consorts Revillard, n° 270008, Rec. p. 374). S'il s'avère qu'un immeuble n'a pas besoin d'être exproprié pour réaliser l'opération, il ne doit pas l'être.
- **278**. Grâce à la technique contentieuse dite des « opérations complexes », le requérant peut demander au juge qu'il reconnaisse l'illégalité de la déclaration d'utilité publique à l'occasion d'une contestation de l'arrêté de cessibilité (Conseil d'État, 19 février 1982, Masteau, n° 17287, Rec. T. p. 1033 : l'arrêté de cessibilité est annulé parce que la DUP prononcée pour réaliser un lotissement n'était pas compatible avec le POS et était donc illégale). Plus récemment, le Conseil d'État a eu l'occasion de réaffirme cette position, en considérant que *« l'arrêté de cessibilité, l'acte déclaratif d'utilité publique sur le fondement duquel il a été pris et la ou les prorogations dont cet acte a éventuellement fait l'objet constituent les éléments d'une même opération complexe »* (Conseil d'État, 12 octobre 2018, Préfet des Bouches-du-Rhône -c/ Société Marseille Aménagement, n° 417016). La Cour européenne des droits de l'homme (19 septembre 2006, Maupas et autres c/ France, req. n° 13844/02) estime que cette jurisprudence empêche une éventuelle violation du droit de propriété et garantit l'accès au tribunal lorsque la DUP n'a pas été contestée.

Par ailleurs, la responsabilité de l'État peut être engagée en cas d'irrégularités dans la procédure (Conseil d'État, 6 octobre 2000, Commune de Meylan, n° 202838, Rec. p. 416 ; Tribunal des conflits, 7décembe 2020, Communauté d'agglomération de Saintes, n° C4199).

B. La phase judiciaire

279. Après une première phase administrative, la procédure d'expropriation se poursuit avec une seconde phase, judiciaire.

Dans la République française qui comprend deux ordres de juridictions – la juridiction administrative (voir *supra* n° 3) et la juridiction judiciaire –, c'est traditionnellement le juge judiciaire qui est le protecteur de la propriété privée (Conseil constitutionnel, 9 février 1965, décision n° 65-33 L). Dans chaque département, au moins un magistrat du siège d'un tribunal judiciaire est désigné juge de l'expropriation, pour une durée de trois ans, par ordonnance du premier président de la cour d'appel (art. L.211-1 du Code de l'expropriation).

La procédure judiciaire se déroule en cinq étapes, voire six en cas de rétrocession.

■ 1re étape : la saisine du juge

Le préfet adresse au juge de l'expropriation un dossier pour lui demander de prononcer l'expropriation d'immeubles. Ce dossier comporte (art. R.221-1 du Code de l'expropriation) :

- la DUP ;
- le plan des parcelles à exproprier ;
- l'arrêté préfectoral ouvrant l'enquête parcellaire ;
- les pièces prouvant la publicité dans les journaux, et la notification individuelle des arêtés de cessibilité ;

- le procès-verbal établi à la suite de l'enquête parcellaire ;
- l'arrêté préfectoral de cessibilité.

Si, six mois après avoir signé l'arrêté de cessibilité, le préfet n'a pas saisi le juge de l'expropriation, l'arrêté de cessibilité devient caduc et il ne peut plus y av oir d'expropriation (Cass. civ. 3e, 13 juillet 1999, *époux Massonie*, *Bull. civ. III*, n° 176 : cassation d'une ordonnance d'expropriation pour un dossier reçu par le juge dix mois après l'arrêté).

■ 2e étape : l'ordonnance d'expropriation

280. L'ordonnance d'expropriation, qui porte « *transfert de propriété* » (art. L.221-1 du Code de l'expropriation), est prononcée par le juge au plus tar d quinze jours après qu'il a été saisi par le préfet (art. R.221-2 du Code de l'expropriation) ; ce délai n'est pas sanctionné. Si un référé-suspension a été formé contre la DUP ou l'arrêté de cessibilité, le juge de l'expropriation, informé par le pr éfet, doit cependant attendr e le jugement au fond de la juridiction administrative (art. R.221-3 du Code de l'expropriation).

Lorsque le dossier est complet, que la DUP et larrêté de cessibilité ne sont pas caducs, le juge doit ordonner l'expropriation ; il n'a pas d'autre choix. Son ordonnance vise précisément les documents du dossier (Cass. civ. 3e, 6 novembre 2002, *Bull. civ. III*, n° 271), désigne l'immeuble à exproprier, puis précise l'identité du propriétaire concerné par l'expropriation (Cass. civ. 3e, 21 mars 2000, Labonne, Bull. civ. III, n° 62) ainsi que le bénéficiai e de celle-ci (art. R.221-4 du Code de l'expropriation).

Effets de l'ordonnance judiciaire

L'ordonnance du juge de l'expropriation est notifiée à chacun des p opriétaires intéressés (art. R.221-8 du Code de l'expropriation). Elle permet au bénéficiai e de l'expropriation la prise de possession. L'ex-propriétaire ne peut plus aliéner son bien, mais il peut continuer à en percevoir les fruits. Tous les droits réels (droits d'usufruit, de servitudes, hypothèques…) que pouvaient détenir des tiers à l'égard des immeubles expropriés sont éteints (art. L.222-2 du Code de l'expropriation). Les droits des créanciers sont reportés sur l'indemnité (art. L.222-3 du Code de l'expropriation).

Contentieux de l'ordonnance judiciaire

À partir de sa notification, l'ordonnance du juge de l'expropriation ne peut être contestée que par pourvoi devant la Cour de cassation (art. L.223-1 du Code de l'expropriation). Le pourvoi en cassation n'étant pas suspensif, l'ordonnance a un effet immédiat. Trois moyens seulement peuvent être invoqués dans le pourvoi :

- l'incompétence du juge, par ex emple lorsqu'il s'agit d'un juge non expr essément désigné comme juge de l'expropriation (Cass. civ. 3e, 6 mai 1998, Commune de Canéjan, *Bull. civ. III*, n° 95) ;
- l'excès de pouvoir, lorsque la DUP ou l'arrêté de cessibilité a été annulé (Cass. civ. 3e, 11 mars 1980, Pichon, *Bull. civ. III*, n° 56) ;
- le vice de forme, par exemple lorsque le dossier soumis au juge par le péfet était incomplet (Cass. civ. 3e, 25 mai 1981, Poilpré, *Bull. civ. III*, n° 105).

Toutefois, le juge de l'expropriation du tribunal judiciaire se retrouve compétent dans le cas d'annulation par une décision juridictionnelle définiti e de la DUP ou de l'arrêté de cessibilité : tout exproprié dispose alors de deux mois pour « *faire constater le manque de base légale de l'ordonnance d'expropriation* » (art. R.223-2 du Code de l'expropriation). Le jugement, qui précise les conséquences de droit selon que le bien peut ou non être restitué (art. R.223-6 du Code de l'expropriation) :

- si le bien exproprié n'est pas en état d'être restitué, l'exproprié pourra prétendre à des dommages-intérêts (art. R.223-6 I du Code de l'expropriation) ;
- si le bien peut être exproprié, le juge désigne l'immeuble (ou la fraction d'immeuble) qui doit être restitué (art. R.223-6 II du Code de l'expropriation).

Ce jugement est susceptible d 'appel devant la cour d 'appel pendant un délai d 'un mois à compter de sa notification (a t. R.223-8 du Code de l'expropriation).

En cas d'expropriation irrégulière, le Code de l'expropriation ne prévoit aucune règle pour évaluer le montant du pr éjudice subi par les pr opriétaires indûment expr opriés. Plusieurs précisions ont dû êtr e apportées par la jurispr udence. Ainsi, selon la Cour de cassation, « *le particulier irrégulièrement exproprié et qui ne peut bénéficier de la restitution, doit recevoir la valeur réelle de l'immeuble au jour de la décision constatant l'absence de restitution sous la seule déduction de l'indemnité déjà perçue augmentée des intérêts au taux légal* » (Cass. civ. 3e., 4 décembre 2013, Commune d'Aiguilhe, n° 12-28919, *Bull.* III, n° 154 ; 16 septembre 2014, n° 12-29321 ; 30 juin 2016, n° 15-18508). En outre, soucieuse de pr otéger les intérêts des propriétaires irrégulièrement privés de leur dr oit, la Cour a jugé qu 'il ne saurait êtr e tenu compte des frais engagés par l 'autorité expropriante ni de l 'augmentation de la v aleur des terrains indûment expropriés pour diminuer le montant de l'indemnité due au propriétaire (Cass. civ. 3e, 6 décembre 2018, SNC Thiboudes Bonomées, n° 17-25718).

■ **3e étape : la fixation de l'indemnité**

Une fois l'ordonnance prononcée par le juge de l 'expropriation, les terrains peuv ent être expropriés, mais il faut fi er l'indemnité. C'est pourquoi la collectivité expropriante va notifier ses off es à la par tie expropriée ; elle assur e une publicité collectiv e de ces off es. Les personnes expropriées disposent d'un mois pour lui répondre (art. R.311-5 du Code de l'expropriation). Si les personnes expropriées donnent une réponse positive, alors la vente a lieu. Faute d'avoir fait connaître leur intention à l'expropriant dans le délai d'un mois à compter de la notification de 'accord intervenu sur le prix, les cr éanciers sont réputés avoir accepté l'indemnité fi ée à l'amiable (art. R.311-8 du Code de l 'expropriation). Si les personnes expropriées refusent l'off e, elles doivent préciser par écrit leur demande, qui peut d'ailleurs porter, si la par tie restante du bien n'est plus utilisable, sur une emprise totale du bien (v oir art. L.242-4 du Code de l'expropriation pour les exploitations agricoles). Si l'administration n'accepte pas l'off e de l'exproprié, la procédure continue.

281. L'article 17 de la Déclaration des droits de l'homme de 1789 – déclaration qui est incorporée à notre Constitution – prescrit que l'indemnité due aux expropriés doit être « *juste* » et « *préalable* » à la prise de possession. À cet effet, la solution la plus simple est que'expropriant et l'exproprié parviennent à un accor d et évitent ainsi une pr océdure longue, lour de et coûteuse. C'est seulement lorsqu'il n'y a pas eu d 'accord amiable (art. L.242-5 du Code de l'expropriation) que l'indemnité est fi ée par le juge.

En l'absence d'accord un mois après la notification des offres, l'une des parties – soit l'expropriant, soit l'exproprié – saisit le juge de lexpropriation (art. R.311-9 du Code de lexpropriation) et adresse copie de son mémoir e au défendeur (l 'autre partie). Cette dernièr e dispose d'un délai de six semaines pour répondre par un mémoire adressé au demandeur et au juge (art. R.311-11 du Code de lexpropriation). Le juge fi e la date (dans les deux mois) à laquelle il ira visiter les lieux, entre six semaines et deux mois suivant son ordonnance (art. R.311-14 du Code de l 'expropriation). Le commissair e du G ouvernement, à peine d 'irrecevabilité, notifie ses conclusions aux parties au moins huit jours avant la visite des lieux (art. R.311-16 du Code de l 'expropriation). Ses conclusions contiennent les éléments nécessair es à l'information de la juridiction, notamment les références de tous les termes de comparaison issus des actes de mutation sélectionnés sur lesquels il s'est fondé pour retenir l'évaluation qu'il propose. Huit jours après sa visite, où il a pu se faire accompagner d'un notaire ou d'un expert (art. R.322-1 du Code de l'expropriation), le juge fi e l'indemnité, sauf si les parties ont depuis conclu un accord amiable (art. R.311-21 du Code de l'expropriation).

Pour fi er l'indemnité, cinq éléments entrent en compte.

1. L'indemnité doit être allouée à toute personne qui subit un « *préjudice direct, matériel et certain causé par l'expropriation* » (art. L.321-1 du Code de l'expropriation). Tel peut être le cas du propriétaire, d'un syndicat de copropriétaires (Cass. civ. 3ᵉ, 18 mars 2021, Établissement Bordeaux métropole c/ Syndicat des copropriétaires Le Clos Bossuet, n° 20-13.562), mais également du locataire dès lors que l'ordonnance d'expropriation entraîne la résiliation automatique du bail, le fermier ou toute personne qui a subi un préjudice matériel (titulaire d'un droit d'usage, d'habitation, de servitude…). En revanche, le simple préjudice moral n'est pas indemnisé : le Conseil constitutionnel a jugé « *qu'aucune exigence constitutionnelle n'impose que la collectivité expropriante, poursuivant un but d'utilité publique, soit tenue de réparer la douleur morale éprouvée par le propriétaire à raison de la perte des biens expropriés* » (Décision n° 2010 QPC du 21 janvier 2011, Jacques S.).

2. Le juge fi e le montant des indemnités « *d'après la consistance du bien à la date de l'ordonnance portant transfert de propriété* » (art. L.322-1 du Code de l'expropriation). Le législateur a cependant souhaité éviter que des propriétaires fassent en sorte que leur immeuble prenne de la valeur (ravalement…) pour obtenir une indemnité plus forte. C'est pourquoi, si des améliorations de toute nature (constructions, plantations, installations diverses…) ont été réalisées « *dans le but d'obtenir une indemnité plus élevée* », il n'en est pas tenu compte (art. L.322-1 du Code de l'expropriation). Sont, en particulier, présumées faites dans ce but, sauf preuve contraire, toutes les améliorations réalisées depuis l'ouverture de l'enquête d'utilité publique. En outre, selon le Conseil constitutionnel, le Code de l'expropriation ne permet pas au juge « *de tenir compte des changements de valeur du bien exproprié lorsqu'ils sont provoqués par l'annonce des travaux ou des opérations dont la déclaration d'utilité publique est demandée par l'expropriant* » (décision QPC, Société Territoire d'innovation et association nationale des établissements publics fonciers locaux, 11 juin 2021, n° 2021-915/916 ; Cass. com. 3ᵉ, 2 mars 2022, Société Territoire d'innovation, n° 20-17.133).

282. Le juge doit s'attacher à apprécier correctement la qualité des biens. Chaque bien doit être indemnisé en fonction de son « *usage effectif* » (art. L.322-2 du Code de l'expropriation). Pour les terrains à bâtir, il doit être tenu compte des possibilités de construction (Cour d'appel de Versailles, 17 novembre 1990, *Bull. civ. III*, n° 23 ; Cass. civ. 3ᵉ, 11 octobre 2006, Société d'économie mixte de Massy, n° 05-13.053 ; 23 mai 2019, Société Sercib France, n° 18-19.020), de l'emplacement privilégié du terrain (Cass. civ. 3ᵉ, 6 novembre 2012, Consorts X c/ collectivité territoriale de Corse ; Cour d'appel de Nîmes, 6 février 2017, DREAL de Languedoc-Roussillon, n° 15/00012), de ses conditions de desserte par les réseaux de viabilisation (Cour d'appel de Paris, 18 avril 2019, Commune de Villevaudé, 18/04994). Mais la qualité des biens doit également tenir compte de leurs éventuels éléments de dépréciation (pollution du sous-sol par exemple, voir Cass. Civ. 3ᵉ, 4 avril 2019, Syndicat mixte interrégional d'aménagement des digues du delta du Rhône et de la mer, n° 18-10.989).

3. Les éléments permettant au propriétaire exproprié de pouvoir évaluer son bien doivent lui être communiqués, à sa demande, par l'administration fiscale (Cass. civ. 3ᵉ, 24 juin 2021, n° 20-16.229). Cette évaluation doit tenir compte des évolutions récentes des prix du marché (Cass. civ. 3ᵉ, 14 janvier 2014, Établissement public foncier de Normandie, n° 12-27.704).

4. Dans la fixation de l'indemnité, le juge doit distinguer l'indemnité principale des indemnités accessoires : indemnités dues au comportement de l'expropriant (retard abusif), indemnité de remploi qui a pour objet de couvrir tous les frais, fiscaux, notariaux (art. R.322-5 du Code de l'expropriation) exposés par la personne expropriée pour retrouver un bien de même nature (Code de l'expropriation, art. R.13-46).

5. Enfin, l'indemnité doit être fixée « en euros » (art. L.322-12 du Code de l'expropriation). Mais à titre exceptionnel, le juge peut accepter que l'expropriant offre à un commerçant, à un artisan ou à un industriel évincé un local « *équivalent situé dans la même agglomération* » (art. L.322-12, al. 2). Cette notion d'équivalence est strictement appréciée par le juge (Cass. civ. 3ᵉ, 27 février 1991, SAERP, *Bull. civ. III*, n° 70 ; 15 mai 1991, M. Talbot, *Bull. civ. III*, n° 142).

Dans tous les cas, le jugement fixant l'indemnité doit être motivé pour chacune des indemnités. Il est susceptible d'appel devant la cour d'appel dans un délai d'un mois à compter de sa notification (art. R.311-24 du Code de l'expropriation).

■ 4ᵉ étape : le paiement de l'indemnité

283. Lorsque trois mois après la décision définitive fixant l'indemnité, celle-ci n'est toujours pas versée, l'exproprié peut demander à l'expropriant, par lettre recommandée avec accusé de réception, des intérêts moratoires (art. R.323-14 du Code de l'expropriation). Ces intérêts de retard sont calculés au taux légal (art. 1231-6 du Code civil), qui s'élève, pour le second semestre 2022, à 3,15 % pour un particulier et à 0,77 % pour un professionnel (arrêté du 27 juin 2022 relatif à la fixation du taux de l'intérêt légal).

■ 5ᵉ étape : la prise de possession

284. L'article L.231-1 du Code de l'expropriation donne aux détenteurs du bien exproprié un délai d'un mois après le paiement de l'indemnité pour quitter les lieux. À défaut de respect de ce délai, qui ne peut en aucun cas être modifié, les occupants peuvent être expulsés.

Le relogement des expropriés, et notamment le droit de priorité des locataires de logements sociaux, sont régis par les articles R.423-1 à R.423-10 du Code de l'expropriation. Selon la jurisprudence, « *la personne publique qui bénéficie d'une expropriation est tenue à une obligation de relogement envers les occupants de bonne foi des locaux à usage d'habitation constituant leur occupation principale* », peu importe à ce sujet que le projet justifiant l'expropriation soit une opération de d'aménagement ou la réalisation d'un équipement public (Cass. civ. 3e, 20 décembre 2018, Toulouse Métropole, n° 17-26919). Il ne peut être proposé un local de relogement à un propriétaire exproprié que si cette offre a été acceptée par ce propriétaire avant la fixation des indemnités d'expropriation (art. R.423-9 du Code de l'expropriation) : cette disposition vise à permettre au juge de tenir compte de ce relogement lors de la fixation des indemnités d'expropriation. Si l'exproprié renonce à son droit à être relogé, le juge vérifie que cette renonciation est « *claire et non équivoque* » (Cass. civ. 3ᵉ, 27 février 2013, n° 12-11.995 ; 16 mars 2022, Société d'aménagement et de développement ville et département Val-de-Marne, n° 21-10.032).

Lorsque les conditions nécessaires à la prise de possession ne sont pas réunies, l'administration commet un acte d'emprise irrégulière en prenant possession. Cette action, grave, constitue une voie de fait qui entraîne la responsabilité de l'administration devant le juge judiciaire, et non devant le juge administratif conformément à la décision du Tribunal des conflits du 17 mars 1949, Société Hôtel Vieux Beff oi et ministre des Anciens Combattants c/ société Rivoli Sébastopol (Rec. p. 592 et 594).

Les contestations relatives au relogement des locataires ou des occupants de locaux d'habitation ou à usage professionnel relèvent de la compétence du juge de l'expropriation qui statue selon une procédure accélérée (art. R.423-10 du Code de l'expropriation).

Enfin, il faut signaler que la loi a prévu des procédures spéciales qui permettent de verser une indemnité provisionnelle et de prendre possession :

- la procédure d'urgence organisée par les articles L.511-1 et suivants du Code de l'expropriation. Cette procédure concerne, en particulier, les immeubles ayant fait l'objet d'un arrêté de mise en sécurité ou de traitement de l'insalubrité et ayant prescrit la démolition ou l'interdiction définiti e d'habiter. Elle peut également concerner, à titre exceptionnel, *« des immeubles qui ne sont eux-mêmes ni insalubres, ni impropres à l'habitation, lorsque leur expropriation est indispensable à la démolition d'immeubles insalubres ou d'immeubles menaçant ruine »* (art. L.511-1 2° du Code de l'expropriation). Dans ce cadre, il peut être ordonné, outre le relogement des occupants, le versement d'une indemnité provisionnelle de déménagement ;
- les procédures d'extrême urgence prévues aux articles L.521-1 à L.522-4 du Code de l'expropriation : elles concernent notamment les travaux intéressant la Défense nationale et aussi, afin que 'opération ne soit pas « *retardée par des difficultés tenant à la prise de possession d'un ou plusieurs terrains non bâtis, situés dans les emprises de l'ouvrage* » (art. L.522-1 du Code de l'expropriation), les travaux de construction d'autoroutes, de routes nationales, de voies de chemins de fer, de voies de tramways ou de transport en commun en site propre, d'oléoducs et d'ouvrages des réseaux publics d'électricité. L'autorisation de prendre possession est donnée par un décret, pris sur avis conforme du Conseil d'État ; il appartient à l'administration de payer ou de consigner à titre provisionnel une somme évaluée par le service des Domaines.

■ 6ᵉ étape (éventuelle) : la rétrocession

285. Lorsque, cinq ans après la date de l'ordonnance d'expropriation, l'immeuble n'a toujours pas reçu la destination prévue à la DUP, l'ancien propriétaire ou ses ayants droit peu(ven)t demander la rétrocession de son (leur) bien (art. L.421-1 du Code de l'expropriation ; Cass. civ. 3ᵉ, 19 janvier 2022, Société Sodiac, n° 20-19.351). En outre, un expropriant qui décide d'aliéner un ou plusieurs immeubles susceptibles de donner lieu à lexercice du droit de rétrocession, doit en informer les anciens propriétaires ou leurs ayants droit à titre universel pour les inviter à opter entre l'exercice immédiat de leur droit de rétrocession et la renonciation à ce droit (art. R.421-1 du Code de l'expropriation). À défaut d'accord de l'administration, l'ancien propriétaire saisit le tribunal judiciaire (art. R.421-6 du Code de l'expropriation), dans un délai de deux mois suivant la notification de la décision administrati e rejetant la demande de rétrocession.

Parfois perçue comme une solution « ultime » par les aménageurs et les élus locaux, l'expropriation n'en demeure pas moins un outil redoutablement efficace pour mener à bien de opérations d'aménagement. Son usage reste cependant strictement encadré par les textes, et le juge civil n'hésite pas à pleinement jouer le rôle qui lui incombe comme protecteur de la propriété privée. À une époque où le législateur encourage les élus à redensifier les espaces urbains et où les besoins en logements, installations et infrastructures ne cessent de croître, l'expropriation s'inscrit comme un outil aussi utile que complexe à maîtriser.

5.2 La préemption dans les zones d'aménagement différé

286. La politique destinée à développer l'off e foncière en vue d'un aménagement envisagé à moyen ou long terme a connu plusieurs instr uments successifs : zones d'intervention foncière (ZIF), supprimées par la loi du 18 juillet 1985 ; zones à urbaniser en priorité (ZUP), suppri - mées par la loi d'orientation pour la ville de 1991. Ne subsiste que le régime des zones d'aménagement diffé é (ZAD), instituées par la loi du 26 juillet 1962 comme cadr e d'un droit de préemption fort permettant des opérations importantes ; il diffè e en cela du droit de préemption urbain (voir *supra* 244), qui s'attache à des acquisitions individuelles plus simples. Cet outil a été conçu dans l'objectif de permettre la préparation d'opérations d'aménagement sur le long terme en évitant que l'annonce d'un projet ne déclenche une hausse des valeurs foncières. La ZAD peut ainsi êtr e mobilisé sur tout ou par tie du périmètr e d'une opération d'intérêt national (OIN ; voir *supra* 30), pour constituer des réserves foncières afin de éaliser l'opération projetée, pour les grandes opérations d'urbanisme (GOU) ou encore dans le cadre d'un contrat pour la réalisation d'un projet d'intérêt majeur qui comporte la réalisation d'actions ou d'opérations d'aménagement (art. L.350-1). Cet outil a fait l'objet de plusieurs mesures d'assouplissement, notamment avec la loi « ALUR » du 24 mars 2014 et la loi « ELAN » du 23 novembre 2018, afin 'encourager son utilisation à l'échelon intercommunal.

5.2.1 La création de la ZAD

Le régime de création des ZAD est assez centralisé, même s'il a récemment évolué pour tenir compte de l'essor de l'intercommunalité.

A. Conditions

■ **Champ géographique**

L'article L.212-1 permet la création de ZAD sur tout le territoire, même sur un territoire déjà couvert par un PLU. Il convient de vérifier que le projet de ZAD est compatible avec le document d'orientation et d'objectifs du schéma de cohérence territoriale (art. L.141-7).

■ **Initiative**

287. La création de la ZAD est proposée soit par la commune ou l 'établissement public de coopération intercommunale, soit par le préfet, qui recueille alors l'avis de la commune ou de l'établissement public de coopération intercommunale compétent. En Ile-de-France, la création peut résulter d'une délibération motivée de l'organe délibérant d'un établissement public territorial (art. L.212-1 al 5).

■ **Possibilité de décision provisoire**

Dès qu'est formulée – soit par l'organe délibérant de la collectivité compétente, soit par lui-même – la pr oposition de créer une ZAD, le préfet peut, par arr êté, délimiter le périmètr e provisoire de la zone (art. L.212-2-1). Cet arrêté mettant en place une « pré-ZAD » devient caduc si l'acte créant la ZAD n'est pas publié dans les deux ans. U ne copie de la décision provisoire est adr essée en mairie ainsi qu 'à la chambr e départementale des notair es, et aux barreaux constitués près les tribunaux judiciaires dans le ressort desquels est créée la ZAD et au greffe des mêmes tribunaux

B. Décision

■ Autorité (art. L.212-1)

La décision de créer la ZAD est prise par arrêté préfectoral motivé. Toutefois, elle est prise par décret en Conseil d'État si, saisi par le préfet, l'organe délibérant de la collectivité compétente a émis un avis défavorable ou n'a pas émis d'avis dans les deux mois suivant sa saisine (art. L.212-1, al. 2). L'acte de création de la ZAD doit être publié au *Journal officiel* s'il s'agit d'un décret, au recueil des actes administratifs du département s'il s'agit d'un arrêté préfectoral ; mention est insérée dans deux journaux diffusés dans le dépa tement.

Exemples

1. La ZAD permettant de créer un aéroport à Notre-Dame-des-Landes a été créée par l'arrêté du préfet de Loire-Atlantique du 11 janvier 1974.

2. La ZAD permettant l'extension de l'aéroport de Lyon-Saint-Exupéry a été créée par le décret en Conseil d'État n° 2007-1101 du 13 juillet 2007.

3. La ZAD permettant la réalisation de l'opération d'intérêt national de Bordeaux-Euratlantique a été créée par le décret en Conseil d'État n° 2012-646 du 3 mai 2012.

4. La ZAD permettant de réaliser un écoparc sur la commune de Tailly a été créée par l'arrêté du préfet de la Côte-d'Or n° 19 du 25 janvier 2013.

5. Un arrêté du préfet des Hautes-Alpes du 27 avril 2021 a créé une ZAD sur la commune d'Orpierre afin d'« *assurer la maîtrise du foncier et lutter contre la spéculation foncière* » dans un secteur destiné à la cr éation d'« *un nouveau quartier à proximité immédiate du vieux village* ».

Exemple

Arrêté du préfet du Loiret portant création d'une zone d'aménagement concerté sur le territoire de la commune de Yèvre-la-Ville (extrait)

« *Vu le Code de l'urbanisme et notamment ses articles L.210-1, L.212-1 et suivants, R.212-1 et suivants, L.213-1 et suivants, R.213-1 et suivants,*

Vu la délibération du conseil municipal de Yèvre-la-Ville du 1er juillet 2015 sollicitant la création d'une Zone d'Aménagement Différé (ZAD), dite "ZAD du chemin des remparts",

Considérant que la commune de Yèvre-la-Ville a pour projet de créer un chemin de randonnée sécurisé en contre-bas des remparts du château-fort de Yèvre-le-Châtel, reliant la rue de Nascelles à la rue de Souville, qui nécessite de mener une politique d'acquisition foncière, Considérant que ce projet, dans la perspective de favoriser le développement du tourisme sur la commune classée parmi les "Plus beaux villages de France" tout en assurant la protection des abords du monument historique, correspond à l'un des objectifs définis par l'article L.300-1 du Code de l'urbanisme,

Sur proposition de la Directrice départementale des territoires du Loiret,

ARRÊTE

Article 1 : Une ZAD est créée sur le territoire de la commune de Yèvre-la-Ville comprenant les parcelles cadastrées 349AC122, 349AC123 et 349AC124, conformément au plan parcellaire annexé au présent arrêté. Cette zone ainsi créée est dénommée "ZAD du chemin des remparts".

Article 2 : La commune de Yèvre-la-Ville est désignée comme titulaire du droit de préemption dans la zone ainsi délimitée.

Article 3 : La durée d'exercice de ce droit de préemption est de six ans renouvelable à compter de la publication du présent arrêté.

Article 4 : Le présent arrêté et son plan annexé seront déposés en mairie de Yèvre-la-Ville pour mise à la disposition du public. Une copie du présent arrêté sera affichée en mairie pendant une durée de 2 mois. Le présent arrêté sera publié au Recueil des actes administratifs de la préfecture du Loiret. Il fera l'objet d'une mention insérée en caractères apparents dans deux journaux diffusés dans le département à la charge de la commune.

Article 5 : Une copie de cet acte sera adressée au conseil supérieur du notariat, à la chambre départementale des notaires, au barreau constitué près le Tribunal de grande instance d'Orléans et au greffe de ce même tribunal.

> *Article 6 : Le secrétaire général de la préfecture du Loiret, le Maire de la commune de Yèvre-la-Ville, la directrice départementale des territoires sont chargés, chacun en ce qui le concerne, de l'exécution du présent arrêté. »*

■ **Contentieux**

Le juge administratif n'exerce qu'un contrôle minimal sur la décision de création d'une ZAD, vérifiant simplement que la future zone correspond à des besoins effectifs (Conseil 'État, Sect. 23 mars 1979, Valentini, n° 09860, Rec. Lebon 153 ; 22 juin 1987, Ville de Montreuil c/ Sebban, n° 44552, Rec. p. 226 ; 16 décembre 1994, Commune de Veauchette, n° 104389) ; il admet la création d'une ZAD pour permettre à la collectivité de s'opposer à la spéculation foncière (Conseil d'État, Assemblée, 6 juin 1969, Dame Laudon, n° 71514, Rec. p. 288 ; 8 juin 1994, Commune de Mitry-Mory, n° 126486, Rec. T. p. 1243).

5.2.2 L'exercice du droit de préemption

288. La limitation apportée au droit du propriétaire d'aliéner son bien est strictement encadrée.

A. Exclusion du droit de préemption urbain

Si la ZAD inclut une zone urbaine ou une zone d'urbanisation future d'un POS ou d'un PLU où a été institué un droit de préemption urbain, celui-ci ne peut plus s'y appliquer. Il en est de même lorsqu'une décision préfectorale a délimité un périmètre provisoire de ZAD. En revanche, un territoire déjà inclus dans le périmètre du droit de préemption exercé par le département au titre des espaces naturels sensibles peut faire l'objet d'une ZAD (Conseil d'État, Section, 3 juillet 1998, Préfet des Yvelines, n° 132250, Rec. p. 275).

B. Titulaire du droit de préemption en ZAD

Il est désigné par l'acte créant la ZAD (art. R.212-2) : le titulaire du droit de préemption peut être la commune, un établissement public de coopération intercommunale, une autre collectivité territoriale, un établissement public foncier local (ar. L.324-1), un établissement public y ayant vocation, un concessionnaire d'une opération d'aménagement (art. L.212-2), ou encore une chambre consulaire ou l'État.

Toutefois, pendant la période provisoire (art. L.212-2-1, alinéas 2 et 3), le titulaire du droit de préemption est l'État ou, exceptionnellement, un autre titulaire désigné par l'acte de création de la pré-ZAD.

C. Modalités de la préemption en ZAD

Le régime général de la préemption dans les ZAD est, pour l'essentiel, analogue à celui du droit de préemption urbain (voir *supra* 251 à 257), mais comporte quelques spécificités. Tout propriétaire inclus dans le périmètre de la ZAD ou de la « pré-ZAD » peut exercer son droit de délaissement (art. L.212-3). Si le titulaire du droit de préemption lui répond qu'il ne souhaite pas acheter – ou ne répond pas – dans les deux mois, le bien ne pourra pas être préempté (art. L.212-3 al 4) ; si le titulaire donne dans les deux mois son accord sur le prix, le bien doit être acquis à l'amiable et payé dans les quatre mois (art. L.213-14) ; si le titulaire exprime dans les deux mois un désaccord sur le prix demandé, le prix est fi é par le juge de l'expropriation (art. L.213-4). En cas de refus ou à défaut de réponse du titulaire du droit de préemption dans les deux mois, le bien ne peut plus être soumis au droit de préemption.

La durée d'exercice du droit de préemption est de six ans « *à compter de la publication de l'acte qui a créé la zone* » (art. L.212-2). S'il y a eu « pré-ZAD », le temps du régime de périmètre provisoire est compté dans cette durée, (art. L.212-2-1 dernier alinéa). La période d'exercice est renouvelable sans limitation (Rép. Min. à la QE n° 76321 de Jacques Cresta, *JOAN(Q)* du 11 avril 2017).

Lorsque des décisions de préemption prises pendant la période de « pré-ZAD » concernent, une fois la ZAD créée, des biens non compris dans le périmètre définitif de celle-ci, ces biens doivent, dans le délai d'un an, être rétrocédés à leurs anciens propriétaires (art. L.212-2-2).

La motivation de la préemption doit être précisée dans chaque décision de façon succincte (Conseil d'État, 17 décembre 2007, Commune de Pardies-Piétat, n° 307231, Rec. T. p. 1122). La préemption doit être exercée :

- soit pour des actions ou opérations d'aménagement : des décisions de préemption « *en vue d'une opération à caractère économique et social* » (Conseil d'État, 30 juillet 1997, Commune de Montreuil-sous-Bois c/ consorts Breuille, n° 160968, Rec. p. 309) ou « *en vue d'entreprendre toute opération d'aménagement ayant pour objet de mettre en œuvre une politique de l'habitat* » (Conseil d'État, 13 octobre 2003, Commune d'Altkirch, n° 247676, Rec. T. p. 1026) ont été jugées insuffisamment motivées et donc annulées ;
- soit à des fins de réserves foncières : dans ce cas, la décision peut simplement se référer aux motivations générales mentionnées dans l'acte créant la zone (art. L.210-1, alinéa 2). La collectivité qui a acquis des terrains constituant une réserve foncière « *doit en assurer la gestion raisonnablement* » (art. L.221-2). Le Conseil d'État a précisé que « *lorsqu'une collectivité exerce dans une zone d'aménagement différé le droit de préemption dont elle est titulaire à des fins de constitution de réserves foncières en se référant aux motivations générales de l'acte qui crée cette zone, elle n'a pas à justifier de la réalité d'un projet d'action ou d'opération d'aménagement à la date de sa décision* ». Cependant, « *la collectivité ne peut légalement exercer ce droit si la préemption est dépourvue d'utilité pour atteindre les objectifs en vue desquels la zone a été créé* » (Conseil d'État, 17 juin 2014, Communauté d'agglomération de Montpellier, n° 358438). En ce domaine, le juge de l'excès de pouvoir ne porte qu'un contrôle restreint sur la motivation de la décision.

D. Contentieux des décisions de préemption en ZAD

La décision de préemption peut être contestée devant le juge administratif par un requérant ayant intérêt pour agir, par exemple une personne détenant un droit de préférence pour l'acquisition de l'immeuble préempté (Conseil d'État, 20 mars 1991, Roucaute, n° 103271, Rec. T. p. 1109), ou un fermier exploitant le terrain préempté (Cour administrative d'appel de Lyon, 7 juillet 1995, Mondolini, Rec. p. 539). L'acte de création de la ZAD n'étant pas un acte réglementaire (Conseil d'État, 25 mars 1996, Association de sauvegarde du village de Guyancourt et de ses hameaux, n° 147294, Rec. T. p. 1213), un requérant peut invoquer, à l'occasion de la contestation d'une mesure de préemption, l'exception d'illégalité de cet acte si celui-ci n'a pas acquis un caractère définitif (Conseil d'État, 26 octobre 2012, Chauveau - Commune de Dourdan, n° 346947, précité).

Le juge annule une décision de préemption qui ne répond pas à un but d'intérêt général (par exemple, une décision ayant en réalité pour but d'empêcher l'acquisition d'un bien par des personnes extérieures à la commune : Conseil d'État, 1er février 1993, Guillec, n° 107714, Rec. p. 22) ou qui a été exercée sur un bien non situé dans le périmètre de la ZAD (Conseil d'État, 7 avril 2010, Commune de Lescun, n° 320125, Rec. T. p. 1015).

5.3 La protection des espaces naturels et agricoles périurbains

289. La loi du 23 février 2005 relative au développement des territoires ruraux a donné compétence aux départements pour « *mettre en œuvre une politique de protection et de mise en valeur des espaces agricoles et naturels périurbains* ». Cette compétence est également reconnue au profit des structures porteuses de SCoT, les intercommunalités, syndicats mixtes, pôles métropolitains et pôles d’équilibre territorial et rural (art. L.113-15). L’objectif est de figer la vocation naturelle ou agricole des terrains sur les documents d’urbanisme.

5.3.1 La délimitation d’un périmètre

Les projets de périmètres « PENAP » (« *protection des espaces agricoles et naturels périurbains* »), définis par le conseil départemental, sont soumis à l’accord de la ou des communes concernées ou des EPCI compétents en matière de plan local d’urbanisme (PLU ou PLUi), ainsi qu’à l’avis de plusieurs organismes (chambre départementale d’agriculture et établissement chargé du SCoT, s’il existe). Le projet comprend un plan de délimitation ainsi qu’une notice qui analyse l’état initial de ces espaces et expose les motifs du choix du périmètre, notamment les bénéfices attendus de son institution sur l’agriculture, la forêt et l’environnement (art. R.113-19). Le projet est ensuite soumis à enquête publique (art. R.113-21).

Certaines zones ne peuvent être incluses dans un périmètre d’intervention « PENAP » (art. L.113-17). Il en va ainsi notamment des :

- zones classées urbains ou à urbaniser délimitées par un PLU ;
- secteurs constructibles des cartes communales ;
- périmètres des ZAD.

La création du périmètre est décidée par une délibération du conseil départemental (art. R.113-22). Sa délibération a trois conséquences :

- elle interdit aux communes élaborant un PLU (ou une carte communale) de classer les terrains inclus dans ce périmètre en zone urbaine ou à urbaniser (en secteur constructible), mais elle permet ultérieurement au conseil départemental de modifier ce périmètre, avec l’accord des seules communes intéressées par la modification et après avis de la chambre départementale d’agriculture ;
- elle interdit au département, sauf pour mettre le périmètre en compatibilité avec un projet d’infrastructure de transport, de modifier le périmètre pour en retirer des terrains : un tel retrait ne peut être décidé que par décret du Premier ministre (art. L.113-19, al. 4) ;
- elle conduit le département à élaborer pour ce périmètre un programme d’action.

> ***Exemple***
>
> Le Conseil départemental du Rhône a créé, le 15 février 2019, le PENAP « Plaine des Chères et Côteaux » permettant la protection de 4 450 hectares répartis sur 12 communes. Son programme d’action, qui vise notamment à assurer la pérennité du foncier en faveur de l’agriculture et à favoriser les projets agricoles et environnementaux, se concrétise en particulier par des aides financières pour réaliser des forages et des installations destinées à la récupération des eaux de pluie.

5.3.2 Le programme d'action

Une fois le périmètre délimité, et selon une procédure analogue (art. R.113-25 et R.113-26), le conseil départemental adopte un programme d'action. Celui-ci précise « *les aménagements et les orientations de gestion destinés à favoriser l'exploitation agricole, la gestion forestière, la préservation et la valorisation des espaces naturels et des paysages au sein du périmètre d'intervention* » (art. L.113-21). L'objectif est d'empêcher toute urbanisation des espaces agricoles ou naturels autour des villes. Il s'agit, selon les termes du législateur, « *de décourager les anticipations spéculatives et de permettre aux agriculteurs de se maintenir dans ces espaces très convoités* » (Sénat, Commission des affai es économiques, rapport n° 138, décembre 2004).

À cette fin, à 'intérieur d'un périmètre d'intervention, les terrains peuvent être acquis par le département ou, avec l'accord de celui-ci, par une autre collectivité territoriale ou un EPCI, à l'amiable ou par expropriation (art. L.113-24). Ces terrains peuvent être également acquis par exercice du droit de préemption :

- par le département si le terrain est inclus dans un secteur où il peut exercer le droit de préemption dans les espaces naturels sensibles ;
- par la SAFER (voir *supra* 244) si le terrain est inclus en dehors de zones de préemption des espaces naturels sensibles ;
- par un établissement public foncier de l'État ou un établissement public foncier local.

Les terrains acquis sont classés dans le domaine privé de la collectivité territoriale ou de l'établissement public qui les a acquis. Ils ne pourront être utilisés qu'« *en vue de la réalisation des objectifs définis par le programme d'action* » (art. L.113-7).

CHAPITRE 6

Les opérations d'aménagement

290. Les opérations d'aménagement foncier sont régies par le livre III du Code de l'urbanisme (art. L.300-1 à L.350-7 et art. R.300-1 à R.340-7). Ces opérations sont précédées d'une concertation de nature à permettre la meilleure réalisation possible du projet pour les aménageurs, mais également son acceptation par les habitants. Aussi le conseil municipal qui envisage une opération d'aménagement doit-il se préoccuper de cet aspect déterminant « *avant que le projet ne soit arrêté dans sa nature et ses options essentielles et que ne soient pris les actes conduisant à la réalisation effective de l'opération* » (Conseil d'État, Section, 6 mai 1996, Association Aquitaine alternatives, n° 121915, Rec. p. 144).

Dans le droit fil des lois de décentralisation, la loi n° 85-729 du 18 juillet 1985 relative à la définition et à la mise en œuvre des principes d'aménagement avait mis en place un nouvel outil baptisé le « *programme d'aménagement d'ensemble* » (PAE). Son objet résidait dans l'aménagement d'un quartier, et son approbation relevait d'une délibération du conseil municipal. Relativement souple, le PAE permettait, en outre, à la commune de mettre à la charge des constructeurs « *tout ou partie du coût des équipements publics réalisés pour répondre aux besoins des futurs habitants ou usagers des constructions à édifier dans le secteur concerné* ». Mais cet outil a été supprimé, depuis le 1er mars 2012, par la loi n° 2010-1658 du 29 décembre 2010 de finances rectificative pour 2010 qui a créé la taxe d'aménagement. Son régime juridique reste toutefois applicable aux PAE approuvés avant le 1er mars 2012 (art. L.332-6, 1° et L.332-28), à l'instar de la réalisation du quartier des « Bassins à flot » à Bordeaux. La « *convention de projet urbain partenarial* », instituée dans les zones U et AU des PLU, a été créée dans le même esprit (art. L.332-11-3).

291. Quatre opérations d'aménagement sont présentées dans ce dernier chapitre : les zones d'aménagement concerté (6.1), les lotissements (6.2), les secteurs sauvegardés (6.3) et la nouvelle procédure intégrée pour le logement (6.4).

6.1 Les zones d'aménagement concerté

292. Les zones d'aménagement concerté (ZAC) ont été instituées par la loi d'orientation foncière de 1967 ; elles ont succédé aux zones à urbaniser en priorité (ZUP). Les ZAC sont aujourd'hui définies comme des « *zones à l'intérieur desquelles une collectivité publique ou un établissement public y ayant vocation décide d'intervenir pour réaliser ou faire réaliser l'aménagement et l'équipement des terrains, notamment de ceux que cette collectivité ou cet établissement a acquis ou acquerra en vue de les céder ou de les concéder ultérieurement à des utilisateurs publics ou privés* » (art. L.311-1, alinéa 1).

La ZAC constitue ainsi un mode de production de terrains équipés en vue de la réalisation :

- de constructions à usage d'habitation, de commerce, d'industrie, de services ;
- d'installations et d'équipements collectifs publics ou privés, ce qui n'exclut pas la mise en valeur d'espaces naturels (Conseil d'État, 7 juillet 2000, SCI Cité haute en Provence, n° 205229, Rec. T. p. 1283).

6.1.1 La création de la ZAC

293. En raison de leur objet très large, des ZAC très diverses peuvent être créées : ZAC à vocation économique, artisanale, industrielle, commerciale, touristique, ZAC de services ou d'habitation, ZAC complexes comprenant des logements, des bureaux, des écoles, des locaux d'enseignement supérieur… Près de 90 % des ZAC sont situées en agglomération.

A. Le territoire

Les ZAC peuvent être créées sur tout le territoire, et une même ZAC peut avoir plusieurs emplacements territorialement distincts (art. L.311-1, al. 5) : elle est appelée « ZAC multisites ». Dans tous les cas, la ZAC doit être compatible avec le document d'orientation et d'objectifs (DOO) du schéma de cohérence territoriale (SCoT).

B. La décision

■ L'initiative

294. L'initiative de la ZAC peut être prise par la commune (ou l'établissement public de coopération intercommunale), par l'État, par une autre collectivité publique (région, département), par un établissement public (établissement public d'aménagement, chambre de commerce…), à condition que ce dernier y ait vocation (art. R.311-1).

Le législateur a assez rapidement accordé une compétence de plein droit, pour la création et la réalisation de « *ZAC d'intérêt communautaire* », aux communautés d'agglomération, aux communautés urbaines, aux métropoles et aux communautés de communes ayant compétence en matière d'aménagement de l'espace communautaire. Cette approche a été renforcée avec la loi NOTRe du 7 août 2015 qui a organisé le transfert généralisé à l'échelon intercommunal des « *zones d'activité industrielle, commerciale, tertiaire, artisanale, touristique, portuaire et aéroportuaire* ». En effet, dès lors que la AC poursuit un tel objet, elle constitue une forme de zone d'activité économique (ZAE). Dans ce cadre, l'intérêt de la distinction entre les zones d'activité communale et les zones dites « d'intérêt communautaire » s'est peu à peu effacé a ec l'essor du rôle confié aux inte communalités en matière d'aménagement foncier.

Il revient à l'assemblée délibérante – conseil des élus de la collectivité – de sensibiliser et, si possible, associer, la population aux projets de ZAC : la loi rend obligatoire, pour toute création de ZAC, une concertation « *associant, pendant toute la durée de l'élaboration du projet, les habitants, les associations locales et les autres personnes concernées* » (art. L.103-2, 2°).

Le juge, s'il est saisi, vérifie qu'une concertation a eu lieu dans les formes prescrites à l'article L.300-2, que cette concertation a respecté les modalités définies par la délibération décidant l'ouverture de cette concertation, que le maire en a présenté le bilan au conseil municipal et que celui-ci a pu en délibérer (Conseil d'État, 18 mars 1994, Copropriété Le Melchior, n° 136634, Rec. T. p. 1244). En pratique, pour mener à bien la concertation, la délibération peut prévoir des réunions publiques, des ateliers participatifs, des expositions publiques ou encore la mise en place d'un registre et d'une « boîte à idées » pour recueillir les points de vue et faire participer les riverains au projet (Cour administrative d'appel de Paris, 19 novembre 2020, Association pour le quartier Saint-Vincent-de-Paul 14e, n° 19PA00551).

Lorsque l'État a pris l'initiative de la création de la ZAC, c'est au préfet qu'il revient de fi er les objectifs poursuivis et les modalités de la concertation.

■ **Le dossier de création**

295. Le dossier de création, constitué par la personne qui a pris l'initiative de la ZAC (art. R.311-2), doit être complet (Conseil d'État, 5 octobre 1990, Association de défense des propriétaires, commerçants, industriels, artisans du secteur n° 9 des ZAD de Levallois-Perret, n° 101698, Rec. T. p. 1035).

Ce dossier comprend :

- le rapport de présentation : il expose l'objet et la justification du p ojet, comporte une description de l'état du site et de l'environnement, indique le programme prévisionnel des constructions et énonce les raisons pour lesquelles le projet a été retenu, au regard notamment « *de l'insertion dans l'environnement naturel ou urbain* » (art. R.311-2 a) ;
- un plan de situation ;
- un plan de délimitation du périmètre de la zone (ou de ses périmètres, s'il s'agit d'une ZAC « multisites ») ;
- le régime financier : le dossier de création précise si la part communale ou intercommunale de la taxe d'aménagement (voir *supra* 181) sera ou non exigible dans la zone ;
- une étude d'impact, qui doit être menée très sérieusement (Conseil d'État, 26 juillet 2011, Société Innov Immo, n° 320457, Rec. p. 415). Par exemple, « *le contenu de l'étude d'impact doit être proportionné à la sensibilité environnementale de la zone* », ce qui invite notamment à une vigilance toute particulière lorsqu'un projet de ZAC est envisagé sur des sols pollués (Cour administrative d'appel de Paris, Établissement public territorial Plaine Commune, 21 décembre 2021, n° 21PA01295). Toutefois, « *les inexactitudes, omissions ou insuffisances d'une étude d'impact ne sont susceptibles de vicier la procédure* (...) *que si elles ont pu avoir pour effet de nuire à l'information complète de la population ou si elles ont été de nature à exercer une influence sur la décision de l'autorité administrative* » (Conseil d'État, 22 mars 2022, Association Église évangélique de Crossroads, n° 448610).

Lorsque c'est une commune ou un EPCI qui a pris l'initiative de la création de la zone, la délibération approuvant le dossier de la zone porte création de celle-ci (art. R.311-3, al. 1). Si le projet découle de l'initiative d'une autre personne publique, le dossier de création doit faire l'objet d'un avis des communes ou des EPCI concernés (art. R.311-3, al. 2).

Cet avis est réputé favorable si le conseil ne s'est pas prononcé dans les trois mois suivant la réception du dossier (art. R.311-4). À Paris, Marseille et Lyon, le conseil d'arrondissement du territoire où la ZAC est projetée doit émettre un avis, à la demande du maire de la ville (art. R.318-18).

■ **L'étude de sécurité publique**

La loi impose la réalisation d'une étude préalable de sécurité publique pour « *les projets d'aménagement et la réalisation des équipements collectifs et des programmes de construction qui, par leur importance, leur localisation ou leurs caractéristiques propres peuvent avoir des incidences sur la protection des personnes et des biens contre les menaces et les agressions* » (art. L.114-1). Sont expressément visés par cette obligation les projets de ZAC situés dans les agglomérations de plus de 100 000 habitants et ayant pour effet de c éer, « *en une ou plusieurs phases* », une surface de plancher supérieure à 70 000 mètres carrés (art. R.114-1 1°). En dehors de ces agglomérations, la même obligation s'impose lorsque le préfet a déterminé un périmètre où une telle étude est obligatoire (art. R.114-1 3°).

■ **L'évaluation environnementale**

L'ordonnance n° 2016-1058 du 3 août 2016 prescrit aux maîtres d'ouvrage de réaliser une évaluation environnementale lorsqu'elle est requise pour leurs projets, s'agissant notamment des ZAC (art. L.122-1 III du Code de l'environnement). Dans ce cadre, les avis et le dossier de création de la ZAC sont soumis à une procédure de participation du public par voie électronique, préalablement à l'approbation du dossier de création (art. L.123-2 I du Code de l'environnement). Cette procédure s'articule avec la concertation obligatoire applicable lors de la création de la ZAC (art. L.103-2 2°).

■ **L'acte de création**

296. Ayant pour objet essentiel de délimiter le périmètre de la zone, cet acte est pris, en vertu de l'article L.311-1, alinéas 2 et 3 :

- en principe, par délibération du conseil municipal ou de l'organe délibérant de l'EPCI ;
- par exception, par arrêté du préfet du département, après avis de l'assemblée délibérante.

L'acte de création établit le programme global prévisionnel des constructions prévues dans la zone et mentionne le régime applicable en matière de la taxe d'aménagement (voir *supra* 181).

Depuis la loi « ELAN » du 23 novembre 2018, la délibération d'approbation d'un PLU contenant des orientations d'aménagement et de programmation peut valoir acte de création de la ZAC (art. L.151-7-2). Les modalités de cette procédure sont définies à 'article R.151-2-1.

C. Les conséquences

La délibération (ou l'arrêté préfectoral créant la ZAC) entraîne d'importantes conséquences.

■ **Publicité**

297. La décision créant la ZAC doit être affichée pendant un mois en mairie ou au siège d l'EPCI, mentionnée dans un journal diffusé dans le dépa tement et publiée au recueil des actes administratifs (art. R.311-5). Le périmètre de la ZAC est reporté sur les documents graphiques du PLU (art. L.151-42 et R.151-52 8°). Le préfet doit tenir à jour en permanence la liste des ZAC créées dans son département.

■ **Contentieux**

La décision de création de la ZAC peut être contestée devant le tribunal administratif. Le délai de recours de deux mois part du jour d'exécution de toutes les formalités de publicité, la date à prendre en compte pour l'affichag en mairie ou au siège de l'EPCI étant celle du premier jour d'affichage (t R.311-5, dernier alinéa).

De façon générale, le juge exerce un contrôle restreint (compétence, procédure, erreur manifeste d'appréciation, détournement de pouvoir) sur l'acte de création d'une ZAC (Conseil d'État, 23 mars 1979, Valentini, n° 07654, Rec. p. 133). Cependant, il examine très attentivement le contenu du dossier (Conseil d'État, 3 septembre 2009, Commune de Nort-sur-Erdre, n° 309162, Rec. T. p. 987) et la compatibilité de la ZAC avec le SCoT (Conseil d'État, 22 mai 1991, Consorts Guillou c/ Société Les Grands Moulins de Paris, n° 80813, 80814 et 81675, Rec. p. 199 ; 8 novembre 1993, Ville de Paris, n° 127034, Rec. p. 312).

L'illégalité de la délibération créant une ZAC ne saurait pour autant être soulevée, par la voie de l'exception, à l'appui d'un recours contre une déclaration d'utilité publique concernant les travaux nécessaires à l'aménagement de cette zone. En effet, il 'incombe pas au juge administratif de se prononcer, dans le cadre du contrôle de l'utilité publique de travaux litigieux, *« sur l'insuffisance alléguée de l'étude d'impact du dossier de création de cette zone dès lors qu'un tel vice n'est pas de nature à affecter l'utilité publique de l'opération »* (Conseil d'État, 18 octobre 2018, Société d'économie mixte pour le développement orléanais, n° 410111).

■ **Régime des immeubles situés dans le périmètre de la ZAC**

298. Immeubles existants : les propriétaires d'un bien situé dans le périmètre de la ZAC disposent, à partir de la publication de l'acte de création, d'un droit de délaissement de leur immeuble (art. L.311-2). Si la collectivité initiatrice de la ZAC refuse d'acquérir l'immeuble à l'expiration d'une année à partir de la mise en demeure du propriétaire, ce dernier peut saisir le juge de l'expropriation pour qu'il *« prononce le transfert de propriété et fixe le prix de l'immeuble »* (art. L.230-3, al. 3). En outre, la commune peut exclure du champ d'application du droit de préemption, par délibération et pour une durée de cinq ans, les cessions de terrain par l'aménageur de la ZAC (art. L.211-1, al. 4).

Immeubles à construire : l'autorité compétente, saisie d'une demande de permis dans le périmètre de la ZAC, peut exercer la faculté de surseoir à statuer pour une durée qui ne peut excéder deux ans (art. L.311-2, L.424-1 3°) dès lors que les travaux envisagés par le pétitionnaire apparaissent de nature à *« compromettre ou rendre plus onéreuse »* la réalisation de la ZAC (voir *supra* 171).

6.1.2 La mise en œuvre de la ZAC

299. En application de la loi « ELAN », la délibération d'approbation du PLU contenant des orientations d'aménagement et de programmation peut emporter création de la ZAC en cas d'identité entre l'autorité compétente pour l'élaboration du PLU et celle compétente pour la création de la ZAC. Le décret n° 2019-481 du 21 mai 2019 a précisé que la délibération d'approbation du document d'urbanisme peut alors valoir création de la ZAC (art. R.151-2-1). Il importe alors que *« le rapport de présentation comporte une description de l'existant dans le périmètre de cette zone d'aménagement concerté ainsi que de son environnement et qu'il énonce les raisons pour lesquelles, au regard des dispositions du plan local d'urbanisme et de l'insertion dans l'environnement naturel ou urbain, la création de cette zone a été retenue »*.

A. Les règles d'urbanisme

Depuis la loi « SRU » du 13 décembre 2000 et l'institution des PLU, les règles d'urbanisme applicables à la ZAC doivent figurer au PLU et les anciens PAZ (règlements particuliers des anciennes ZAC) doivent être intégrés aux PLU (art. L.311-7).

■ L'adaptation du plan local d'urbanisme

Dans la ZAC, les règles du PLU s'appliquent, mais peuvent être précisées (art. L.151-42). À défaut de leur respect, la ZAC ne pourrait être réalisée (art. R.311-6 al 1).

Contenu

300. Le PLU peut préciser, pour le périmètre de la ZAC, la localisation et les caractéristiques des espaces publics à conserver, à modifier ou à c éer, ainsi que la localisation prévue pour les principaux ouvrages publics, les installations générales et les espaces verts (art. L.151-42).

Le PLU peut également définir des qua tiers, des îlots ou des voies au sein desquels doit être *« préservée ou développée la diversité commerciale »*, et définir dans son èglement *« les prescriptions de nature à assurer cet objectif »* (art. L.151-16). De même, le règlement du PLU peut délimiter, dans les zones urbaines ou à urbaniser, *« des secteurs dans lesquels les programmes de logements comportent une proportion de logements d'une taille minimale qu'il fixe »* (art. L.151-14).

Le règlement du PLU peut donc comporter des dispositions trouvant à s'appliquer aux projets de ZAC.

Procédure

301. L'élaboration d'un PLU, ou son adaptation - par modification ou évision - s'effectue selon le régime de droit commun. Toutefois, l'État ou l'organe délibérant de la collectivité territoriale de la ZAC peut, après enquête publique, se prononcer, par une déclaration de projet, sur l'intérêt général de l'opération qu'il a initiée (art. L.300-6) et faire procéder à la mise en compatibilité du PLU.

B. L'aménagement de la zone

302. L'aménagement de la zone constitue l'objet central de l'opération de ZAC. Il est préparé par un dossier de réalisation.

■ Contenu du dossier de réalisation

Le dossier est établi par la personne ayant pris l 'initiative de la ZAC ; il comprend (art. R.311-7) plusieurs éléments :

- le projet de programme des équipements publics à réaliser dans la zone ;
- le projet de programme global des constructions à réaliser dans la zone ;
- les modalités prévisionnelles de financement de 'opération, échelonnées dans le temps (Conseil d'État, 5 octobre 1990, Association de défense des propriétaires, commerçants, industriels, artisans et occupants du secteur n° 9 des ZAD de Levallois-Perret, n° 101698, Rec. T. p.1035) ;
- éventuellement, l'étude d'impact complétée, si des éléments nouveaux sont apparus depuis la constitution du dossier de création.

■ 303. Approbation

Le dossier de réalisation est approuvé par la personne ayant créé la ZAC (organe délibérant ou préfet). Le programme des équipements publics doit ainsi être défini et app ouvé par le conseil municipal ou l'organe délibérant de l'EPCI (art. R.311-8). Étant donné qu'elle constitue une mesure préparatoire, cette approbation n'est pas contestable devant le juge administratif. L'acte qui approuve le dossier de réalisation, tout comme celui qui approuve le programme des équipements publics, font l'objet des mêmes mesures de publicité et d'information (art. R.311-9).

■ L'aménagement et l'équipement

Le régime des ZAC off e deux modes possibles (art. R.311-6) d'aménagement : la régie et la concession.

La régie

304. Il y a régie lorsque la personne ayant pris l'initiative de la ZAC aménage directement et équipe la ZAC.

La concession d'aménagement

La mission du concessionnaire est fi ée par la loi (L.300-4, dernier alinéa) : elle est la même, que l'aménageur soit une personne publique ou privée. L'aménageur assure la maîtrise d'ouvrage des travaux, bâtiments et équipements concourant à l'opération prévus dans la concession ; il peut acquérir des biens nécessaires à la réalisation de l'opération, y compris par la voie d'expropriation ou de préemption. Il procède à la vente, à la location ou à la concession des biens immobiliers situés à l'intérieur du périmètre de la concession.

Le choix du concessionnaire

La personne publique qui a pris l'initiative de la ZAC – qui devient le « concédant » – organise d'abord une procédure de publicité afin de épondre à l'« *obligation de transparence* » imposée par le dr oit communautaire (Cour de justice des communautés eur opéennes, 7 décembre 2000, Telaustria Verlags GmbH, 324/98 ; Cour administrative d'appel de Bordeaux, 9 novembre 2004, SODEGIS, requête n° 01BX00381). En ce domaine, la procédure découle de l'ensemble des procédures instaurées par le Code de l'urbanisme, le Code de la commande publique et le Code général des collectivités territoriales. Le Code de l 'urbanisme prévoit ainsi que « *l'attribution des concessions d'aménagement est soumise par le concédant à une procédure de publicité permettant la présentation de plusieurs offres concurrentes* » (art. L.300-4). Il revient en pratique au concédant de publier, préalablement à la passation de la concession, un appel à candidatur es dans une publication habilitée à r ecevoir des annonces légales et dans une publication spécialisée dans les domaines de l'urbanisme, des travaux publics ou de l'immobilier (art. R.300-5). Cette obligation s'impose aux contrats de concession dépassant un seuil fi é par le Code de la commande publique (5 382 000 euros HT au 1er janvier 2022), ce qui est généralement le cas pour ce type d 'opération. Les réponses des concessionnaires sont ensuite examinées par une commission dappel d'off es, dont la composition varie en fonction de la natur e du concédant (art. R.300-9), afin de etenir celui qui aura en charge les opérations d'aménagement : le concessionnaire.

Le traité de concession d'aménagement

Signé entre le créateur de la ZAC et le concessionnair e, le traité de concession d 'aménagement précise les obligations de chacune des par ties (art. L.300-5) : objet du contrat, dur ée, conditions dans lesquelles il peut êtr e éventuellement prorogé ou modifié, conditions de rachat, de résiliation ou de déchéance par le concédant. Lorsque le créateur de la ZAC participe au coût financier de l'opération (sous forme d'apport financier ou d'apport en terrains), le traité de concession précise les modalités de la participation financiè e, qui peut prendre la forme d'apports en nature ; le montant total de cette participation et, s'il y a lieu, sa répartition en tranches annuelles ; les modalités du contr ôle technique, financier et comptable exercé par le concédant.

Cependant, le traité ne peut mettre à la charge de l'aménageur « *que le coût des équipements publics à réaliser pour répondre aux besoins des futurs habitants ou usagers des constructions à édifier dans la zone* » (art. L.311-4). Si les équipements ont vocation à dépasser ces besoins

– par exemple, une école destinée à accueillir des enfants habitant la ZAC mais aussi des élèves venant d'autres quartiers –, seule la fraction du coût correspondant aux besoins des futurs habitants ou usagers de la ZAC peut être imposée à l'aménageur.

La prise en charge par un constructeur du coût des équipements publics à éaliser peut s'effe - tuer sous la forme d'une cession gratuite de terrain, dans la mesure où elle ne fait pas double emploi avec une participation financiè e qui serait, par ailleurs, déjà demandée au constructeur afin de épondre à ces mêmes besoins (Conseil d'État, 3 juin 2013, M. Renouard, n° 351612). Une convention de projet urbain partenarial, qui fi e la participation de l'aménageur sous forme de contribution financiè e ou d'apports de terrains bâtis ou non bâtis, peut aussi être approuvée par l'organe délibérant (art. L.332-11-3).

Le concédant – organe délibérant ou préfet – doit contrôler la concession. Chaque année, il lui revient d'examiner le compte rendu financier établi par le concessionnai e (art. L.300-5 II 3°).

Ce compte rendu doit comporter :

- le bilan prévisionnel actualisé des activités, objet de la concession, faisant apparaître l'état des réalisations en recettes et en dépenses ainsi que l'estimation des recettes et dépenses restant à réaliser ;
- le plan de trésorerie actualisé faisant apparaître l'échéancier des recettes et des dépenses de l'opération ;
- un tableau des acquisitions et cessions immobilières réalisées pendant la dur ée de l'exercice.

Le concessionnaire doit également rendre compte de l'utilisation des subventions reçues aux personnes publiques qui ont pu les allouer. Les chambres régionales des comptes, lorsqu'elles examinent la gestion des collectivités territoriales et de leurs établissements, sont très attentives au contenu de ces diffé ents documents. Soulignons également que les bilans relatifs à la mise en œuvre des concessions d'aménagement des ZAC sont des documents administratifs communicables à toute personne en faisant la demande (Conseil d'État, 14 février 2018, Association des propriétaires de la ZAC « Les côteaux de Sainte-Musse », n° 401352).

Le traité de concession d'aménagement a un tel lien avec la création de la ZAC que le juge administratif peut annuler la délibération approuvant l'acte de concession au motif de l'illégalité de l'acte de création de la ZAC (Conseil d'État, Section, 26 mars 1999, Société d'aménagement de Port-Léman, n° 185841, Rec. p. 111). Le juge a un pouvoir d'appréciation important : « *Il lui revient, après avoir pris en considération la nature de l'illégalité commise et en tenant compte de l'objectif de stabilité des relations contractuelles, soit de décider que la poursuite de l'exécution du contrat est possible, éventuellement sous réserve de mesures de régularisation prises par la personne publique ou convenues entre les parties, soit de prononcer, le cas échéant avec un effet différé, après avoir vérifié que sa décision ne portera pas une atteinte excessive à l'intérêt général, la résiliation du contrat ou, en raison seulement d'une irrégularité invoquée par une partie ou relevée d'office par lui, tenant au caractère illicite du contenu du contrat ou à un vice d'une particulière gravité relatif notamment aux conditions dans lesquelles les parties ont donné leur consentement, son annulation* » (Conseil d'État, 10 juillet 2013, Commune de Vias, n° 362304). Si la ZAC est annulée, le concessionnaire peut être indemnisé (Conseil d'État, 6 février 2006, Société d'aménagement de Port-Léman, n° 268973, Rec. T. p. 1102).

■ La maîtrise foncière

Expropriation

305. L'aménageur avec lequel a été signée la concession d'aménagement peut bénéficier de la procédure d'expropriation si une DUP a été prononcée et l'a expressément prévue (art. R.311-10). Dans ce cadre, les immeubles expropriés en vue de la réalisation de l'opération peuvent être cédés de gré à gré et sans aucune formalité par l'expropriant à l'aménageur, « *à condition que le prix de vente soit au moins égal au prix d'achat majoré des frais exposés par l'expropriant* » (art. R.311-10 2°). Les occupants des immeubles expropriés ont droit à être relogés : bénéficient de ce d oit les propriétaires occupants, les locataires, les occupants de bonne foi maintenus dans les lieux et les preneurs de baux professionnels, commerciaux, artisanaux, industriels ou ruraux (art. L.314-1 à L.314-9). Lorsqu'il fi e le montant d'une indemnité d'expropriation dans une ZAC, le juge de l'expropriation tient compte de la desserte des réseaux au regard de l'ensemble de la ZAC et non de la seule parcelle concernée (Cass. civ. 3e, 27 mai 2021, Société d'aménagement 77, n° 19-25.939).

> *Exemple*
>
> **Indemnité trop élevée dans une expropriation en ZAC**
>
> La cour d'appel avait tenu compte, dans la fixation de 'indemnité, de la valeur que la future ZAC pourrait apporter au terrain. La Cour de cassation ne valide pas une telle évaluation.
>
> « *Attendu, selon l'arrêt attaqué (Montpellier, 20 septembre 2011), que pour fixer l'indemnité revenant aux consorts X, au titre de l'expropriation, au profit de la Société d'équipement de la région montpelliéraine (SERM), de la parcelle cadastrée n° TY 157 leur appartenant, l'arrêt retient qu'en l'état des termes de comparaison proposés, le prix des terrains bénéficiant d'une situation privilégiée correspond à une fourchette comprise entre 20 et 90 euros le m²en fonction du zonage, de la situation géographique et des possibilités de construction en découlant ; qu'en l'occurrence, la parcelle expropriée est à urbaniser dans le cadre d'une ZAC d'activité, offrant* [...] *de bonnes perspectives de constructibilité ; et que l'attractivité de la ZAC est encore renforcée par son inclusion dans une zone franche urbaine ;*
>
> *Qu'en statuant ainsi, en appréciant la valeur du terrain exproprié en considération de sa vocation future, la cour d'appel a violé le texte susvisé ;*
>
> *Par ces motifs, sans qu'il y ait lieu de statuer sur le premier moyen :*
>
> *Casse et annule, dans toutes ses dispositions, l'arrêt rendu le 20 septembre 2011, entre les parties, par la cour d'appel de Montpellier ; remet, en conséquence, la cause et les parties dans l'état où elles se trouvaient avant ledit arrêt et, pour être fait droit, les renvoie devant la cour d'appel de Nîmes* [...]. »
>
> Source : Cass. civ. 3e, 28 mai 2013, Société d'équipement de la région montpelliéraine, n° 11-28895.

Possibilité de droit de préemption urbain

La commune, ou le concessionnaire si la commune lui a délégué le droit de préemption, peut instituer sur la ZAC un droit de préemption urbain (art. L.211-1), à condition cependant qu'une ZAD n'ait pas déjà été créée sur le périmètre de la ZAC.

Le régime du DPU (voir *supra* 245) connaît en ZAC deux particularités :

- d'une part, l'ancien propriétaire ne peut exercer de droit de rétrocession (L.311-3) ;
- d'autre part, le conseil municipal peut, pour une durée de cinq ans, exclure du DPU la vente des lots ou les cessions de terrains effectuées par 'aménageur (art. L.211-1 al 4).

> *Exemple*
>
> **Motivation de l'exercice du DPU en ZAC**
>
> « *Considérant, d'une part, que la délibération attaquée fait référence aux objectifs définis par le dossier de réalisation de la zone d'aménagement concerté dite "du Clos et des Poiriers", lequel mentionne l'objectif de création de 78 lots à destination d'habitat individuel dont une partie est située sur le secteur dit "du Clos" où se situent les parcelles*

faisant l'objet de la déclaration d'intention d'aliéner ; que, par ailleurs, cette même délibération mentionne la nécessité de procéder aux acquisitions foncières permettant de réaliser l'opération d'aménagement ainsi envisagée ; que, par suite, M. Randazzo n'est pas fondé à soutenir que la délibération qu'il critique méconnaîtrait les obligations de motivations prévues par l'article L.210-1 précité du Code de l'urbanisme ;

Considérant, d'autre part, qu'il ressort des pièces du dossier, et n'est pas contesté par M. Randazzo, que le projet de la commune a pour objectif la réalisation d'une opération d'aménagement urbain au sens des dispositions précitées de l'article L.300-1 du Code de l'urbanisme avec, notamment, la création de 15 lots à bâtir sur les parcelles faisant l'objet de la décision de préemption ; que ce projet était, ainsi que cela résulte de la lecture du dossier de réalisation de la zone d'aménagement concerté dite "du Clos et des Poiriers", suffisamment élaboré à la date à laquelle est intervenue la décision critiquée pour que sa réalité ne puisse être contestée ; que, par suite, le moyen invoqué par M. Randazzo et tiré de ce que la commune ne pouvait exercer le droit de préemption urbain en raison de l'absence d'un projet d'aménagement doit être écarté ; [...] »

Source : Cour administrative d'appel de Versailles, 25 avril 2013, Randazzo, n° 11VE02176.

Construction

Une fois la ZAC réalisée, l'aménageur va céder les terrains. Les divisions de terrain auxquelles il procède à l'intérieur de la zone ne sont pas soumises au régime des lotissements (art. R.442-1 c), mais tout terrain issu d'une division effectuée par l'aménageur à l'intérieur de la ZAC doit être borné (art. L.115-4 al. 2). Mention doit d'ailleurs en être faite dans la promesse de vente ou le contrat d'achat du terrain.

Pour chaque parcelle à construire, le cahier des charges indique le nombre de mètres carrés de surface de plancher dont la construction est autorisée (art. L.311-6). Il peut également fi er des prescriptions techniques, urbanistiques et architecturales. Chacun des cahiers des charges est approuvé par le maire ou par le président de l'EPCI si la ZAC a été créée par le conseil municipal ou par le conseil communautaire, par le préfet dans les autres cas.

Les dossiers de demande de permis de construire doivent comprendre une copie des dispositions du cahier des charges de cession de terrain (art. R.431-23 a). Naturellement, les autorisations individuelles d'urbanisme ayant pour objet l'aménagement et l'équipement effectifs de la zone doivent respecter les règles d'urbanisme en vigueur (Cour administrative d'appel de Marseille, 21 décembre 2018, Société Édyfis, n° 17MA02206).

6.1.3 L'évolution de la ZAC

A. Modification de la ZAC

306. La modification de la AC est possible en suivant une procédure analogue à celle de la création (art. R.311-12, al. 2).

B. Suppression de la ZAC

La ZAC peut être supprimée par l'autorité qui l'a créée, sur proposition ou après avis de la personne qui en avait été initiatrice (art. R.311-12). Un rapport de présentation justifie les motifs de la suppression, et l'acte supprimant la ZAC est soumis aux mêmes formalités de publicité que l'acte l'ayant créée.

6.2 Les lotissements

307. Par définition, le terme « lotir » signifie pa tager une propriété en lots en vue d 'une construction. Pendant longtemps, cette opération a revêtu un caractère strictement privé. Elle apparaissait en effet comme la conséquence du d oit de propriété, régi par l'article 544 du Code civil, aux termes (jamais modifiés depuis 1804) duquel : « *La propriété est le droit de jouir et disposer des choses de la manière la plus absolue, pourvu qu'on n'en fasse pas un usage prohibé par les lois ou par les règlements* ».

Au début du xxe siècle, avec l'affirmatio du rôle de la collectivité publique, chargée de veiller aux besoins collectifs de la population inhérents à l'évolution de la société, le lotissement est progressivement apparu comme une forme d 'opération d'aménagement à part entière. La collectivité avait le pouvoir de recourir à l'expropriation pour lotir, même si le lotissement pouvait être ensuite réalisé par une personne priv ée. C'est dans ce contexte que la loi du 14 mars 1919 avait instauré l'autorisation de lotir. Par la suite, l 'existence de lotissements « défectueux », avec près de 200 000 lots non desservis par l'eau ou l'électricité, incita le législateur, par la loi du 15 mars 1928, à allouer aux communes et aux associations syndicales de propriétaires des aides financiè es. Avec les lois de décentralisation, l'autorisation de lotir est délivrée par le maire dans les communes dotées d 'un plan approuvé (POS ou PLU). Cette autorisation a été intégrée au permis d'aménager depuis le 1er octobre 2007.

Si le lotissement constitue une division foncièr e, l'opération d'aménagement qui en résulte n'efface pas totalement les liens entre les lots issus de cette division. Il faut donc étudier successivement les conditions du lotissement, puis ses effets

6.2.1 Les conditions du lotissement

308. Le lotissement constitue une division foncièr e soumise à une décision administrativ e. Défini par le Code de l 'urbanisme, le lotissement a vu ses conditions pr écisées par la jurisprudence.

A. Une division foncière

Toute division foncière ne constitue pas obligatoirement un lotissement.

■ Les divisions constituant un lotissement

309. Aux termes de l'article L.442-1, un lotissement est défini comme « *la division en propriété ou en jouissance d'une unité foncière ou de plusieurs unités foncières contiguës ayant pour objet de créer un ou plusieurs lots destinés à être bâtis* ».

Il résulte de cette définition que le lotissement p ésente trois caractères :

- en premier lieu, il est issu d'une unité foncière. L'unité foncière a été définie par la juri - prudence comme « *un îlot de propriété d'un seul tenant, composé d'une parcelle ou d'un ensemble de parcelles appartenant à un même propriétaire ou à la même indivision* » (Conseil d'État, 27 juin 2005, Commune de Chambéry, n° 264667, Rec. T. p. 1134). Autrement dit, sans une unité foncière à l'origine, il ne peut y avoir de lotissement ;
- en deuxième lieu, le lotissement consiste une division de cette unité foncièr e. La division en lots peut s'effectuer en propriété ou en jouissance, résulter de mutations à titre gratuit ou onéreux, de partages (Conseil d'État, 2 février 1977, Ministre de l'Équipement c/

Crespin, n° 02051, Rec. p. 62) ou de locations. Ainsi, sans division, il ne peut y av oir de lotissement : la construction de plusieurs bâtiments sur un même terrain ne constitue pas un lotissement. En revanche, *« une opération d'aménagement ayant pour objet ou ayant eu pour effet la division d'une unité foncière constitue un lotissement, au sens de l'article L.442-1 du Code de l'urbanisme, dès lors qu'il est prévu d'implanter des bâtiments sur l'un au moins des lots résultant de la division »* (Tribunal administratif de Versailles, 17 juin 2019, Marshall, n° 1800167) ;

- en troisième lieu, un lotissement est destiné à être bâti. Ainsi que l'a jugé le Conseil constitutionnel, *« Il s'agit donc d'une opération consistant pour le propriétaire à diviser son terrain en plusieurs parcelles auxquelles est attaché un droit à construire, puis à vendre ses parcelles »* (décision QPC n° 2018-740 du 19 octobre 2018) ; *« le lotissement peut être à usage d'habitation, mais aussi à usage industriel, commercial ou artisanal ».*

En principe, si l'un des lots n'est pas destiné à la construction d'un bâtiment, mais à l'élargissement de la v oie publique par ex emple, l'opération ne peut êtr e qualifiée de lotissement (Conseil d'État, 20 juillet 1990, N ouira, Rec. p. 224). Cependant, *« la circonstance que certains lots ne soient pas destinés à accueillir des constructions ne fait pas obstacle par elle-même, à la réalisation d'une opération de lotissement incluant ces lots, dès lors que leur inclusion est* ***nécessaire*** *à la cohérence d'ensemble de l'opération et que la réglementation qui leur est applicable est respectée »* (Conseil d'État, 20 janvier 2020, Association « Non au béton », n° 419837).

■ Les divisions ne constituant pas des lotissements

310. Il convient de distinguer les lotissements d'autres divisions qui n'ont pas cette qualific - tion. Celles-ci peuvent être regroupées en neuf catégories (art. R.442-1) :

- les divisions en propriété ou en jouissance effectuées par un popriétaire au profit de personnes qui ont obtenu un permis de constr uire ou d'aménager portant sur la création d'un groupe de bâtiments ou d'un immeuble autre qu'une maison individuelle (art. R.442-1 a) ;
- les divisions effectuées dans le cadre d'une opération de remembrement réalisée par une association foncière urbaine autorisée ou constituée d'office (t. R.442-1 b) ;
- les divisions effectuées par 'aménageur à l'intérieur d'une ZAC (art. R.442-1 c) ;
- les « divisions primaires », divisions en propriété ou en jouissance effectuées par un popriétaire au profit de personnes qui ont déjà obtenu un permis de constr uire ou d'aménager pour la cr éation, sur une par tie de la pr opriété, d'un groupe de bâtiments ou d 'un immeuble autre qu'une maison individuelle (art. R.442-1 d) ;
- les détachements de terrains suppor tant des bâtiments qui ne sont pas destinés à êtr e démolis (art. R.442-1 e) ;
- les détachements de terrain d'une propriété en vue d'un rattachement à une propriété contiguë (art. R.442-1 f) ;
- les détachements de terrain par l'effet d'une expropriation, d'une cession amiable consentie après déclaration d'utilité publique et, lorsqu'il en est donné acte par ordonnance du juge de l'expropriation, d'une cession amiable antérieur e à une déclaration d 'utilité publique (art. R.442-1 g) ;
- les détachements de terrains réservés acquis par les collectivités publiques dans le cadre des droits de délaissement (art. R.442-1 h) ;
- les détachements de terrains pr évus dans le cadr e d'une participation d'aménagement d'ensemble ou d'une convention de projet urbain partenarial (art. R.442-1 i).

Toutes ces divisions ne sont donc pas soumises à déclaration préalable ni à permis d'aménager.

B. La décision administrative

311. L'autorisation administrative de réaliser un lotissement est soumise à un régime assez proche de celui du permis de construire (art. L.442-3).

■ Les deux formes d'autorisation de lotir

La loi distingue deux formes d'autorisation de lotir qui varient selon l'importance du projet. Ainsi, le principe est que *« les lotissements qui ne sont pas soumis à la délivrance d'un permis d'aménager doivent faire l'objet d'une déclaration préalable »* (art. L.442-3).

En pratique, doivent être précédés de la délivrance d'un **permis d'aménager** les lotissements (art. R.421-19) :

- qui prévoient la création ou l'aménagement de voies, d'espaces ou d'équipements communs à plusieurs lots destinés à être bâtis et propres au lotissement. Les équipements pris en compte sont les équipements dont la réalisation est à la charge du lotisseur ;
- ou qui sont situés dans le périmètre d'un site patrimonial remarquable, dans les abords des monuments historiques, dans un site classé ou en instance de classement.

Si aucune de ces conditions n'est satisfaite, le lotisseur dépose une **déclaration préalable** de travaux (art. R.421-23 a). S'il ne reçoit pas d'opposition à celle-ci, il peut réaliser l'opération.

■ L'autorité compétente

C'est l'autorité compétente pour délivrer le permis de construire (voir *supra* 151).

■ La demande d'autorisation

312. Le demande doit impérativement être présentée préalablement à la réalisation de l'opération de lotir. Le pétitionnaire (même qualité exigée que pour celui qui dépose un permis de construire) adresse à la mairie de la commune dans laquelle est envisagée l'opération (art. R.423-1) un dossier établi en quatre exemplaires pour un permis d'aménager, en deux exemplaires pour une déclaration préalable (art. R.423-2).

Si la commune réalise elle-même le lotissement, le conseil municipal doit avoir délibéré avant de présenter la demande (Cour administrative d'appel de Lyon, 31 mai 2016, commune de Châtillon-sur-Seine, n° 15LY03237).

Le contenu du dossier d'une demande de permis d'aménager, comme celui de la déclaration préalable, a été modifié par le décret n° 2022-422 du 25 mars 2022.

La demande doit désormais notamment préciser (art. R.441-1) :

- l'identité du ou des demandeurs, qui comprend son numéro SIRET lorsqu'il s'agit d'une personne morale en bénéficiant ou sa date de naissance lorsqu'il s'agit d'une personne physique ;
- la localisation et la superficie du ou des terrains à aménager ;
- la nature des travaux ou la description du projet de division ;
- les éléments, fixés par arrêté, nécessaires au calcul des impositions.

S'il y a lieu, la demande précise également que :

- les travaux portent sur une installation, un ouvrage, des travaux ou une activité soumis à déclaration au titre du Code de l'environnement ;
- que les travaux portent sur un projet soumis à autorisation environnementale ;
- que les travaux doivent faire l'objet d'une dérogation au titre de la protection des habitats naturels, des espèces animales ou végétales ;

- que les travaux portent sur un projet relevant de la résorption des habitats insalubres de type bidonvilles ;
- les demandes d'autorisation et les déclarations dont le projet a déjà fait l'objet au titre d'une autre législation que celle du Code de l'urbanisme.

Doivent être aussi précisés :

- le nombre maximal de lots et la surface de plancher envisagée dans l'ensemble du lotissement (art. R.442-3) ;
- un plan faisant apparaître la répartition entre les terrains réservés à des équipements ou des usages collectifs et les terrains destinés à une utilisation privative (art. R.442-4) ;
- un projet architectural, paysager et environnemental (art. R.442-5) ;
- un projet de règlement (s'il faut compléter les règles d'urbanisme en vigueur).

En fonction de la localisation du projet, d'autres éléments peuvent être exigés, comme la présentation des matériaux utilisés et les modalités d'exécution des travaux (en cas de site classé, art. R.441-8), l'attestation d'un bureau d'études certifié (en cas de site pollué, art. R.441-8-3) ou encore l'avis du préfet concernant une éventuelle autorisation de défrichement (art. R.441-7).

> *Exemple*
>
> **Insuffisance du dossier de demande de permis d'aménager**
>
> « (...) *la notice jointe à la demande de permis d'aménager ne comporte aucune information sur l'état initial du terrain et, si elle mentionne la présence du lotissement voisin, elle ne donne aucune indication sur les abords de ce terrain et sur les éléments paysagers existants, occultant notamment la proximité de l'étang de Lacanau dont les rives, boisées, ont fait l'objet d'une protection au titre de la loi du 2 mai 1930 ; qu'en énonçant que les orientations du projet étaient traduites "par une gestion plus restrictive de la future urbanisation et par une organisation pensée de l'espace commun", la notice n'exprime que des considérations générales qui ne pouvaient éclairer le service instructeur sur le parti d'aménagement retenu pour l'insertion du projet et ce, d'autant, que les éléments forts sur lesquels reposerait, selon ce document, le parti d'aménagement traduisent en réalité des objectifs transposables à la généralité de ce type d'opérations, déconnectés du contexte local ; qu'en ce qui concerne le traitement des espaces privatifs, la notice, qui indique que les arbres remarquables devront être au maximum conservés, ne donne pas une présentation exacte des lieux* (...). »
>
> Source : Cour administrative d'appel de Bordeaux, 12 mars 2013, Commune de Lacanau, n° 11BX02710.

■ L'instruction

313. La procédure d'instruction de la demande est identique à celle de l'instruction du permis de construire (art. L.423-1). Le délai, qui part de la réception en mairie d'un dossier complet, est en principe de trois mois (art. R.423-23). Ce délai est réduit à un mois pour les déclarations préalables. Il existe les mêmes délais particuliers et prolongations de délai qu'en matière de permis de construire. Citons spécialement le délai particulier, au cas où il est nécessaire d'obtenir une autorisation de défrichement, fi é à cinq ou sept mois selon que le défrichement n'est pas ou est soumis à enquête publique (art. R.423-29).

Pendant l'instruction d'un permis d'aménager – et non pendant celle d'une déclaration préalable (art. L.442-4) –, les propriétaires concernés ne peuvent consentir de promesse de vente ou de location d'un immeuble situé dans le lotissement.

■ La décision

L'autorisation de lotir est délivrée par arrêté en fonction des règles d'urbanisme en vigueur au moment de la signature de la décision. Cet arrêté précise en particulier « *le nombre maximum de lots et la surface de plancher maximale dont la construction est autorisée dans l'ensemble du lotissement* » (art. A.424-10). Il indique également, s'il y a lieu, la répartition de cette surface entre les diffé ents lots.

Si la décision autorise le lotisseur à procéder à la vente ou à la location des lots avant l'exécution de tout ou par tie des travaux prescrits, l'arrêté fi e les délais dans lesquels les trav aux devront être achevés (art. A.424-11). S i le permis d 'aménager a été accompagné d 'une demande de permis de constr uire (pour des constr uctions accessoires) ou de permis de démolir (pour des démolitions nécessaires), le permis d'aménager autorise cette construction ou cette démolition (art. L.441-3).

L'arrêté peut également imposer des prescriptions techniques concernant la voirie, l'alimentation en eau, gaz et électricité, les r éseaux de télécommunication, l'évacuation et le traitement des eaux et matières usées, l'éclairage, les aires de stationnement, les espaces collectifs, les aires de jeux et les espaces plantés (ar t. L.332-15). Selon la jurisprudence, « *seul peut être mis à la charge du bénéficiaire d'une autorisation de lotir le coût des équipements propres à son lotissement* » (Conseil d'État, 17 mai 2013, S ociété Isère développement environnement, n° 337120).

Enfin, le permis d'aménager est doté d'un caractère réel : il est attaché au projet d'aménagement et non à la personne qui le demande. Cela signifie que son bénéficiaie peut le transférer à une autre personne (Conseil d'État, 10 juillet 1972, Longué, n° 83186, Rec. p. 548).

314. Lorsque l'autorité administrative refuse le permis d 'aménager ou qu'elle y oppose un sursis à statuer ou s'oppose à la déclaration, il lui incombe de motiver sa décision avec précision (art. L.424-3). Dans ce cadre, c'est en effet « *l'intégralité des motifs justifiant la décision de rejet ou d'opposition* » qu'il est demandé à l'administration d'indiquer au demandeur. Notifiée à ce dernier (ar t. R.424-10), la décision de l 'autorité administrative est affichée en mairi durant deux mois et sur le terrain pendant toute la dur ée du chantier (ar t. R.424-15). L'affichag en mairie peut être remplacé par une publication par voie électronique sur le site internet de la commune.

La décision constitue un acte administratif susceptible de recours, dans les mêmes délais et conditions qu'en matière de permis de construire. En outre, « *la décision par laquelle l'autorité administrative s'oppose illégalement à une opération de lotissement constitue une faute de nature à engager sa responsabilité* » (Cour administrative d'appel de Versailles, 21 novembre 2019, SCI Le trou d'Houillet, n° 17VE03775). L'indemnisation incombe à la commune si le maire qui a opposé le refus a agi au nom de la commune, et à l 'État si le maire a agi au nom de l'État (Conseil d'État, 9 mai 2001, Commune de S aint-Chéron, n° 209991 ; 20 juillet 2007, Société Immobart, n° 278611 ; 12 juillet 2017, SARL Negocimmo, n° 394941).

6.2.2 Les effets de l'autorisation

315. Naturellement les propriétaires qui lotiraient sans autorisation pr éalable encourent de sévères sanctions, tant sur le plan civil que pénal :

- d'une part, les ventes ou locations de terrains bâtis ou non bâtis (art. L.480-15) peuvent être annulées par le juge civil, à la demande de l 'acquéreur, du maire ou du pr éfet du département « *aux frais et dommages du lotisseur* » (art. L.480-15). Cette action en nullité, qui ne concerne pas les v entes et locations des par celles ayant fait l'objet d'un permis de construire, est prescrite par dix ans (art. L.480-16) ;

- d'autre part, outre les sanctions pénales communes à la déclaration préalable et au permis d'aménager, analogues à celles en vigueur pour les permis de construire (art. L.480-4 ; voir *supra* 206), une sanction supplémentaire est prévue dans le régime du lotissement : le fait de vendre ou de louer des terrains compris dans un lotissement sans avoir respecté le régime juridique de la création du lotissement, ou les prescriptions du permis d'aménager ou de la décision prise sur la déclaration préalable, est puni d'une amende de 15 000 euros (art. L.480-4-1 ; voir Cass. crim., 12 février 1985, Procureur général près la cour d'appel d'Aix-en-Provence, n° 84-93.835, *Bull. crim.*, 1985, n° 72). La loi est encore bien plus sévère encore à l'encontre des personnes morales : elle prévoit en effet que, lorsque le délit est commis par une personne morale, il est puni d'une amende de 75 000 euros (art. 131-38 du Code pénal) ainsi que des peines mentionnées à l'article 131-39 du Code pénal (interdiction d'exercer durant cinq ans, affichage de la décision…

A. Les conséquences matérielles

L'autorisation s'impose à l'administration, au lotisseur ainsi qu'aux colotis.

■ L'obligation d'exécuter les travaux

Le lotisseur doit exécuter les travaux prescrits : il doit les entreprendre dans un délai de trois ans à compter de la notification du permis d'aménager ou de la date de non-opposition à la déclaration préalable (art. R.424-17). Il en va de même si les travaux sont interrompus durant plus d'un an. L'autorité administrative peut exercer à tout moment, avant l'achèvement des travaux, un droit de visite et de communication (art. L.461-1).

Si les délais ne sont pas respectés, l'autorisation devient caduque ; le lotisseur doit alors demander une nouvelle autorisation. À l'achèvement des travaux, le lotisseur adresse en mairie une déclaration attestant l'achèvement et la conformité des travaux (art. L.462-1). L'autorité compétente peut faire procéder à un récolement des travaux (art. L.462-2).

■ Commercialisation des lots

316. À compter de la délivrance du permis d'aménager, le lotisseur peut consentir une promesse unilatérale de vente. Cette dernière doit indiquer la consistance du lot réservé, sa délimitation, son prix ainsi que son délai de livraison (art. L.442-8). L'acquéreur dispose d'un délai de dix jours pour se rétracter. Dans ce cas, les fonds qu'il a versés doivent lui être restitués « *dans un délai de 21 jours à compter du lendemain de la date de cette rétractation* » (art. L.442-8, al. 2). Le permis d'aménager doit être remis aux acquéreurs « *lors de la signature de la promesse ou de l'acte de vente* » (art. L.442-7).

■ Le droit à construire

317. L'autorisation de lotir ne vaut pas permis de construire sur les lots du lotissement. Des permis de construire doivent être demandés, accompagnés soit du certificat fourni par le lotisseur indiquant la surface constructible par lot, soit du certificat établi par le lotisseur attestant l'achèvement des équipements (art. R.431-22 et R.431-22-1). Le règlement du lotissement peut parfaitement imposer qu'avant toute demande de permis, le pétitionnaire soumette son dossier à un collège d'architectes chargé d'assurer une cohérence dans l'architecture du lotissement (Conseil d'État, 11 décembre 1991, Gaudin, n° 103369, Rec. p. 1110).

En pratique, les permis de construire peuvent être accordés (art. R.442-18) :

- soit à compter de l'achèvement des travaux d'aménagement du lotissement dûment constaté ;

- soit à compter de la délivrance de l'autorisation de procéder à la vente ou à la location des lots avant exécution des travaux, à condition que les équipements desservant le lot soient achevés ;
- soit dès la délivrance du permis d'aménager, sous réserve que le permis de construire ne concerne pas une maison individuelle et ne soit mis en œuvre que lorsque les équipements desservant le lot seront achevés.

Les permis ne peuvent être délivrés que pour des projets conformes à l'arrêté d'autorisation de lotir (Conseil d'État, 17 décembre 1982, Eyherabide, n° 37435, Rec. p. 432).

La construction dans un lotissement bénéficie 'une règle favorable : pendant les cinq ans suivant l'achèvement du lotissement, un permis de construire ne peut être refusé si le projet est conforme à la fois aux règles d'urbanisme en vigueur au jour de l'autorisation de lotir et aux prescriptions de l'autorisation de lotir (art. L.442-14). Les modifications des documents du lotissement demeurent cependant opposables.

La constitution de l'association syndicale

318. En demandant l'autorisation de lotir, le pétitionnaire s'est engagé à ce que soit « *constituée une association syndicale des acquéreurs de lots à laquelle seront dévolus la propriété, la gestion et l'entretien des terrains et équipements communs* » (art. R.442-7).

La constitution d'une association syndicale n'est cependant pas obligatoire (art. R.442-8) :

- lorsque les voies et espaces communs sont attribués en propriété aux acquéreurs de lots ;
- lorsque le lotisseur conclut avec la commune ou l'établissement public de coopération intercommunale une convention lui transférant la totalité des voies et espaces communs, une fois les travaux achevés.

Statuts

L'association des acquéreurs de lots prend la forme d'une « *association syndicale de propriétaires* » (ASP), régie par l'ordonnance n° 2004-632 du 1er juillet 2004 et son décret d'application n° 2006-504 du 3 mai 2006. Cette forme de regroupement de tous les propriétaires fonciers d'un même ensemble d'habitations est particulièrement adaptée aux « *copropriétés horizontales* » que constituent les lotissements. L'association syndicale ne peut être constituée que des seuls colotis (Cass. civ. 3e, 29 mai 1968, Dame Maître, *Bull. civ. III*, n° 245).

La plupart du temps, l'ASP est constituée librement, sans intervention de l'administration, par le consentement unanime des associés qui sont les acquéreurs de lots. Il s'agit alors d'une association syndicale libre (ASL), organisme de droit privé dont le fonctionnement est soumis au juge judiciaire (Tribunal des conflits, 14 mars 1988, Association syndicale libre du lotissement Simbachtal, Rec. T. p. 638). Plus rarement, l'association est créée, à la demande d'un coloti ou à l'initiative de l'autorité ayant délivré le permis d'aménager, après enquête publique et par arrêté préfectoral. Il s'agit alors d'une association syndicale autorisée (ASA) soumise au contrôle du juge administratif (Tribunal des conflits, 20 novembre 1961, Dame Gimbert de Fallois, Rec. p. 873).

En matière de création et de fonctionnement d'une ASL, la liberté contractuelle des associés prévaut (Cass. civ. 3e, 21 septembre 2011, Association syndicale libre lotissement Le Cannet de Roquevaire, n° 10-18.788). Ainsi, dans le silence des statuts de l'ASL, d'éventuelles modifications visant à instaurer un nouveau mode de répartition des charges entre les propriétaires doivent être votés à l'unanimité (Cour d'appel de Versailles, 11 mai 2021, n° 20/00231).

L'association syndicale a en charge « *la propriété, la gestion et l'entretien des terrains et équipements communs* » (art. R.442-7). À cet effet, elle peut agir en justice dès lors que ses statuts le prévoient (Conseil d'État, 24 février 2021, Association syndicale libr e des propriétaires du lotissement de La Joallière, n° 432417 ; Cass. civ. 3e, 17 février 2022, ASL de la zone ludique de la Verrerie, n° 20-17.438). L'association syndicale peut demander réparation du préjudice direct né de la délivrance illégale par lautorité administrative d'un certificat d'achèvement des travaux dès lors que ces trav aux concernent des équipements communs (Conseil d 'État, 16 juin 1999, Association syndicale libre du domaine du lac Bleu, Rec. T. p. 1019).

Exemples

1. Contrôle du juge judiciaire sur la création d'une association syndicale libre

« […] les statuts de l'ASL du 18 juin 1991 prévoyaient qu'étaient membres de plein droit de l'association tous propriétaires, pour *quelque cause et à quelque titre que ce soit, de l'un des lots divis du lotissement, de sorte que, même à supposer que les références à l'ASL dans cet acte de vente du 22 décembre 1994 soient suffisantes pour caractériser le consentement écrit de M. et Mme L… à la création de l'ASL, encore faudrait-il qu'il soit démontré que l'ensemble des associés, donc les acheteurs originels des dix lots du lotissement, aient consenti par écrit à la création de l'ASL.*

En se déterminant ainsi, sans rechercher, comme il le lui était demandé, si le consentement par écrit de M. et Mme L… à la création de l'association syndicale ne résultait pas des stipulations de leur acte de vente qui prévoyait que celle-ci aurait lieu sous les charges et conditions résultant des statuts de l'association syndicale libre, annexés à cet acte, lesquels rendaient membres de l'association tous les propriétaires de lots, la cour d'appel, qui a constaté que les statuts de l'ASL prévoyaient que l'association existerait dès la signature du premier acte authentique de vente, n'a pas donné de base légale à sa décision. »

Source : Cass. civ. 3e, 17 décembre 2020, Association syndicale libr e du lotissement Les M onts caraïbes, n° 19-20.903.

2. Contrôle du juge judiciaire sur le fonctionnement d'une ASL

« Attendu, selon l'arrêt attaqué (Rouen, 24 mars 2011) que le lotissement du Domaine de Vaux-sur-Eure, créé en 1962, est composé de 85 parcelles, dont 84 correspondent à des lots privatifs et le dernier lot regroupant l'ensemble des voies privées, des aires de stationnement, une partie des espaces verts et un pont enjambant un canal est commun aux colotis ; que la gestion de ce lot a été confiée à l'Association syndicale libre de la résidence du Domaine de Vaux-sur-Eure (l'ASL) ; que sept lots privatifs constitués d'espaces verts, d'une piscine, de trois courts de tennis et du logement du gardien sont devenus la propriété de la société civile immobilière du Club du Domaine de Vaux-sur-Eure (la SCI) ; que des associés minoritaires de la SCI ont obtenu une autorisation judiciaire de retrait de la société et que cette dernière a décidé, par une assemblée générale du 4 novembre 2006, de sa dissolution anticipée et de sa mise en liquidation amiable ; que le 4 novembre 2006, les associés de l'ASL ont décidé par un vote majoritaire, l'adoption de nouveaux statuts ; que M. et Mme B. et seize autres colotis (les consorts B. et autres) ont assigné l'ASL en nullité de la décision de l'assemblée générale du 4 novembre 2006 portant modification de ses statuts ;

Attendu que l'ASL fait grief à l'arrêt d'annuler la décision d'assemblée générale du 4 novembre […] ; mais attendu qu'ayant relevé, sans dénaturation, qu'il résultait des statuts initiaux de l'ASL, de la note de présentation jointe à la convocation à l'assemblée générale et des nouveaux statuts que la modification de ceux-ci entraînait un élargissement du périmètre de l'ASL à l'ensemble des installations, équipements, ouvrages et biens mobiliers et immobiliers communs ainsi qu'un élargissement de son objet à l'acquisition, l'entretien et la gestion de toute partie commune ou d'intérêt collectif du lotissement, la cour d'appel a retenu, à bon droit, par motifs propres et adoptés, que ces modifications entraînaient une augmentation des engagements des membres de l'association syndicale nécessitant un accord unanime ;

Par ces motifs : Rejette le pourvoi ;

Condamne l'ASL aux dépens ; […] »

Source : Cass. civ. 3e, 28 novembre 2012, Association syndicale libre de la résidence du Domaine de Vaux-sur-Eure, n° 11-18261.

Le règlement du lotissement

Le règlement du lotissement est un document d 'urbanisme facultatif permettant, si besoin, d'« *apporter des compléments aux règles d'urbanisme en vigueur* » (art. R.442-6) qui s'appliquent au lotissement (Cour d 'appel de Nancy, 2e ch. civ., 19 janvier 2017, n° 16/00311). En pratique, il peut s'agir des règles architecturales que doivent respecter les futures constructions : emploi d'un certain type de matériaux, couleurs... Les règles ainsi définies doivent être compatibles avec le PLU et ne pas être moins restrictives que ce dernier.

Ce document est doté d'une valeur réglementaire (Conseil d'État, 8 novembre 1995, Guntz, n° 89646, Rec. T. p. 1085). Il doit, le cas échéant, figurer au dossier de la demande de permis d'aménager, son caractère obligatoire résultant alors de l'approbation administrative du permis valant autorisation de lotir. Le caractère réglementaire du règlement du lotissement donne aux tiers la faculté d'invoquer la violation, à leur préjudice, des règles d'intérêt général qu'il prescrit et d'agir sur un fondement extracontractuel dans le but d'en obtenir le respect et de mettre fin à une situation qui leur est dommageable (Cass. civ. 3e, 15 mai 2013, pourvoi n° 11-20769).

Le cahier des charges du lotissement

Il est important de ne pas confondre le règlement du lotissement avec un autre document tout aussi essentiel : le cahier des charges du lotissement. Ce dernier fi e les règles de droit privé s'imposant aux colotis et n'a pas besoin d'être approuvé par l'autorité administrative. Ainsi, « *le cahier des charges d'un lotissement, quelle que soit sa date, constitue un document contractuel dont les clauses engagent les colotis entre eux pour toutes les stipulations qui y sont contenues* » (Cass. civ. 3e, 9 mars 2017, n° 16-13.085). Cette distinction de « *deux ordres de réglementation, la première contractuelle, constituée par le cahier des charges, et la seconde réglementaire, constituée par le règlement* » (Cass. civ. 3e, 15 décembre 1999, Giralt, n° Q9720503) est permanente même si les documents du lotissement sont reproduits dans l'acte de vente (Cass. civ. 3e, 26 novembre 2020, n° 19-15.957). La loi insiste sur ce point : « *La seule reproduction ou mention d'un document d'urbanisme ou d'un règlement de lotissement dans un cahier des charges, un acte ou une promesse de vente ne confère pas à ce document ou règlement un caractère contractuel* » (art. L.115-1).

En principe, les règles d'urbanisme contenues dans les documents du lotissement, notamment le règlement et le cahier des charges, « *deviennent caduques au terme de dix années à compter de la délivrance de l'autorisation de lotir si, à cette date, le lotissement est couvert par un plan local d'urbanisme ou un document d'urbanisme en tenant lieu* » (art. L.442-9). De même, lorsqu'une majorité de colotis a demandé le maintien de ces règles, elles cessent de s'appliquer immédiatement si le lotissement est couvert par un plan local d'urbanisme. Cependant, les règles prévues par le règlement de lotissement peuvent être contractualisées, à condition que soit démontrée « *une volonté non équivoque des colotis de contractualiser le règlement du lotissement ou certaines de ses dispositions* » (Cass. civ. 3e, 21 mars 2019, n° 18-11.424). En pratique, cette faculté permet aux colotis de conserver le règlement du lotissement, en lui conférant un caractère contractuel, afin 'échapper à la caducité automatique qui le frappe après un délai de dix ans.

Se fondant sur le nouvel article 1221 du Code civil, qui dispose que le créancier d'une obligation peut en poursuivre l'exécution en nature « *sauf si cette exécution est impossible ou s'il existe une disproportion manifeste entre son coût pour le débiteur de bonne foi et son intérêt pour le créancier* », la Cour de cassation estime qu'en cas de violation du cahier des charges d'un lotissement, il est « *totalement disproportionné de demander la démolition d'un immeuble d'habitation collective dans l'unique but d'éviter aux propriétaires d'une villa le désagrément de ce voisinage, alors que l'immeuble avait été construit dans l'esprit du règlement du lotissement et n'occasionnait aucune perte de vue ni aucun vis-à-vis* ». En conséquence, dans ce cas, la violation du cahier des charges doit être sanctionnée par l'allocation de dommages-intérêts (Cass. Civ. 3e, 13 juillet 2022, arrêt n° 568 FS-B, pourvoi n° T 21-16.40).

B. Le changement de réglementation

319. Les règles d'urbanisme en vigueur au moment de la délivrance du permis d 'aménager portant autorisation de lotir peuv ent changer ultérieur ement en raison de plusieurs circonstances.

■ L'illégalité du document d'urbanisme

Comme l'a voulu la loi « ELAN » du 23 novembre 2018, dans un souci de sécurité juridique, *« l'annulation, totale ou partielle ou la déclaration d'illégalité d'un schéma de cohérence territoriale, d'un plan local d'urbanisme, d'un document d'urbanisme en tenant lieu ou d'une carte communale pour un motif étranger aux règles d'urbanisme applicables au lotissement ne fait pas obstacle* (...) *au maintien de l'application des règles au vu desquelles le permis d'aménager a été accordé ou la décision de non-opposition a été prise »* (art. L.442-14). Dans l'hypothèse où un lotisseur subirait un préjudice direct du fait de l'annulation d'un PLU sur la base duquel aurait été délivré un permis d'aménager, l'intéressé pourrait en demander réparation auprès du juge administratif (Conseil d'État, 30 septembre 2019, Société du Mouliès, n° 421889).

■ L'approbation d'un PLU

320. Cette situation concerne la commune qui n 'était pas dotée d 'un PLU au moment de l'autorisation de lotir et qui approuve un tel document par la suite. L'autorité administrative peut alors décider une « *mise en concordance* » du règlement du lotissement avec le PLU (voire des clauses de natur e réglementaire contenues dans le cahier des charges du lotissement : Conseil d'État, 10 mars 1989, Commune de R eichstett, n° 70070, Rec. T. p. 996). Cette mise en concor dance suppose notamment l 'organisation d'une enquête publique (dont la tenue est notifiée à chacun des p opriétaires des lotissements), puis d 'une délibération du conseil municipal (art. L.442-11).

Conséquences normales

Tout propriétaire peut, pendant les cinq ans qui suivent la délivrance du certificat d'exécution des travaux, bénéficier des dispositions fa orisant la stabilité du dr oit à construire prévues à l'article L.442-14. Selon la loi en effet, « *lorsque le lotissement a fait l'objet d'une déclaration préalable, le permis de construire ne peut être refusé ou assorti de prescriptions spéciales sur le fondement de dispositions d'urbanisme nouvelles intervenues depuis la date de non-opposition à la déclaration préalable, et ce pendant cinq ans à compter de cette même date* ». De même « *lorsque le lotissement a fait l'objet d'un permis d'aménager, le permis de construire ne peut être refusé ou assorti de prescriptions spéciales sur le fondement de dispositions d'urbanisme nouvelles intervenues depuis la date de délivrance du permis d'aménager, et ce pendant cinq ans à compter de l'achèvement des travaux constaté dans les conditions prévues par décret en Conseil d'État* ». Autrement dit, les dispositions d'urbanisme applicables lors de la délivrance d'une autorisation d'aménagement sont « cristallisées » durant les cinq années suivantes.

Conséquences éventuelles

■ 321. La volonté des colotis

Lorsque l'autorisation de lotir a plus de dix ans, les r ègles du PLU se substituent à celles du lotissement (avis du Conseil d'État, Caussieu et Gavinet [TA Versailles], 5 juillet 1991, Rec. p. 274). Si le PLU venait à être annulé par la suite, les anciennes r ègles du lotissement caduques ne seraient pas rétablies (Conseil d'État, 24 mai 2006, Commune d'Antibes-Juan-les Pins, Rec. T. p. 1102).

Maintien des règles

322. Les colotis peuvent demander à l'autorité administrative de maintenir les règles du lotissement au-delà du délai de dix ans, en dépit de la survenance d'un PLU (art. L.442-9). Si elle ne souhaite pas accéder à cette demande, l'autorité administrative peut imposer que les règles du lotissement cessent de s 'appliquer en organisant une enquête publique. La décision est alors prise par arrêté préfectoral ou municipal, selon que le lotissement avait été autorisé par le préfet ou le maire (art. R.442-19).

Modification des règles

Les colotis peuvent demander à l'autorité compétente – celle qui a autorisé le lotissement – une modification des documents du lotissement (èglement et cahier des charges du lotissement), sous réserve de respecter les conditions suivantes (art. L.442-10) :

- la modification doit êt e compatible avec les règlements d'urbanisme en vigueur (Conseil d'État, 26 juin 1987, Moulis, n° 63985, Rec. p. 235) ;
- la modification doit êt e validée à la majorité qualifiée des p opriétaires ; cette majorité qualifiée est formée par l 'accord soit de *« la moitié des propriétaires détenant ensemble les deux tiers au moins de la superficie d'un lotissement »*, soit des *« deux tiers des propriétaires détenant au moins la moitié de cette superficie »*. Cette condition de majorité qualifiée n'admet aucune exception (Cass. civ. 3e, 12 mai 1999, époux Roux c/ époux Chevreau, *Bull. civ. III*, n° 113). Chaque propriétaire ne peut détenir qu'une voix, même s'il possède plusieurs lots (Conseil d'État, 13 juin 1975, Amarger, n° 92275, Rec. p. 358). Plus précisément, *« dans un cas où le lotissement se compose à la fois de maisons individuelles et de constructions détenues en copropriété, et comporte des lots affectés à d'autres usages que l'habitation, il y a lieu, d'une part, de compter pour une unité l'avis exprimé par chaque propriétaire individuel, quel que soit le nombre des lots qu'il possède, et par chaque copropriété, regardée comme un seul propriétaire »* (Conseil d'État, 1er juin 2022, SCI Le Flocon, n° 443808). Dans tous les cas, il r evient au maire de vérifier que l'accord des propriétaires a bien été recueilli à la majorité qualifiée (Cour administrati e d'appel de Marseille, 22 juin 2017, Commune de Bormes-les-Mimosas, n° 15MA02700) ;
- la modification doit « *clairement* » indiquer les dispositions concernées (Conseil d 'État, 13 décembre 1970, Mroczek, Rec. p. 797). Selon le juge, en effet, la teneur du p ojet de modification doit être exposée *« en des termes suffisamment précis et cohérents, de nature à informer clairement les colotis et l'autorité administrative sur son objet »* (Cour administrative d'appel de Marseille, 22 juin 2017, n° 15MA02700, précité). De plus cette modification du cahier des charges *« ne saurait, sans porter une atteinte disproportionnée au droit de propriété et au droit au maintien des conventions légalement conclues, aggraver les contraintes pesant sur les colotis sans que cette aggravation soit commandée par le respect des documents d'urbanisme en vigueur »* (Conseil constitutionnel, décision QPC n° 2018-740, 19 octobre 2018, § 11) ;
- la modification ne doit pas fai e l'objet d'une opposition du lotisseur s'il possède au moins un lot constructible : il a la possibilité, pendant une durée de cinq ans à compter de l'achèvement du lotissement, d'empêcher toute modification (a t. L.442-10 al 2).

- **Le prononcé d'une DUP**

323. Une déclaration d'utilité publique (DUP) pour une opération non compatible av ec le réglement du lotissement ne peut en principe êtr e prononcée que si l 'enquête publique a porté à la fois sur l'utilité publique du projet et sur la modification des documents du lotiss - ment. Dans ce cas, la déclaration d'utilité publique emporte modification des documents du lotissement (art. L.442-13).

324. Le permis d'aménager, qui concerne au pr emier chef l'opération de lotissement, s'applique aussi, selon un r égime analogue, aux terrains de camping, aux par cs résidentiels destinés à l'accueil d'habitations légères de loisir et à l'aménagement de terrains pour permettre l'installation de caravanes constituant l'habitat permanent de leurs utilisateurs. Les communes de plus de 5 000 habitants doivent prévoir des **aires permanentes d'accueil des gens du voyage** et un schéma départemental, élaboré par le préfet du département et le président du conseil départemental, prévoit les secteurs géographiques d'implantation et les communes où ces aires doivent être réalisées. Les terrains, bâtis ou non bâtis, destinés à permettre l'installation de résidences démontables constituant l'habitat permanent de leurs utilisateurs *« doivent être situés dans des secteurs constructibles »* (art. L.444-1). Les communes figurant au schéma départemental et les établissements publics de coopération inter communale compétents en matière de création, d'aménagement, d'entretien et de gestion des aires d'accueil des gens du voyage et des terrains familiaux locatifs définis aux 1° à 3° du II de l'article 1er sont tenus, dans un délai de deux ans suivant la publication de ce schéma, de participer à sa mise en œuvre (loi n° 2000- 614 du 5 juillet 2000 relative à l'accueil et à l'habitat des gens du voyage, art.2) .

6.3 Les sites patrimoniaux remarquables

325. La loi Malraux du 4 août 1962 (voir *supra* 40) a voulu protéger des quartiers anciens présentant « *un caractère historique, esthétique ou de nature à justifier la conservation, la restauration ou la mise en valeur de tout ou partie d'un ensemble d'immeubles bâtis ou non* ».

À ces secteurs sauvegardés, la loi n° 2016-925 du 7 juillet 2016 relative à la liberté de la création, à l'architecture et au patrimoine a substitué « les sites patrimoniaux remarquables » (SPR). Sont désignés sous ce vocable, outre les secteurs sauvegardés, les anciennes aires de mise en valeur de l'architecture et du patrimoine (AVAP) et les anciennes zones de protection du patrimoine architectural, urbain et paysager (ZPPAUP). En pratique, il peut ainsi s'agir de villes, de villages ou de quartiers dont la conservation, la restauration, la réhabilitation ou la mise en valeur présente, au point de vue historique, architectural, archéologique, artistique ou paysager, un intérêt public. Les SPR peuvent également concerner des espaces ruraux ou des paysages qui forment avec ces villes, villages ou quartiers un ensemble cohérent, ou qui sont susceptibles de contribuer à leur conservation ou à leur mise en valeur (art. L.631-1 du Code du patrimoine).

6.3.1 La création d'un SPR

Peuvent proposer un classement d'une zone en SPR, la Commission nationale du patrimoine et de l'architecture, les commissions régionales du patrimoine et de l'architecture, ou encore les communes membres d'un EPCI lorsque la zone concernée par un projet de classement se situe intégralement ou en partie sur leur territoire.

Le classement en SPR résulte (art. L.631-2 du Code du patrimoine) :

- soit d'une décision du ministre de la Culture, sur proposition ou après accord de la collectivité ou de l'EPCI compétent en matière de plan local d'urbanisme, de document en tenant lieu ou d'une carte communale et, le cas échéant, après consultation de la ou des communes concernées ;
- soit d'un décret en Conseil d'État, en cas d'absence d'accord de la collectivité ou de l'établissement compétent en matière de document local d'urbanisme.

Un plan de sauvegarde et de mise en valeur peut être établi sur tout ou partie d'un site patrimonial remarquable, en lien avec l'architecte des Bâtiments de France (art. L.631-3 du Code du patrimoine).

6.3.2 Le plan de sauvegarde et de mise en valeur

Le Code de l'urbanisme prévoit la possibilité d'établir « *sur tout ou partie* » d'un site patrimonial remarquable, « *un plan de sauvegarde et de mise en valeur* » (art. L.313-1). Sur le territoire qu'il recouvre, ce plan de sauvegarde et de mise en valeur (PSMV) tient lieu de plan local d'urbanisme. Le PLU ne s'y applique donc pas. Le règlement et les documents graphiques du PSMV définissent les conditions a chitecturales selon lesquelles sont assurées la conservation et la mise en valeur des immeubles et du cadre urbain ; les règles sont souvent plus précises et plus détaillées que celles figurant habituellement dans un P U, par exemple sur les matériaux à utiliser.

326. Élaboré sous l'autorité conjointe de l'exécutif de la commune (ou de l'intercommunalité) et du préfet, le PSMV est conçu par un architecte désigné par le préfet en accord avec l'autorité compétente en matière de PLU (art. R.313-7 ; L.631-3 du Code du patrimoine). Son élaboration est calquée sur celle du PLU. Le préfet, en accord avec l'exécutif de la collectivité territoriale, définit les objectifs poursuivis et les modalités de la conce tation avec la population, consulte les personnes publiques et associations agr éées (art. R.313-7 à R.313-8).

Le projet de PSMV est préparé et soumis à l'avis de la commission locale du site patrimonial (art. R.313-10) ; puis l'organe délibérant (conseil municipal ou communautaire) délibère sur le projet, qui est adressé pour avis par le préfet à la Commission nationale du patrimoine et de l'architecture avant d'être soumis à enquête publique (R.313-11 et R.313-12).

Après l'enquête, le PSMV est éventuellement modifié par 'assemblée délibérante de la commune ou de l'EPCI, puis approuvé par l'État : par arrêté du préfet si le conseil municipal a donné un avis favorable, par décret en Conseil d'État dans le cas inverse (art. R.313-13). À Paris, par exemple, il existe deux PSMV : l'un pour le quartier du Marais, l'autre pour une partie du 7e arrondissement ; le PLU de Paris ne s'y applique donc pas. D'autres villes – Arles, Avignon, Bordeaux, Nantes, Poitiers, Rennes, Strasbourg, Versailles notamment – ont une partie de leur territoire couvert par un PSMV.

Dans un secteur couvert par un PSMV, les permis de construire et les autres autorisations d'urbanisme doivent respecter les dispositions du règlement du PSMV (Cour administrative d'appel de Nantes, 18 janvier 2013, Commune de Bayeux, Chevalier). Un PSMV ne saurait cependant interdire de manière générale et absolue la modification des immeubles situés dans le périmètre du plan. Ainsi, « *si les plans de sauvegarde et de mise en valeur peuvent identifier les immeubles ou parties intérieures ou extérieures d'immeubles dont la démolition, l'enlèvement ou l'altération sont interdits et dont la modification est soumise à des conditions spéciales, ils ne peuvent en interdire toute modification de façon générale et absolue* » (Conseil d'État, 22 juillet 2021, Syndicat des copropriétaires de l'immeuble 9 place Hoche à Versailles, n° 438247).

Dans le périmètre d'un site patrimonial remarquable, les travaux soumis à l'accord de l'architecte des Bâtiments de France (voir *supra* 40 ; art. L.632-1 du Code du patrimoine) sont ceux susceptibles de modifier :

- l'état des parties extérieures des immeubles bâtis, y compris du second œuvre, ou des immeubles non bâtis ;
- l'état des éléments d'architecture et de décoration, immeubles par nature ou effets mobiliers attachés à perpétuelle demeure.

Lorsque les travaux sont susceptibles de porter atteinte à la conservation ou à la mise en valeur du SPR, l'autorisation peut être refusée ou assortie de prescriptions.

327. Plusieurs législations se sont inspirées de la loi sur les secteurs sauvegardés. Elles ont trait notamment aux opérations de restauration immobilière qui « *consistent en des travaux de remise en état, d'amélioration de l'habitat, comprenant l'aménagement, y compris par démolition, d'accès aux services de secours ou d'évacuation des personnes au regard du risque incendie, de modernisation ou de démolition ayant pour objet ou pour effet la transformation des conditions d'habitabilité d'un immeuble ou d'un ensemble d'immeuble* » (art. L.313-4).

6.4 La procédure intégrée pour le logement

328. Aux trois opérations d'aménagement présentées dans ce chapitre s'est ajouté un type particulier d'opération : la procédure intégrée pour le logement (PIL). Créé par la loi n° 2013-569 du 1er juillet 2013 et modifié par la loi «ELAN » du 23 novembre 2018, ce dispositif vise à lever les obstacles administratifs susceptibles de freiner la réalisation de projets d'aménagement ou de construction de logements qui présentent un intérêt général majeur. Il s'agit ainsi de déterminer d'abord le contenu d'une opération pour adapter ensuite la réglementation pour qu'elle soit compatible avec le projet.

Ainsi, lorsqu'une évolution des documents de planification est requise pour réaliser ce type d'opération, la PIL prévoit la possibilité de réaliser en une seule procédure, notamment :

- la mise en compatibilité du schéma directeur de la région d'Ile-de-France (SDRIF), du plan d'aménagement et de développement durable de la Corse (PADDuC) ou d'un schéma d'aménagement régional (SAR) ;
- la mise en compatibilité d'un SCoT, d'un PLU (ou PLUi) ou d'un document en tenant lieu ;
- l'adaptation de plans ou programmes comme ceux résultant d'un schéma régional d'aménagement, de développement durable et d'égalité des territoires (SRADDET), d'un plan de prévention des risques naturels prévisibles ou encore d'un programme local de l'habitat (PLH).

L'objectif de ce dispositif réside dans le souhait du législateur de « *favoriser une production rapide de logements, grâce à la création d'une procédure intégrée pour le logement, soumise à une évaluation environnementale et applicable à des projets d'aménagement ou de construction d'intérêt général comportant principalement la réalisation de logements au sein des unités urbaines, avec un objectif de mixité sociale et fonctionnelle* » (art. 1er de la loi du 1er juillet 2013).

Cette souplesse ne saurait pour autant « *méconnaître les objectifs fixés par les documents adaptés ni porter atteinte à l'intérêt culturel, historique ou écologique des zones concernées* ». Aussi la loi précise-t-elle que ces procédures « *ne peuvent pas modifier la vocation de l'ensemble de la zone où se situe le projet mais seulement prévoir des exceptions ponctuelles et d'ampleur limitée à cette vocation* » (art. L.300-6-1 IV).

En d'autres termes, c'est dans le cadre du respect des impératifs du développement durable que doivent s'inscrire les projets de nature à apporter une réponse aux besoins croissants de nouveaux logements.

Conclusion

329. Dans sa préface à la première édition de cet ouvrage (*Pratique du droit de l'urbanisme*, Eyrolles, 1993), le professeur Georges Liet-Veaux dénonçait l'inflation réglementaire qui n'épargnait pas le droit de l'urbanisme : « *Nous souffrons, au plan national comme au plan local, d'une boulimie réglementaire qui approche du seuil intolérable. Il n'est pas de secousse sociale d'actualité qui ne reçoive, en prétendue solution, des documents de toutes sortes, remèdes de papier, du genre : plans, programmes, chartes, cartes, schémas, zones, directives, opérations. La jurisprudence a de la peine à fixer ce qui est impératif ou ne l'est pas – si elle en a le temps, avant que n'en emporte le vent.* »

330. Trente ans après, pas un mot de ce constat n'est à retirer : quelle que soit la majorité politique au pouvoir, nationale ou locale, non seulement ce mouvement n'a pas ralenti, mais il s'est au contraire aggravé. Certes, aujourd'hui les élus locaux peuvent donner leur avis, notamment au travers du Conseil national d'évaluation des normes (CNEN), qui « *est consulté par le Gouvernement sur l'impact technique et financier, pour les collectivités territoriales et leurs établissements publics, des projets de textes réglementaires créant ou modifiant des normes qui leur sont applicables. Il est également consulté par le Gouvernement sur l'impact technique et financier des projets de loi créant ou modifiant des normes applicables aux collectivités territoriales et à leurs établissements publics* » (art. L.1212-2 du Code général des collectivités territoriales). Ses avis sont écoutés, mais pas toujours suivis.

Surtout les réformes continuent de se succéder à un rythme tel qu'elles rendent souvent peu lisible la cohérence de l'action publique. Tantôt il s'agit d'accroître les libertés territoriales, tantôt il s'agit de revenir sur celles-ci par un recadrage imposé par l'État. Tantôt le législateur incite, par la loi ELAN du 23 novembre 2018, à « *construire plus, mieux et moins cher* », tantôt le même législateur impose, par la loi « Climat et résilience » du 22 août 2021, de freiner le mouvement dans le cadre de la lutte contre l'artificialisation des sols, quitte à rendre progressivement obligatoire la renaturation des espaces urbanisés. Tantôt la loi encourage la participation des intéressés et des citoyens aux projets d'aménagement, tantôt elle la freine au motif que le temps pris pour l'aboutissement de ces projets est beaucoup plus long que dans d'autres pays européens. Tantôt le gouvernement ouvre très largement le droit de recours au juge contre les décisions prises en matière d'urbanisme et d'environnement, tantôt il le limite, ne supportant plus la lourdeur des procédures contentieuses.

Chaque loi, chaque règlement national, chaque délibération ou décision locale posent en pratique des questions non prévues et nécessitent d'apporter, soit par la jurisprudence soit par d'autres textes, un nombre considérable de corrections. L'instabilité des règles – d'urbanisme ou fiscales –, la multiplicité de leurs auteurs – nion européenne, État, collectivités territoriales, établissements publics de coopération intercommunale - créent un climat d'insécurité juridique, et souvent une irritation tout à fait fondée des élus et fonctionnaires chargés de les appliquer. En 1748, Montesquieu avait pourtant averti : « *Les lois inutiles affaiblissent les lois nécessaires* » (*L'Esprit des lois*, Livre 29, chapitre XVI, 1748). Comme cela a été déjà noté, le Code de l'urbanisme, qui comprenait 1 459 articles en 2002, en comptait 2 295 en 2021. Et si l'on observe les chiff es du contentieux – donc les seuls conflits soumis au juge –, les trib - naux administratifs ont r endu en 2021 12 565 jugements en matièr e d'urbanisme et d'aménagement.

En ayant le souci absolu de simplifier les ègles, les politiques publiques dans le domaine de lurbanisme et de l'aménagement de l'espace devraient être guidées par trois impératifs : la reconquête de l'urbain, l'intégration des contraintes énergétiques et les nouvelles aspirations sociétales.

La reconquête de l'urbain

331. Déjà encouragé par la loi relative à la solidarité et au renouvellement urbains (SRU) du 13 décembre 2000 et la loi pour l 'accès au logement et un urbanisme r énové (ALUR) du 24 mars 2014, l'objectif de lutte contre l'étalement urbain a été clairement conforté par la loi Climat et résilience du 22 août 2021. En termes de planification, cet impératif devrait se traduire par la sanctuarisation de nouv eaux espaces naturels, agricoles et for estiers (ENAF) dans les documents d'urbanisme locaux, en particulier dans les secteurs ruraux et péri-urbains. Les graves incendies de forêt de l'été 2022, en France comme ailleurs en Europe, nécessitent en même temps de revoir la gestion de celles-ci. S'agissant des secteurs urbains, poursuiv ant une logique de « *comblement des dents creuses* », les élus devront probablement mettre en place des politiques de traitement des friches, au même titre que les opérations de réhabilitation des bâtiments anciens ; il s'agit aussi d'éléments de sécurité.

L'intégration des contraintes énergétiques

332. La création de bâtiments et de logements moins énergiv ores s'est imposée comme une évidence dans de nombr euses communes. P assant progressivement de l 'incitation à la contrainte, plusieurs textes ont successivement encouragé les bâtiments basse consommation (BBC), les écoquartiers réalisés dans le cadre de ZAC, et aujourd'hui des bâtiments à énergie positive (BEPOS). Nos voisins européens vont même plus loin déjà en concevant des « *quartiers à énergie positive* » (QEP), comme à R otterdam avec le pr ojet « BoTu 2028 » ou à Stockholm avec l'aménagement du Port maritime royal. La réglementation européenne 2020 (RE 2020), entrée en vigueur en France le 1er janvier 2022, s'applique déjà aux constructions résidentielles, aux établissements scolaires ainsi qu'aux bureaux ; elle devrait concerner l'ensemble des bâtiments tertiaires à l'horizon 2024. En milieu rural, de premiers projets d'aménagements collectifs autonomes en énergie ont déjà vu le jour , recourant à des par cs photovoltaïques, des installations éoliennes ou encor e à des usines de méthanisation. S i ces projets peuvent soulever parfois quelques questions légitimes en matière d'intégration environnementale, il n'en demeure pas moins que la prise en compte des contraintes énergétiques s'impose, en particulier avec la raréfaction des énergies fossiles et la dépendance à l 'énergie gazière mise en évidence par le conflit en kraine.

Le gouvernement a ainsi adopté à l'automne 2022 un projet de loi relatif à l'accélération de la production d'énergies renouvelables puis un pr ojet de loi d'accélération du programme nucléaire. Les mesures que ces projets comportent, une fois votées par le Parlement, modifi - ront une nouvelle fois plusieurs dispositions du Code de l'urbanisme et obligeront les collectivités territoriales à rendre compatibles avec elles leurs documents d'urbanisme.

Projet de loi relatif à l'accélération de la production d'*énergies renouvelables* adopté en conseil des ministres le 26 septembre 2022
[*Extraits*]

Article 3

I. – L'article L. 153-31 du code de l'urbanisme est ainsi modifié :
1° Un « I. » est introduit avant le premier alinéa ;
2° L'article est complété par les dispositions suivantes :
« II. – Lorsqu'ils ont pour objet de permettre l'implantation d'installations de production d'énergie renouvelable, y compris leurs ouvrages de raccordement aux réseaux de transport et de distribution d'énergie, ou d'ouvrages du réseau public de transport ou de distribution d'électricité, relèvent de la procédure de modification simplifiée :
« 1° Le changement d'orientations définies par le projet d'aménagement et de développement durables ;
« 2° La réduction d'un espace boisé classé ;
« 3° La modification des règles applicables aux zones agricoles, naturelles ou forestières. »
II. – Il est ajouté à l'article L. 153-45 du code de l'urbanisme un cinquième alinéa ainsi rédigé :
« 4° Dans les cas prévus au II de l'article L. 153-31. »
III. – L'article L. 300-2 du code de l'urbanisme est complété par un alinéa ainsi rédigé :
« Lorsque l'action, l'opération d'aménagement, le programme de construction ou l'installation de production d'énergie renouvelable ou d'un ouvrage du réseau public de transport ou de distribution d'électricité faisant l'objet d'une déclaration de projet mentionnée à l'article L. 300-6 est soumis à la concertation du public en application du présent article, une procédure de concertation unique peut être réalisée en amont de l'enquête publique, portant à la fois sur le projet et sur la mise en compatibilité du document d'urbanisme, à l'initiative de l'autorité compétente pour prononcer la déclaration de projet ou, avec l'accord de celle-ci, à l'initiative du maître d'ouvrage concerné. Par dérogation aux quatrième et cinquième alinéas du présent article, les projets devant faire l'objet d'une évaluation environnementale sont soumis à enquête publique dans les conditions précisées à l'article L. 3006. Les objectifs poursuivis et les modalités de la concertation sont précisés par l'organe délibérant de la collectivité ou de l'établissement compétent dans les conditions de l'article L. 1034. Le bilan de la concertation est joint au dossier d'enquête publique dans les conditions définies à l'article L. 103-6. »
IV. – L'article L. 300-6 du code de l'urbanisme est ainsi modifié :
1° La première phrase du premier alinéa est complétée par les mots : « ou de l'implantation d'une installation de production d'énergie renouvelable, y compris ses ouvrages de raccordement, ou d'un ouvrage du réseau public de transport ou de distribution d'électricité. » ;
2° Le premier alinéa est complété par les mots : «, exception faite de la déclaration de projet prononcée par l'État portant sur une installation de production d'énergie renouvelable, y compris ses ouvrages de raccordement, ou un ouvrage du réseau public de transport ou de distribution d'électricité, à laquelle les articles L. 143-44 à L. 143-50 et L. 153-54 à L. 153-59 restent applicables. »
V. – Les I et II du présent article sont applicables aux procédures de modification du plan local d'urbanisme engagées, sur le fondement des articles L. 153-37 et L. 153-45 du code de l'urbanisme, avant la fin de la période mentionnée au I de l'article 1er de la présente loi. Les III et IV du présent article sont applicables aux projets dont l'arrêté d'ouverture de l'enquête publique prévue par le premier alinéa de l'article L. 300-6 du code de l'urbanisme est intervenu avant la fin de la période mentionnée au I de l'article 1er de la présente loi.

Article 9

Le paragraphe 1 de la sous-section 2 de la section 1 du chapitre Ier du titre II du livre Ier du code de l'urbanisme est complété par un article L. 121-12-1 ainsi rédigé :
« *Art. L. 121-12-1.* – I. – Par dérogation à l'article L. 121-8, les ouvrages nécessaires à la production d'énergie solaire photovoltaïque peuvent être autorisés sur des friches, telles que définies à l'article L. 11126 du code de l'urbanisme. La liste de ces friches est fixée par décret.
Ces ouvrages peuvent être également autorisés sur les bassins industriels de saumure saturée.
La décision d'autorisation est prise par l'autorité administrative compétente de l'État, après avis de la commission départementale de la nature, des paysages et des sites.
« Cette autorisation est subordonnée à la condition que le projet ne soit pas de nature à porter atteinte à l'environnement, notamment à la biodiversité ou aux paysages et à la salubrité ou à la sécurité publiques, en fonctionnement normal comme en cas d'incident ou d'accident.
En outre, s'agissant des friches, il appartient au pétitionnaire de justifier que le projet d'installation photovoltaïque est préférable, pour des motifs d'intérêt général, à un projet de renaturation, lorsque celui-ci est techniquement réalisable. Cette démonstration peut tenir compte notamment du coût d'un tel projet de renaturation, des obstacles pratiques auxquels est susceptible de se heurter sa mise en œuvre, de sa durée de réalisation ainsi que des avantages que comporte le projet d'installation photovoltaïque.

L'instruction de la demande s'appuie sur une étude fournie par le pétitionnaire permettant de s'assurer que les conditions mentionnées aux deux précédents alinéas sont remplies.
« II. – Les installations de production d'hydrogène renouvelable couplées, aux fins d'alimentation électrique, avec des ouvrages de production d'énergie solaire photovoltaïque situés sur des bassins industriels de saumure saturée peuvent être autorisées dans des friches dans les conditions prévues au I.
« Dans ce cas, le pétitionnaire doit également démontrer que l'implantation de ces installations sur une friche située à proximité des ouvrages de production d'énergie photovoltaïque est justifiée par des contraintes impératives, notamment environnementales, techniques ou économiques. »

Article 10

Après la deuxième phrase du premier alinéa de l'article L. 122-7 du code de l'urbanisme, est insérée la phrase :
« La carte communale peut, dans les mêmes conditions, comporter une telle étude afin de permettre la réalisation des ouvrages de production d'énergie solaire photovoltaïque installés sur le sol. ».

Les nouvelles aspirations sociétales

333. La crise sanitaire de 2020 a révélé une montée des aspirations de nos concitoyens à de nouveaux modes de vie : en particulier, l'installation à la campagne ou dans des petites villes, permise par l'essor du télétravail. Cette aspiration devrait avoir des conséquences directes en matière d'aménagement et de développement d'infrastructures publiques adaptées (écoles, services, tiers lieux...) en veillant à ne pas générer, pour les populations déjà installées, une augmentation du coût du foncier ni un changement complet de leur mode de vie. D'autres faits de société, comme le développement du commerce en ligne (et des plateformes logistiques qu'il nécessite), la redécouverte des circuits courts, le nouvel essor de l'habitat intergénérationnel, le besoin de soins de proximité ou encore le développement de circulations douces moins polluantes, devront trouver leur déclinaison concrète dans les documents d'urbanisme et les nouvelles opérations d'aménagement.

Enfin, comme l'a jugé récemment le Conseil constitutionnel, il résulte du préambule de la Charte de l'environnement incorporée à notre Constitution que « *la préservation de l'environnement doit être recherchée au même titre que les autres intérêts fondamentaux de la Nation et que les choix destinés à répondre aux besoins du présent ne doivent pas compromettre la capacité des générations futures à satisfaire leurs propres besoins* » (décision n° 2022-843 DC, 12 août 2022, § 12). En haussant au niveau des intérêts fondamentaux de la Nation la protection de l'environnement, au même titre que ceux de la sécurité et de la défense nationale, la plus haute juridiction française impose désormais au Parlement, au gouvernement, aux juges et aux décideurs locaux une attention d'une intensité aiguë à cette aspiration sociétale : elle a été un souhait, elle était un droit, elle devient un devoir.

Adresses utiles

Association française de droit de l'urbanisme (AFDRU)
12 place du Panthéon – 75005 Paris cedex 05

Association française du développement urbain (AFDU)
5 Boulevard Pierre Carle – 77186 Noisiel
https://afdu.fr

Association internationale de droit de l'urbanisme (AIDRU)
12 place du Panthéon – 75005 Paris
www.aidru.org

Association des maires de France et des présidents d'intercommunalité (AMF)
41, quai d'Orsay – 75007 Paris
https://amf.asso.fr

Atelier parisien d'urbanisme (APUR)
15 rue Jean-Baptiste Berlier – 75013 Paris
www.apur.org

Commission d'accès aux documents administratifs (CADA)
20 avenue de Ségur – 75007 Paris
www.cada.fr

Conservatoire du littoral
Corderie royale – 2 Quai aux Vivres – 17300 Rochefort
www.conservatoire-du-littoral.fr

Conseil d'État
1, place du Palais-Royal – 75100 Paris Cedex 01
www.conseil-etat.fr

Intercommunalités de France (anciennement ADCF)
22, rue Joubert – 75009 Paris
www.adcf.org

Cours administratives d'appel (CAA)
La compétence territoriale des cours est précisée au paragraphe 124.

CAA de Bordeaux : 17, cours de Verdun – 33074 Bordeaux Cedex
http://bordeaux.cour-administrative-appel.fr

CAA de Douai : 50, rue de la Comédie – 59507 Douai Cedex
http://douai.cour-administrative-appel.fr

CAA de Lyon : 184, rue Duguesclin – 69433 Lyon Cedex 03
http://lyon.cour-administrative-appel.fr

CAA de Marseille : 45, boulevard Paul-Peytral – 13291 Marseille Cedex 06
http://marseille.cour-administrative-appel.fr

CAA de Nancy : 6, rue du Haut-Bourgeois – 54035 Nancy Cedex
http://nancy.cour-administrative-appel.fr

CAA de Nantes : 2, place de l'Édit-de-Nantes – 44185 Nantes Cedex 04
http://nantes.cour-administrative-appel.fr

CAA de Paris : 68, rue François-Miron – 75004 Paris
http://paris.cour-administrative-appel.fr

CAA de Toulouse : 3 rue Montoulieu-Saint-Jacques – 31000 Toulouse
http://toulouse.cour-administrative-appel.fr

CAA de Versailles : 2, esplanade Grand-Siècle – 78011 Versailles
http://versailles.cour-administrative-appel.fr

Cour de cassation
5, quai de l'Horloge – 75055 Paris Cedex 01
www.courdecassation.fr

Défenseur des droits
3 place de Fontenoy – 75007
www.defenseurdesdroits.fr

Il peut être saisi de difficultés encontrées par tout citoyen dans ses relations avec l'administration.

Directions régionales de l'environnement, de l'aménagement et du logement (DREAL)

S'adresser à la préfecture de région. Pour l'Île-de-France, il s'agit de la Direction régionale et interdépartementale de l'environnement, de l'aménagement et des transports (DRIEAT) dont le siège est au 21-23, rue Miollis – 75015 Paris.

www.driea.ile-de-france.developpement-durable.gouv.fr

Directions départementales des territoires (DDT) ou directions départementales des territoires et de la mer (DDTM)

S'adresser à la préfecture du département.

Fédération nationale des conseils d'architecture, d'urbanisme et de l'environnement (FNCAUE)
5 rue de Charonne, cour J. Viguès – 75011 Paris
www.fncaue.com

Fédération internationale pour l'habitation, l'urbanisme et l'aménagement des territoires (FIHUAT)
Pour la section française : Confédération française pour l'habitat, l'urbanisme et l'aménagement du territoire (COFHUAT) 4 avenue du Recteur Poincaré – 75016 Paris
www.cofhuat.org

Groupement de recherche sur les institutions et le droit de l'aménagement, de l'urbanisme et de l'habitat (GRIDAUH)
12, place du Panthéon – 75231 Paris Cedex 05
www.gridauh.fr

Institut Paris Région (ex-Institut d'aménagement et d'urbanisme de la région Île-de-France – IAURIF)
15, rue Falguière – 75015 Paris
www.institutparisregion.fr

Institut d'études économiques et juridiques appliquées à l'immobilier (ICH)
2, rue Conté – 75003 Paris
https://ich.cnam.fr/

Conservatoire national des Arts et Métiers (CNAM)
292, rue Saint-Martin – 75003 Paris
www.cnam.fr

Ministère de l'Agriculture et de la Souveraineté alimentaire
78, rue de Varenne – 75007 Paris
https://agriculture.gouv.fr

Ministère de l'Économie, des Finances et de la Souveraineté industrielle et numérique
139, rue de Bercy – 75572 Paris Cedex 12
www.economie.gouv.fr

Ministère de la Culture: Direction générale des patrimoines et de l'architecture
182, rue Saint-Honoré – 75001 Paris
www.culture.gouv.fr

Ministère de la Transition écologique et de la Cohésion des territoires : Direction générale de l'aménagement, du logement et de la nature
Grande Arche de La Défense - paroi sud / Tour Sequoia – 92055 La Défense
www.ecologie.gouv.fr

Ordre des architectes : Conseil national
Tour Maine-Montparnasse – 33, avenue du Maine – 75755 Paris Cedex 15
www.architectes.org

Tribunaux administratifs (TA)
La liste figu e au paragraphe 124.

Pour l'Île-de-France :

TA de Paris : 7, rue de Jouy – 75181 Paris Cedex 04
http://paris.tribunal-administratif.fr

TA de Cergy-Pontoise : 2-4, boulev ard de l'Hautil, BP 30322 – 95027 Cergy-P ontoise Cedex
http://cergy-pontoise.tribunal-administratif.fr

TA de Melun : 43, rue du Général-de-Gaulle, case postale n° 8630 – 77008 Melun Cedex
http://melun.tribunal-administratif.fr

TA de Montreuil : 7, rue Catherine Puig – 93558 Montreuil Cedex
http://montreuil.tribunal-administratif.fr

TA de Versailles : 56, avenue de Saint-Cloud – 78011 Versailles
http://versailles.tribunal-administratif.fr

Enfin, le lecteur se souviendra que l 'adresse la plus utile à connaîtr e pour toute question d'urbanisme (plan, demande d'autorisation) est celle de la **mairie** de sa commune.

Bibliographie

Sources du droit de l'urbanisme

Codes

Le Code de l'urbanisme est l'instrument de référence qu'il faut savoir manier. Il est conseillé de ne travailler qu'avec la dernière édition parue. Accès gratuit en ligne sur le site www.legifrance.gouv.fr

- Code de l'urbanisme, commenté et annoté par Bernard Lamorlette et Dominique Moréno, LexisNexis, 31e éd., 2022.
- Code de l'urbanisme, annoté et commenté par Rémi Grand, Marie-Christine Mehl-Schouder, Jean-Luc Pissaloux, Dalloz, 31e éd., 2022.
- Code de l'urbanisme commenté, Vincent Guinot, Soazic Marie, Olivier Sut, Berger-Levrault, 9e édition, 2022.

Les Éditions législatives publient un Code permanent Construction et Urbanisme.

D'autres codes comportent des dispositions législatives et réglementaires qui doivent être prises en compte par les acteurs de l'urbanisme : le Code civil, le Code de commerce, le Code de la construction et de l'habitation, le Code de l'environnement, le Code de l'expropriation, le Code général des collectivités territoriales, le Code général des impôts, le Code général de la propriété des personnes publiques, le Code de justice administrative, le Code pénal, le Code du patrimoine, le Code des relations entre le public et les administrations, le Code rural et de la pêche maritime. Ces codes peuvent aussi être consultés gratuitement en ligne sur le site www.legifrance.gouv.fr

Lois, ordonnances et décrets

Ils sont publiés au *Journal officiel de la République française*, édition lois et décrets, et consultables sur Internet : www.legifrance.gouv.fr.

Jurisprudence

On trouve la jurisprudence administrative sur le site du Conseil d'Etat, Arianeweb : https://www.conseil-etat.fr/arianeweb

Le *JurisClasseur administratif*, dirigé par Jean-Bernard Auby, et le *JurisClasseur Construction-urbanisme*, dirigé par Hugues Périnet Marquet, proposent une étude détaillée de la matière, mise à jour très régulièrement. Le second est complété chaque mois par la revue *Construction-Urbanisme* (éditions LexisNexis), dans laquelle sont publiés des textes et décisions de jurisprudence récemment parus.

Ouvrages

Sur le droit de l'urbanisme

Jean-Bernard Auby, Rozen Noguellou, Hugues Périnet-Marquet, *Droit de l'urbanisme et de la construction*, LGDJ, 12e éd., 2020

Elise Carpentier, Pierre Soler-Couteaux, *Droit de l'urbanisme*, Dalloz 8e éd., 2022

Bernard Drobenko, *Droit de l'urbanisme*, Gualino, 16e éd., 2021

Jocelyne Dubois-Maury, Bruno Schmit, *L'urbanisme et son droit*, Presses Universitaires de Rennes, 2022

Anne Gardère, Dorothée Duffaud, *Intercommunalité et urbanisme*, Territorial éditions, 2020

René Hostiou et J ean-François Struillou, *Expropriation et préemption*, LexisNexis, 6e éd., 2020

Henri Jacquot, François Priet, Soazic Marie, *Droit de l'urbanisme*, Dalloz, 9e éd., 2022

Grégory Kalflèche, *Droit de l'urbanisme*, PUF, 3e édition, 2021

Jacqueline Morand-Deviller, Sébastien Ferrari, *Droit de l'urbanisme*, Dalloz mémentos, 10e éd., 2018

Jean Schmidt et Emmanuel Kornprobst, *Fiscalité immobilière*, Litec 14e éd., 2020

Nicolas Nahmias (sous la dir ection de), *Droit de l'environnement – Guide pratique*, Berger-Levrault, 2021

Olivier Sut, *La loi Littoral – Décryptage du volet urbanisme au travers des décisions du juge administratif*, Berger-Levrault, 2021

Sur les institutions

Patrick Gérard, *L'administration de l'Etat*, LexisNexis, 5e éd., 2022

Michel Verpeaux et Laetitia Janicot, *Droit des collectivités territoriales*, LGDJ, 2e éd., 2021

Sur l'organisation des juridictions

Nicolas Braconnay, *La justice et les institutions juridictionnelles*, La documentation française, 2e éd., 2019

Patrick Gérard, *La juridiction administrative*, La documentation française, 2e éd., 2022

Sur le contentieux administratif

Camille Broyelle, *Contentieux administratif*, LGDJ, 10e éd., 2022

Daniel Chabanol, B aptiste Bonnet, *La pratique du contentieux administratif*, LexisNexis, 13e éd., 2020

GRIDAUH, *Le contentieux de l'urbanisme en Europe*, 2017

Mattias Guyomar et Bertrand Seiller, *Contentieux administratif*, Dalloz, 6e éd., 2021

Sur un régime étranger comparable

Michel Pâques et Cécile Vercheral, *Droit wallon de l'urbanisme : entre CWATUPE et CoDT*, collection de la Faculté de droit de l'Université de Liège, éd. Larcier, 2015

Revues et périodiques

Ils rassemblent des ar ticles de doctrine, une chr onique de la législation, des décisions des juridictions administratives et judiciair es commentées, des conclusions des rappor teurs publics prononcées devant les formations de jugement du Conseil d 'État. Revues et pério-diques permettent de suivre l'évolution, permanente, de la matière ; citons principalement :

- *Actualité juridique*, droit administratif (AJDA), éd. Dalloz
- *Actualité juridique*, droit immobilier (AJDI), éd. Dalloz
- *Bulletin de jurisprudence de droit de l'urbanisme* (BJDU), éd. EFE
- *Construction-Urbanisme*, actualité juridique et fiscale de 'immobilier, éd. LexisNexis
- *Droit et Ville*, éd. IEJUC
- *La Semaine juridique*, édition administrations et collectivités territoriales (JCP, éd. A), éd. LexisNexis
- *La Semaine juridique*, édition générale (JCP, éd. G), éd. LexisNexis
- *La Semaine juridique*, édition notariale et immobilière (JCP, éd. N), éd. LexisNexis
- *Le Moniteur des travaux publics et du bâtiment*, éd. Le Moniteur
- Recueil Dalloz
- *Revue de droit immobilier*, éd. Dalloz
- *Revue française de droit administratif* (RFDA), éd. Dalloz
- *Revue juridique de l'environnement* (RJE), éd. Lavoisier
- *Revue Construction, Urbanisme*, éd. LexisNexis
- Revue *Energie, Environnement, Infrastructures*, éd. LexisNexis.

Études et rapports

Des études et rappor ts émanant du P arlement (Assemblée nationale et S énat), du Conseil économique, social et envir onnemental, du Conseil d 'État, de la Cour des comptes, de services de diffé ents ministères, du Cerema et du GRIDA UH sont consacrés à des aspects variés du droit de l'urbanisme.

Assemblée nationale

- *Évaluation de la loi n° 2018-1021 du 23 novembre 2018 portant évolution du logement, de l'aménagement et du numérique*, Thibault azin, Christelle D ubos, Jean-Luc Lagleize, Richard Lioger, n° 5121, 2022
- *Le tourisme de montagne et les enjeux du changement climatique*, Marie-Noëlle Battistel, Laurence Gayte, n° 5127, 2022
- *Habitat en outre-mer*, Ramlati Ali, Hubert Julien-Laferrière, Karine Lebon, n° 5033, 2022
- *Évaluation de la loi de modernisation, développement et protection des territoires de montagne*, Marie-Noëlle Battistel, Frédérique Lardet, Vincent Rolland, Jean-Bernard Sempastous, n° 2735, 2020
- *Évaluation des impacts de la loi NOTRe*, Bruno Questel, Raphaël Schellenberger, n° 2539, 2019

Sénat

- *Les outils financiers pour soutenir l'atteinte de l'objectif de zéro artificialisation nette*, Jean-Baptiste Blanc, commission des finances, n° 743, 2022

- *Pour une nouvelle dynamique démocratique à partir des territoires : la démocratie implicative*, Françoise Gatel, Jean-Michel Houllegatte, délégation aux collectivités territoriales, n° 520, 2022
- *Logistique urbaine durable : 14 propositions pour anticiper un défi majeur pour nos agglomérations*, Martine Filleul, Christine Herzog, commission de l'aménagement du territoire et du développement durable, mai 2022
- *L'impact économique de la règlementation environnementale 2020 (RE2020)*, Daniel Gremillet, commission des affai es économiques, mars 2021
- *Les collectivités et l'ANCT au défi de l'ingénierie dans les territoires*, Josiane Costes, Charles Guéné, délégation aux collectivités territoriales, juillet 2020

CESE

- *Acceptabilité des nouvelles infrastructures de transition énergétique : transition subie, transition choisie ?*, Claire Bordenave, Nicolas Richard, 2022
- *Comment redynamiser nos centres-villes et nos centres-bourgs ?* Marie-Odile Esch, Dominique Riquier-Sauvage, 2021
- *Bilan de la loi pour la reconquête de la biodiversité, de la nature et des paysages*, Allain Bougrain-Dubourg, Pascal Ferey, 2020

Conseil d'État

- *Les pouvoirs d'enquête de l'administration*, 2021
- *Simplification et qualité du droit*, La Documentation française 2016
- *Le droit de préemption*, La Documentation française, 2008
- *L'urbanisme : pour un droit plus efficace*, La Documentation française, 1992

Signalons aussi le dossier thématique *Le juge administratif et l'urbanisme*, 2016, sur le site www.conseil-etat.fr

Cour des Comptes

- *Les installations classées pour la protection de l'environnement dans le domaine agricole*, 2022
- Voir aussi les rapports des chambres régionales et territoriales des comptes sur la politique d'aménagement et d'urbanisme des collectivités territoriales ou sur les agences d'urbanisme : www.ccomptes.fr

Ministère de la Cohésion des Territoires

Guide sur les dispositions opposables du PLU, mars 2020

Direction générale de l'aménagement, du logement et de la nature

- *Planifier l'aménagement, la protection et la mise en valeur du littoral*, 2006
- *Contributions d'urbanisme*, 2006
- *La réhabilitation urbaine*, 2001

Signalons aussi l'étude de la Direction départementale des territoires du Tarn-et-Garonne, *Guide juridique pénal de l'urbanisme à l'usage des maires*, 2017

Conseil général de l'environnement et du développement durable

(devenu le 1er septembre 2022 l'Inspection générale de l'environnement et du développement durable)

- *Prospective 2040-2060 des transports et des mobilités*, 2022
- Évolution du *contrôle des règles de construction : vers un régime d'attestations généralisées*, 2021
- *Modernisation de la participation du public et des procédures environnementales relatives à l'autorisation des plans-projets et l'approbation des plans-programmes*, 2021
- *La simplification des procédures d'autorisation applicables aux éoliennes en mer*, 2021
- *Audit du programme 135 « urbanisme, territoires et amélioration de l'habitat »*, 2021

Site Internet : www.cgpc.developpement-durable.gouv.fr

Cerema

- *Climat : l'urgence à s'adapter*, 2022
- *Changement climatique : adapter les territoires littoraux*, 2021
- *Faire de la nature, un pilier de la ville de demain*, 2022
- *Opérations de bâtiment en site occupé : enjeux et facteurs de réussite*, Julie Pouessel, 2022
- *Réduire l'impact carbone des bâtiments*, 2021

Voir www.cerema.fr

GRIDAUH

- *La nature en ville*, 2022
- *L'intégration des éléments de l'aménagement commercial au sein des documents d'urbanisme*, 2021
- *Les plans de gestion des risques inondation*, 2021
- *Enquête sur les réformes de 2013 sur le contentieux de l'urbanisme*, 2019
- *Étude sur les communautés et le droit de préemption*, 2016
- *La dimension juridique de l'écriture du plan local d'urbanisme*, 2012
- *Risque et droit de l'urbanisme en Europe*, 2011
- *La naissance du droit de l'urbanisme 1919-1935*, éditions des Journaux officiels, 20
- *Le contenu des plans d'urbanisme et d'aménagement dans les pays d'Europe de l'Ouest*, 2006

Ces documents sont accessibles sur le site Internet www.gridauh.fr

Rapports au ministre chargé de l'urbanisme

- rapport « Labetoulle », *Construction et droit au recours : vers un meilleur équilibre*, 2013
- rapport « Pelletier », *Propositions pour une meilleure sécurité juridique des autorisations d'urbanisme*, La Documentation française, 2005

Quelques thèses de doctorat soutenues dans les universités

- Anne-Sophie Denolle, *Le maire et la protection de l'environnement*, LGDJ, 2020
- Gilles Godfrin, *Aménagement urbain et bâti existant*, LGDJ, 1999
- Alexandre Graboy-Gobesco, *Droit de l'urbanisme commercial*, LGDJ, 1999
- Benjamin Hachem, *L'office du juge des référés en droit de l'urbanisme*, LGDJ, 2014

- Arnaud Izembard, *Le transport et le droit de l'urbanisme*, LGDJ, 2005
- Grégoire Leray, *L'immeuble et la protection de la nature*, LGDJ, 2019
- Jessika Makowiak, *Esthétique et droit*, LGDJ, 2004
- François Priet, *La décentralisation de l'urbanisme*, LGDJ, 1995

Liste des sigles

A – Zone agricole du plan local d'urbanisme
ABF – Architecte des Bâtiments de France
AFU – Association foncière urbaine
ALUR – Loi pour l'accès au logement et à un urbanisme rénové (2014)
AU – Zone à urbaniser du plan local d'urbanisme
AVAP – Aire de mise en valeur de l'architecture et du patrimoine
CAA – Cour administrative d'appel
CADA – Commission d'accès aux documents administratifs
CAUE – Conseil d'architecture, d'urbanisme et de l'environnement
CC – Carte communale
CCH – Code de la construction et de l'habitation
CCI – Chambre de commerce et d'industrie
CDAC – Commission départementale d'aménagement commercial
CE – Conseil d'État
CEDH – Cour européenne des droits de l'homme
CEREMA – Centre d'études et d'expertises sur les risques, l 'environnement, la mobilité et l'aménagement
CES – Coefficient 'emprise au sol
CESER – Conseil économique, social et environnemental régional
CGCT – Code général des collectivités territoriales
CGI – Code général des impôts
CJA – Code de justice administrative
CNMH – Commission nationale des monuments historiques
CNAC – Commission nationale d'aménagement commercial
COS – Coefficient 'occupation des sols
CP – Code pénal
CPP – Code de procédure pénale
CRMH – Conservation régionale des monuments historiques
CRPA – Commission régionale du patrimoine et de l'architecture

CRPA – Code des relations entre le public et l'administration
CRPS – Commission régionale du patrimoine et des sites
CU – Certificat 'urbanisme (formulaire Cerfa 13410)
DACT – Déclaration d'achèvement et de conformité des travaux (formulaire Cerfa 13408)
DATAR – Délégation interministérielle à l 'aménagement du territoir e et à l 'attractivité régionale
DDT – Direction départementale des territoires
DDTM – Direction départementale des territoires et de la mer
DEB – Direction de l'eau et de la biodiversité
DGALN – Direction générale de l'aménagement, du logement et de la nature
DHUP – Direction de l'habitat, de l'urbanisme et des paysages
DIA – Déclaration d'intention d'aliéner (Cerfa 10072)
DOO – Document d'orientation et d'objectifs
DPMVP – Directive de protection et de mise en valeur du paysage
DP – Déclaration préalable (formulaire Cerfa 13404)
DPMVP – Directive de protection et de mise en valeur des paysages
DPU – Droit de préemption urbain
DREAL – Direction régionale de l'environnement, de l'aménagement et du logement
DRIEA – Direction régionale et interdépartementale de l'équipement et de l'aménagement (préfecture d'Île-de-France)
DTADD – Directive territoriale d'aménagement et de développement durables
DTR – Loi relative au développement des territoires ruraux (2005)
DUP – Déclaration d'utilité publique
EBC – Espace boisé classé
ELAN – Loi relative à l'évolution du logement, de l'aménagement et du numérique (2018)
ENAF – Espaces naturels agricoles et forestiers
ENE – Loi portant engagement national pour l'environnement – « Grenelle 2 » (2010)
ENL – Loi portant engagement national pour le logement (2006)
EPCI – Établissement public de coopération intercommunale
EPFL – Établissement public foncier local
ER – Emplacement réservé par le plan d'occupation des sols ou le plan local d'urbanisme
ERC – Éviter, réduire, compenser
ERP – Établissement recevant du public
GOU – Grandes opérations d'urbanisme
HLM – Habitation à loyer modéré
IAURIF – Institut d'aménagement et d'urbanisme de la région Île-de-France
INRAP – Institut national de recherches archéologiques préventives
IGH – Immeuble de grande hauteur
LOF – Loi d'orientation foncière (1967)

LPF – Livre des procédures fiscale
LUH – Loi « Urbanisme et habitat » (2003)
MAPTAM – Loi relative à la modernisation de l'action publique territoriale et d'affirmatio des métropoles (2014)
MEDDE – Ministère de l'Écologie, du Développement durable et de l'Énergie
MRAE – Mission régionale d'autorité environnementale
N – Zone naturelle du plan local d'urbanisme
NOTRe – Loi relative à la nouvelle organisation territoriale de la République (2015)
OIN – Opération d'intérêt national
OPAC – Office public 'aménagement et de construction
PA – Permis d'aménager (formulaire Cerfa 13409)
PADD – Projet d'aménagement et de développement durables
PAE – Programme d'aménagement d'ensemble
PAS – Projet d'aménagement stratégique
PAZ – Plan d'aménagement de zone
PC – Permis de construire (formulaire Cerfa 13409)
PCAET – Plan climat-air-énergie territorial
PCMI – Permis de construire une maison individuelle (formulaire Cerfa 13406)
PD – Permis de démolir (formulaire Cerfa 13405)
PDU – Plan de déplacements urbains
PEB – Plan d'exposition aux bruits
PENAP – Protection des espaces naturels et agricoles périurbains
PIG – Projet d'intérêt général
PIL – Procédure intégrée pour le logement
PLD – Plafond légal de densité
PLH – Programme local de l'habitat
PLU – Plan local d'urbanisme
PLUi – Plan local d'urbanisme intercommunal
PM – Permis modificatif (formulai e Cerfa 13411)
POS – Plan d'occupation des sols
PPR – Plan de prévention des risques
PPRI – Plan de prévention des risques d'inondation
PPRNP – Plan de prévention des risques naturels prévisibles
PPRT – Plan de prévention des risques technologiques
PSMV – Plan de sauvegarde et de mise en valeur
PUP – Projet urbain partenarial
PVR – Participation pour voirie et réseaux
QPC – Question prioritaire de constitutionnalité

RNU – Règlement national d'urbanisme
SAFER – Société d'aménagement foncier et d'établissement rural
SAR – Schéma d'aménagement régional
SCoT – Schéma de cohérence territoriale
SD – Schéma directeur
SDAU – Schéma directeur d'aménagement et d'urbanisme
STAP – Service territorial de l'architecture et du patrimoine
SDRIF – Schéma directeur de la région Île-de-France
SEML – Société d'économie mixte locale
SHOB – Surface hors œuvre brute
SHON – Surface hors œuvre nette
SMVM – Schéma de mise en valeur de la mer
SPR – Site patrimonial remarquable
SRADDET – Schéma régional d'aménagement, de développement durable et d'égalité des territoires
SRCE – Schéma régional de cohérence écologique
SRU – Loi relative à la solidarité et au renouvellement urbain (2000)
STECAL – Secteurs de taille et de capacité d'accueil limitées
SUP – Servitude d'utilité publique
TA – Taxe d'aménagement
TA – Tribunal administratif
TLE – Taxe locale d'équipement
U – Zone urbaine du plan d'occupation des sols ou du plan local d'urbanisme
UTN – Unité touristique nouvelle
VRD – Voirie et réseaux divers
VSD – Versement pour sous-densité
ZAC – Zone d'aménagement concerté
ZAD – Zone d'aménagement diffé é
ZAN – Zéro artificialisation nett
ZICO – Zone d'intérêt communautaire pour les oiseaux
ZNIEFF – Zone naturelle d'intérêt écologique, faunistique et floristiqu
ZPPAUP – Zone de protection du patrimoine architectural, urbain et paysager

Index

Les numéros renvoient aux paragraphes

C

D

E

Q

R

S

Chez le même éditeur (extrait du catalogue)

Réglementation

Isabelle Chesneau (dir .), *Profession Architecte. Identité, responsabilité, contrats, règles, agence, économie, chantier*, 2e éd., 600 p., 2020

Léonard Hamburger, *Maître d'œuvre bâtiment. Guide pratique, technique et juridique*, 8e éd., 720 p., 2022
– *Prestataire AMO BTP. Guide pratique, technique et juridique*, 468 p., 2019

Frédérique Stéphan et Patricia Grelier Wyckoff, *Pratique du droit de la construction. Marchés publics & marchés privés*, 10e édition, 640 p., 2023

Bertrand Couette, *Maîtrise d'œuvre et commande publique. Code de la commande publique et CCAG*, 224 p., 2021

Bernard de Polignac, Jean-Pierre Monceau, Xavier de Cussac et Pascal Lesieur, *Expertise immobilière. Guide pratique*, 7e édition, 512 p., 2019

Vincent Borie, *La médiation à l'usage des professionnels de la construction*, 136 p., 2017

Jean-Louis Sablon, *Défauts de construction: que faire ? Guide juridique et pratique*, 144 p., 2016

Architecture

Patrick Céleste & Michel Possompès, *La maison individuelle : concevoir, construite, réhabiliter*, 352 p., 2021

Michel Possompès, *La fabrication du projet. Méthode destinée aux étudiants des écoles d'architecture*, 2e éd., 384 p., 2016
– *Mes clients et moi: un architecte raconte. Récits*, 320 p., 2018

Xavier Bezançon & Daniel Devillebichot, *Histoire de la construction*
– *de la Gaule romaine à la Révolution française*, 392 p. en couleurs, 2013
– *moderne et contemporaine en France*, 480 p. en couleurs, 2014

Xavier Bezançon, Laurence Francqueville, Daniel Devillebichot et Max Roche, *101 épopées de la construction française*, 224 p., 2020

Alain Billard, *De la construction à l'architecture*
– *Les structures-poids*, 604 p., 2015
– *Les structures en portiques*, 252 p., 2016

Les structures de hautes performances, 400 p., 2016

Grégoire Bignier, *Architecture & écologie : comment partager le monde habité*, 2e éd., 216 p., 2015
– *Architecture & économie : ce que l'architecture fait à l'économie circulaire*, 160 p., 2018
– *Architecture & énergie : d'une énergie l'autre*, 160 p. 2021

...et des dizaines d'autres livres de BTP, de génie civil, de construction et d'architecture sur

www.editions-eyrolles.com

Dépôt légal : octobre 2022
Imprimé en Allemagne par BoD

www.ingramcontent.com/pod-product-compliance
Lightning Source LLC
LaVergne TN
LVHW080928071026
849535LV00013B/4135
9782212676792